Künstliche Intelligenz für Business Analytics

Prof. Dr. Uwe Haneke ist seit 2003 Professor für Business Administration & Analytics an der Hochschule Karlsruhe (HKA). Dort vertritt er u. a. die Bereiche Business Intelligence und IT-Projektmanagement im Fachgebiet Informatik. Er ist Herausgeber und Autor zahlreicher Bücher und Fachbeiträge sowie Veranstalter und Mitorganisator verschiedener Konferenzen rund um Analytics & Data. Im Vorstand des TDWI ist er seit 2024 für die Zusammenarbeit mit Universitäten und Hochschulen verantwortlich.

Dr. Michael Zimmer ist Chief Data & AI Officer und Leiter Daten, Prozesse und KI der Wüstenrot & Württembergischen. In seiner Rolle verantwortet er sowohl klassische Prozessthemen wie Prozessanalysen, Personalbedarfsanalysen und regulatorische Themen als auch den Aufbau des neu geschaffenen KI-Kompetenzzentrums. Vor seiner Zeit bei der W&W war Michael bereits Chief Data Officer und Leiter AI/ML bei der Zurich Gruppe Deutschland und blickt auf mehr als 13 Jahre Beratungserfahrung zurück.

Prof. Dr. Stephan Trahasch ist Rektor der Hochschule Offenburg und Professor für betriebliche Kommunikationssysteme und IT-Sicherheit. Er prägt die strategische Ausrichtung der Hochschule im Bereich künstliche Intelligenz, entwickelt deren Einsatzfelder an der Hochschule weiter und stärkt den Austausch zu KI-Anwendungen mit Unternehmen und Gesellschaft.

Uwe Haneke · Michael Zimmer · Stephan Trahasch (Hrsg.)

Künstliche Intelligenz für Business Analytics

Grundlagen, Architekturen und Anwendungen

tdwi WISSEN

dpunkt.verlag

Wir hoffen, dass Sie Freude an diesem Buch haben und sich Ihre Erwartungen erfüllen. Falls Sie Anregungen, Wünsche und Kommentare haben, lassen Sie es uns wissen: **service@rheinwerk-verlag.de**.

Informationen zu unserem Verlag und Kontaktmöglichkeiten finden Sie auf unserer Verlagswebsite **www.dpunkt.de**. Dort können Sie sich auch umfassend über unser aktuelles Programm informieren und unsere Bücher und E-Books bestellen.

Autoren: Uwe Haneke, Michael Zimmer, Stephan Trahasch (Hrsg.)
Lektorat: Nicole Gürgens
Buchmanagement: Julia Griebel
Copy-Editing: Ursula Zimpfer, Herrenberg
Satz: inpunkt[w]o, Wilnsdorf (*www.inpunktwo.de*)
Herstellung: Stefanie Weidner, Frank Heidt
Covergestaltung: Eva Hepper, Silke Braun
Druck: Beltz Grafische Betriebe, Bad Langensalza

Fachliche Beratung und Herausgabe von dpunkt.büchern in der Edition TDWI:
Prof. Dr. Peter Gluchowski · *peter.gluchowski@wirtschaft.tu-chemnitz.de*

FSC
www.fsc.org
MIX
Papier | Fördert gute Waldnutzung
FSC® C089473

Dieses Buch wurde mit mineralölfreien Farben auf FSC®-zertifiziertem Papier aus nachhaltiger Waldwirtschaft gedruckt. Der Umwelt zuliebe verzichten wir zusätzlich auf die Einschweißfolie. Hergestellt in Deutschland.

Bibliografische Information der Deutschen Nationalbibliothek:
Die Deutsche Nationalbibliothek verzeichnet diese Publikation in der Deutschen Nationalbibliografie; detaillierte bibliografische Daten sind im Internet über *http://dnb.dnb.de* abrufbar.

ISBN Print: 978-3-98889-050-4
ISBN PDF: 978-3-98890-301-3
ISBN ePub: 978-3-98890-302-0

1. Auflage 2026

dpunkt.verlag ist eine Marke des Rheinwerk Verlags.

Rheinwerk Verlag GmbH • Rheinwerkallee 4 • 53227 Bonn
service@rheinwerk-verlag.de

Inhaltsübersicht

Inhaltsverzeichnis

Geleitwort

In einer zunehmend digitalisierten Welt gewinnt die Nutzung intelligenter Technologien für die Entscheidungsfindung in Unternehmen immer mehr an Bedeutung. In diesem Kontext erlangt in letzter Zeit in der öffentlichen Wahrnehmung kaum ein anderes Thema aus dem Bereich der Informatik einen derart hohen Stellenwert wie die künstliche Intelligenz.

Dieser Umstand ist insbesondere auf die teils bahnbrechenden Entwicklungen in der generativen KI zurückzuführen, die das Thema KI auch für den privaten Einsatz attraktiv machen. Freie oder kostengünstige Lösungen zur Erstellung wertvoller Inhalte, wie Texte, Bilder, Videos oder Musikstücke, weisen eine bemerkenswerte Vielfalt auf und beeindrucken mit überzeugenden Ergebnissen. Stetig entstehen neue Lösungen von bislang eher unbekannten Anbietern und erschließen mit innovativen Technologien weitere Facetten. Zudem wollen auch die großen und etablierten Softwareunternehmen nicht zurückstecken und bieten ebenfalls eine umfassende Toolpalette in diesem Bereich an.

Allerdings wird häufig außer Acht gelassen, dass die künstliche Intelligenz sich nicht nur auf generative Ansätze beschränkt, sondern bereits seit sehr langer Zeit Konzepte und Werkzeuge für die Analyse und Nutzbarmachung verfügbarer Datenbestände bereithält. Erste Ansätze hierzu lassen sich bis weit in die zweite Hälfte des letzten Jahrhunderts zurückverfolgen und werden bis heute in Unternehmen beispielsweise zur Mustererkennung oder Prognose verwendet. So entstanden über die Jahrzehnte sehr leistungsfähige Werkzeuge für unterschiedlichste Einsatzbereiche, die der Künstlichen Intelligenz zuzurechnen sind.

Auch wenn das Thema KI bereits seit langer Zeit diskutiert wird, haben doch einige Entwicklungen in den letzten Jahren zu neuem Schwung verholfen. Durch die unglaubliche Menge der heute verfügbaren Daten lässt sich eine drastische Verbesserung beim Training komplexer Modelle erzielen. Erhebliche Leistungssteigerungen bei der modernen Hardware haben dazu geführt, dass auch große Datenmengen effizient verarbeitet und umfangreiche Modelle erstellt werden können. Dadurch hat sich die Ergebnisqualität bei Anwendung der zugehörigen Tools zum Positiven entwickelt.

Vor diesem Hintergrund widmet sich der vorliegende Sammelband mit ausgeprägter Aktualität der gesamten Breite des Themenfeldes künstliche Intelligenz und deckt mit den verschiedenen Beiträgen ein umfangreiches Spektrum der zahlreichen methodischen, technischen, betriebswirtschaftlichen, juristischen und ethischen Facetten ab. Die Beiträge widmen sich in einem Grundlagenteil zunächst den diversen Themenbereichen der künstlichen Intelligenz, bevor weiterführende Aufsätze sich vor allem dem Einsatz von KI in Unternehmen zuwenden. Schließlich präsentiert der dritte Teil verschiedene Anwendungsfälle von KI in Unternehmen.

Das Ziel des vorliegenden Bandes besteht darin, eine Brücke zwischen Theorie und Praxis zu schlagen und somit die akademische Debatte mit realen, unternehmerischen Fragestellungen zu verbinden. Den Herausgebern ist es gelungen, zahlreiche renommierte Autoren mit Beiträgen zu ihren jeweiligen Fachgebieten zu gewinnen. Dadurch gewinnt das Werk an inhaltlicher Tiefe und thematischer Breite und leistet nicht nur wertvolle Impulse für die wissenschaftliche Diskussion, sondern bietet darüber hinaus wertvolle Entscheidungsgrundlagen für Unternehmen, die der Analyse und Nutzbarmachung von Daten für das eigene Geschäft einen hohen Stellenwert einräumen.

Ich wünsche den Lesern bei der Lektüre viel Vergnügen und bin mir sicher, dass sie einen hohen Erkenntnisgewinn daraus ziehen werden.

Prof. Dr. Peter Gluchowski
Herdecke, im Oktober 2025

1 KI ist alles und alles ist KI

Uwe Haneke · Michael Zimmer · Stephan Trahasch

1.1 Künstliche Intelligenz als Schlüsseltechnologie und Katalysator

Künstliche Intelligenz (KI) hat sich von einem Nischenthema der Informatik zu einer Schlüsseltechnologie entwickelt, die allgegenwärtig in unserem Alltag, in der Wirtschaft und in der gesamten Gesellschaft präsent ist. Die Aussage »KI ist alles und alles ist KI« beschreibt treffend die zunehmende Durchdringung aller Lebens- und Arbeitsbereiche durch künstliche Intelligenz. Dabei geschehen der Wandel und die Durchdringung mit einer bis dato ungeahnten Geschwindigkeit und ein Ende ist nicht abzusehen. Die Veröffentlichung von OpenAIs ChatGPT im November 2022 hat den Zugang zu KI revolutioniert und die Technologie einer breiten Masse zugänglich gemacht. Damit hat auch eine neue Ära bei der Verwendung von KI in Unternehmen begonnen. Mit weitreichenden Folgen, die wir in letzter Konsequenz noch nicht kennen, befinden wir uns doch eigentlich noch immer auf dem Weg in das oder auch durch das KI-Zeitalter. *AI at your fingertips* – und doch wissen wir heute noch nicht, welche Entwicklungen durch Forschung und Innovation tatsächlich möglich sein werden. Ist eine Artificial General Intelligence (AGI) überhaupt erreichbar, wovor einige Kritiker warnen, oder bleibt sie ein von Marketing und Verkaufszahlen befeuertes Schlagwort ohne Substanz? Letztlich gibt es jede Menge offene Fragen rund um das Thema künstliche Intelligenz und gerade darin liegt die Spannung und die Faszination dieses Themas.

Währenddessen treiben Unternehmen die Entwicklung neuer KI-Tools und ihren Einsatz weiter voran. Kaum eine Branche, die noch ohne KI auskommt. Kaum ein Werkzeug, das nicht neue KI-Features enthält. Die Entwicklung von KI-Technologien schreitet in den letzten Jahren exponentiell voran – von regelbasierten Systemen über maschinelles Lernen bis hin zu tiefen neuronalen Netzen. Sprachmodelle wie GPT, Bildgeneratoren, leistungsfähigere Roboter oder autonom handelnde KI-Agenten zeigen diese Entwicklung. Diese Technologien ermöglichen nicht nur eine fortschreitende Automatisierung, sondern bewältigen zunehmend auch kreative und strategische Aufgaben, die früher ausschließlich Menschen vorbehalten waren. Eine Webapplikation entsteht heute ohne Programmierkenntnisse durch Vibe-Coding-Angebote. Dashboards mit den wichtigsten KPIs des Unternehmens entstehen ohne die IT-Abteilung. Auch die Einleitung zu diesem Buch zu schreiben, wäre vermutlich kein Problem gewesen. Die Ergebnisse, die die KI liefert, sind heute zwar noch nicht perfekt. Was aber außer Frage steht, ist, dass der Produktivitätszuwachs erheblich steigt, wenn in die Ausbildung und AI Literacy der Knowledge Worker investiert wird. In den nächsten Jahren werden wir eine Vielzahl neuer, praxisnaher KI-Anwendungen in Unternehmen sehen.

Auch im Bereich *Business Analytics* verändert KI die Art und Weise, wie Unternehmen Daten nutzen, grundlegend. Anders als klassische BI-Tools, die vor allem auf historische Daten und statische Berichte setzen, ermöglicht KI eine dynamische, prädiktive und sogar präskriptive Analyse. *Maschinelles Lernen* (ML) erkennt Muster in großen Datenmengen, die für den Menschen kaum sichtbar wären, und liefert fundierte Prognosen für Absatz, Nachfrage oder Kundenverhalten. *Natural Language Processing* (NLP) vereinfacht Datenabfragen in natürlicher Sprache, was die Zugänglichkeit für Fachabteilungen erhöht. KI-gestützte Dashboards passen sich automatisch an neue Daten an und liefern kontextbezogene Handlungsempfehlungen. So wird aus Daten nicht nur Information, sondern echte Entscheidungsintelligenz – ein wesentlicher Wettbewerbsvorteil in datengetriebenen Märkten.

Doch so rosig der KI-Himmel auch strahlt, die Realität sieht oft anders aus und der Weg zum Einsatz von KI oder zu neuen Funktionalitäten und ihrer Nutzung im Unternehmen kann sehr steinig sein. Ob es sich nun um Halluzinationen generativer KI, Urheberrechtsverletzungen beim Training oder um falsche Erwartungen handelt, Kristina McElheran vom MIT stellt fest:

> *»The narrative is that AI is everywhere all at once, but the data shows it's harder to do than people seem interested in discussing. […] The digital age has arrived, but it has arrived unevenly« (zitiert nach [Eastwood 2024]).*

Die Geschichte der KI, die in den 1950er-Jahren begann, war immer wieder von sogenannten *KI-Wintern* geprägt. Die Entwicklung verlief in Wellen, bei denen sich Phasen der Euphorie mit solchen der Ernüchterung und erneuter Innovation abwechselten. Aktuell ist die Fortschrittsgeschwindigkeit im Bereich KI extrem hoch und es hat manchmal den Anschein, als werde KI heute nur noch von fehlenden Chips und dem Zugang zu Energie gebremst. Beinahe wöchentlich übertrumpfen sich die Anbieter mit immer besseren Modellen. Die von den großen Tech-Konzernen aufgebrachten Investitionsmittel haben dabei ein Volumen erreicht, das schwindelerregend wirkt. Zudem scheinen es diese Summen kaum zuzulassen, dass innovative kleine Unternehmen in den Markt eindringen können. Dennoch zeigen Beispiele wie DeepSeek, dass die Größe von KI-Modellen allein nicht ausschlaggebend ist. Hier liegen Chancen für Unternehmen in Europa und insbesondere in Deutschland. In Branchen wie Maschinenbau und Elektrotechnik ist die deutsche Wirtschaft nach wie vor führend und viele Hidden Champions verfügen für hoch spezialisierte industrielle Anwendungen über ein tiefes Wissen und hoch entwickelte Produktionsprozesse. Für Deep-Tech-Unternehmen und Hidden Champions kann die Verbindung dieser traditionellen

Stärken mit KI eine große Chance zur Weiterentwicklung des Geschäftsmodells und zur Sicherung der Wettbewerbsfähigkeit darstellen.

Die schnelle Entwicklung stellt Unternehmen, die KI in ihrer Wertschöpfung einsetzen wollen, vor große Herausforderungen. Sie benötigen geeignete Strategien, die eine schnelle Nutzung von KI ermöglichen, ohne dass es dabei zu Lock-in-Effekten kommt.

Sei es bei der Nutzung neuer KI-Anwendungen oder bei der Integration von KI in bestehende Systeme, in vielen Fällen führt diese rasante technologische Entwicklung zu einer Transformation nicht nur im einzelnen Unternehmen, sondern auch in ganzen Branchen. Die KI-getriebene Disruption verändert traditionelle Geschäftsmodelle. Die technologische Entwicklung ist dabei nicht nur ein Fortschritt, sondern auch ein Katalysator für tiefgreifende gesellschaftliche und wirtschaftliche Veränderungen, deren Auswirkungen oft heute noch gar nicht absehbar sind.

Dies betrifft nicht zuletzt die Frage, ob KI den Menschen tatsächlich ersetzen wird oder ob KI eher als eine Ergänzung, ein zusätzliches Werkzeug zu sehen ist. Letztlich geht es dabei um die Zukunft der Arbeit. Klar ist: Viele Tätigkeiten werden sich verändern. Routinetätigkeiten werden automatisiert, während kreative, soziale und strategische Fähigkeiten an Bedeutung gewinnen. KI wird zunehmend zum »Kollegen«, der unterstützt, analysiert und Vorschläge macht. Für Anwender und Unternehmen ist es entscheidend, die Grenzen von KI zu erkennen, sie zu verstehen und geeignete Handlungsoptionen für den Umgang damit zu entwickeln. Halluzination und Fehler sind bei der Anwendung von generativer KI aktuell keine Ausnahme, sondern ein häufiges Problem. Deshalb sehen wir hier auch häufig einen Ansatz mit dem »Human in the loop«, bei dem der Mensch am Ende unterstützt von der KI entscheidet. Aber: Wie lange bleibt das noch die vorherrschende Strategie beim Einsatz von KI? Schon jetzt besteht einerseits die Gefahr von Arbeitsplatzverlusten, insbesondere in Bereichen mit hohem Automatisierungspotenzial. Andererseits bietet KI aber auch die Chance, einem demografischen Wandel zu begegnen und zu erwartende Engpässe auf dem Arbeitsmarkt zu entschärfen.

Dieses Buch vermittelt relevante Grundlagen und beleuchtet unterschiedliche Facetten rund um das Thema der künstlichen Intelligenz im Unternehmenskontext. Konkrete Fallbeispiele zeigen die Möglichkeiten und Potenziale von KI. Damit soll die Schnittstelle zwischen Theorie und Praxis, zwischen Modellentwicklung und Anwendung näher beleuchtet werden.

1.2 Aufbau des Buches

Nach dieser Einleitung gliedert sich das Buch in drei Teile.

Teil I »Grundlagen« vermittelt die Grundlagen der unterschiedlichen KI-Technologien. Er beginnt mit Machine Learning (Kap. 2), gefolgt von Natural Language Processing (Kap. 3) und Computer Vision (Kap. 4). Die Grundlagen der KI und Robotik schließen diesen Teil ab (Kap. 5).

Teil II »Weiterführende Konzepte« widmet sich der Frage, wie KI im operativen Betrieb auf- und eingesetzt werden kann. Zunächst wird die Operationalisierung von KI-Systemen betrachtet (Kap. 6). Anschließend werden angepasste Vorgehensmodelle für KI-Projekte vorgestellt, die über die klassische Softwareentwicklung hinausgehen (Kap. 7). Da Daten in diesen KI-Projekten eine zentrale Rolle spielen, behandeln wir die Datenvorbereitung in Kapitel 8 gesondert. Auch die Organisation von KI im Unternehmen (Kap. 9) sowie neue Geschäftsmodelle (Kap. 10) werden beschrieben. Im Anschluss hinterfragen wir, inwieweit die neuen Modelle und Ansätze tatsächlich zu einer Wertschöpfung im Unternehmen beitragen (Kap. 11). Der zweite Teil des Buches befasst sich zudem mit wichtigen Querschnittsthemen im KI-Umfeld. Zum einen stellt sich die Frage nach den Notwendigkeiten und den Möglichkeiten der Regulierung von KI. Der EU AI Act, das erste umfassende Gesetz weltweit zur Regulierung für den Einsatz von KI, wird in Kapitel 12 kritisch analysiert – unter besonderer Berücksichtigung der grundlegenden Rechtsprinzipien. Doch nicht nur die Rechtswissenschaften sind mehr und mehr gefragt, wenn es um künstliche Intelligenz geht. In Kapitel 13 werden unter dem Titel »Verantwortung und Erkenntnis« ethische und moralische Gesichtspunkte bei der KI-Nutzung diskutiert – ein Themenkomplex, der angesichts zunehmend leistungsfähiger KI-Werkzeuge, besonders in der Bild- und Filmgenerierung, immer relevanter wird. Fragen zu Transparenz, Fairness, Datenschutz und Verantwortung stehen dabei im Mittelpunkt. Kapitel 14 stellt schließlich die Zukunft der Arbeit in den Mittelpunkt und diskutiert zum Abschluss des zweiten Teils des Buches die Frage, ob KI eher als Kollege oder doch als Konkurrent gesehen wird.

Teil III »Anwendungsfälle aus der Praxis« wendet sich der praktischen Anwendung künstlicher Intelligenz zu. In unterschiedlichen Fallstudien werden Einsatzszenarien von KI vorgestellt. Was wird wo bereits eingesetzt? Wie sind die Erfahrungen und was die Erkenntnisse? Die Bandbreite reicht von der Versicherungsbranche (Kap. 15) über die Bundesbank (Kap. 16) und Energiewirtschaft (Kap. 17) bis hin zum Anlagenbau (Kap. 18) oder der öffentlichen Verwaltung (Kap. 19). Zusätzlich werden KI-Anwendungen im Klimaschutz (Kap. 20) und in der Robotik (Kap. 21) präsentiert.

»KI ist alles und alles ist KI« ist keine Übertreibung, sondern beschreibt treffend eine Realität, in der künstliche Intelligenz zunehmend zur treibenden Kraft von Innovation und Transformation wird. Unternehmen müssen sich strategisch und technologisch, aber auch ethisch und regulatorisch auf diese Entwicklung einstellen. Das vorliegende Buch möchte dazu anregen, KI bewusst einzusetzen, und bietet zugleich eine praxisorientierte Hilfestellung für ihren erfolgreichen Einsatz in Unternehmen.

Teil I

Grundlagen

2 Maschinelles Lernen

Dennis Janka

Hinter den Leistungen aktueller KI-Systeme steht vor allem eine Technik, die seit den 1960er-Jahren unter dem Namen maschinelles Lernen (ML) entwickelt wurde und nach wie vor Gegenstand aktueller Forschung ist. In diesem Kapitel stellen wir die Grundkonzepte des maschinellen Lernens vor und geben einen Überblick über die für KI relevantesten Teilgebiete. Das Kapitel bildet die Grundlage für die Kapitel über Natural Language Processing, Computer Vision und Robotik und KI.

2.1 Einleitung

Beim maschinellen Lernen geht es darum, mithilfe von Computern *Modelle* zu identifizieren (zu »lernen«), die zunächst empirische Daten akkurat beschreiben und dann Vorhersagen für neue, ähnliche Situationen treffen können. Mithilfe dieses Vorgehens können Computer z. B. Objekte in Bildern lokalisieren, natürliche Sprache erkennen, bei der Diagnose von Krankheiten helfen oder Verkaufszahlen für ein Produkt vorhersagen – und zwar oft besser als herkömmliche, regelbasierte Computerprogramme es können. Das Vorgehen bezeichnet man auch als *Supervised Learning* (überwachtes Lernen) und ist die am weitesten verbreitete Art von maschinellem Lernen.

Das Vorgehen kann erweitert werden, indem man Modelle identifiziert, die nicht nur beschreiben und vorhersagen, sondern auch Entscheidungen treffen können, indem sie Entscheidungen und Strategien, die in der Vergangenheit gut waren, auf neue Situationen anwenden. Diese Form des maschinellen Lernens, das sogenannte *Reinforcement Learning* (bestärkendes Lernen), wurde vor allem durch Systeme bekannt, die Schach, Go oder Computerspiele auf höchstem Niveau spielen können [Silver et al. 2018; Vinyals et al. 2019], es kommt aber auch bei regelungstechnischen Systemen wie Robotern [Tang et al. 2025] und vermehrt auch beim Training von Sprachmodellen zum Einsatz [Guo et al. 2025; Kumar et al. 2024].

Beide Arten von maschinellem Lernen haben Folgendes gemeinsam: Sie lernen aus Daten und sind bei bestimmten Anwendungen klassischen, regelbasierten Computerprogrammen deutlich überlegen, vor allem dann, wenn die Beschreibung eines Problems mit formalen Regeln schwierig bis unmöglich ist.

2.2 Supervised Learning

Wir illustrieren das Vorgehen beim maschinellen Lernen anhand eines anschaulichen Beispiels. Nehmen wir an, wir möchten ein System bauen, das Äpfel von Orangen unterscheiden kann. Dazu beschreiben wir zunächst die Gegenstände, für die wir Vorhersagen treffen möchten (hier also Äpfel und Orangen), in einer mathematisch zugänglichen Form, nämlich als Vektor von Zahlen. Wir nehmen an, wir hätten zu einer Frucht die beiden folgenden Informationen:

- Gewicht in Gramm
- Farbe als Abstand zum Referenzfarbton »Orange«, von 0 = sehr orange bis 1 = sehr verschieden von orange

Diese beiden Dimensionen nennen wir *Merkmale* oder *Features*. Als Nächstes benötigen wir Beispiele, bei denen wir sowohl Gewicht und Farbton als auch die Kategorie (Apfel oder Orange) kennen (also das, was eigentlich vorhergesagt werden soll). Dies bezeichnet man als *Trainingsdaten*, aus denen das System Regeln für die Vorhersagen lernen wird. Die Information, ob ein Gegenstand in den Trainingsdaten ein Apfel oder eine Orange ist, bezeichnet man als *Label*.

In den Trainingsdaten sind Orangen tendenziell etwas leichter und oranger als Äpfel. Durch die Repräsentation mittels zweier Zahlen können wir jede Frucht nun als einen Punkt in einem zweidimensionalen Koordinatensystem auffassen, dem sogenannten *Feature-Raum* (siehe Abb. 2.1).

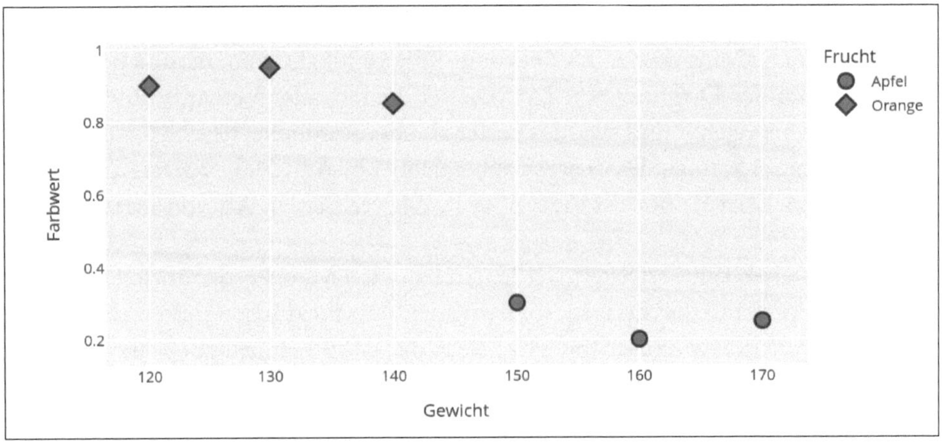

Abb. 2.1 *Repräsentation von sechs Früchten im zweidimensionalen Feature-Raum*

Das ursprüngliche Problem, Äpfel von Orangen zu unterscheiden, ist nun zu einem rein geometrischen geworden: Man sucht eine Linie oder Kurve, sodass alle Äpfel auf einer Seite liegen und alle Orangen auf der anderen Seite. Je nachdem, welche Art von Kurven dabei zugelassen wird, kann die Kurve durch einige wenige Parameter repräsentiert werden. Betrachtet man z. B. nur Geraden, sind dies die beiden Parameter Steigung und Achsenabschnitt. Das Ermitteln dieser Parameter wird als *Modelltraining* bezeichnet. Wie Modelle trainiert werden, wird in Abschnitt 2.2.3 »Mathematisches Framework« näher erläutert.

Abbildung 2.2 zeigt, wie eine Gerade den gesamten Raum in einen »Apfel-Bereich« und einen »Orangen-Bereich« teilt. Mithilfe der gelernten Geraden können beliebige Beispiele, für die Farbe und Gewicht gegeben sind, nun als »Äpfel« oder »Orangen« klassifiziert werden. Das Modell ist also eine Rechenregel, die einer *Eingabe* (Feature-Repräsentation eines Apfels oder einer Orange) eine *Ausgabe* (Klasse »Apfel« oder »Orange«) zuordnet.

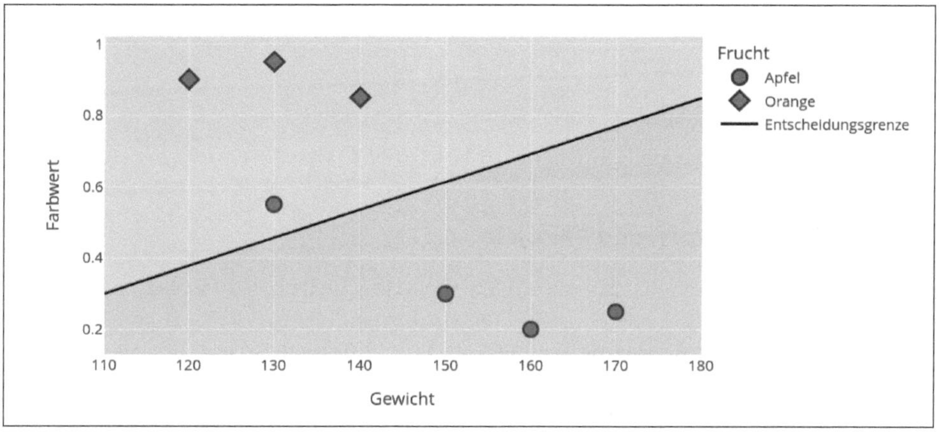

Abb. 2.2 *Zweidimensionaler Feature-Raum mit linearer Entscheidungsgrenze*

Natürlich kann das Modell auch falsch liegen: Ein relativ leichter Apfel, der noch hinreichend orange ist, wird vom Modell fälschlicherweise als Orange klassifiziert, wie im Beispiel der Punkt (130, 0,55). Das wird insbesondere dann der Fall sein, wenn leichte, orangefarbene Äpfel nicht Teil der Trainingsdaten waren.

2.2.1 Grundlegende Konzepte

Wir fassen die folgenden zentralen Konzepte des maschinellen Lernens zusammen, die im vorhergehenden Beispiel illustriert wurden:

1. Objekte, für die Vorhersagen getroffen werden sollen, müssen als (Feature-)Vektoren vorliegen. Wie gegebene Objekte (z. B. Texte) als Vektoren dargestellt werden, ist keineswegs eindeutig, hat unter Umständen aber einen großen Einfluss auf die Güte des Modells.
2. Ein *Modell* im Kontext des maschinellen Lernens ist eine mathematische Funktion, also vereinfacht gesagt eine Input-Output-Relation, die einen Feature-Vektor auf eine Zahl oder eine Klasse abbildet.
3. *Lernen* bedeutet in diesem Kontext, Werte für die Parameter des Modells (im Beispiel die Steigung und der Achsenabschnitt einer Geraden) zu bestimmen.

4. Für das Modelltraining benötigt man Trainingsdaten, also Beispiele, bei denen das, was vorhergesagt werden soll, bereits bekannt ist.
5. Modelle sind in der Regel nicht perfekt und können auch falsche Vorhersagen treffen. Die Güte eines Modells hängt vom Zusammenspiel der verfügbaren Daten, der verwendeten Modelle und des Vorgehens beim Modelltraining ab.

Das im Beispiel beschriebene Vorgehen ist universell, d. h., es kommt bei allen Problemen des Supervised Learning zum Einsatz. Wir halten folgende Schritte für den Einsatz von Supervised Learning fest:

1. Datensammlung
2. Feature-Design
3. Modelltraining
4. Modellvalidierung (Feststellung der Güte des Modells)
5. Anwendung des Modells auf neue, unbekannte Daten

2.2.2 Problemtypen und Beispiele

Im Allgemeinen unterscheidet man im Supervised Learning zwischen *Klassifikationsproblemen* und *Regressionsproblemen*. Das Äpfel-Orangen-Beispiel ist ein Beispiel für ein *binäres Klassifikationsproblem*, da die Aufgabe darin besteht, Beispiele in eine von zwei Klassen einzuteilen, die üblicherweise durch die Zahlen 0 und 1 codiert werden. Gibt es mehr als zwei Klassen, codiert man diese als Vektor, in dem genau derjenige Eintrag 1 ist, der die entsprechende Klasse repräsentiert. Das folgende Beispiel zeigt die Vektoren, wenn die Klassen Apfel, Orange und Banane sind:

$$\text{Apfel} = \begin{pmatrix} 1 \\ 0 \\ 0 \end{pmatrix}, \text{Orange} = \begin{pmatrix} 0 \\ 1 \\ 0 \end{pmatrix}, \text{Banane} = \begin{pmatrix} 0 \\ 0 \\ 1 \end{pmatrix}$$

Bei Regressionsproblemen wird statt der Zahlen 0 und 1 eine beliebige reelle Zahl oder ein Vektor von reellen Zahlen vorhergesagt. In jedem Fall lässt sich jedes Supervised-Learning-Problem als Suche nach einer Funktion f formulieren, die einen (Feature-)Vektor x auf eine Vorhersage y abbildet, also schematisch:

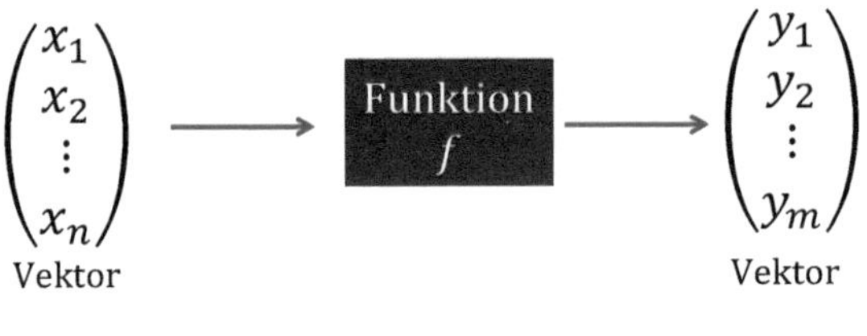

Bevor wir uns näher mit der Frage beschäftigen, wie die Funktion f mathematisch aussehen kann und wie sie gelernt wird, betrachten wir einige Beispiele, die sich im Lichte der obigen Funktionen-Betrachtung als Supervised-Learning-Probleme formulieren lassen (siehe Tab. 2.1).

Anwendung	**Eingabevektor *x* (Features)**	**Ausgabevektor *y* (Label)**	**Problemtyp**
Spam-Filter	Häufigkeit bestimmter Wörter, Header-Daten	Spam oder kein Spam	Klassifikation
Bilderkennung	Farbwerte aller Pixel des Bildes	Welches Objekt ist im Bild zu sehen?	Klassifikation
Betrugserkennung bei Kreditkarten-transaktionen	Ort, Betrag, Verkäufer, vergangene Transaktionen	Transaktion: Betrug oder legitim	Klassifikation
Spracherkennung	Audiospektrogramm	Gesprochene Wörter	Klassifikation
Autovervollständigung	Die letzten *n* Wörter	Das nächste Wort	Klassifikation
Absatzprognose für ein Produkt	Absatzdaten aus der Vergangenheit, wirtschaftliche Kennzahlen, Saisonalität	Anzahl verkaufter Einheiten	Regression
Vorhersage von erneuerbaren Energien	Wettervorhersagen, Anlagendaten	Stromproduktion in einer bestimmten Stunde	Regression
Soft-Sensor in der Prozessindustrie	Aktuelle Messwerte für Messgrößen A, B, C	Messwert von Messgröße D	Regression
Preisvorhersage einer Wohnung	Größe, Anzahl Zimmer, Stadtteil, Ausstattung	Monatliche Miete	Regression

Tab. 2.1 *Anwendungsbeispiele für Supervised Learning*

Tabelle 2.1 zeigt nur einen kleinen Ausschnitt der durch das Input-Output-Paradigma ermöglichten Anwendungen. Es sei allerdings auch erwähnt, dass neben den bereits genannten Details der Umsetzung – wie z. B. die Überführung vorhandener Informationen, die als Text vorliegen, in einen Vektor aus Zahlen – weitere Eigenschaften erforderlich sind, damit eine Anwendung, die zwar theoretisch mit Supervised Learning bearbeitet werden kann, auch praktisch erfolgreich sein kann. Vor allem im Bereich der zur Verfügung stehenden Daten sind folgende Aspekte zentral:

1. Aus den verfügbaren Daten müssen sich aussagekräftige Features ableiten lassen. Das bedeutet, dass möglichst viele Informationen, die mit der Ausgabegröße zusammenhängen, auch tatsächlich als Daten erfasst werden.
2. Die verfügbaren Trainingsdaten müssen repräsentativ für die Daten sein, auf die das Modell in Zukunft angewendet wird. Das betrifft zum einen die Anzahl der Trainingsbeispiele und ihre Diversität. Zum anderen muss aber auch eine mögliche Verteilungsverschiebung beachtet werden. Ein Beispiel hierfür ist der

Strompreismarkt, der in den letzten Jahren derart großen Veränderungen unterlegen war, dass zwar viele Daten verfügbar sind, die jedoch nur bedingt für den heutigen oder zukünftigen Markt aussagekräftig sind.

2.2.3 Mathematisches Framework

Im Folgenden erläutern wir kurz, wie das Lernen der Funktion f aus Daten funktioniert. Es gibt eine Reihe von Modellen im Supervised Learning, die auf unterschiedlichen Typen von Modellfunktionen basieren. Beispielhaft seien hier folgende genannt:

- Lineare Regressionsmodelle basieren auf linearen Funktionen oder Polynomen.[1]
- Baumbasierte Methoden wie Random Forests oder Gradient Boosting Machines basieren auf Entscheidungsbäumen (stückweise konstante Funktionen).
- Neuronale Netze sind Funktionen mit typischerweise einer großen Anzahl an Parametern und Flexibilität. Sie sind durch biologische Nervenzellen inspiriert.[2]

Sie alle haben unterschiedliche Charakteristika und sind für unterschiedliche Probleme geeignet. Den neuronalen Netzen kommt dabei eine besondere Bedeutung zu, die wir in Abschnitt 2.3 ausführlich besprechen.

Allen Modellen gemeinsam ist, dass ihre Güte mittels einer *Lossfunktion* (Verlustfunktion) bewertet wird. Eine Lossfunktion $\ell(f(x), y)$ quantifiziert den Fehler einer Modellvorhersage $f(x)$, wenn das Label, also der tatsächliche Wert, y ist. Gebräuchliche Lossfunktionen sind etwa:

- Quadratischer Fehler: $\ell\left(f\left(x\right), y\right) = \left(f\left(x\right) - y\right)^2$
- Absoluter Fehler: $\ell\left(f\left(x\right), y\right) = \left|f\left(x\right) - y\right|$
- Kreuzentropie (für Klassifikation): $\ell\left(f\left(x\right), y\right) = -\sum_{k=1}^{K} y_k \log f\left(x\right)_k$

Daneben kommen noch viele weitere, anwendungsspezifische Lossfunktionen zum Einsatz. Ihnen allen ist gemeinsam, dass gilt: Je höher der Wert von $\ell(f(x), y)$, desto schlechter stimmt die Vorhersage $f(x)$ mit dem echten Wert y überein.

Ausgestattet mit diesem Mechanismus, um für ein gegebenes Modell mit Modellparametern w (dies entspricht Achsenabschnitt und Steigung im Beispiel aus Abschnitt 2.2.1 »Grundlegende Konzepte«) den Fehler zu berechnen, können wir nun das inverse Problem formulieren: Wie müssen die Parameter w eines Modells gewählt werden, sodass das Modell möglichst gute Vorhersagen macht und der erwartete Loss also möglichst klein ist? Mathematisch formuliert sieht dies wie folgt aus:

---

1. Eine einführende Darstellung aller drei Modelltypen finden Sie in [Watt et al. 2020].
2. Eine fundierte Darstellung der Grundlagen neuronaler Netze sowie moderner Architekturen finden Sie in [Bishop & Bishop 2024].

$$\min_{w} \mathrm{E}\left[\ell\left(f\left(x\right), y\right)\right]$$

Dabei bezeichnet E hier den Erwartungswert, vereinfacht gesagt also den Durchschnitt über sehr viele denkbare Beispiele (x, y). Die Formulierung hat jedoch den Nachteil, dass sie praktisch nicht berechenbar ist: Sie beinhaltet nämlich alle theoretisch möglichen Feature-Label-Kombinationen, für die das Modell im Laufe seines Lebens eine Vorhersage treffen könnte. Deshalb kommen hier die Trainingsdaten ins Spiel, also die Daten, für die man die Labels y zu gegebenen Features x schon kennt. Man approximiert den Erwartungswert (über alle möglichen Beispiele) durch den Mittelwert über N Trainingsbeispiele:

$$\min_{w} \mathrm{E}\left[\ell\left(f\left(x\right), y\right)\right] \approx \frac{1}{N} \sum_{i=1}^{N} \ell\left(f\left(x_i\right), y_i\right)$$

Dieses Problem löst man durch geeignete Suchverfahren, sogenannten *Optimierungsverfahren*. Im Ergebnis erhält man ein Modell, das für bekannte Daten $(x_i; y_i)$, $i = 1, ..., N$ besonders gute Vorhersagen machen kann. In Abbildung 2.3 sehen wir verschiedene Beispiele von optimierten Modellen für ein Beispiel mit einem Feature, für das eine reelle Zahl (y-Achse) vorhergesagt wird. Das flache neuronale Netz besteht aus einer verdeckten Schicht mit fünf Neuronen, das tiefe neuronale Netz aus drei Schichten mit je 20 Neuronen.

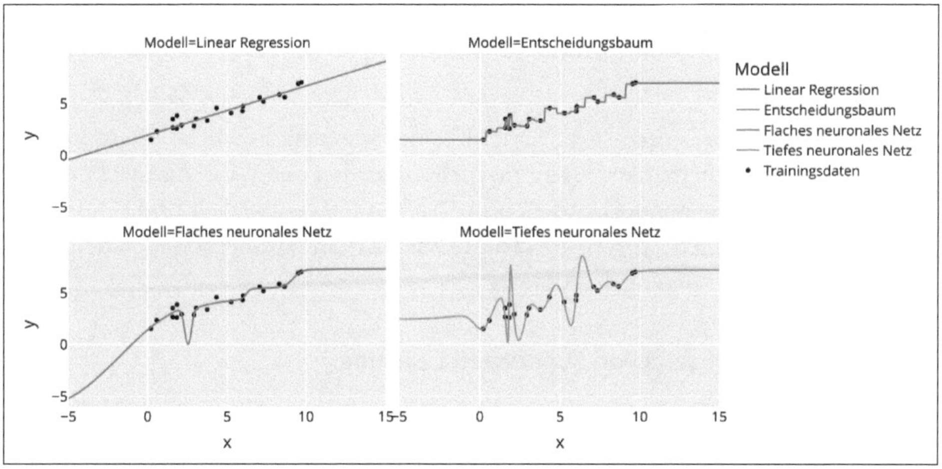

Abb. 2.3 *Vier verschiedene Modelle, die auf den gleichen Trainingsdaten trainiert wurden*

Die Schwäche dieses Ansatzes ist klar: Indem man Modelle trainiert, die die Vergangenheit besonders gut vorhersagen können, ist keineswegs sichergestellt, dass dies auch für zukünftige Daten der Fall ist. Die zu starke Spezialisierung auf Trainingsdaten und der damit einhergehende Performance-Abfall auf unbekannten Daten nennt man *Overfitting*. Diesem grundlegenden Problem beim Lernen aus Daten muss durch eine geeignete Wahl der Modellfunktion, der Lossfunktion sowie des verwendeten Optimierungsverfahrens entgegengewirkt werden. So sind Funktionen mit wenigen Parametern, wie z. B. lineare Funktionen, weitaus weniger anfällig für Overfitting als solche mit vielen Parametern wie etwa neuronale Netze.

Als Schätzung dafür, wie gut das Modell generalisiert, also auf unbekannten Daten gute Vorhersagen macht, verwendet man oft einen *Test-* oder *Validierungsdatensatz*. Für diesen sind, wie für die Trainingsdaten, die Labels bekannt. Im Gegensatz zu den Trainingsdaten wird dieser Datensatz aber absichtlich nicht für das Training verwendet.

Ein weiteres Problem ist die Verteilungsverschiebung. Das bedeutet, dass die Trainingsdaten unter anderen Rahmenbedingungen erhoben wurden als die Daten, die das Modell in Zukunft verarbeitet, was zu einer schlechten Performance führen kann. Eine Verteilungsverschiebung lässt sich zwar nicht vollständig verhindern, sollte aber bei der Auswahl der Daten sowie bei der Abschätzung der zukünftigen Performance berücksichtigt werden.

Das mathematische Framework des Supervised Learning lässt sich wie folgt zusammenfassen:

1. Definiere die Aufgabe als parametrisierte Funktion.
2. Beschaffe Trainingsdaten, für die sowohl Input als auch Output bekannt sind.
3. Lerne die Funktionsparameter, indem versucht wird, die Trainingsdaten möglichst gut vorherzusagen, d. h., indem eine Lossfunktion minimiert wird.
4. Schätze die Güte auf unbekannten Daten (Generalisierungsfehler) durch Evaluation der Vorhersagen auf dem Testdatensatz.
5. Benutze das resultierende Modell, um Vorhersagen für neue, unbekannte Daten zu machen.

Dieses Vorgehen des Lernens aus Daten ist keineswegs neu: Es wurde bereits im Jahr 1801 von dem Mathematiker Carl Friedrich Gauss bei der Wiederentdeckung des Zwergplaneten Ceres aus vorhandenen Beobachtungen entwickelt und gehört seitdem unter dem Namen *Ausgleichsrechnung* zu den Standardmethoden in den Ingenieurwissenschaften [Krengel 2006].

2.2.4 Lernen abseits von Supervised Learning

Häufig werden neben dem Supervised Learning auch das *Unsupervised Learning* und das *Reinforcement Learning* als »Arten des Lernens« genannt. In diesem Abschnitt gehen wir vor allem auf Supervised Learning und Reinforcement Learning (siehe Abschnitt 2.4 »Reinforcement Learning«) ein. Unsupervised Learning unterscheidet sich vom Supervised Learning vor allem dadurch, dass keine Labels benötigt werden oder Labels für eine Aufgabe selbst generiert werden können (sogenanntes *Self-Supervised Learning*). Unsupervised Learning kann für verschiedene Aufgaben wie die Cluster-Analyse, Anomalieerkennung, Dimensionsreduktion bis hin zu gewissen Arten von Empfehlungsdiensten eingesetzt werden (siehe z. B. [Géron 2019] oder [James et al. 2023]). In vielen Bereichen des Unsupervised Learning entspricht das mathematische Framework jedoch dem des Supervised Learning: Man versucht, mithilfe einer Lossfunktion Funktionen aus Daten zu approximieren. Viele Unsupervised-Learning-Techniken werden deshalb oft als Teil- oder Vorverarbeitungsschritt einer Supervised-Learning-Aufgabe angesehen.

2.3 Künstliche neuronale Netze und Deep Learning

In dem Äpfel-Orangen-Beispiel zur Klassifikation wurde eine Frucht durch zwei Features (Gewicht und Farbton) repräsentiert. Diese beiden Features sind leicht interpretierbar, enthalten aber ggf. nicht alle Informationen, um Beispiele zuverlässig zu klassifizieren (wenn ein Apfel z. B. leicht und orange ist). Wenn wir als Menschen ein Bild eines Apfels oder einer Orange sehen, können wir diese normalerweise korrekt unterscheiden, ohne dass wir explizit Features daraus ableiten. Ein Bild scheint also die gesamte Information zu enthalten, die nötig ist, um die Frage »Apfel oder Orange?« korrekt zu beantworten. Allerdings enthält das Bild die Informationen in einer nicht einfach interpretierbaren Form, sondern als Ansammlung von Pixeln. Bilder, Video-, Audio- und vor allem Textdaten werden in diesem Zusammenhang auch als *unstrukturierte Daten* bezeichnet, im Gegensatz zu *strukturierten* oder *tabularen Daten*, in denen jedes Feature eine Bedeutung als Teil eines Datenmodells besitzt.

Künstliche neuronale Netze (KNN) sind eine Klasse von Funktionen, auf denen die aktuelle Generation von KI-Systemen vor allem basiert. Eine Eigenschaft von KNN ist das *Feature Learning*, also die Fähigkeit, aus hochdimensionalen, unstrukturierten Daten wie Texten oder Bildern Features zu extrahieren, auf deren Grundlage dann eine Vorhersage gemacht wird. Daher sind KNN vor allem für die Anwendungen auf Texte, Bilder und Videos geeignet.

2.3.1 Aufbau und Funktionsweise

Wie sieht ein neuronales Netz nun eigentlich aus? Ein neuronales Netz ist eine verkettete Funktion, d. h., die Ausgabe einer Teilfunktion ist die Eingabe der nächsten. Normalerweise wird ein neuronales Netz deshalb als Abfolge von mehreren Schichten dargestellt (siehe Abb. 2.4). In jedem künstlichen Neuron werden die Eingänge mit Gewichten $\boldsymbol{w}_i$ gewichtet, aufsummiert und anschließend mit einer nichtlinearen Aktivierungsfunktion transformiert und dann als Ausgabe an die nächste Schicht weitergegeben. Die Gewichte $\boldsymbol{w}_i$ werden im Modelltraining bestimmt.

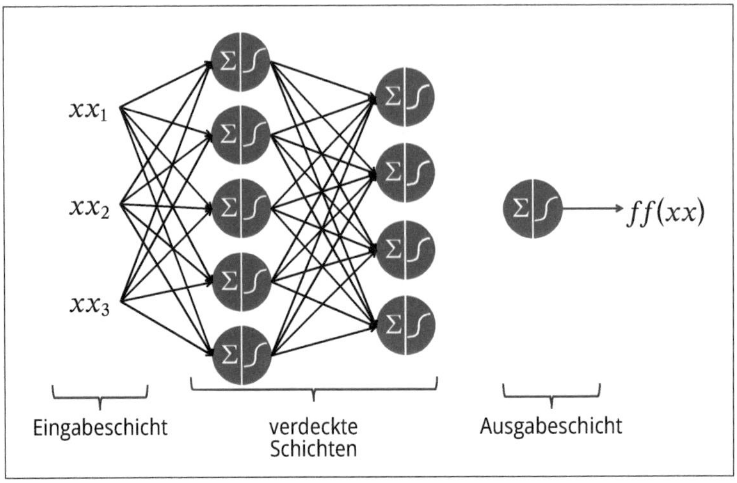

Abb. 2.4 *Beispiel für ein künstliches neuronales Netz mit zwei verdeckten Schichten*

Beginnend mit einer Eingangsschicht, deren Dimension der Dimension eines Eingabebeispiels entspricht, wird eine Eingabe mehrfach transformiert und auf eine Ausgabeschicht abgebildet, deren Dimension der Aufgabe entspricht, für die das Netz trainiert werden soll. Ein Beispiel: Es soll vorhergesagt werden, ob ein 100x100 Pixel großes Bild einen Apfel, eine Orange oder eine Banane zeigt. Die Eingabedimension beträgt 100x100x3 (Höhe x Breite x RGB-Farbkanäle), die Ausgabedimension beträgt 3 (entsprechend der in Abschnitt 2.2.2 »Problemtypen und Beispiele« beschriebenen 0/1-Codierung). Wie viele Schichten dazwischen liegen und welche mathematischen Operationen in diesen ausgeführt werden, obliegt dem Modellierenden und hängt stark von der Anwendung ab. Hier kommt ein Baukastenprinzip zum Einsatz, bei dem aus einer Vielzahl vorgefertigter, konfigurierbarer Funktionsbausteine ausgewählt werden kann. Im Laufe der Jahre haben sich bestimmte »Bausteine« für bestimmte Typen von Anwendungen etabliert, wie etwa *Faltungsschichten* (engl. *Convolutional Layer*) [Fukushima 1980] für Aufgaben auf Bilddaten, *Long-Short-Term-Memory*-Schichten [Hochreiter & Schmidhuber 1997] für Aufgaben auf sequenziellen Daten oder *Transformer* [Vaswani et al. 2017] für Text- und neuerdings auch für Bilddaten. Auch für Netzarchitekturen – also die Frage, wie viele Schichten in welcher Reihenfolge miteinander verkettet werden – gibt es häufig Best Practices, auf die man bei der Anwendung zurückgreifen kann. KNN mit vielen Schichten werden auch *tiefe KNN* genannt. Anwendungen, die tiefe KNN verwenden, bezeichnet man deshalb auch als *Deep Learning*. Einen Überblick über die wichtigsten Konzepte und Entwicklungen finden Sie bei Schmidhuber [Schmidhuber 2015] und LeCun et al. [LeCun et al. 2015].

2.3.2 Training und Vortraining

Jede Schicht eines KNN besitzt eine gewisse Anzahl an Parametern, von deren konkreten Werten die Ausgabe des Netzes abhängt. Wie bei anderen ML-Modellen auch werden passende Werte gelernt, indem versucht wird, die Trainingsdaten möglichst gut vorherzusagen, also die Lossfunktion auf den Trainingsdaten zu minimieren – mit gewissen »Sicherheitsvorkehrungen«, die dafür sorgen, dass nicht nur die vorliegenden, bereits bekannten Trainingsdaten, sondern auch neue, unbekannte Daten gut vorhergesagt werden. Der Grundalgorithmus, der sogenannte *Gradientenabstieg*, verfährt in etwa nach dem folgenden Muster:

1. Starte mit zufälligen Werten für alle Parameter w.
2. Wiederhole folgende Schritte sehr oft:
   2a) Berechne den Wert der Lossfunktion für die aktuellen Parameter w (»Vorwärtslauf«).
   2b) Berechne den *Gradienten* der Lossfunktion nach allen Parametern für die aktuellen Werte von w (»Rückwärtslauf«; hierbei werden Ergebnisse des Vorwärtslaufs verwendet).
   2c) Verbessere die Werte aller Parameter w, indem von der aktuellen Schätzung der berechnete Gradient (multipliziert mit einer Zahl α, der Lernrate) subtrahiert wird.

Der Gradient ist ein Vektor mit so vielen Einträgen, wie es Parameter gibt. Er zeigt vereinfacht gesagt, wie die einzelnen Parameter verändert werden müssen, sodass insgesamt in der Lossfunktion eine möglichst große Verbesserung zu erwarten ist. Das Vorgehen ist in Abbildung 2.5 illustriert. Die durchgehende Kurve ist durch mehrere Parameter $\boldsymbol{w}$ parametrisiert. Das Training startet mit zufälligen Parametern (oben links); Abweichung zwischen Modell (Gerade/Kurve) und Daten (Punkte) ist dementsprechend groß. Mithilfe von wiederholter Auswertung des Gradienten (Backpropagation) wird das Modell sukzessive verbessert (oben rechts, bzw. unten links). Wenn das Verfahren nicht rechtzeitig gestoppt wird, kommt es zu Overfitting (unten rechts). Das Modell beschreibt dann zwar die Trainingsdaten sehr gut, wird aber bei neuen, unbekannten Daten deutlich größere Fehler machen.

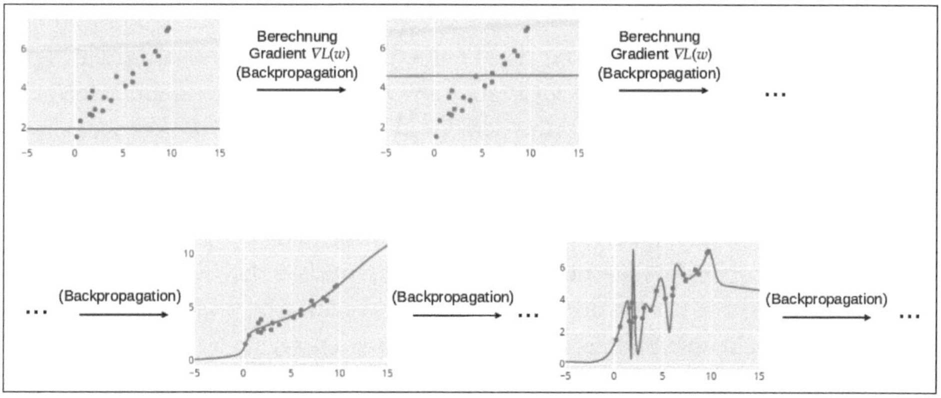

Abb. 2.5 *Beispielhaftes Vorgehen des Gradientenabstiegs*

Dieser Grundalgorithmus ist zwar sehr simpel, das Training von KNN birgt in der Praxis jedoch enorme Herausforderungen:

- Die Gesamtanzahl der Parameter in einem KNN hängt von der Dimension der Eingabe- und Ausgabedaten sowie der Art und der gewählten Konfiguration der einzelnen Schichten ab. Bei modernen Anwendungen liegt sie aber typischerweise mindestens im Millionenbereich; große Sprachmodelle haben oft mehrere Hundert Milliarden Parameter. Dementsprechend aufwendig sind der Vorwärts- und Rückwärtslauf in den Schritten 2a und 2b.
- Die Lossfunktion ist eine Summe des Loss über alle Trainingsbeispiele:
$$\frac{1}{N}\sum_{i=1}^{N}\ell\left(f\left(x_i;w\right),y_i\right).$$
Ist die Anzahl N hoch, wirkt sich das ebenfalls negativ auf die Laufzeit aus, da bei jedem Summanden $l(f(x_i; w), y_i)$ vor allem das KNN (das verbirgt sich hinter $f(x_i; w)$ und dessen Gradient ausgewertet werden müssen. Gleichzeitig ist eine große Anzahl von Trainingsbeispielen Voraussetzung dafür, dass KNN überhaupt sinnvolle Zusammenhänge lernen können.
- KNN mit vielen Schichten können zwar besonders komplizierte Aufgaben lernen, sind aber aufgrund einer mathematischen Eigenschaft – des sogenannten *Vanishing* bzw. *Exploding Gradient Problem* – schlecht für den Gradientenabstieg geeignet. Das heißt, das Verfahren findet unter Umständen keine guten Parameterwerte und die Modellvorhersagen sind ungenau.

All diese Umstände haben dazu geführt, dass es seit der ersten Entdeckung mehrere Jahrzehnte gedauert hat, bis tiefe KNN die zentrale Rolle erlangten, die sie heute haben. Die Antwort auf Punkt 1 war die Entwicklung des *Backpropagation-Algorithmus* [Werbos 1982] und seine effiziente Implementierung in einfach zu bedienenden Frameworks wie TensorFlow und PyTorch. Dem zweiten Punkt wurde durch die Verfügbarkeit vieler Daten im Internetzeitalter sowie durch neue Hardware (Grafikkarten) begegnet.

Um die generelle Schwierigkeit der Trainierbarkeit tiefer KNN mit dem Gradientenabstieg zu überwinden, wird ein *Vortraining* eingesetzt. Damit versucht man, gute Startwerte zu erhalten und dem Gradientenabstieg so die Suche nach einem guten Modell zu erleichtern. Hierbei macht man sich die bereits erwähnte Eigenschaft der KNN, das Feature Learning, zunutze. Bereits im vielzitierten Paper von Rumelhart [Rumelhart 1986] wurde festgestellt, dass der Output einer verdeckten Schicht eines KNN eine nützliche Repräsentation der Eingangsdaten enthält, die die Klassifikation in der Ausgabeschicht vereinfacht. In tiefen KNN wird Schicht für Schicht eine Hierarchie solcher Repräsentationen gelernt [LeCun et al. 2015; Zeiler & Fergus 2013], d. h., die Informationen in den ursprünglichen Daten werden für die eigentliche Aufgabe der Vorhersage geeignet transformiert. Beim Vortraining trainiert man mehrere flache KNN (z. B. eins pro Schicht) darauf, ihre

Eingabe möglichst gut, d. h. möglichst informationserhaltend, zu komprimieren. Hierbei können sowohl für die Eingabe als auch für die Ausgabe die Trainingsbeispiele verwendet werden. Da die Labels nicht benötigt werden, handelt es sich also um *Self-Supervised Learning*. Die so gelernten Funktionsbausteine dienen als Initialisierung der einzelnen Schichten des gesamten Netzes für das eigentliche Training mit dem Gradientenabstieg. Ein effektives Vortraining hat sich als entscheidender Faktor für die Verbesserung des Trainings von tiefen KNN erwiesen. Der Physik-Nobelpreis 2024 wurde unter anderem für diesen Aspekt der Arbeit von Geoffrey Hinton vergeben [Hinton & Salakhutdinov 2006].

2.3.3 Zusammenfassung

Die Eigenschaften von Deep Learning und neuronalen Netzen lassen sich wie folgt zusammenfassen:

- Tiefe KNN sind verkettete Funktionen mit sehr vielen Parametern. Sie sind aus Funktionsbausteinen aufgebaut und bieten somit eine große Vielfalt zur Approximation vieler Supervised-Learning-Aufgaben.
- Um KNN zu trainieren, benötigt man sehr viele und diverse (gelabelte) Daten, viel Rechenleistung und ggf. auch viel Expertise, um geeignete Trainingsprotokolle zu erstellen.
- KNN lernen nützliche Repräsentationen der Eingabedaten. Das ist hilfreich, da ein KNN, das auf eine bestimmte Aufgabe trainiert wurde, mit vergleichsweise wenig Aufwand weiterverwendet werden kann, um verwandte Aufgaben auf den gleichen oder neuen (aber strukturell ähnlichen) Daten zu lernen (sogenanntes *Transfer Learning*).
- Trotz ihrer großen Erfolge in bestimmten Domänen sind KNN für viele Supervised-Learning-Aufgaben nicht geeignet. Wenn es sich um tabulare (strukturierte) Daten handelt oder relativ wenige Daten zur Verfügung stehen, werden durch Methoden wie Gradient Boosting Trees systematisch bessere Ergebnisse erzielt [Shwartz-Ziv & Armon 2022], und das bei deutlich geringerem Rechenaufwand.

2.4 Reinforcement Learning

Während sich das Supervised Learning damit beschäftigt, gute Vorhersagen zu treffen, geht es beim bestärkenden Lernen oder Reinforcement Learning darum, gute Entscheidungen zu treffen. Um gute Entscheidungen zu treffen, müssen die möglichen Auswirkungen einer Entscheidung berücksichtigt werden, entweder implizit oder explizit durch eine Vorhersage. In diesem Sinne kann Reinforcement Learning als Verallgemeinerung des Supervised Learning begriffen werden [Barto & Dietterich 2009]. Da sich beide Arten des Lernens jedoch historisch unterschiedlich entwickelt haben, sind Notation und Terminologie sehr verschieden. Wir geben in diesem Abschnitt einen kurzen Überblick über die Konzepte und die Terminologie im Reinforcement Learning sowie einige Hinweise zur Anwendung.[3]

Der Begriff Reinforcement Learning stammt ursprünglich aus der experimentellen Psychologie und beschreibt das Lernen bei Tieren, bei dem wünschenswertes Verhalten belohnt und somit verstärkt (reinforced) wird. Während frühe Algorithmen nach diesem einfachen Schema konstruiert wurden, versteht man heutzutage unter Reinforcement Learning eine größere Klasse an Verfahren.

Allgemein beschäftigt sich Reinforcement Learning mit der Lösung sequenzieller Entscheidungsprobleme, also Problemen der folgenden Form:

Entscheidung, Information, Entscheidung, Information, ...

Jedes Mal, wenn eine Entscheidung getroffen wird, entstehen Kosten oder es wird ein Gewinn erzielt (wie genau die Begriffe »Kosten« und »Gewinn« definiert werden, hängt von der Anwendung ab). Die Entscheidungen werden nach einer systematischen Vorgehensweise getroffen, die als *Policy* bezeichnet wird. Beim Reinforcement Learning geht es darum, Policies zu finden, die im Sinne der Kostenfunktion über einen Zeitverlauf hinweg gute Entscheidungen treffen, wenn noch nicht alle Informationen vorliegen.

Sequenzielle Entscheidungsprobleme begegnen uns in allen Bereichen des Lebens:

- Produktionsplanung: Wie viel Essen soll eine Kantine zubereiten, damit alle Gäste versorgt werden können, aber am Ende möglichst wenig übrig bleibt?
- Brettspiele: Welchen Zug sollte man in einer bestimmten Situation machen, um das Spiel zu gewinnen?
- Navigationssysteme: Welche Route sollte man in einer gegebenen Verkehrslage wählen, um möglichst schnell ans Ziel zu gelangen?
- Finanzmärkte: Wann sollten welche Wertpapiere ge- bzw. verkauft werden, um den Gewinn zu maximieren?
- Energie: Wann sollte man einen Batteriespeicher laden und entladen, um optimal von dynamischen Strompreisen zu profitieren?
- Autonome Roboter: Wie sollte sich ein Roboter durch eine Menschenmenge bewegen, um möglichst schnell ein Ziel zu erreichen, ohne dabei Menschen zu gefährden?
- Klinische Studien: Wie können bei klinischen Studien die Effekte von verschiedenen Behandlungsmöglichkeiten möglichst gut bestimmt werden und gleichzeitig die Gesundheit der Probanden so gut wie möglich verbessert werden?

Beim Reinforcement Learning werden Entscheidungen von einem *Agenten* getroffen, der als *Markov-Entscheidungsprozess* (engl. *Markov Decision Process*, MDP) modelliert wird. Dies unterscheidet sich von der »Sprache« des Supervised Learning.

3. Für eine Einführung der Grundkonzepte und Terminologie des Reinforcement Learning siehe [Sutton & Barto 2018]. Für einen anwendungsorientierten Ansatz siehe [Powell 2022a].

Ein MDP modelliert einen zeitlichen Prozess mit Zeitschritten $t = 1, 2, \ldots$ Die zentralen Elemente eines MDP sind:

- Action
- State
- Reward

Actions sind Entscheidungen, die zu einem bestimmten Zeitpunkt t getroffen werden. Sie können diskret sein, beispielsweise die Frage, welcher Zug beim Schach als Nächstes erfolgen soll, oder kontinuierlich, beispielsweise die Frage, mit welcher Geschwindigkeit und in welche Richtung sich ein Roboter bewegen soll.

Der *State* (dt. Zustand) s_t enthält alle Informationen, die nötig sind, um eine Entscheidung zu treffen und den Reward zu berechnen. Beispiele hier sind etwa der aktuelle Preis einer Aktie und die Vorhersage der Preisentwicklung oder die Position eines Roboters.

Reward r ist eine Performance-Metrik, mit der die unmittelbaren Kosten einer Entscheidung quantifiziert werden. Beispiele hierfür sind etwa:

- Negativer Reward, wenn Aktie gekauft wird, positiver Reward, wenn Aktie verkauft wird. Reward von null, wenn in einem Zeitschritt keiner der beiden Fälle eintritt.
- Negativer Reward, wenn Agent schachmatt ist, positiver Reward, wenn Gegenspieler schachmatt ist. Reward von null, wenn in einem Zug keiner der beiden Fälle eintritt.

State Transition (dt. Zustandsübergang) beschreibt den Prozess, wie sich der Zustand von einem Zeitschritt zum nächsten entwickelt, abhängig von der getroffenen Entscheidung. Zustandsübergänge können nicht deterministisch, also zufällig sein. Beispiele hierfür sind die zufällige Realisation eines neuen Aktienpreises oder ein Simulationsmodell der Position eines Roboters.

Policy umfasst die Strategie, mit der Entscheidungen getroffen werden. Eine Policy ist eine Funktion π, die den aktuellen Zustand s_t auf eine Entscheidung (Action) $\pi(s_t)$ abbildet. Mögliche Policies reichen von einfachen getunten Regeln (»kaufe Aktie, wenn Preis unter x EUR, verkaufe, wenn Preis über y EUR«) bis hin zu neuronalen Netzen, die als Input eine Repräsentation einer Position beim Schach erhalten und als Output eine Repräsentation eines Spielzuges liefern.

Reinforcement Learning ist, ähnlich wie Supervised Learning, ein mathematisches Optimierungsproblem: Wir suchen eine Funktion (Policy) π, sodass der erwartete Reward r, summiert über alle Zeitschritte t, maximiert wird:

$$\max_{\pi} \mathrm{E}\left[\sum_{t=1}^{T} r\left(s_t, \pi\left(s_t\right)\right)\right]$$

Während beim Supervised Learning also eine Vorhersagefunktion gelernt wird, ist beim Reinforcement Learning die Policy die Funktion, die gelernt wird.

Im Gegensatz zum Supervised Learning ist eine wesentliche Anforderung beim Reinforcement Learning, dass ein Modell der Umgebung existieren muss. Während es beim Supervised Learning ausreicht, eine Menge von Trainingsdaten bereitzustellen, muss im Reinforcement Learning auch im Modell dargestellt werden, wie sich die Umgebung ändert, nachdem eine Entscheidung getroffen wurde. So muss etwa bei einem Agenten, der Schach spielen lernt, die Reaktion des Gegners auf einen Zug des Agenten modelliert werden. Beim Handel mit Wertpapieren muss die zukünftige Entwicklung des Marktes modelliert werden und bei der Steuerung von Robotern die Position, die unter Berücksichtigung von Hindernissen und möglichen Störungen aus einer bestimmten Aktion resultiert. Diese Daten ließen sich zwar theoretisch durch tatsächliche Beobachtungen erheben, dies wäre in realen Anwendungen allerdings viel zu aufwendig. Deshalb kommen in der Regel Simulationsmodelle zum Einsatz. Die Performance einer Policy im realen Einsatz hängt somit nicht nur von der verwendeten Reinforcement-Learning-Methode ab, sondern auch davon, wie gut das Simulationsmodell die Realität abbildet. Zusammenfassend lässt sich sagen, dass Reinforcement Learning zwar ein gewaltiges Potenzial für verschiedenste Anwendungen bietet, die Tiefe und Komplexität aber weitaus höher ist als beim Supervised Learning und das Vorgehen zur Entwicklung leistungsfähiger Modelle weitaus weniger standardisiert ist. Neuere Ansätze wie etwa von Powell [Powell 2022b] oder von Bertsekas [Bertsekas 2022] betonen zudem die Verbindungen zu anderen Methoden zur Lösung sequenzieller Entscheidungsprobleme wie etwa die aus den Ingenieurwissenschaften bekannte modellprädiktive Regelung. Daher dürfte die Vielfalt der Ansätze, die unter dem Begriff Reinforcement Learning zusammengefasst werden, in Zukunft weiter steigen.

2.5 Fazit

Maschinelles Lernen ist eine Technik, deren mathematische Wurzeln bis ins 19. Jahrhundert zurückreichen. Dabei geht es immer darum, Funktionen, d. h. mathematische Zusammenhänge zwischen Input und Output, aus Daten zu lernen, indem das Lernen als mathematisches Optimierungsproblem formuliert wird. Da der Begriff der mathematischen Funktion sehr allgemein ist, können unzählige Aufgaben mit ML bearbeitet werden – zumindest theoretisch. Der Erfolg im praktischen Einsatz hängt dabei vom Zusammenspiel der verfügbaren Daten, Modellformulierungen, Algorithmen und Hardware ab. Eine wesentliche Unterscheidung besteht zwischen Supervised Learning und Reinforcement Learning: Während beim Supervised Learning Modelle entwickelt werden, die Vorhersagen treffen (der Preis eines Produkts, das nächste Wort, ein Objekt in einem Bild), werden bei Reinforcement Learning Policies entwickelt, die in einer gegebenen Situation die bestmögliche Entscheidung treffen. Die Entwicklung von Reinforcement-Learning-Modellen ist in der Praxis jedoch eine größere Herausforderung als die von Supervised-Learning-Modellen.

3 Natural Language Processing

Jannik Strötgen

In diesem Kapitel geben wir einen Überblick über Natural Language Processing, zeigen, wie Sprache vorverarbeitet und in eine numerische Repräsentation überführt werden kann, wie wir von einfachen Ansätzen zu Word Embeddings und Large Language Models gelangen und welche Herausforderungen wie Bias, Datenschutz und Mehrsprachigkeit dabei bestehen.

3.1 Einleitung

Natural Language Processing (NLP) ist der Teilbereich der künstlichen Intelligenz, der sich mit der Verarbeitung, dem Verständnis und der Generierung von geschriebener und gesprochener Sprache befasst.[1] Der Einsatz von NLP reicht somit von Chatbots, die heutzutage aufgrund von Anwendungen wie ChatGPT unmittelbar damit assoziiert werden, über Suchmaschinen und automatisierte Übersetzungen bis hin zur Informationsextraktion aus Texten, dem Clustering von Dokumenten oder der Klassifikation von Sprache, etwa bei der Sentiment-Analyse von Rezensionen.

Aufgrund der Fortschritte in der künstlichen Intelligenz und insbesondere im NLP-Bereich kann Sprache immer besser verarbeitet, verstanden und generiert werden, sodass all diese Beispielanwendungen und viele mehr von den Fortschritten profitieren. Gleichzeitig sind die Eintrittsschranken für die Nutzung anspruchsvoller NLP-Technologien in den letzten Jahren dramatisch gesunken. In diesem Kapitel werden deshalb neben den Grundlagen des NLP die Technologien für anspruchsvolle, aber auch einfachere NLP-Aufgaben aufgezeigt, um dazu beizutragen, das Potenzial von NLP weiter zu entfalten.

3.2 Die Bedeutung von Sprache

Sprache ermöglicht es Menschen, Wissen weiterzugeben, sei es unmittelbar von Mensch zu Mensch oder – insbesondere durch geschriebene Sprache – über Raum- und Zeitgrenzen hinweg. In maschinenlesbaren Textdokumenten stecken riesige Mengen an menschlichem Wissen, und die Menge solcher Daten steigt kontinuierlich und

1. Ein umfassendes Lehrwerk zu NLP ist Speech and Language Processing von Jurafsky und Martin [Jurafsky & Martin 2025].

unaufhörlich weiter an. Neben Dokumentenarten wie Büchern, Briefen und Nachrichtentexten, die es schon seit Jahrhunderten gibt, werden heutzutage täglich auch unzählige E-Mails, Wikipedia-Artikel, wissenschaftliche Publikationen, Tweets und Instanzen anderer Dokumententypen veröffentlicht, die direkt digital verfasst werden.

Auch in Unternehmen und im Unternehmenskontext entstehen täglich riesige Mengen an Textdaten. Das darin enthaltene Wissen kann für Unternehmen von unschätzbarem Wert sein, etwa um Erkenntnisse zu gewinnen, Prozesse zu automatisieren, Kundenerlebnisse zu optimieren oder um informierte Entscheidungen treffen zu können.

3.3 Texte als unstrukturierte Daten

Bei vielen Anwendungen des maschinellen Lernens und der Datenanalyse werden strukturierte Daten, z. B. tabellarische Daten, verarbeitet. Diese lassen sich durch die Verwendung von Schemata eindeutig interpretieren, da die einzelnen Spalten feste Bedeutungen haben (z. B. Kundennummer oder Produkt-ID). Strukturierte Daten lassen sich deshalb problemlos maschinell auslesen und analysieren.

Sprache hingegen ist kontextabhängig, mehrdeutig und sehr flexibel. Einerseits können Wörter je nach Kontext unterschiedliche Bedeutungen haben (z. B. Fliege – Insekt vs. Kleidungsstück vs. konjugierte Verbform von fliegen). Andererseits kann mit unterschiedlichen Wörtern oder Formulierungen das Gleiche ausgedrückt werden (z. B. Krawattenschleife statt Fliege). Die Oberflächenform (Schreibform) ist im ersten Fall unabhängig von der intendierten Bedeutung identisch, während im zweiten Fall keine Ähnlichkeit auf der Oberfläche erkennbar ist, die darauf hinweisen könnte, dass die Wörter synonym verwendet werden können. Texte und gesprochene Sprache liegen also nicht in einem standardisierten Format vor und können deshalb nicht ohne Weiteres von Maschinen verarbeitet und verstanden werden. Wie andere unstrukturierte Daten (z. B. Bilder und Videos, siehe Kapitel 4 »Künstliche Intelligenz in der Computer Vision«), muss deshalb auch Sprache vorverarbeitet und in eine strukturierte und maschinenlesbare Form gebracht werden, damit maschinelles Lernen zum Einsatz kommen kann.

3.4 Von Sprache zu Zahlen: Vorverarbeitung

Bevor Sprache als Zahlen repräsentiert wird, werden je nach Anwendung häufig einige Vorverarbeitungsschritte durchgeführt, z. B. längere Sprachsequenzen in kleinere Einheiten wie Wörter und Sätze unterteilt, Wörter normalisiert und wichtige Informationen extrahiert. Diese Aufgaben werden im Folgenden erläutert.

3.4.1 Tokenisierung und weitere Vorverarbeitungsmethoden

Typischerweise ist man beim Natural Language Processing mit Fließtext konfrontiert. Ein erster Schritt ist deshalb die sogenannte *Tokenisierung*, bei der ein Fließtext in einzelne Token (Wörter, Satzzeichen usw.) unterteilt wird. In vielen (insbesondere westlichen) Sprachen wie dem Deutschen und dem Englischen sind Wörter durch Leerzeichen getrennt. Dennoch ist selbst in diesen Sprachen eine Trennung an Leerzeichen nicht ausreichend für eine saubere Tokenisierung, da beispielsweise Satzzeichen oft an Wörtern hängen. Gleichzeitig kann es auch Leerzeichen geben, an denen keine sinnvolle Zerlegung in Token durchgeführt werden kann (z. B. möchte man *10 000 €* gewöhnlich in »10 000« und »€« teilen, während *10,99 €* in »10,99« und »€« geteilt werden sollte).

Ein weiterer wichtiger Vorverarbeitungsschritt kann je nach Anwendung die *Normalisierung* der einzelnen Token sein. Zum einen können unterschiedliche Schreibweisen vereinheitlicht werden. Beispiele hierfür sind die Vereinheitlichung von Umlauten (z. B. grün vs. gruen), von Groß- und Kleinschreibung (z. B. bei Wörtern, die nur am Satzanfang großgeschrieben sind) und von Zahlen (z. B. 10 000 vs. 10000 vs. 10,000 vs. 10.000). Zum anderen kann je nach Anwendung auch die Zusammenführung von Wortvarianten sinnvoll sein, die beispielsweise durch Konjugation oder Deklination entstanden sind. Zwei Methoden hierfür sind die *Lemmatisierung*, bei der Wörter auf ihre Grundform reduziert werden, und *Stemming*, bei dem in der Regel Endungen von Wörtern entfernt werden. Es wird jedoch nicht zwangsläufig eine korrekte Grundform eines Wortes übrigbleiben. Zu beachten ist dabei, dass vor allem beim Stemming ggf. auch Wörter zusammengefasst werden, deren Bedeutung man nicht zusammenfassen möchte (*Overstemming*). So könnte etwa »Müller« und »Müll« auf den gleichen Wortstamm »Müll« zurückgeführt werden.

Die Entfernung von sogenannten Stoppwörtern (*Stop Word Removal*) kann ein weiterer Schritt der Vorverarbeitung sein. Diese tragen trotz ihrer hohen Häufigkeit in einer Sprache für sich allein kaum semantische Bedeutung, sondern übernehmen eher grammatikalische Funktionen (z. B. der, die, das, in, auf usw.).

Welche Arten der Vorverarbeitung sinnvoll sind, hängt sehr stark von der Zielanwendung ab: Möchte man beispielsweise Dokumente thematisch gruppieren, können Lemmatisierung, Stemming und Stop Word Removal sinnvoll sein, während bei Anwendungen, bei denen das Sprachverstehen im Zentrum steht (z. B. Frage-Antwort-Systeme), diese Vorverarbeitungsschritte schädlich wären. Grundsätzlich ist das Ziel der Vorverarbeitung eine saubere und insbesondere konsistente Repräsentation für die weitere Verarbeitung.

3.4.2 Informationsextraktion

Ebenfalls anwendungsabhängig ist die Frage, ob alle Token in einem Text gleich behandelt werden sollten oder ob mithilfe von Methoden für die Informationsextraktion versucht werden soll, Informationseinheiten zu erkennen und ggf. zu normalisieren. Beispielsweise kann man die Erkennung von Bezeichnungen für Personen, Orte und Organisationen oder andere sogenannte *Named Entities* anstreben. Diese sind oft mehrdeutig und bestehen ggf. aus mehreren Token. Wenn man sie nicht gesondert behandelt, gehen Informationen verloren. So kann aus dem Satz »Das Restaurant in Essen war besser als das Restaurant in Los Angeles« extrahiert werden, dass zwei Orte genannt sind, und erreicht werden, dass diese bei der weiteren Verarbeitung gesondert behandelt werden. Die beiden Eigennamen »Essen« und »Los Angeles« können dann anders repräsentiert werden als das Verb oder Nomen »essen«/»Essen« bzw. als die separierten Token »Los« und »Angeles«.

Oft möchte man im nächsten Schritt die extrahierten Entitäten auch normalisieren bzw. disambiguieren, um weiteres Wissen über sie nutzen zu können, etwa dass der Ort »Essen« sich in obigem Satz auf den Ort in Louisiana bezieht und die Eigennamen »LA« und »Los Angeles« Bezeichnungen für die gleiche Stadt sein können.

Während Personen, Orte und Organisationen die Standardtypen für Named Entities sind, können je nach Domäne auch andere Typen relevant sein, z. B. Namen von Materialien in den Materialwissenschaften, Namen von Genen und Proteinen in der biomedizinischen Domäne oder Namen von Medikamenten in der klinischen Domäne. Analog können durch Temporal Tagging auch Zeitausdrücke erkannt und normalisiert werden, sodass zwei Ausdrücke, die das Gleiche bedeuten, aber eine andere Darstellungsform haben, als das Gleiche repräsentiert werden. Zum Beispiel können je nach Kontext »gestern«, »heute«, »letzten Montag« und viele weitere Zeitausdrücke alle auf den 2. Juni 2025 verweisen – und dieses Wissen kann je nach Anwendung sehr wertvoll sein.

Je nach Zielanwendung können noch weitere Methoden für die Informationsextraktion zum Einsatz kommen. Für die Vorverarbeitung mit dem Ziel der Unterscheidung zu regulären Token sind Named Entity Recognition [Nadeau & Sekine 2007] und Temporal Tagging [Strötgen & Gertz 2016] jedoch bereits sehr hilfreich.

3.5 Texte als Zahlen: Repräsentation von Sprache für Machine-Learning-Modelle

Um maschinelles Lernen auf Sprache anwenden zu können, muss Sprache mithilfe von Zahlen repräsentiert werden. Dafür gibt es verschiedene Möglichkeiten, die wir in diesem Abschnitt vorstellen.

3.5.1 Das Bag-of-Words-Modell

Viele einfachere Anwendungen, die das Ziel haben, aus Textdaten einen Mehrwert zu generieren, benötigen kein vollständiges Sprachverstehen. Um beispielsweise Servicetickets so zu verarbeiten, dass Tickets mit ähnlichen Anliegen zusammengefasst werden, reichen oft Clustering-Ansätze, die die in den Tickets vorkommenden Wörter als Features nutzen, ohne ein tieferes sprachliches Verständnis anzustreben. Wenn alle in einem Dokument enthaltenen Wörter unabhängig ihrer Reihenfolge genutzt werden, spricht man von dem *Bag-of-Words-Modell*: Dokumente werden als Multimenge ihrer enthaltenen Wörter repräsentiert. Die Grundidee ist also, dass Wörter gezählt werden.

Dabei ist zu beachten, dass beim Bag-of-Words-Modell durch das Ignorieren der Reihenfolge der Wörter, viel Bedeutung verloren geht und ein Kontextverlust stattfindet. Dennoch ist das Bag-of-Words-Modell ein beliebtes Modell für Anwendungen, die kein umfangreiches Sprachverstehen benötigen. Das Bag-of-Words-Modell muss dabei nicht zwangsläufig mit dem Originaltext genutzt werden. Stattdessen können zunächst Vorverarbeitungsschritte durchgeführt wurden, um z. B. normalisierte Token, Entitäten und Zeitausdrücke als Einheiten im Bag-of-Words-Modell nutzen zu können.

3.5.2 Das Vektorraum-Modell: Wörter als Vektoren

Werden Dokumente mittels der Häufigkeitsverteilung von Wörtern repräsentiert, kann eine Term-Dokumenten-Matrix erstellt werden: Somit können Dokumente als Vektoren repräsentiert und in einem Vektorraum eingebettet werden. Das *Vektorraum-Modell* (engl. *Vector Space Model*) wurde im Kontext des Information Retrieval [Salton 1971; Salton et al. 1975] eingeführt. In diesem Modell entspricht jedes Dokument einem Vektor der Länge gemäß der Größe des Vokabulars aller Dokumente. Die Vektoren sind also sehr dünn besetzt, da nur ein sehr kleiner Teil der Wörter einer Sprache in einzelnen Dokumenten vorkommt.

Wie die Dokumente können auch Suchanfragen als entsprechende Vektoren repräsentiert werden. Die Repräsentation von Dokumenten und Suchanfragen im Vektorraum-Modell ermöglicht es, Ähnlichkeiten zwischen Dokumenten oder zwischen Dokumenten und Suchanfragen beispielsweise mithilfe der Kosinus-Ähnlichkeit zu bestimmen, die nach folgender Formel berechnet werden kann (für zwei Vektoren a und b bei dem Gesamtvokabular V).

$$cos(a,b) = \frac{a \cdot b}{|a||b|} = \frac{\sum_{i=1}^{|V|} a_i b_i}{\sqrt{\sum_{i=1}^{|V|} a_i^2}\sqrt{\sum_{i=1}^{|V|} b_i^2}}$$

Die im Bag-of-Words-Modell enthaltene Information lässt sich also auch als Vektor im Vektorraum-Modell darstellen, wobei die Vektoren für alle Wörter aller Dokumente einer Dokumentensammlung eine Dimension enthalten. Dadurch können Ähnlichkeiten zwischen Dokumenten auf Basis gemeinsam vorkommender Wörter berechnet werden. Die Einfachheit des Vektorraum-Modells, dass jedes Wort durch eine Dimension dargestellt wird, führt jedoch auch zu Nachteilen, wie in Abschnitt 3.6.1 »Wortrepräsentation mit One-Hot Encoding« erläutert wird.

3.5.3 Das Zipfsche Gesetz

In einer »Bag-of-Words« sind alle Wörter eines Dokumentes so oft enthalten, wie sie im Dokument vorkommen (entweder vorverarbeitet oder in ursprünglicher Form). Intuitiv könnte man annehmen, dass die häufigsten Wörter in einem Dokument die charakteristischsten Wörter für das Dokument sind. Dies trifft jedoch nicht zu, denn es gibt wenige Wörter, die sehr häufig sind, und viele Wörter, die eher selten sind – unabhängig vom Inhalt eines Textes. Diese Beobachtung spiegelt sich in dem nach dem amerikanischen Linguisten George K. Zipf benannten *Zipfschen Gesetz* wider. Dieses besagt, dass die Häufigkeit eines Wortes in einem Text oder einer Textsammlung umgekehrt proportional zu seinem Häufigkeitsrang ist [Zipf 1935; Zipf 1949]. Das häufigste Wort kommt also doppelt so oft vor wie das zweithäufigste, zehnmal so oft wie das zehnthäufigste usw.

Wie bereits in Abschnitt 3.4.1 »Tokenisierung und weitere Vorverarbeitungsmethoden« erwähnt, enthalten beliebige Texte einer Sprache unabhängig vom Thema die gleichen Wörter sehr häufig. Diese Stoppwörter (da sie in frühen Suchmaschinen vom Indexieren ausgenommen wurden) übernehmen in der Regel grammatikalische Funktionen, lassen jedoch keinen Rückschluss auf den Inhalt eines Dokumentes zu. Die reine Häufigkeitsverteilung von Wörtern reicht somit nicht aus, um die Wichtigkeit von Wörtern in Dokumenten zu bestimmen – die Häufigkeit der Wörter muss also relativiert werden.

3.5.4 Term Frequency – Inverse Document Frequency

Um die Wichtigkeit von Wörtern in einem Dokument bewerten zu können, bedarf es neben der reinen Worthäufigkeit im Dokument auch Informationen darüber, wie gegenwärtig Wörter in einer Dokumentensammlung sind: Je weniger Dokumente einer Sammlung ein Wort enthalten, desto charakteristischer ist es für die Dokumente, in denen es enthalten ist [Sparck Jones 1972].

Eine häufig verwendete Formel zur Gewichtung von Wörtern ist deshalb der *TF-IDF-Wert*, der die Worthäufigkeit in einem Dokument (engl. *Term Frequency*) mit der invertierten Dokumentenhäufigkeit eines Wortes kombiniert (engl. *Inverse Document Frequency*). Um ungewünschte Eigenschaften des TF-IDF-Wertes zu adressieren, gibt es zahlreiche Anpassungen, etwa eine logarithmische Dämpfung (abnehmender Nutzen bei höheren Häufigkeiten) und Längennormalisierungen für Dokumente (in längeren Dokumenten sind Worthäufigkeiten grundsätzlich höher).

Auch im Vektorraum-Modell können TF-IDF-Werte für die Repräsentation von Dokumenten und Suchanfragen genutzt werden. Die Kombination aus Bag-of-Words-Annahme, Vektorraum-Modell, TF-IDF-Gewichtung sowie Kosinus-Ähnlichkeit ist für viele Anwendungen bereits sehr leistungsfähig und stellt z. B. für die schlüsselwortbasierte Suche eine nur schwer zu übertreffende Baseline dar. Erweiterungen hiervon, etwa Okapi BM25 [Robertson & Zaragoza 2009], kommen daher auch heutzutage weiterhin zum Einsatz. Neben Suchmaschinen können diese Konzepte beispielsweise auch bei der Klassifikation von Dokumenten nützlich sein.

3.6 Wörter als Vektoren

Mithilfe des Bag-of-Words-Ansatzes, des Vektorraum-Modells und der TF-IDF-Gewichtung können Dokumente als Vektoren repräsentiert werden. Dadurch ist es beispielsweise möglich, Ähnlichkeiten zwischen Dokumenten basierend auf den enthaltenen Wörtern zu berechnen. Gleichzeitig lassen sich Textdaten durch die Darstellung als Vektoren mit beliebigen Klassifikationsalgorithmen nutzen, wie sie auch im Machine Learning verwendet werden.

In diesem Abschnitt betrachten wir, wie Wörter selbst als Vektoren dargestellt werden können, welche Probleme auftreten, wenn Wörter als kategorische Daten mithilfe von One-Hot Encoding repräsentiert werden, und wie stattdessen Word Embeddings genutzt werden können.

3.6.1 Wortrepräsentation mit One-Hot Encoding

Die Vektoren zur Dokumentenrepräsentation haben eine Länge, die mit der Größe des Vokabulars der Dokumentensammlung übereinstimmt. Jedes Wort entspricht dadurch einer Dimension im Vektorraum. Somit können auch Wörter selbst mithilfe von Vektoren repräsentiert werden. Wie andere kategorische Daten lassen sich also auch Wörter mithilfe von *One-Hot Encoding* in einem numerischen Format darstellen, wie in Abbildung 3.1 mit einigen Beispielwörtern dargestellt ist.

Aal	Aas	...	Fliege	...	Zylinder	Zyniker
1	0		0		0	0
0	1		·		0	0
0	0		·		0	0
·	·		·		·	·
·	·		1		·	·
·	·		·		·	·
0	0		·		0	0
0	0		·		1	0
0	0		0		0	1

Abb. 3.1 *Repräsentation von Wörtern mithilfe von One-Hot Encoding*

Allerdings bedeutet diese Darstellung, dass jedes Wort unabhängig von anderen Wörtern repräsentiert wird. Aus dieser Repräsentation von Textdaten mithilfe von One-Hot Encoding ergeben sich jedoch große Nachteile:

- Die Vektoren sind sehr groß (Länge des Vokabulars).
- Die Vektoren sind sehr dünn besetzt (jedes Wort wird durch nur eine Dimension repräsentiert).
- Es können somit keine Ähnlichkeiten zwischen Wörtern berechnet werden, da zwei Vektoren aller Wörter immer orthogonal zueinander sind und die Kosinus-Ähnlichkeit entsprechend immer 0 ist (siehe Formel in Abschnitt 3.5.2 »Das Vektorraum-Modell: Wörter als Vektoren«).

3.6.2 Statische Word Embeddings

Anstatt Wörter mit großen, dünn besetzten Vektoren zu repräsentieren, basiert die Idee hinter *Word Embeddings* darauf, kleinere, dicht besetzte Vektoren zu nutzen, die die Bedeutung der Wörter widerspiegeln. Die Größe der Wortvektoren ist somit deutlich kleiner als die Größe des Vokabulars, beispielsweise zwischen 50 und 1000 – und anstelle binärer Werte (One-Hot Encoding) oder Worthäufigkeiten (Bag-of-Words-Modell) ist der Wert jeder Dimension eine reelle Zahl.

Dabei dient die *distributionelle Semantik* als Grundlage für Word Embeddings. Diese besagt, dass Wörter mit ähnlicher Bedeutung dazu tendieren, in ähnlichen Kontexten aufzutreten – oder, um es mit den Worten von J. R. Firth zu sagen »You shall know a word by the company it keeps« [Firth 1957].

Auf dieser Annahme beruhen auch die ersten und bekanntesten Verfahren für Word Embeddings: word2vec [Mikolov et al. 2013] und GloVe [Pennington et al. 2014]. Diese Verfahren zum Lernen von Word Embeddings nutzen Konkurrenzinformationen von Wörtern in sehr großen Datenmengen und analysieren, welche Wörter zusammen oder in ähnlichen Kontexten auftreten. Dadurch, dass Word Embeddings als dichte, kontinuierliche Vektoren dargestellt werden, liegen (semantisch) ähnliche Wörter im Vektorraum nahe beieinander. Ein weiterer wichtiger Vorteil dieser Lernmethoden ist, dass lediglich Textdaten vorliegen müssen und keinerlei Annotationen (gelabelte Daten) benötigt werden, also sogenanntes selbstüberwachtes Lernen zum Einsatz kommen kann. Das Resultat ist, dass sowohl die Vektoren selbst als auch die Unterschiede zwischen Vektoren bedeutungstragend sind. In Abbildung 3.2 sind einige Beziehungen zwischen Wörtern im zweidimensionalen Raum beispielhaft dargestellt. Die Vektoren scheinen Relationen zwischen Ländern und ihren Hauptstädten abzudecken.

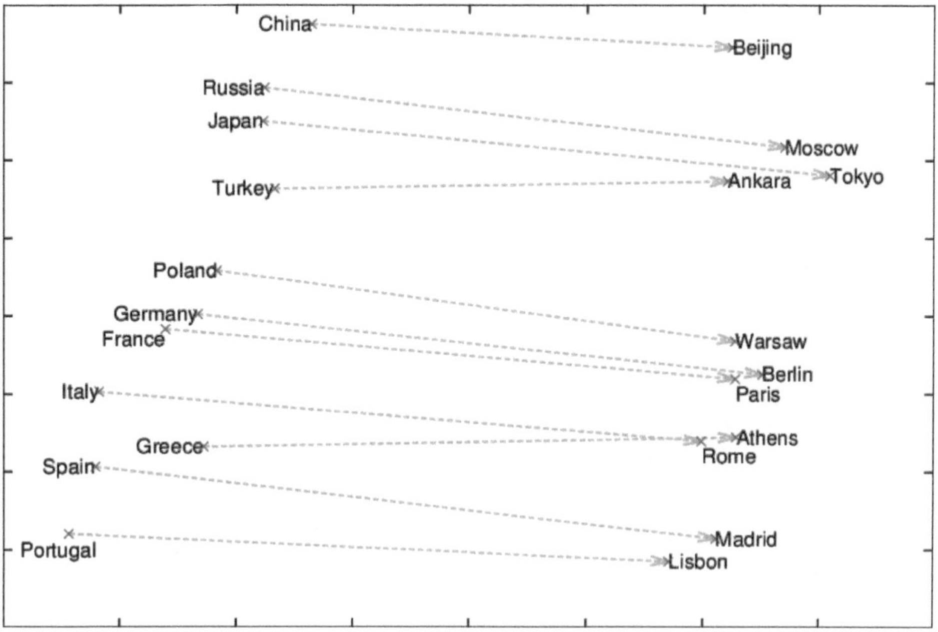

Abb. 3.2 *Beispielhafte Darstellung von Beziehungen zwischen Wörtern nach Dimensionalitätsreduktion durch Principal Component Analysis (PCA) [Mikolov et al. 2013]*

Wenn man für die Inputrepräsentation von Wörtern statt des One-Hot Encoding Word Embeddings wie word2vec, GloVe oder auch fasttext [Bojanowski et al. 2017] nutzt, das statt Wörter Teilwörter repräsentiert und deshalb auch für unbekannte Wörter Repräsentationen erstellen kann, erzielt man für sämtlichen NLP-Aufgaben bessere Ergebnisse. Hat ein Klassifikator Zugriff auf Word Embeddings, kann er das Wissen über Beziehungen zwischen Wörtern (in Form ähnlicher Vektoren) unmittelbar für die Klassifikationsaufgabe nutzen. Ein System zur Stimmungserkennung (engl. *Sentiment Detection*), das in den Trainingsdaten gelernt hat, dass »gut« positiv ist, kann beispielsweise ausnutzen, dass »gut« und »großartig« durch sehr ähnliche Vektoren dargestellt sind, und »großartig« ebenfalls als positiv bewerten, auch wenn es in den Trainingsdaten nicht vorgekommen ist.

Allerdings haben auch statische Word Embeddings Schwachstellen. Da jedes Wort statisch durch einen Vektor repräsentiert wird, können Mehrdeutigkeiten nicht unterschieden werden. Der Vektor von »Fliege« ist also beispielsweise immer derselbe, unabhängig davon, ob damit das Insekt, eine Krawattenschleife oder eine Verbform gemeint ist.

3.6.3 Kontextualisierte Word Embeddings

In unterschiedlichen Kontexten können Wörter unterschiedliche Bedeutungen haben (z. B. »Fliege« – siehe Abschnitt 3.3 »Texte als unstrukturierte Daten«), doch statische Word Embeddings können diese Unterschiede nicht repräsentieren.

Kontextualisierte Word Embeddings erzeugen je nach Kontext für dasselbe Wort unterschiedliche Vektoren und somit kontextabhängige Repräsentationen. Während die Methode ELMo [Peters et al. 2018] noch auf rekurrenten neuronalen Netzen beruht [Graves & Schmidhuber 2005] und deshalb sequenziell Texte verarbeitet, basiert die Methode *BERT* [Devlin et al. 2019] auf dem Attention-Mechanismus [Bahdanau et al. 2015] und der Transformer-Architektur [Vaswani et al. 2017], wodurch eine parallele Verarbeitung ermöglicht wird.

Während bereits statische Word Embeddings zu gewaltigen Verbesserungen im Natural Language Processing geführt haben, bilden kontextualisierte Word Embeddings und die Entwicklung von BERT im Speziellen einen weiteren Meilenstein. Insbesondere, da Modelle wie BERT durch sogenanntes Pre-Training auf großen Textmengen viel Weltwissen und Sprachverständnis erlernen und dann z. B. durch Fine-Tuning auf unterschiedlichste Aufgaben angepasst werden können, konnte die Leistungsfähigkeit unterschiedlichster NLP-Systeme verbessert werden. Damit haben kontextualisierte Word Embeddings die Grundlage für viele moderne NLP-Systeme geschaffen.

3.7 Large Language Models

Große Sprachmodelle (engl. *Large Language Models*, LLMs) werden seit einigen Jahren immer populärer [Minaee et al. 2024]. Insbesondere seit der Veröffentlichung von ChatGPT Ende 2022 haben LLMs große Beliebtheit erlangt und werden mittlerweile in weiten Teilen der Gesellschaft sowie in unzähligen Unternehmen eingesetzt.

Durch das Trainieren von Milliarden von Modellparametern auf riesigen Mengen an Textdaten erwerben LLMs bemerkenswerte Fähigkeiten in Bezug auf das Sprachverstehen und die Sprachgenerierung. Während sich mit *Pre-trained Language Models* wie BERT durch Pre-Training und Fine-Tuning bereits unzählige Einsatzgebiete im NLP adressieren lassen, können LLMs unmittelbar durch Anweisungen (Prompt Engineering) und mithilfe von Beispielen (engl. *In-Context Learning*) für beliebige Aufgaben genutzt werden, ohne dass Anpassungen am Modell durchgeführt werden müssen. Dadurch eröffnen sich für immer mehr Nutzer auch ohne Programmier- und Machine-Learning-Kenntnisse unzählige Anwendungsmöglichkeiten.

Es gibt zahlreiche LLM-Familien, darunter GPT (OpenAI), LLaMA (Meta), PaLM und Gemini (Google) sowie Claude (Anthropic) und Mixtral (Mistral AI). Häufig gibt es unterschiedliche Varianten, die je nach Anforderungen genutzt werden können. Diese unterscheiden sich beispielsweise in der Größe (Anzahl der Parameter) oder der Mehrsprachigkeit. Ein wichtiges Unterscheidungsmerkmal ist für viele Nutzer sicherlich, ob Modelle lediglich Cloud-basiert genutzt werden können (wie bei OpenAIs GPTs) oder ob auch On-Premises-Lösungen möglich sind (wie z. B. bei den LLaMA-Modellen).

Eine Schwachstelle von LLMs ist, dass die zugrunde liegenden Trainingsdaten zeitlich begrenzt sind und die Modelle kein parametrisches Wissen enthalten können, das Informationen aus Texten nach dem sogenannten Cut-off-Datum benötigt. Allerdings lässt sich das Wissen von LLMs mit zahlreichen Methoden erweitern [Wang et al. 2025b], z. B. durch sogenanntes Retrieval-Augmented Generation (RAG) [Lewis et al. 2020]. Hierbei wird es LLMs ermöglicht, mithilfe von Suchmaschinen für die Konversation relevante Dokumente zu suchen und für die Generierung von Antworten zu nutzen. Dabei können die Suchmaschinen entweder auf öffentliche Quellen (Internet) oder auf lokale Quellen (z. B. firmeninterne Daten) Zugriff haben.

Auch wenn LLMs für beliebige NLP-Aufgaben genutzt werden können, sollte bedacht werden, dass viele Anwendungen problemlos mit den zuvor eingeführten einfacheren Methoden adressiert werden können. Ebenso sollte berücksichtigt werden, dass trotz beeindruckender Ergebnisse auf unzähligen Benchmarks mit heterogenen Aufgaben (z. B. dem MMLU-Benchmark mit sowohl Wissens- als auch Problemlösungsaufgaben [Hendrycks et al. 2021]) LLMs im Kern Modelle sind, die Wörter basierend auf Wahrscheinlichkeiten vorhersagen. Somit machen selbst die neusten und größten Modelle Fehler, was häufig als *Halluzinationen* beschrieben wird [Huang et al. 2025]. Allerdings ist auch dieser Begriff nicht unumstritten, da er zur ggf. gefährlichen Anthropomorphisierung von LLMs beiträgt [Hicks et al. 2024].

3.8 Herausforderungen und Chancen

Während Methoden des Natural Language Processing insbesondere durch die Entwicklungen der letzten Jahre immer besseres Verarbeiten, Verstehen und Generieren von natürlicher Sprache ermöglichen, bestehen auch weiterhin zahlreiche Herausforderungen, aber auch Chancen, auf die wir in diesem Abschnitt eingehen.

3.8.1 Bias

Viele NLP-Modelle (z. B. Word Embeddings) lernen aus großen Textdatenbeständen. Diese enthalten häufig Stereotypen und Vorurteile, die von den Modellen mitgelernt werden [Bolukbasi et al. 2016]. Dadurch werden diese Probleme oft nicht nur wiedergegeben, sondern sogar verstärkt [Zhao et al. 2017]. Besonders problematisch ist dabei, dass insbesondere Word Embeddings und transformerbasierte Modelle wie BERT häufig als Ausgangsmodelle für Transfer Learning genutzt werden. Die Modelle werden also nur geringfügig angepasst, um z. B. neue Aufgaben auszuführen oder in anderen Textdomänen bessere Ergebnisse zu erzielen. Dann wird der Datenbias häufig weitergegeben.

Neben dem Datenbias kann es auch zu weiteren Arten von Bias kommen, z. B. dem sogenanntem *Repräsentationsbias*. Hier werden Gruppen, Kulturen oder Sprachen in den Trainingsdaten unter- oder fehlerhaft repräsentiert, wodurch NLP-Systeme für diese dann schlechter funktionieren.

3.8.2 Datenschutz

Wie beim Machine Learning im Allgemeinen ist auch im NLP-Bereich der Datenschutz ein herausforderndes Thema. Vor allem bezüglich großer Sprachmodelle gibt es zahlreiche Forschungsarbeiten zu Sicherheits- und Datenschutzproblemen sowie zu Methoden, die diese verhindern sollen [Das et al. 2025]. Beispielsweise kann es problematisch sein, dass große Sprachmodelle, wenn sie auf Internetdaten trainiert werden, personenbezogene Daten verarbeiten und diese oder andere sensible Daten reproduzieren können [Huang et al. 2022]. Entsprechende Gegenmaßnahmen zu ergreifen, ist hierbei jedoch vor allem Aufgabe der Modellentwickler, die dies etwa durch Anonymisierungsmethoden und Differential Privacy adressieren.

Außerdem spielt der Datenschutz auch für die Nutzer von NLP-Systemen, insbesondere von großen Sprachmodellen, eine wichtige Rolle. Viele Firmen zögern bezüglich der Nutzung von Cloud-basierten Sprachmodellen mit firmeninternen oder privaten Daten, da diese ggf. nicht an die Modelle übergeben werden sollen.

3.8.3 Mehrsprachigkeit

Wie bereits erklärt, befasst sich Natural Language Processing mit dem Verarbeiten, Verstehen und Generieren von natürlicher Sprache. Allerdings gibt es nicht die eine natürliche Sprache, sondern Tausende Sprachvarianten. So haben allein etwa 400 Sprachen mehr als eine Million L1-Sprecher, für die die entsprechende Sprache die Erst- bzw. Muttersprache ist [van Esch et al. 2022]. Trotzdem wurde und wird die meiste NLP-Forschung für sehr wenige Sprachen durchgeführt, insbesondere für Englisch. Deshalb gibt es Initiativen, die versuchen, die Sprachenvielfalt in der NLP-Forschung zu erhöhen [Bender 2011]. In der NLP-Forschung unterscheidet man zwischen *High-Resource Languages* und *Low-Resource Languages* – und es gibt zahlreiche Möglichkeiten, NLP-Systeme in Low-Resource-Szenarien zu verbessern [Hedderich et al. 2021].

Zudem gibt es heutzutage zahlreiche multilinguale Systeme, die moderne NLP-Technologie Nutzern vieler Sprachen zugänglich machen. Allerdings sollte man bei der Anwendung von Modellen berücksichtigen, dass Modelle präferierte Sprachen haben können [Wendler et al. 2024]. Auch kann ein System für identische Fragen in unterschiedlichen Sprachen – selbst wenn es sich um faktenzentrierte Fragen handelt – unterschiedliche Antworten liefern [Wang et al. 2025a].

3.8.4 Open-Source-, On-Premises- und Cloud-basierte Modelle

Während einige Probleme inhärent schwierig zu lösen sind, lassen sich beispielsweise Datenschutzbedenken bezüglich der eigenen Daten bei großen Sprachmodellen durch die Nutzung von Open-Source-Modellen in einem On-Premises-Setup adressieren. Dadurch muss dann allerdings auf sämtliche Vorteile von Cloud-basierten Lösungen verzichtet werden, beispielsweise bezüglich Rechnerkapazitäten, Wartung und Aktualisierung der Modelle.

Andererseits bieten lokale Modelle die Möglichkeit, spezifische Anpassungen am Modell vorzunehmen oder Suchmaschinen mit Zugriff auf lokale Quellen einzubinden. Dadurch erweitern sich die Anwendungsmöglichkeiten insbesondere im Unternehmenskontext.

3.9 Zusammenfassung

In diesem Kapitel wurde gezeigt, wie sich mit Methoden des Natural Language Processing unstrukturierte Textdaten wie E-Mails, Kundenfeedback oder andere Dokumente in eine maschinenlesbare Repräsentation überführen lassen, um daraus Informationen und Wissen zu gewinnen oder Analysen durchzuführen. Dabei wurden grundlegende Ansätze wie das Bag-of-Words-Modell ebenso erläutert wie moderne Verfahren auf Basis von Word Embeddings und Transformern, die es ermöglichen, Sprache kontextbezogen zu verstehen und zu analysieren. Durch die Behandlung zentraler Herausforderungen legt das Kapitel die Grundlage, um Natural Language Processing im Unternehmenskontext verantwortungsvoll und wirkungsvoll einsetzen zu können.

4 Künstliche Intelligenz in der Computer Vision

Stefan Hensel

In diesem Kapitel stellen wir die grundlegenden Begriffe und Besonderheiten der Erkennung von Inhalten in Bildern vor. Wir erläutern das Prinzip sowie Anwendungen der künstlichen Intelligenz in der Computer Vision mit tiefen neuronalen Netzen.

4.1 Einordnung und Historie

Das Erkennen von Sinn und Informationen aus der Umgebung mithilfe des Sehsinnes gehört zu den wichtigsten Eigenschaften des Menschen. Maschinen sollen dieses Vermögen durch Kameras und rechnergestützte Verfahren nachahmen. Diese Aufgabe bezeichnet man als *maschinelles Sehen* (engl. *Computer Vision*). Der Begriff grenzt sich bewusst von der digitalen Bildverarbeitung ab, bei der die mathematische Änderung der Bildinhalte und nicht das Verstehen des Bildinhaltes im Fokus steht. Die Bilderkennung hat eine lange Tradition. In den vergangenen Jahrzehnten hat sie besonders durch den Einsatz und die Weiterentwicklung von Verfahren der künstlichen Intelligenz, vor allem durch tiefe neuronale Netze, entscheidende Fortschritte gemacht.

Schon in den 1960er-Jahren begannen erste Forschungsarbeiten zur automatischen Erkennung von Bildinhalten. Erste Ansätze arbeiteten mit geometrischen Abstraktionen der Welt und stellten diese mithilfe von Linien und Flächen dar. Die Entwicklung der Algorithmen wurde von Erkenntnissen des biologischen Sehens begleitet, insbesondere von der Funktionsweise von Zellen der Netzhaut und der Verarbeitung von Sehsignalen im visuellen Cortex von Säugetieren [Hubel & Wiesel 1959]. Dies führte in den 1980-Jahren zu Methoden zur Erkennung von Objekten und Bewegung in Bildern durch die Beschreibung von Merkmalen wie Ecken und Texturen in Bildern. Im nächsten Schritt erfolgte eine modellbasierte Nachbildung des menschlichen Sehens mithilfe von hierarchisch angeordneten Schichten, die jeweils rezeptive Felder, also die lokalen Bereiche auf der Netzhaut, der vorhergehenden Schicht verarbeiten [Fukushima 1980; LeCun et al. 1998]. Auf diese Weise gelangt man von einfachen Mustern in den ersten Schichten zu komplexen Strukturen und Objekten in den späteren Schichten. Die ersten Erfolge in diesem Bereich waren aufgrund fehlender Rechenleistung und einer zu geringen Datenbasis für die Anpassung der Parameter nicht von Dauer. Die Entwicklung des maschinellen Sehens fokussierte sich daher auf statistische Methoden und manuell definierte Bildmerkmale. Dies änderte sich schlagartig und nachhaltig in den 2010er-Jahren mit dem Erfolg von *Deep Learning*, einem Durchbruch im Feld tiefer neuronaler Netze [Krizhevsky et al. 2012].

4.2 Eigenschaften digitaler Bilder

Die Anwendung neuronaler Netze im maschinellen Sehen basiert auf einer Vielzahl grundlegender Konzepte und Eigenschaften von Bildern. Digitale Bilder weisen eine hohe Informationsdichte auf: Jedes einzelne Bildelement bzw. Pixel repräsentiert mehrdimensionale Daten, die Position auf einem Gitter und den eigentlichen Farbwert. Letzterer entspricht bei Grauwertbildern der Intensität und bei Farbbildern den Werten der jeweiligen Farbkanäle. In Abbildung 4.1 ist ein exemplarisches Pixel für ein Bild I mit seiner Datenstruktur dargestellt. Einzelne Pixel haben eine zweidimensionale Position I (u,v) innerhalb des Bildes mit Höhe H (Zeilen) und Breite B (Spalten). Farbbilder bestehen aus mehreren Kanälen C, die jeweils in der Dimension H x B liegen. Ein Bild ist somit eine dreidimensionale Datenstruktur der Größe H x B x C.

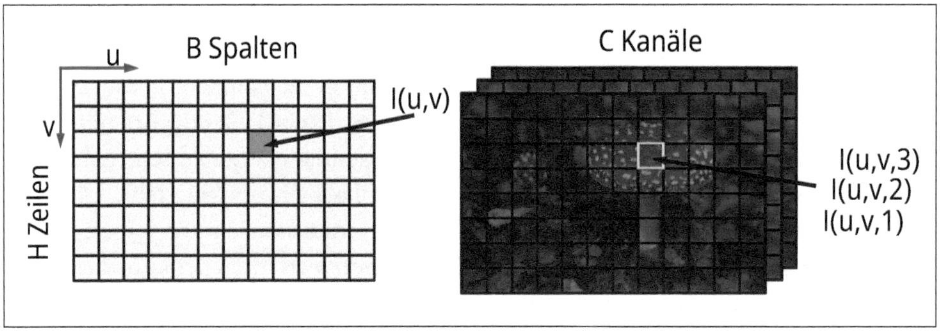

Abb. 4.1 *Datenstruktur digitaler Bilder*

Im Gegensatz zu Daten, wie sie in der Sprachsignalverarbeitung oder Zeitreihenanalyse vorliegen, führt dies zu einer Explosion der Parameterzahl vollverknüpfter neuronaler Netze. Betrachtet man beispielsweise ein Netz mit 1.000 Eingangsneuronen, so kann dieses die Klassifizierung von mehreren Hundert Silben durchführen. Wird dieses Netz um zwei weitere Schichten von 500 Neuronen und einer möglichen Ausgabe von 1.000 Ergebnissen erweitert, ergeben sich rund 1,25 Mio. Parameter für das gesamte Netz. Wird dieser naive Ansatz bei Bildern angewandt, beispielsweise für eine (relativ geringe) Auflösung von 800 x 600 Bildpunkten und drei Farbkanälen, liegen bereits in der ersten Schicht 800 x 600 x 3 x 500 = 720 Mio. Parameter vor. Dies macht den Einsatz spezieller Architekturen für neuronale Netze notwendig.

Der durchschlagende Erfolg der künstlichen Intelligenz bei der Interpretation von Bildern ist nicht nur auf den Einsatz neuer Architekturen für neuronale Netze[1]

1. Die Ansätze mit vielschichtigen neuronalen Netzen werden als Deep Learning bezeichnet.

und die Verfügbarkeit ausreichender und immer größer werdender Rechenleistung in Form von GPU[2]-Grafikkarten zurückzuführen. Die Kombination aus Rechenleistung und freien Parametern führt jedoch nur dann zum Erfolg, wenn für das Lernen der Parameter eine ausreichende Menge an Daten in Form eines Trainingsdatensatzes zur Verfügung steht. Für das Bildverstehen mit KI-Methoden werden daher große annotierte Bilddatenbanken benötigt, die aufwendig in der Erstellung sind. Erst die Verfügbarkeit dieser Datenbanken ermöglicht das grundlegende Training der neuronalen Netze, die dann mittels spezifischer Bilder an das jeweilige Problem angepasst werden.

4.3 Neuronale Netze im maschinellen Sehen

Nahezu alle KI-unterstützten Verfahren des Bildverstehens bestehen ausschließlich oder teilweise aus sogenannten *Faltungsnetzen* (engl. *Convolutional Neural Networks*, CNNs). In jüngerer Zeit werden diese durch eine zweite Netzarchitektur ergänzt: die sogenannten *Transformer*. Aufgrund ihrer erfolgreichen Anwendung im Bereich des natürlichen Sprachverstehens und der großen Sprachmodelle (engl. *Large Language Models*, LLMs) werden sie auch für die Bilderkennung adaptiert. Beide Ansätze sind aufgrund ihres Aufbaus den *Deep-Learning-Methoden* in der künstlichen Intelligenz zuzuweisen, was sie von den klassischen Methoden des maschinellen Lernens abgrenzt.

4.3.1 Faltungsnetze

Faltungsnetze bilden das Rückgrat des KI-basierten maschinellen Sehens. Wie im vorherigen Abschnitt beschrieben, verbietet sich aufgrund der Struktur von Bildern die Verwendung simpler *Mehrschichtperzeptronen* (engl. *Multi-Layer Perceptron*, MLP). Die Lösung besteht in der mathematischen Operation der Faltung, die in der Bildverarbeitung traditionell im Rahmen der Filterung eingesetzt wird. Die Neuronen des Netzes sind dadurch nicht mehr mit jedem Neuron der vorhergehenden Schicht verknüpft, sondern teilen sich über die Filter die Parameter, was deren Anzahl massiv reduziert.

Die Grundstruktur eines CNN orientiert sich an der Struktur des menschlichen Cortex und baut auf frühen Arbeiten aus den 1980er-Jahren auf. Eine besonders erfolgreiche und prägende Struktur ist das LeNet, das von Yann LeCun [LeCun et al. 1998] bereits in den 1990er Jahren beschrieben wurde. Es konnte aber erst durch Entwicklungen im Bereich der Lernalgorithmen, der Rechnerhardware sowie der Verfügbarkeit großer Trainingsdatensätze für praxisrelevante Bilder angepasst werden – was letztendlich mit der Entwicklung von AlexNet [Krizhevsky et al. 2012] zum Durchbruch für den Einsatz tiefer neuronaler Netze in der Bilderkennung führte.

2. GPU – engl. *Graphical Processing Unit*, spezialisiert für Parallelisierung und somit für das Training neuronaler Netze.

4.3.1.1 Grundlegender Aufbau von Faltungsnetzen

Ein typisches CNN besteht aus drei grundlegenden Bausteinen:

- Faltungsschicht
- Pooling-Schicht
- Vollverknüpfte Schichten mit Ausgabeschicht

In der *Faltungsschicht* erfolgt die eigentliche Verarbeitung der Bildsignale. Dieser Vorgang wird in der Anwendung auch als Filterung bezeichnet. Dabei handelt es sich um eine lokale Operation auf einem Bild, d. h., der Wert eines Ausgangspixels wird von einer Menge an Eingangspixeln in einer begrenzten Bildregion *R* bestimmt. Die Bildelemente in der Region des Eingangsbildes I werden durch eine gewichtete Summe kombiniert, sodass für das Ausgangsbild O gilt:

$$\boldsymbol{O}(u,v) = \sum_{(i,j)\in\mathcal{R}} \boldsymbol{I}(u+i,v+j)\cdot\boldsymbol{K}(i,j),$$

wobei die Filterparameter als Gewichte bezeichnet werden und in der Filtermaske oder einfach dem Filter K definiert sind. Eine exemplarische Faltung mit einer Filtermaske der Größe 3x3 (dies entspricht neun Parametern oder Gewichten) ist für einen Bildausschnitt der Größe 4x4 Pixel in Abbildung 4.2 dargestellt. Diese Operation wird nun für jedes Pixel des Eingangsbildes ausgeführt, indem die Filtermaske über alle Zeilen und Spalten des Bildes bewegt wird. Die schraffierten Flächen kennzeichnen den lokalen Eingangsbildbereich R, den Filter K und das Ausgabepixel, das durch die gewichtete Summe 0x1+0x1+2x3+0x2+3x1+4x0+4x2+8x0+6x1 = 23 berechnet wird.

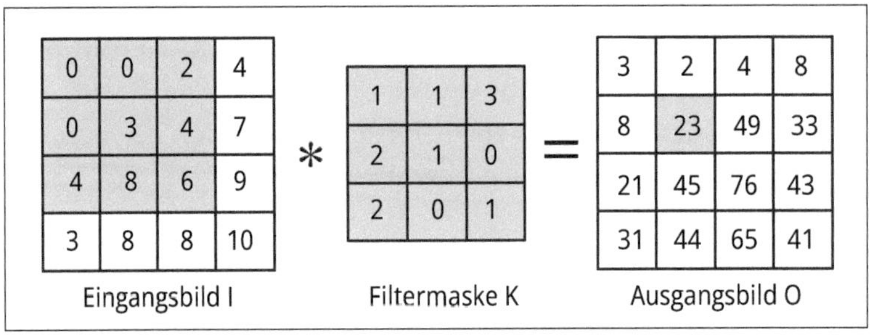

Abb. 4.2 *Filterung als zweidimensionale Faltung*

Durch die Wahl der Parameter erzeugt die Faltung verschiedene Effekte im Bild, wie z. B. das Einbringen einer Unschärfe. Selbst mit kleinen Filtern der Größe 5x5 lassen sich bereits Differenzenquotienten, zweite Ableitungen oder Kombinationen dieser realisieren. Ein besonders interessanter Effekt ist die hohe Empfindlichkeit, mit der die Filter auf Strukturen ansprechen, die eine Ähnlichkeit mit der Filtermaske aufweisen. Dieser Effekt des korrelativen Nachweises der Ähnlichkeit zweier Signale oder Bildbereiche wird im Englischen als *Template Matching* bezeichnet und stellt ebenfalls eine grundlegende Operation in der digitalen Bildverarbeitung dar. Die Filter reagieren durch ihren Aufbau sensitiv auf ähnliche Bildmerkmale. So verstärkt eine horizontale Filtermaske ähnliche Bereiche des Eingangsbildes und unterdrückt abweichende Strukturen, was sich durch eine Unschärfe ausdrückt. Das Ausgabebild jeder Faltungsoperation wird als *Merkmalskarte* (engl. *Feature Map*) bezeichnet und dient als Eingangsbild für die Faltung in der nächsten Schicht des neuronalen Netzes.

Da die Bilder als mehrdimensionale Matrizen vorliegen (siehe Abb. 4.1), müssen für die Verwendung in CNNs n mehrdimensionale Filtermasken je Schicht eingesetzt werden. Die typische Größe der betrachteten Eingangsbildregion ist hierbei klein und liegt im Bereich von 3x3 bis 7x7 Bildelementen. Jede Faltungsschicht erzeugt somit n Merkmalskarten als Ausgang. Ein Beispiel für n=4 Filter ist in Abbildung 4.3 gezeigt. Die Eingangsdaten weisen das Format H_1 x B_1 x C_1 mit C_1=6 Kanälen auf. Die vier Filter im Format 3x3x6 berechnen die Ausgangsmerkmalskarten, die als Eingang in der nächsten Schicht verarbeitet werden, dann entsprechend mit C_2=4 Kanälen.

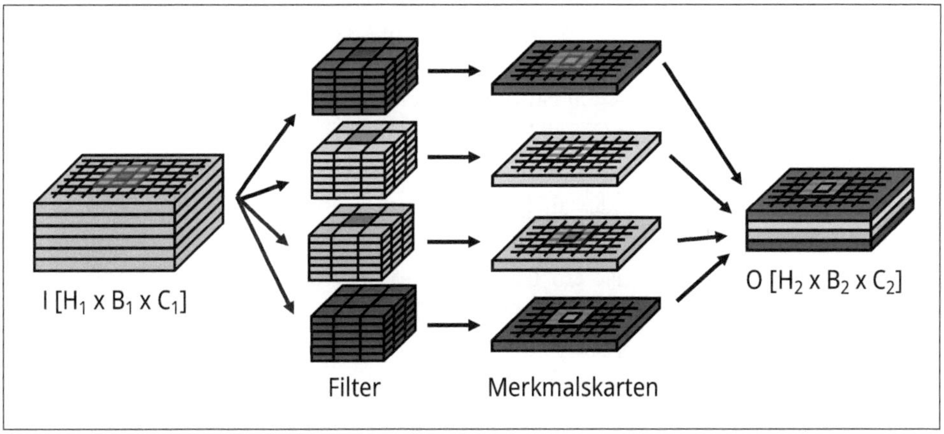

Abb. 4.3 *Faltungsschicht mit n = 4 Filtermasken und korrespondierenden Merkmalskarten*

Als Eingangsbild liegen die Merkmalskarten der vorherigen Schicht vor, deren Kanäle der Anzahl der Filter in dieser Schicht entsprechen. Am Ausgang erhält man n Merkmalskarten, die als Stapel in einer Matrix der Größe $H_2xB_2xC_2$ angeordnet sind. Dabei entspricht die Anzahl der Kanäle C_2 der Filteranzahl n und die Höhe H und Breite B der Ausgabe dem Eingangsbild abzüglich der halben Größe der Filtermaske. Durch die aufeinanderfolgende Anwendung von Filtern wird das Bild stetig verkleinert und der Bildinhalt auf jeder Ebene zunehmend abstrahiert. Durch diese Anordnung wird in höheren Schichten je Neuron ein immer größerer Bereich des Eingangsbildes interpretiert[3]. Die Merkmalskarten weisen hierbei immer komplexe-

3. Das Gebiet der Retina, das als Analogon der Verarbeitung nachgeschalteter Neuronen entspricht, wird in der Biologie als *rezeptives Feld* bezeichnet.

re Muster auf, die aus unteren Schichten zusammengesetzt sind und als Abstraktion für die Erkennung dienen. Dieser Aufbau ist an den visuellen Cortex von Säugetieren angelehnt und bildet dessen Informationsverarbeitung nach.

Die Größe der Merkmalskarten und der damit verbundene Rechenaufwand ist auch in späteren Schichten noch sehr groß. Dies wird durch den zweiten Grundbaustein, die *Pooling-Schicht*, aufgelöst. Wie in der Faltungsschicht kommen in der Pooling-Schicht lokale Pooling-Kerne zum Einsatz. Diese weisen im einfachsten Fall die Größe 2x2 auf und werden mit einer Schrittweite von zwei über das Bild bewegt, dies bedeutet, dass in der Verarbeitung ein Pixel übersprungen wird. Mathematisch erfolgt keine Faltung, sondern die Berechnung des Mittelwertes (*mean-pooling*) oder der Maximalwert der Region wird als deren Ausgang definiert (*max-pooling*). Der wichtigste Effekt des Einfügens einer Pooling-Schicht in das neuronale Netz ist die durch die Schrittweite bedingte Reduktion der Größe der Merkmalskarten, im Beispiel des 2x2-Kerns und einer Schrittweite von zwei um den Faktor vier, wodurch sich die benötigte Rechenleistung für Auswertung und Training der neuronalen Netze massiv reduziert. Zudem wirken sich Pooling-Schichten positiv auf leichte Veränderungen des Eingangsbildes aus: Durch die Verschmelzung der Bildbereiche wird eine gewisse Robustheit gegenüber kleinen Verschiebungen und Rotationen erreicht.

Den Abschluss eines typischen Faltungsnetzes bilden die *vollverknüpften Schichten*. Diese entsprechen einem gewöhnlichen Mehrschichtperzeptron (MLP) und schließen sich an die letzte Merkmalskarte L an. Diese wird in einen Zeilenvektor der Länge B_L x H_L x C_L gewandelt, der als Eingang des MLP dient. Die letzte Schicht des Netzes ist die Ausgabeschicht, die in ihrer Dimension an das gegebene Problem angepasst ist. Soll beispielsweise ein Bild in eine von vier möglichen Klassen eingeordnet werden, weist die Ausgabeschicht vier Neuronen auf. Diese geben über ihre Aktivierungsfunktion[4] die Klassenzugehörigkeit als Wahrscheinlichkeit aus.

Diese drei Grundbausteine werden in mehreren Schichten angeordnet, in der Regel beginnend mit Blöcken aus einer Faltungsschicht gefolgt von einer Pooling-Schicht. Die vollverknüpften Schichten am Ende werden auf die Größe der letzten Merkmalskarten und die gewünschte Ausgabe angepasst. In Abbildung 4.4 ist der Aufbau eines typischen Faltungsnetzes für die Klassifizierung eines Bildes in vier mögliche Klassen dargestellt.[5] Faltungs- (grün gestrichelt) und Pooling-Schichten (blau) wechseln sich ab, die vollverknüpften Schichten am Ende entsprechen einem MLP und geben die Wahrscheinlichkeiten der Klassen aus. Dargestellt sind die Merkmalskarten und Neuronen des MLP.

---

4. Zum Einsatz kommt der Softmax-Operator, der die Eingänge der Neuronen auf eine Wahrscheinlichkeitsdichtefunktion abbildet, deren Einzelwerte sich zu eins addieren.
5. Die Anordnung der Schichten und damit der Aufbau des Netzes entspricht dem 1998 vorgestellten LeNet-CNN, das sieben Schichten aufweist.

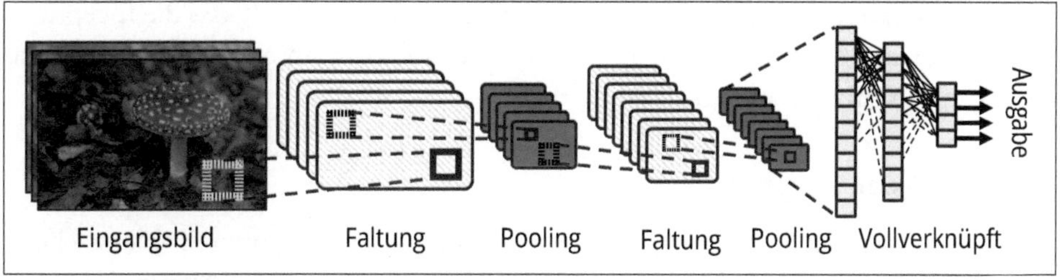

Abb. 4.4 *Aufbau eines CNN aus Grundbausteinen*

4.3.1.2 Evolution der Basisarchitektur

Die bisher beschriebene Struktur eines CNN wurde von Krizhevsky [Krizhevsky et al. 2012] erweitert und zum ersten Mal erfolgreich für Klassifikationsaufgaben in praktischen Anwendungen verwendet. Das beschriebene Netz nutzte im Gegensatz zur Basisvariante Neuerungen wie kleinere Filtergrößen und die Erweiterung auf elf Schichten anstelle der vorherigen sieben Schichten. Für die Verarbeitung mit GPUs wurde zudem mit der *Rectified Linear Unit* (ReLU) eine neue Aktivierungsfunktion für Neuronen eingeführt.

Die Verwendung kleinerer Filter, die in mehreren Schichten angeordnet sind, führte in den folgenden Jahren zu einer stetigen Vergrößerung der Netze – von 16 und 19 Schichten letztendlich auf 152 Schichten. Das Trainieren dieser tiefen neuronalen Netze ist nur durch den Einsatz sehr großer Bilddatenbanken und algorithmische Neuerungen für das Training möglich. In GoogLeNet wurden Inception-Blöcke eingeführt, die die einfachen Faltungen durch mehrere parallel angeordnete Filter pro Schicht ersetzen. Die gewonnene Effizienz erlaubt noch tiefere Netze mit mehr Schichten. Mit der ResNet-Architektur von He et al. [He et al. 2015] wurden die sogenannten *Skip-Connections* vorgestellt. Diese Methode ermöglicht das Training von immer tieferen Netzen und reduziert die Anzahl der Parameter dabei deutlich, ohne an Genauigkeit einzubüßen – zugleich war es das erste Netz, das in einer Klassifikationsaufgabe bessere Ergebnisse als menschliche Probanden erzielte. In Tabelle 4.1 sind die Netzarchitekturen mit ihrer Bezeichnung, der Anzahl der Schichten und den daraus resultierenden Parametern aufgelistet. Als Maß der Leistungsfähigkeit ist die Fehlerrate in einem Klassifikationswettbewerb mit 1.000 möglichen Klassen angegeben.

Netzarchitektur	Schichten	Parameteranzahl	Fehlerrate	Jahr
AlexNet	7	~ 60 Mio.	16,4 %	2012
VGG16	16	~ 118 Mio.	7,3 %	2014
GoogLeNet (Inception-v1)	19	~ 6,8 Mio.	6, 7 %	2014
ResNet-152	152	~ 60,2 Mio.	3,6 %	2015
GoogLeNet (Inception-v4)	78	~ 43 Mio.	3,1 %	2016
Mensch			5,1 %	

Tab. 4.1 *Entwicklung der Basisarchitekturen der Faltungsnetze, jeweils in ihrer letzten Iteration*

Die letzte Iteration ist das Inception-v4-Netz [Szegedy et al. 2017], das die Inception-Architektur mit den Skip-Connections von ResNet kombiniert und dadurch eine hohe Effizienz und Genauigkeit erreicht.

4.3.2 Vision Transformer

Faltungsnetze bilden den aktuellen Standard in allen praxisrelevanten Problemstellungen und finden, je nach Anwendungsgebiet, in Form verschiedener Archetypen weitreichende Verwendung. Ein zweiter Typus neuronaler Netze basiert auf der *Transformer-Architektur* nach [Vaswani et al. 2017], die nach dem erfolgreichen Einsatz in der natürlichen Sprachverarbeitung für alle Bereiche des maschinellen Lernens adaptiert wurde.

Transformernetze, die mit Bilddaten arbeiten, werden als *Vision Transformer* (ViT) bezeichnet und sind erstmals in [Dosovitskiy et al. 2021] beschrieben. Im Gegensatz zu CNNs, die mittels einer Kaskade lokaler Filter in den oberen Schichten des Netzwerks komplexe Bildstrukturen abstrahieren, nutzen die ViTs den Attention-Mechanismus, um den globalen Kontext eines Bildes zu erfassen. Die Grundidee von Struktur und Daten eines ViT zeigt Abbildung 4.5. Unten links sehen Sie die exemplarische Bildeinteilung in Patches (3x3), das Embedding (Inhalt und Position) der Patches ist durch die gepunktete Umrandung dargestellt, der Encoder mit dem Aufbau eines einzelnen Encoder-Blocks ist rechts und die Ausgabe nach MLP oben links zu sehen.

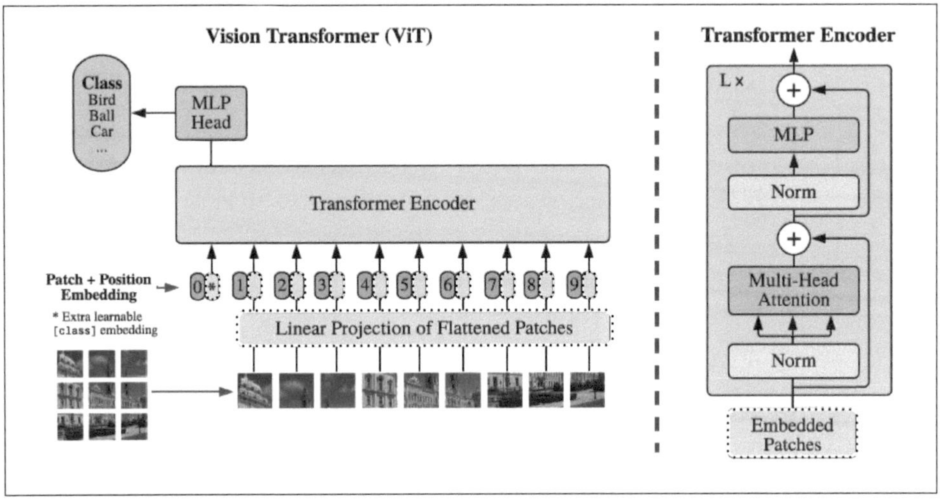

Abb. 4.5 *Aufbau eines Vision Transformers (ViT) (nach [Dosovitskiy et al. 2021])*

Das Eingangsbild wird in gleich große, nicht überlappende Bereiche (engl. *Patches*, z. B. der Größe 16x16 Pixel) unterteilt. Anschließend werden diese vektoriell – und damit analog zu Wörtern – in den *Embedding-Raum* projiziert. Dieser hochdimensionale Raum ergänzt die Bildmerkmale durch eine explizite Positionsinformation der Bildbereiche. Anschließend werden diese Embeddings in der Standardarchitektur des Transformers weiterverarbeitet. Dieser als Encoder bezeichnete Teil ist aus identischen Encoder-Blöcken aufgebaut, die den Attention-Mechanismus nutzen, um den Kontext des gesamten Bildes, unabhängig von der räumlichen Nähe der Patches, für die Erkennungsaufgabe heranzuziehen. Ein einzelner Block besteht aus mehreren Attention-Heads gefolgt von einem MLP und ist in Abbildung 4.5 auf der rechten Seite zu sehen. Die Anzahl der Encoder-Blöcke entspricht der Modelltiefe und kann daher analog den Schichten bei CNNs betrachtet werden. Die Auswahl stellt einen Kompromiss aus Komplexität des Modells bei vorhandener Trainingsdatenmenge dar.

In Klassifizierungsaufgaben bildet der ViT-Base mit zwölf Encoder-Blöcken den Standard. In Anlehnung an Tabelle 4.1 erhält man für diesen Vision Transformer (ViT-B/16, 2021) rund 86 Mio. Parameter bei einer Fehlerrate von 4 %. ViTs sind somit in ihrer Leistungsfähigkeit mit CNNs vergleichbar, erzielen aber umso bessere Ergebnisse, je größer die verfügbare Datenmenge[6] ist. Stehen die Daten zur Verfügung, weisen ViTs eine sehr hohe Generalisierungsfähigkeit auf und benötigen einen minimalen Aufwand im Fine-Tuning.

Die Größe des benötigten Trainingsdatensatzes stellt dabei den größten Nachteil der ViT-Architektur dar. Das Training der Parameter ist mit einem massiven Aufwand in Zeit und Hardware verbunden. Die hohe Anzahl an Parametern und die daraus resultierende Berechnungsdauer verbietet zudem den Einsatz in Anwendungen mit begrenzten Rechnerressourcen oder hohen Geschwindigkeitsanforderungen.

4.4 Anwendungen im maschinellen Sehen

Die bisher vorgestellten CNNs und ViTs bestehen aus den beschriebenen Grundelementen. Diese können für eine gegebene Aufgabenstellung in geeigneter Weise kombiniert, adaptiert und trainiert werden. Im maschinellen Sehen können die Anwendungen in vier Kategorien eingeteilt werden: die *Klassifizierung* von Bildern, die *Detektion von Objekten* in Bildern, die *Segmentierung*, eine pixelgenaue Erkennung und Markierung von Objekten, sowie die *Anomalieerkennung*,[7] bei der Abweichungen von einer gelernten Grundinstanz erkannt werden.

Da die Art der Anwendung domänenübergreifend ist, ist die Verwendung aufgabenspezifischer Standardarchitekturen möglich. In der Praxis wird für jede Aufgabe die passende Netzarchitektur mit generisch vortrainierten Parametern gewählt, die dann mit einem kleinen Bilddatensatz auf die vorliegende Problemstellung angepasst wird.

6. Für die aufgeführte 4 %-Fehlerrate musste der ViT-Base mit einem zusätzlichen Datensatz, bestehend aus 300 Mio. Bildern, vortrainiert werden.
7. Die Anomalieerkennung wird hauptsächlich in industriellen Anwendungen der Qualitätskontrolle eingesetzt, wenn beispielsweise Abweichungen eines Produktes erkannt werden sollen, aber die Art der Abweichung irrelevant ist.

4.4.1 Fine-Tuning von Standardarchitekturen

Neuronale Netze im maschinellen Sehen weisen ausnahmslos eine hohe Parameterzahl auf. Das Training dieser Parameter erfordert den Einsatz massiver Ressourcen in Form von Zeit und Hardware. Die benötigten Trainingsdatensätze, d. h. vorannotierte Bilder, zählen in die Hunderttausende und müssten für jeden Anwendungsfall spezifisch erstellt werden. Der Aufbau von CNNs ermöglicht eine erhebliche Erleichterung für den Einsatz in der Praxis durch die Nutzung vortrainierter Modelle, die mithilfe relativ weniger (in der Regel sind es Hunderte Datensätze anstelle von Tausenden) domänenspezifischer Datensätze an die gegebene Anwendung angepasst werden.

Dieser als *Fine-Tuning* bezeichnete Prozess nutzt die Tatsache, dass die Netze in den unteren Schichten auf rudimentäre Merkmale, wie vertikale und horizontale Muster sowie Farbkombinationen, reagieren und erst in den höheren Ebenen komplexere Strukturen abbilden. Die vollverknüpften Schichten am Ende der CNNs nutzen die Merkmale der unteren Schichten, um die Erkennung auf die geforderten Klassen durchzuführen. Im Fine-Tuning werden genau diese Schichten problemspezifisch ersetzt und ihre Gewichte mit dem deutlich kleineren Datensatz neu trainiert. Die vortrainierten Netze sind im Netz zugänglich und können unter Berücksichtigung der Anforderungen (z. B. höchste Genauigkeit, aber auch effiziente oder geringe Berechnungskosten) bezogen und angepasst werden.

4.4.2 Klassifizierung von Bildern

Die Klassifizierung eines Bildes in eine von mehreren vorgegebenen Klassen ist eine der häufigsten und grundlegendsten Anwendungen im maschinellen Sehen. Für diese Aufgabe bestehen die Netze aus den in Abschnitt 4.3.1 beschriebenen Grundelementen, angeordnet als Abfolge von Faltungs- und Pooling-Schichten sowie einem vollverknüpften Netz (MLP) am Ende des CNN. Optimierungen der Basisarchitektur sind in Tabelle 4.1 aufgeführt und zeigen die Leistungsfähigkeit der Netze für eine Beispielklassifizierung. Diese beruht auf dem ImageNet-Datensatz [Deng et al. 2009], der aus rund einer Million annotierten Bildern besteht, die in 1.000 mögliche Klassen eingeteilt sind.

Für eine Klassifizierungsanwendung mit hoher Genauigkeit kann das mit ImageNet vortrainierte Inception-v4-Netz heruntergeladen und mittels Fine-Tuning an die vorliegende Klassenzahl angepasst werden.

4.4.3 Objektdetektion

Die Detektion bezeichnet die örtliche Lokalisierung und Klassifizierung von Objekten in einem Bild. Jede Objektinstanz wird im Bild durch einen Rahmen, die sogenannte *Bounding-Box*, markiert. Die Markierung in Kombination mit der wahrscheinlichsten Klasse des detektierten Objekts wird als Ergebnis durch das Netz ausgegeben. Ein typisches Resultat ist in Abbildung 4.6 dargestellt.

Abb. 4.6 *Grundprinzip der Objektdetektion mit Bounding-Box und Objektklasse*

Den Goldstandard in der Objektdetektion bilden Faltungsnetze, deren Grundstruktur um mehrere spezielle Schichten, die sogenannten *Heads*, erweitert wird. Diese erlauben das Markieren der gefundenen Objekte. Aus historischer Sicht nutzten die ersten Objektdetektoren auf CNN-Basis einen gitterbasierten Ansatz, in dem die Objekte in diskreten Bereichen der letzten Merkmalskarte des Netzes erkannt wurden. Diese CNNs werden als *Backbone* bezeichnet und weisen den gleichen Aufbau wie Klassifikationsnetze auf. Häufig wird das vortrainierte ResNet-50 genutzt und ohne die vollverknüpfte Schicht für die Erzeugung generischer Merkmale eingesetzt. Der bekannteste Vertreter dieser ersten Generation ist das YOLO-Netz nach Redmon et al. [Redmon et al. 2016]. Obwohl diese Art der Detektoren eine effiziente Architektur nutzt, zeigt der gitterbasierte Ansatz Nachteile bei der Variation der Objektgröße und auch in der maximalen Anzahl detektierbarer Objekte im Bild. Nachfolgende Generationen (YOLOv2 bis YOLOv4) nutzten daher einen ankerbasierten Ansatz, der eine spezifische Anzahl vordefinierter Bounding-Boxen je Bildpunkt erlaubt. Nachteilig an diesem Ansatz sind die Vielzahl von Parametern, das manuelle Tuning und die hohe Berechnungskomplexität.

Die jüngste Variante der Objektdetektoren zeichnet sich durch hohe Detektionsgenauigkeit, höchste Effizienz und Skaleninvarianz[8] aus, verzichtet auf Objektanker und wird als vollständig faltungsbasierter Einstufendetektor (engl. *FCOS*) bezeichnet. Das CNN lernt direkt auf Basis der Daten, an welchen Merkmalspunkten sich vermeintliche Objekte befinden. Die Bounding-Boxen werden als Werte direkt ausgegeben und in zusätzlichen Faltungsschichten, den Regression Heads, ermit-

8. Die Netze sind in der Lage, Objektinstanzen in unterschiedlicher Größe, vor allem kleine Darstellungen entfernter Objekte, zu erkennen.

telt. Die grundlegende Architektur dieser Detektoren ist in Abbildung 4.7 gezeigt. Das CNN für die Merkmalsgenerierung als Backbone ist in Blau ganz links dargestellt, die Pyramidenschicht für Skaleninvarianz mittig in Grün und die Heads zur Ausgabe der Bounding-Box und Detektionsergebnisse rechts in Orange.

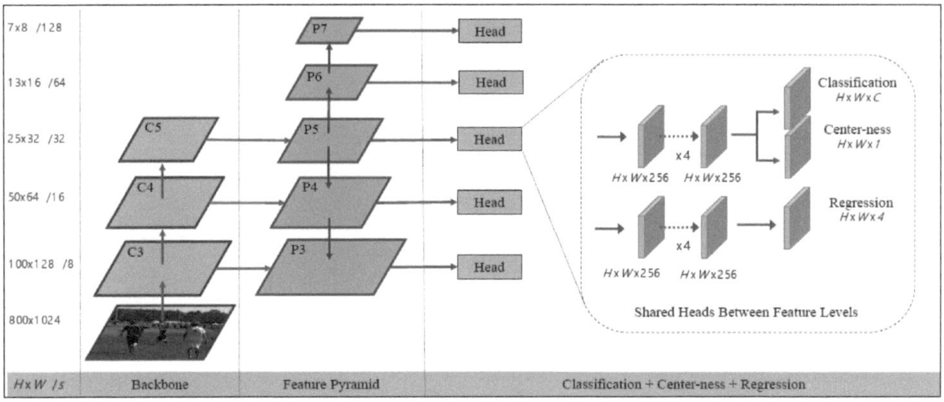

Abb. 4.7 *Architektur von FCOS (von [Tian et al. 2019])*

Das Backbone-Netz, das die Merkmalskarten generiert, wird durch eine Pyramidenstruktur, in der die abstrahierte Information von höher liegenden Merkmalskarten auch in tieferen Schichten genutzt wird, ergänzt. Objekte werden so in verschiedenen Größen erkannt. Die Ergänzung der Faltungsschichten durch die Heads, ist in der rechten Bildhälfte dargestellt. In Form einer Faltung werden direkt die Ergebnisse der Klassifizierung und die Werte der Bounding-Boxen als Position, Seitenlänge und Wahrscheinlichkeit eines Objektes ausgegeben.

Diese Detektoren werden der FCOS-Familie [Tian et al. 2019] zugeordnet. Die verbreitetsten Vertreter dieser Architektur sind die YOLO-Netze ab YOLOv8 [Varghese & Sambath 2024]. Für die praktische Anwendung stehen wiederum vortrainierte Objektdetektornetze für das Fine-Tuning zur Verfügung. Diese sind auf dem COCO-Datensatz[9] vortrainiert, der aus rund 200.000 Bildern (annotiert mit rund 500.000 Objektinstanzen) in 80 Klassen besteht. Im Fine-Tuning werden die Klassifikations- und Bounding-Box-Heads für die gewünschten Objektklassen angepasst.

4.5 Zusammenfassung und Ausblick

Auf Basis der vorgestellten Modelle und Methoden gelten Klassifizierung und Detektion als gelöstes Problem. Der Prozess aus vortrainierten Archetypen und anschließendem Fine-Tuning löst die Mehrheit der praktischen Problemstellungen. Die Erweiterung der Netzarchitekturen mit zusätzlichen Heads erlaubt die Verwendung von CNNs in anderen Anwendungen. Die jüngste Generation von Objekt-

9. Der ImageNet-Datensatz ist nicht für Detektionsaufgaben verwendbar, da dessen Annotierung nur Klassen und keine Objektboxen umfasst.

detektoren gibt neben den Bounding-Boxen und Objektklassen auch die pixelgenaue Segmentierung des Bildes aus. Eine andere kleine Ergänzung erlaubt die Detektion spezifischer Merkmalspunkte (engl. *Keypoints*), mit deren Hilfe die Pose von Menschen oder die Orientierung von Objekten im Raum erkannt werden.

Die größte Änderung im maschinellen Sehen mit KI-Methoden ist auf den Erfolg der Transformer-Architektur in Form von ViTs zurückzuführen. Neben der Klassifizierung werden ViTs mit *Detection Transformer* (DETR) [Carion et al. 2020] auch erfolgreich in der Objektdetektion eingesetzt. Insbesondere die Generalisierungsfähigkeit der Transformer, erreichbar durch die Nutzung massiver Trainingsdatensätze, stellt einen Vorteil gegenüber den CNNs dar.

Foundation Models

Der Erfolg von ViTs und ihr Ursprung in der Verarbeitung von Sprache ermöglichen den Aufbau *multimodaler Modelle*. Multimodal bezieht sich auf die Form der Trainingsdaten, die neben der Bildform nun auch als Text oder Video vorliegen können. Der CLIP-Transformer von Yu et al. [Yu et al. 2022] erreicht durch das Training von Text- und Bilddaten auf massiven Datenbanken eine hohe Generalisierungsfähigkeit und kann selbst auf unbekannten Bildern und Klassen hervorragende Ergebnisse erzielen, was als *Zero-Shot-Fähigkeit* bezeichnet wird. Der Ansatz ermöglicht das Training massiver Modelle mit mehreren Milliarden Parametern, die durch ein minimales Fine-Tuning (auf das im Extremfall verzichtet werden kann) die Ergebnisse spezialisierter Netze erzielen oder übertreffen. Modelle dieser Art werden auch als *Foundation Models* bezeichnet und bilden den Goldstandard in allen Anwendungen ohne Limitierung der Rechenressourcen. Bedeutende Vertreter sind das DINO-Modell [Oquab et al. 2024] und das Segment Anything Model (SAM) aus [Ravi et al. 2024], ein spezielles Foundation Model für die Bildsegmentierung, das beliebige Objekte in Bildern pixelgenau erkennt. Foundation Models repräsentieren einen Paradigmenwechsel im maschinellen Sehen, weg von spezialisierten Netzen, hin zu generalisiert vortrainierten Netzen für eine Vielzahl von Aufgaben.

Die Ähnlichkeit in Architektur und Training von Foundation Models und Large Language Models (LLMs), wie z. B. ChatGPT, ist frappierend. Die LLMs, die ursprünglich für den Einsatz in sprachlichen Anwendungen entwickelt wurden, sind in ihrer aktuellen Ausprägung ebenfalls multimodal. Mit einer bisher nicht möglichen Parameterzahl im Bereich Hunderter Milliarden, entsprechen sie Foundation Models und verfügen über eine nie dagewesenen Generalisierungsfähigkeit. Neben allen klassischen Anwendungen des maschinellen Sehens können LLMs auch eingesetzt werden, um Bilder zu generieren, Fragen zu Bildern im Sinne des Bildverstehens zu beantworten und gezielte Manipulation der Bilddaten durchzuführen.

5 Künstliche Intelligenz und Robotik

Klaus Dorer

Roboter unterscheiden sich von anderen KI-Anwendungen dadurch, dass sie in einer realen Umgebung agieren. In diesem Kapitel werden die Grundlagen autonomer Roboter sowie das Erlernen grundlegender Fähigkeiten mit Deep Reinforcement Learning beschrieben. Anschließend wird die Kommunikation zwischen Menschen und Robotern behandelt, die durch neuere Entwicklungen in der KI möglich wurde, sowie der aktuelle Einsatz intelligenter humanoider Roboter in Unternehmen.

5.1 Grundlagen

Im Gegensatz zu anderen KI-Anwendungen agieren Roboter in einer realen Umgebung, sie sind situiert (engl. *situated*). Sie können ihre Umgebung wahrnehmen, auf diese Umgebung einwirken und sie verändern. Entsprechend besteht der Lebenszyklus eines Roboters aus einer ständigen Abfolge von Wahrnehmung, Modellbildung, Entscheidung, Verhalten und Handlung wie in Abbildung 5.1 dargestellt ist.

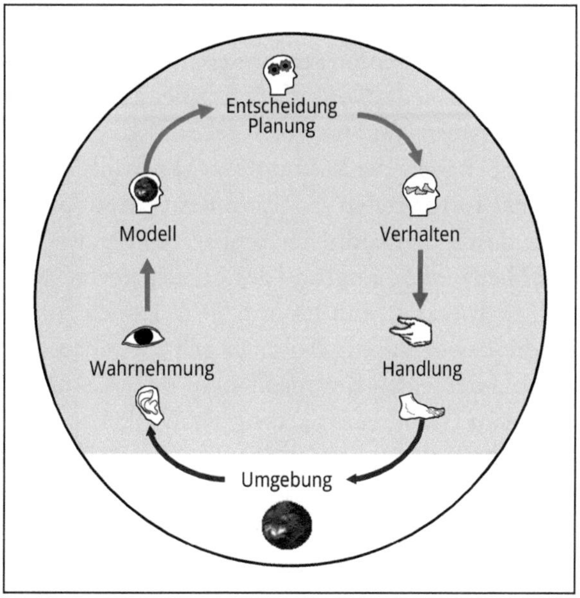

Abb. 5.1 *Lebenszyklus eines Roboters*

Die Umgebungen sind dabei in der Regel nicht vollständig beobachtbar (engl. *partially observable*) und der Roboter kann zu einem Zeitpunkt nur Teile der relevanten Umgebung wahrnehmen, da die Kamera z. B. nur nach vorne zeigt. Um dies zu kompensieren, muss der Roboter mithilfe von Aktionen (engl. *sensing Actions*), hier den Kopf drehen, sein Wissen über seine Umgebung erweitern und mithilfe eines Gedächtnisses (Modell) speichern. Umgebungen sind weiterhin häufig dynamisch, sie verändern sich auch ohne das Zutun des Roboters, weil Menschen oder andere Roboter in derselben Umgebung agieren. Sie sind schließlich auch häufig nicht deterministisch, da die Effekte der Aktionen des Roboters nicht immer dieselben sind, weil u. a. sowohl die Wahrnehmung als auch die Aktionen verrauscht sein können.

5.1.1 Wahrnehmung

Teil der Wahrnehmung sind die Kalibrierung, Filterung und Fusion von Sensordaten sowie die Erkennung von Mustern wie z. B. Objekten in den Daten. Die Genauigkeit von Sensoren kann baulich bedingt leicht abweichen. Dann ist eine einmalige Kalibrierung des Sensors nötig, wie z. B. bei der Verzerrung einer Kamera, die durch einen Kalibrierungsvorgang bestimmt und entzerrt werden kann. Ebenfalls kann die Genauigkeit umgebungsbedingt abweichen und z. B. von der Temperatur abhängen. Dann ist bei jedem Start oder auch häufiger eine Kalibrierung nötig, um den aktuellen Arbeitsbereich, z. B. den Drift des Gyrosensors, zu bestimmen, während der Roboter so lange ruhig steht.

Die Filterung der Sensordaten soll das häufig vorhandene Rauschen in den Daten reduzieren, indem z. B. die aktuelle Schätzung des Sensors aus mehreren vorliegenden Messungen gemittelt wird. Dadurch erhöht sich aber auch der zeitliche Verzug, mit dem Signale in den Daten erkannt werden können.

Häufig liefern verschiedene Sensoren verschiedenartige und unterschiedlich genaue Sensorwerte für eine zu bestimmende Größe, sodass durch das Zusammenführen der Sensorinformationen (Fusion) ein insgesamt genaueres Bild dieser Größe entsteht. Typisches Beispiel ist die Sensorfusion aus einem Gyroskop, das die Drehbewegung des Roboters misst, und einem Accelerometer, das die Beschleunigung des Roboters bestimmt. Basiert die Bestimmung von Roll- und Nickwinkel eines Roboters allein auf der fortgesetzten Addition der Gyroskopwinkel, driften diese Winkel mit der Zeit durch den additiven Fehler auseinander. Auch eine Bestimmung des Roll- und Nickwinkels aufgrund des Accelerometers ist möglich, da es die nach unten zeigende Schwerkraft wahrnimmt. Sie ist jedoch durch meist recht starkes Rauschen und die Bewegung des Roboters sehr ungenau. Fusioniert man die beiden Signale jedoch durch einen Komplementär- oder Kalman-Filter, erhält man eine deutlich genauere und stabilere Schätzung der Winkel.

Mithilfe von KI haben Roboter heute weitaus bessere Möglichkeiten, ihre Umgebung wahrzunehmen. Besonders bei perzeptuellen Daten wie Kamerabildern oder Mikrofonaufnahmen wurden mithilfe von Deep Learning große Fortschritte erzielt. So gelingt es heute, wie in Kapitel 4 »Künstliche Intelligenz in der Computer Vision«

dargestellt, sehr zuverlässig, Objekte auf Kamerabildern zu erkennen. Ebenso kann inzwischen in natürlicher Sprache mit Robotern interagiert werden (siehe Kapitel 3 »Natural Language Processing«).

5.1.2 Modellbildung

Für proaktive, vorausschauend handelnde Roboter (siehe nächster Abschnitt) ist es nötig, ein Gedächtnis zu haben, das auch als Modell der Umgebung oder mentale Karte bezeichnet wird. In diesem Modell speichert der Roboter das Wissen über sich und seine Umgebung.

Dieses Wissen besteht aus Vorwissen und aktuellem Wissen. Vorwissen ist z. B. die Kenntnis einer Karte wie einer Straßenkarte oder eines Plans der Fabrikhalle, in der der Roboter navigiert. Auf dieser Karte muss sich der Roboter zunächst mithilfe von GPS, Beacons, Markierungen am Boden oder sonstigen Orientierungspunkten oder -sensoren lokalisieren. Sobald das erfolgreich geschehen ist, kann der Roboter auch die erkannten Objekte wie andere Fahrzeuge, Personen oder Werkstücke in diese Karte eintragen und bei der Planung der Trajektorie oder Handlung berücksichtigen, auch wenn sie aktuell nicht mehr im Blickfeld des Roboters sind. Teil der Modellbildung ist auch, gespeicherte Objekte nach einiger Zeit wieder zu vergessen, da die Information über die Position von beweglichen Objekten mit der Zeit veraltet.

5.1.3 Entscheidung

Autonome Roboter zeichnen sich dadurch aus, dass sie im Rahmen ihrer Aufgabenstellung selbstständig Entscheidungen treffen. Diese Entscheidungen müssen einerseits vorausschauend (proaktiv) sein, andererseits aber auch die aktuelle Situation berücksichtigen und schnell miteinbeziehen können (reaktiv). Ein Beispiel für Letzteres ist, wenn ein Mensch in den geplanten Weg eines Roboters tritt. Dann muss der Roboter anhalten oder ausweichen, auch wenn das die Zielerfüllung zunächst beeinträchtigt. Diese reaktiven Elemente des Entscheidens laufen meist mit deutlich höherer Frequenz als die proaktiven Elemente, um schnell auf Änderungen der Umgebung reagieren zu können. Proaktiv wäre in diesem Beispiel die Planung, auf welchem Weg der Roboter zu einer Maschine gelangt, bei der er ein Werkstück abholen soll. Für proaktives Entscheiden ist es unabdingbar, dass der Roboter sowohl das Ziel als auch die Effekte seiner Aktionen kennt.

Die Art der Entscheidungsfindung kann auf sehr unterschiedliche Weise erfolgen. In diskreten Umgebungen kann die Entscheidung durch Suche in einem Suchbaum stattfinden, wie es beim Sieg des Go-Programms AlphaGo der Fall war [Silver et al. 2016]. In kontinuierlichen Umgebungen realer Roboter werden Entscheidungen häufig hierarchisch getroffen. Die Entscheidungskomponente entscheidet sich für ein grundlegendes Verhalten (engl. *Behavior*), das dann die eigentliche Steuerung der Aktuatoren übernimmt. Zum Einsatz kommen dabei verschiedene Technologien wie Entscheidungsbäume, die aus früheren Entscheidungen gelernt werden können, sogenannte State Machines, die den Zustand des Roboters diskretisieren und Zustandsübergänge definieren, oder andere, problemspezifische Planer oder Ansätze. In einer nicht deterministischen Umgebung finden meist entscheidungstheoretische Ansätze der Motivationstheorie ihren Einsatz, die die Summe des Werts aller erwarteten Ausgänge einer Handlung mal ihrer Wahrscheinlichkeit als Grundlage für das Entscheiden berechnen.

Hat sich die Entscheidungslogik für ein grundlegendes Verhalten entschieden, wird dieses ausgeführt. Im Fall von komplexen Handlungsabläufen, wie dem Greifen von Gegenständen oder dem Laufen auf zwei Beinen, ist dieses eher motorische Gedächtnis meist mittels Reinforcement Learning trainiert.

5.2 Reinforcement Learning

Grundlegende Verhaltensweisen werden heutzutage häufig mittels Deep Reinforcement Learning (DRL, siehe Abschnitt 2.4 »Reinforcement Learning«) gelernt. Anhand des Beispiels »Laufenlernen« eines zweibeinigen Roboters wird in diesem Abschnitt aufgezeigt, welche konkreten Schritte dafür nötig sind.

5.2.1 Problemdefinition

Der Beobachtungsraum (engl. *Observation Space*) enthält alle für die Lösung des Problems relevanten und für den Roboter zugänglichen Informationen. Sie bilden den Input für das zu trainierende neuronale Netzwerk. Diese Zustandsinformation beinhaltet beim Laufenlernen z. B. die Stellung aller Beingelenke, die Messwerte von Fußdrucksensoren, Accelerometern und Gyroskop oder auch aus diesen Sensoren fusionierte Größen des Modells wie die Information, wie aufrecht der Roboter gerade ist. Da die Formalisierung als Markov-Prozess erfolgt, müssen auch relevante Größen aus der Vergangenheit in den aktuellen Observation Space codiert werden. Dies geschieht dadurch, dass nicht nur die Sensorwerte selbst, sondern auch deren erste Ableitung in den Observation Space eingehen, also z. B. nicht nur die Gelenkwinkel, sondern auch deren Winkelgeschwindigkeit. Insgesamt enthält der Observation Space beim Laufenlernen in unserem Beispiel 100 kontinuierliche Zahlen, das neuronale Netzwerk hat also 100 Inputneuronen. Eine alternative Möglichkeit wäre, die letzten n Zustände in den Observation Space zu übernehmen. Dadurch können einerseits auch weiter in der Vergangenheit liegende Informationen berücksichtigt werden, andererseits erhöht sich damit natürlich auch die Größe des Observation Space und damit die Konvergenzgeschwindigkeit des Lernens erheblich.

Neben dem Beobachtungsraum muss der Aktionsraum (engl. *Action Space*) definiert werden, in dem die Aktionen enthalten sind, die der Roboter ausführen kann. Im Sinne des End-to-End Learning sind das meist direkte Kontrollgrößen z. B. der Motorsteuerung. In unserem Beispiel wird jedem der 14 Motoren (zwei Beine mit drei Hüft-, einem Knie-, zwei Fuß- und einem Zehenmotor) der Zielwinkel und die maximale Winkelgeschwindigkeit übergeben. Die Motoren versuchen dann mithilfe eines darunter liegenden Proportional-Integral-Differenzial-Reglers, diese Positionen zu erreichen. So hat in unserem Beispiel das zu trainierende neuronale Netzwerk 28 kontinuierliche Output-Neuronen.

Im Unterschied zu klassischen Optimierungsverfahren wie Simulated Annealing oder genetischen Algorithmen ist Deep Reinforcement Learning ein *Closed-Loop-Verfahren*. Es wird nicht nach einer optimalen Lösung in einem Suchraum gesucht, sondern es wird eine Abbildung vom aktuellen Zustand auf die gewünschte Aktion gelernt. Für das Laufenlernen bedeutet das, dass nicht eine optimale Laufbewegung im Raum der möglichen Laufbewegungen gefunden wird, wie dies beim Simulated Annealing erfolgen würde, sondern für jede im Training vorkommende Situation wird die richtige Reaktion durch Deep Reinforcement Learning gelernt. Dadurch entsteht ein sehr viel stabileres Verhalten, das auch auf Unebenheiten oder sonstigen Umgebungseinflüsse reagieren kann, wenn sie Teil des Trainings waren.

Als Closed-Loop-Verfahren hat Deep Reinforcement Learning noch einen weiteren Vorteil: zusätzlich zur Zustandsinformation können als Eingabe in das neuronale Netzwerk auch Kontrollinformationen (engl. *Control Space*) hinzugefügt werden. Beim Laufenlernen würde man z. B. die gewünschte Richtung und die gewünschte Geschwindigkeit als je ein weiteres Neuron dem Input hinzufügen. Damit gelingt es, unterschiedlich schnell oder auch Kurven laufen zu können. Der Lernalgorithmus wird automatisch die Bedeutung dieser beiden Neuronen erfassen und berücksichtigen.

Sind Beobachtungs-, Aktions- und Kontrollraum definiert, muss noch der Ablauf der *Trainingssituation* definiert werden. Das betrifft zum einen die Anfangssituation, in der sich der Roboter zu Beginn befinden soll. Hier ist es wichtig, dass diese möglichst mit der späteren Anwendung übereinstimmt und alle möglichen Startsituationen in unterschiedlichen Trainingsepisoden berücksichtigt werden. Zum anderen muss auch der Ablauf des Trainings definiert werden, also z. B. wann der Roboter wie schnell und welche Kurven laufen soll. Auch hier sollte möglichst randomisiert vorgegangen werden und alle in der späteren Anwendung vorhandenen Situationen abgedeckt werden. Häufig wird das in Form eines Lernplans (Curriculum) gemacht, sodass zuerst geradeaus laufen, dann Kurven laufen und schließlich Kurven in variabler Geschwindigkeit trainiert werden. Auch Teil der Trainingssituation ist die Definition, wann eine Episode endet. Das kann eine fest vorgegebene maximale Episodendauer sein oder ein bestimmtes Ereignis wie das Hinfallen des Roboters beim Laufenlernen.

Wichtigster Schritt ist schließlich die Definition einer Bewertungsfunktion (engl. *Reward Function*). Dem Roboter muss während des Lernens Rückmeldung in Form einer Zahl zum Erfolg der Aktionen gegeben werden. Das erfolgt auf zwei Arten: einem Continuous Reward, der bei jedem Aktionszyklus, also z. B. 50-mal pro Sekunde, zurückgemeldet wird, und einem Episode Reward, der am Ende jeder Trainingsepisode bestimmt wird. Beim Laufenlernen wäre ein möglicher Continuous Reward der Betrag, um den sich der Roboter der Zielgeschwindigkeit im letzten Schritt angenähert hat. Als Episode Reward kann eine entsprechend große Bestrafung erfolgen, wenn der Roboter hingefallen ist.

Während der Observation Space des Roboters auf (Sensor-)Informationen des Roboters basieren muss, kann die Reward Function auch auf Ground-Truth-Informationen der Simulation zurückgreifen. Mit der Reward Function wird das Optimierungsziel des Trainings festgelegt. Dabei kann es leicht zu lokalen Optima oder überraschenden

Ergebnissen kommen. Wird der Roboter z. B. im Continuous Reward im Mittel eher bestraft, lernt er, sich gleich hinzuschmeißen, weil das den negativen Reward minimiert. Soll der Roboter lernen, von einem schnellen Lauftempo in Richtung des Ziels auf ein langsameres Lauftempo zu reduzieren, kann es passieren, dass der Roboter eine Kurve läuft, weil so der resultierende Geschwindigkeitsvektor in Richtung des Ziels auch geringer wird, obwohl er seine Gesamtgeschwindigkeit beibehält. Erfahrungsgemäß führen eher einfach gehaltene Reward Functions zu einem erfolgreichen Lernen.

5.2.2 Durchführung

Für die eigentliche Durchführung des Trainings benötigt man noch eine DRL-Bibliothek und die Wahl eines geeigneten Algorithmus. Eine Übersicht gängiger Bibliotheken findet sich in Tabelle 5.1. Je nachdem, ob der Observation Space und/oder der Action Space diskret oder kontinuierlich sind, stehen unterschiedliche Algorithmen zur Verfügung. Die hier vorgestellten Ergebnisse wurden mithilfe der Bibliothek RL-X und der Proximal Policy Optimization (PPO, [Schulman et al. 2017]) erzielt.

Für die Trainingssituation beim Laufenlernen wurde festgelegt, dass der Roboter von einer festen Position mit einem vorhandenen modellbasierten Laufen losläuft und dann nach einer zufälligen Zeit in das Deep-Reinforcement-Learning-Verhalten wechselt. Dadurch ist später der Wechsel von Laufen zu Rennen zu jedem Zeitpunkt möglich. Der Roboter sollte dann für zehn Sekunden so schnell laufen wie möglich.

Bibliothek	**Autoren**	**URL**
Stable-Baselines3	Antonin Raffin et al.	*https://github.com/DLR-RM/stable-baselines3*
Rllib	Ray Team	*https://github.com/ray-project/ray/tree/master/rllib*
RL-X	Nico Bohlinger	*https://github.com/nico-bohlinger/RL-X/*
modular_rl	John Schulman	*https://github.com/joschu/modular_rl*
garage	RL Working Group	*https://github.com/rlworkgroup/garage*
PPO-PyTorch	Nikhil Barhate	*https://github.com/nikhilbarhate99/PPO-PyTorch*
TorchRL	Vincent Moens et al.	*https://github.com/pytorch/rl*
skrl	Antonio Serrano-Muñoz et al.	*https://github.com/Toni-SM/skrl*
rsl_rl	Robotic Systems Lab ETH Zürich	*https://github.com/leggedrobotics/rsl_rl*
rl_games	Denys Makoviichuk und Viktor Makoviychuk	*https://github.com/Denys88/rl_games*
CleanRL	Costa Huang et al.	*https://github.com/vwxyzjn/cleanrl*

Tab. 5.1 *Auswahl von Deep-Reinforcement-Bibliotheken*

Die Durchführung des Trainings findet in der Regel in einer Simulation des Roboters statt, da viele Millionen Trainingsschritte (engl. *Steps*) für einen Lernvorgang durchgeführt werden müssen, bis der Algorithmus konvergiert. Für die Lernkurve in Abbildung 5.2 wurden 24 Robotersimulationen parallel auf einem Multi-Core-System verwendet, um die 100 Mio. Steps in 9 Std. 50 Min. zu simulieren. Dabei wurde eine Durchschnittsgeschwindigkeit von 1,7 m/s und Endgeschwindigkeiten von bis zu 2,5 m/s erzielt. Zum Vergleich: Ein modellbasiertes und genetisch optimiertes Laufen desselben Roboters erreicht gerade einmal 0,85 m/s. Während beim modellbasierten Laufen praktisch immer ein Fuß den Boden berührt, sind beim Deep-Reinforcement-Learning-Laufen mehr als die Hälfte der Zeit beide Beine vom Boden entfernt. Der Roboter rennt.

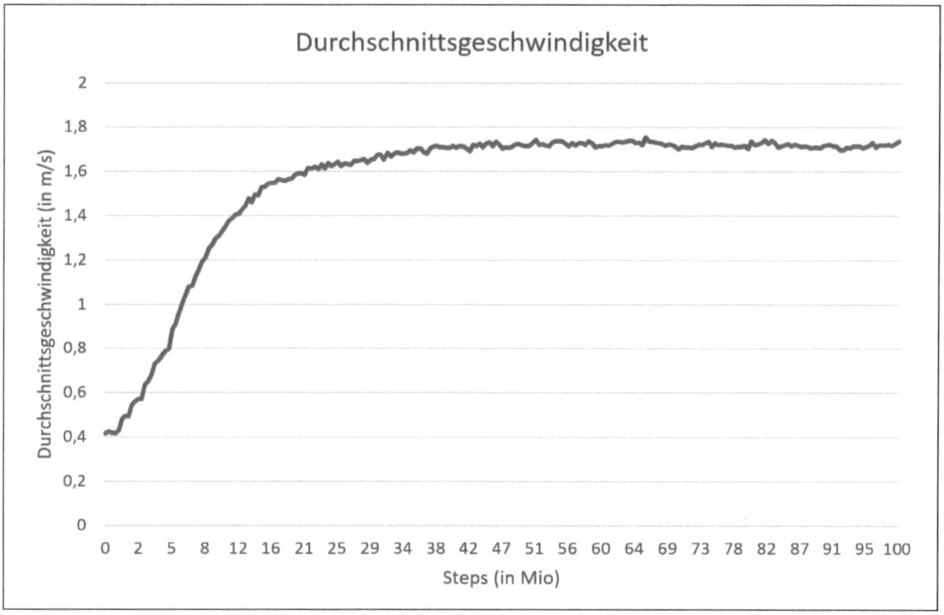

Abb. 5.2 *Lernkurve beim Laufenlernen mittels Deep Reinforcement Learning*

Der Übergang von in der Simulation gelerntem Verhalten auf reale Roboter (engl. *Transfer Learning*) ist heute teilweise noch Gegenstand der Forschung. Es gibt aber bereits verschiedene Beispiele, bei denen das erfolgreich gelungen ist. So gelang Haarnoja et al. [Haarnoja et al. 2024] der Transfer von in der Simulation gelerntem Fußballverhalten (aufstehen, drehen, laufen, kicken) auf reale Roboter, ohne weiteres Training auf den echten Robotern (ein sogenannter Zero Shot). Dabei konnten die Roboter 181 % schneller laufen, sich 302 % schneller drehen und benötigten 63 % weniger Zeit für das Aufstehen als ein programmierter Ansatz. Bohlinger et al. [Bohlinger et al. 2024] gingen noch einen Schritt weiter und trainierten verschiedene zweibeinige, vierbeinige, sechsbeinige und achtbeinige Roboter in einem einzigen neuronalen Netzwerk. Dieses war danach in der Lage, das omnidirektionale Laufen all dieser Roboter zu steuern. Darüber hinaus gelang nicht nur das Zero Shot Deployment auf reale Roboter, deren Typ Teil des Trainings war, sondern auch das Deployment auf einem vierbeinigen, realen Roboter, der gar nicht in der Simulation trainiert worden war. Beiden Gruppen gelang dies neben anderen Maßnahmen durch eine Mischung aus Domain Randomization, also dem Einführen künstlichen Rauschens in der Simulation, Random Perturbations, also zufälligen Störeinwirkungen auf den Roboter, und Regularization, also der negativen Bewertung von Aktionen, die z. B. Kraftspitzen verursachen.

Im April 2025 liefen humanoide Roboter beim Halbmarathon in Peking mit. Der schnellste erreichte das Ziel in 2 Stunden und 40 Minuten. Während die High-Level-Steuerung durch mitlaufende Techniker erfolgte, mussten die Laufbewegungen sowohl aus Stabilitätssicht als auch energetisch sehr gut optimiert sein. Nicht dokumentiert ist, welche und wie viele Eingriffe (Akkuwechsel, Zurücksetzen auf die Strecke, Recovery nach einem Sturz) erfolgten, jedoch sah das Reglement Zeitstrafen dafür vor [Engelking 2025].

5.3 Kommunikation mit Robotern

Die Kommunikation zwischen Menschen und Robotern gewinnt im industriellen und unternehmerischen Kontext zunehmend an Bedeutung. Mit dem Aufkommen intelligenter Systeme, die Sprache, Gesten und andere Formen nonverbaler Kommunikation verstehen, wird die Interaktion natürlicher, effizienter und zugänglicher. Moderne Robotersysteme sind also längst nicht mehr nur stumm und ferngesteuert. Sie treten zunehmend als kollaborative Partner auf, die sich über verschiedene Kommunikationskanäle mit menschlichen Mitarbeitern austauschen. Im Zentrum steht die intuitive Bedienung – sei es durch Sprache, Gestik oder multimodale Interfaces.

Die Integration von LLMs wie GPT-4 oder Gemini in Robotersysteme eröffnet neue Möglichkeiten der sprachbasierten Interaktion. Anstatt mit vordefinierten Befehlen können Anwender in natürlicher Sprache mit dem Roboter kommunizieren – ähnlich wie mit einem Menschen. Dabei kann der Roboter Anweisungen in Alltagssprache interpretieren (z. B. »Bring bitte den Karton zur Laderampe«). Er kann zur Klärung von Ambiguitäten Rückfragen stellen (»Meinst du den großen oder den kleinen Karton?«). Wie bei Chat-Clients kann der Roboter Kontext über längere Zeiträume behalten und Handlungsfolgen planen. Sehr eindrücklich zeigt OpenAI mit ihrem Figure-01-Roboter diese Möglichkeiten [AwesomeTech 2024].

Neben der Sprache ist die nonverbale Kommunikation entscheidend – besonders in lauten Umgebungen oder wenn Sprache nicht praktikabel ist. Hier kommen Kamerasysteme und KI-gestützte Bildverarbeitung zum Einsatz, um z. B. Handzeichen zu erkennen (wie »Stopp«, »Komm her«, »Dreh dich«) oder Körperhaltung und Blickrichtung zu analysieren, um Intentionen abzuleiten. Dadurch kann auch die Sicherheit durch das Erkennen von Gefährdungslagen erhöht werden.

Im Praxiseinsatz wird eine effektive Kommunikation jedoch oft durch die Kombination verschiedener Modalitäten entstehen. Ein Mensch sagt z. B.: »Stell das da hin«, und zeigt gleichzeitig auf eine Stelle. Damit ein Roboter dies versteht, muss er Sprachdaten mit visuellen Informationen verknüpfen, Zeigegesten erkennen und räumlich interpretieren und den situativen Kontext analysieren (Was steht bereits dort? Was wäre logisch?).

5.4 Einsatz in Unternehmen

Autonome Roboter auf Rädern sind bereits seit einigen Jahren in verschiedenen Unternehmen im Einsatz. Im Hamburger Hafen werden Container seit über 20 Jahren mithilfe von Automated Guided Vehicles (AGVs) transportiert. Seit 2014 fahren AGVs von Kiva (heute Amazon Robotics LLC) mobile Lagereinheiten autonom durch die Lagerhallen von Amazon.

Humanoide Roboter kommen erst jüngst in den Einsatz. Sie eignen sich vor allem an Arbeitsplätzen, die für Menschen konzipiert wurden und teilweise auch von Menschen genutzt werden. Dem Nachteil eines höheren Energieverbrauchs durch das Laufen auf zwei Beinen steht der Vorteil gegenüber, die Roboter ohne Veränderung der Arbeitsumgebung zusammen mit Menschen einsetzen zu können.

Mercedes setzt in ihrem Innovationszentrum in Berlin-Marienfelde Apollo-Roboter der Firma Apptronik ein, um sie für den Einsatz in Produktionslinien vorzubereiten [Mercedes 2025]. BMW testet den Einsatz des Figure-02-Roboters von Figure AI seit 2024 in ihrem Produktionswerk in Spartanburg (South Carolina, USA). Der Roboter übernimmt dabei eine Vielzahl menschenähnlicher Aufgaben wie das Einlegen von Blechen in spezielle Vorrichtungen [BMW 2024].

500 bis 1.000 Walker-S-Roboter der chinesischen Firma UBTech sollen 2025 an Automobil- und Logistikunternehmen ausgeliefert werden. Bereits seit 2024 sind diese Roboter bei den Automobilunternehmen BYD und NIO im Produktiveinsatz. Auch der Auftragsfertiger von Apple, Foxconn, testet seit 2025 den Einsatz von Walker-S-Robotern [Bünte 2025]. Eine Übersicht verschiedener humanoider Roboter und deren Hersteller ist in Tabelle 5.2 dargestellt.

Derzeit kosten humanoide Roboter noch einen hohen fünfstelligen Betrag in der Anschaffung plus einen vierstelligen Betrag für die jährliche Wartung. Das dürfte sich mit zunehmender Massenproduktion aber bald deutlich reduzieren. Amortisierungszeiten von unter einem Jahr sollten möglich sein.

Roboter	Unternehmen	URL
Apollo	Apptronik	*https://apptronik.com/apollo*
Atlas	Boston Dynamics	*https://bostondynamics.com/atlas/*
Cyberone	Xiaomi	*https://www.mi.com*
Digit	Agility Robotics	*https://www.agilityrobotics.com/*
Figure 02	FigureAI	*https://www.figure.ai/*
H1	Unitree	*https://www.unitree.com/h1*
Optimus	Tesla	*https://x.com/Tesla_Optimus*
Phoenix	Sanctuary AI	*https://www.sanctuary.ai/*
Walker-S	UBTech	*https://www.ubtrobot.com/en/humanoid/products/WalkerS1*

Tab. 5.2 *Humanoide Roboter und Hersteller*

5.5 Zusammenfassung

In diesem Kapitel wurden die Grundlagen und aktuellen Entwicklungen der künstlichen Intelligenz (KI) im Bereich der Robotik dargestellt. Roboter unterscheiden sich von anderen KI-Anwendungen, da sie in realen, dynamischen und teilweise unvorhersehbaren Umgebungen agieren. Ihr Lebenszyklus besteht aus Wahrnehmung, Modellbildung, Entscheidung, Verhalten und Handlung.

Bei der Wahrnehmung werden Sensordaten kalibriert, gefiltert und fusioniert, um ein möglichst genaues Umweltbild zu erzeugen. Fortschritte in Deep Learning haben die Objekt- und Spracherkennung stark verbessert. In der Modellbildung speichern Roboter Wissen über ihre Umgebung und sich selbst, um proaktiv handeln zu können. Das Entscheidungsmodul verbindet reaktives Verhalten (z. B. Ausweichen) mit proaktivem Planen. Techniken reichen von Entscheidungsbäumen und Zustandsautomaten bis hin zu entscheidungstheoretischen Ansätzen.

Mithilfe von Deep Reinforcement Learning erlernen Roboter grundlegende Verhaltensweisen – etwa das zweibeinige Laufen – durch Belohnungssysteme. Dabei werden Beobachtungs-, Aktions- und Kontrollräume definiert und die Lernprozesse meist in Simulationen trainiert. Deep Reinforcement Learning erlaubt stabilere, anpassungsfähigere Bewegungen als modellbasierte Methoden und kann zunehmend auf reale Roboter übertragen werden.

Im Bereich der Mensch-Roboter-Kommunikation ermöglichen moderne Sprach- und Bildverarbeitungssysteme eine natürliche Interaktion über Sprache, Gestik und multimodale Eingaben. Durch Integration von Large Language Models wie GPT-4 können Roboter Anweisungen in Alltagssprache verstehen und interpretieren.

Autonome mobile Roboter und zunehmend auch humanoide Roboter wie Apollo, Figure 02 oder Walker-S finden Einsatz in Produktion und Logistik. Sinkende Kosten und technische Fortschritte versprechen eine breite industrielle Nutzung in naher Zukunft.

Teil II

Weiterführende Konzepte

6 Operationalisierung von KI-Systemen

Patrick Baier

Während sich die bisherigen Kapitel darauf fokussiert haben, wie KI-Systeme zur Lösung von Problemstellungen aus verschiedenen Anwendungsbereichen genutzt werden können, richtet dieses Kapitel den Fokus auf deren Operationalisierung. Allgemein bezeichnet Operationalisierung den Prozess, ein entwickeltes KI-Modell oder -System aus der Forschungs- oder Entwicklungsphase in den realen Betrieb zu überführen, wo es in seinem vorgesehenen Anwendungskontext eingesetzt wird.

6.1 Vom Prototyp zum Go-live

Der Ausgangspunkt für die Operationalisierung von KI-Systemen ist in der Regel das Ende der Entwicklungsphase. In dieser Phase wurde durch iterative Anpassungen im Training versucht, die Vorhersagequalität des Modells zu steigern. Der nächste Schritt besteht darin, das trainierte Modell in den Realbetrieb (den sogenannten *Live-Betrieb*) zu überführen, wo es zur Wertschöpfung des Unternehmens beiträgt.

Um die damit einhergehenden Herausforderungen von Beginn an anschaulich darzustellen, wird nachfolgend eine Beispielanwendung eingeführt, auf die in regelmäßigen Abständen in den weiteren Ausführungen dieses Kapitels zurückgegriffen wird.

6.1.1 Beispielanwendung

Unser Beispielunternehmen operiert im Finanzbereich und gibt an seine Kunden Kreditkarten aus, mit denen diese weltweit und online bezahlen können. Um Transaktionen mit gestohlenen Kreditkartendaten möglichst frühzeitig zu erkennen, nutzt das Unternehmen ein KI-Modell auf Basis des maschinellen Lernens (*ML-Modell*), das innerhalb weniger Sekunden jede Kundentransaktion überprüft, um festzustellen, ob es sich um eine normale Transaktion oder um einen Betrugsversuch (d. h., die Karte bzw. die notwendigen Daten wurden gestohlen) handelt. Das Modell wurde auf vergangenen Transaktionen der Kunden trainiert, bei denen im Nachhinein bekannt war, ob Betrug vorlag oder nicht (es handelt sich daher um ein klassisches ML-Modell aus dem Bereich *Supervised Learning*). Mögliche Eingabewerte (sogenannte *Features*) für die Vorhersage eines solchen Modells wären z. B. Ort der Transaktion, Betrag der Transaktion, Transaktionshistorie des Kunden und der zur Transaktion zugehörige Händler, der das Geld empfängt. Auf Basis dieser Features liefert das Modell für eine gegebene Kreditkartentransaktion einen Wert zwischen 0 und 1 zurück, der angibt, wie hoch die Wahrscheinlichkeit ist, dass es sich bei dieser Transaktion um Betrug handelt. Liegt dieser über einem zuvor definierten Schwellenwert, wird die Transaktion automatisch storniert.

Derartige ML-Modelle spielen in der Praxis von Kreditkartentransaktionen tatsächlich eine bedeutende Rolle und sind durch eine Reihe von besonderen Herausforderungen gekennzeichnet:

1. Ein Vorhersagefehler des Modells hat eine sofortige, negative, finanzielle Konsequenz für das Unternehmen. Das Stornieren einer normalen Transaktion führt zum Verlust der Transaktionsgebühr (und verärgert den Kunden). Für eine nicht erkannte betrügerische Transaktion muss das Unternehmen ggf. haften.
2. Das Modell muss auch für eine sehr große Anzahl an zeitlich möglicherweise nah aufeinanderfolgenden Transaktionen verlässlich eine Antwort liefern.
3. Die Vorhersage des Modells muss kurz vor Abschluss der Transaktion relativ schnell (d. h. innerhalb weniger Sekunden) zur Verfügung stehen.

ML-Modelle werden in der Regel in der Programmiersprache *Python* mithilfe entsprechender ML-Bibliotheken entwickelt. Die Spezifikation des Modells und das anschließende Training auf den Trainingsdaten sind als iterativer Prozess gestaltet. Dabei werden die Modelleigenschaften (z. B. die Wahl der Features oder Belegung der Hyperparameter) so lange optimiert, bis das Modell auf den separaten Testdaten eine möglichst hohe Vorhersagegenauigkeit erreicht. In der bereits eingeführten Beispielanwendung wäre dies z. B. der Fall, wenn das Modell hinreichend genau zwischen Betrug und Nicht-Betrug bei einer Menge gegebener Transaktionen unterscheidet. Wir werden nun im Folgenden beispielhaft darstellen, wie ein solches ML-Modell nach dem Training in eine operative Live-Umgebung überführt werden kann.

Im einfachsten Fall wird das Modell lokal auf einem Rechner (ggf. mit GPU-Unterstützung) trainiert. Nach erfolgreichem Training wird die Struktur des Modells zusammen mit den gelernten Parametern als Datei auf der Festplatte gespeichert. Um das Modell nun im Live-Betrieb einzusetzen (d. h., um reale Kreditkartentransaktionen zu überprüfen), muss es für andere IT-Systeme erreichbar sein. Am einfachsten geschieht dies, indem es als Teil einer Webapplikation (*Web-App*) geladen wird, die über das Netzwerk mittels HTTP-Protokoll von anderen Systemen angefragt werden kann. Da sich die Funktionalität dieser App lediglich auf das Beantworten von Anfragen mithilfe des ML-Modells beschränkt, bezeichnet man die Web-App in diesem Kontext auch oft als *Microservice*. Allgemein ist ein Microservice ein kleiner, in sich geschlossener Softwaredienst, der eine ganz bestimmte Funktion innerhalb einer größeren Anwendung übernimmt.

Bei einer neuen, zu überprüfenden Kreditkartentransaktion würde ein vorgeschalteter Microservice nun alle nötigen Feature-Daten für die Transaktion zusammenstellen. Dazu werden typischerweise verschiedene Datenbanktabellen angefragt, die Daten zur Transaktion und zur Transaktionshistorie des Kunden enthalten. Die Daten werden vom gleichen Service entsprechend vorverarbeitet, bis sie das gleiche Format haben wie die Daten, mit denen das ML-Modell trainiert und getestet wurde. Anschließend werden die Daten gebündelt an die Web-App des ML-Modells gesendet. Diese ruft das ML-Modell intern auf und liefert dessen Antwort, die Betrugswahrscheinlichkeit der Transaktion, an das aufrufende System zurück. Auf Basis dieser Wahrscheinlichkeit wird nun entschieden, ob die Transaktion storniert wird oder nicht.

Dieser einfache Ansatz reicht aus, um ein ML-Modell schnell in den Produktiveinsatz zu bringen (und wird sicherlich in dem einen oder anderen KI-Start-up auch direkt so umgesetzt). Er genügt jedoch nicht, um eine große Anzahl an Modellen für eine große Menge an Anfragen zuverlässig bereitzustellen. Daher entwickeln wir im Folgenden den beschriebenen Prozess weiter, und nähern uns den heute gültigen Best Practices bei der Operationalisierung von ML-Modellen an.

6.1.2 Automatisierung der Modellerstellung

Ein Problem des beschriebenen Ansatzes ist die fehlende Automatisierung und die damit verbundene Fehleranfälligkeit sowie die mangelnde Reproduzierbarkeit des trainierten Modells, da dieses direkt vom Entwickler gespeichert wird. Daher ist es sinnvoll, die folgenden Schritte des oben genannten Ablaufs zu automatisieren:

- Wenn ein Entwickler ein neues ML-Modell trainiert, das er in den Live-Betrieb bringen möchte, dann speichert er nicht das Modell, sondern lediglich dessen Spezifikation. Die Spezifikation enthält alle wesentlichen Informationen, die beim Modelltraining genutzt wurden, wie Quelle der Trainings- und Testdaten, verwendete Features, Art des Modells, die gewählten Hyperparameter usw. Diese Spezifikation lädt der Entwickler anschließend in ein zentrales Code-Repository hoch (z. B. GitHub, GitLab, BitBucket).
- Das Training des eigentlichen Modells, das später im Live-Betrieb eingesetzt werden soll, übernimmt ein zentraler, leistungsfähiger Rechner (sogenannter Trainingsserver), der auf das zuvor genannte Code-Repository zugreifen kann. Zum eigentlichen Training des Modells startet der Entwickler einen Job auf dem Trainingsserver. Dieser lädt dann die jeweilige Modellspezifikation und die darin spezifizierten Trainingsdaten, woraufhin das Modell trainiert.
- Nach dem erfolgreichen Training speichert der Trainingsserver das Modell in einen speziellen *Model-Storage* zusammen mit der für das Training verwendeten Spezifikation.

Die beschriebenen Automatisierungsschritte ermöglichen es, das Training des Modells vom jeweiligen Entwickler zu entkoppeln, und gewährleisten so eine einfache Reproduzierbarkeit des Modells. Durch die Speicherung der Modellspezifikation entsteht zudem Transparenz darüber, welche Modelle im Model-Storage abgelegt sind. Abbildung 6.1 liefert einen Überblick über den beschriebenen Prozess.

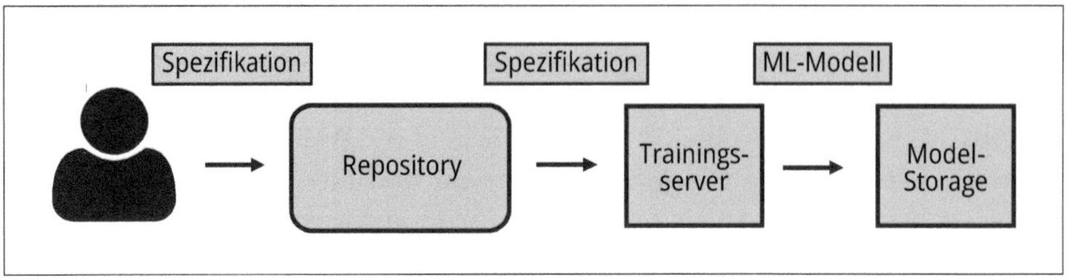

Abb. 6.1 *Automatisierung des Modelltrainings*

6.1.3 Deployment von ML-Modellen

Eine Schwachstelle des beschriebenen Deployment-Szenarios besteht darin, dass das gespeicherte Modell im Rahmen der Web-App nur auf einem einzigen Server verfügbar ist und somit nicht mit der Anzahl der eingehenden Anfragen skaliert. Dadurch kann es bei einer hohen Anzahl an Anfragen zur Überlastung und somit zu starken Verzögerungen in der Antwortzeit der Web-App kommen. Dies ist in vielen Fällen (wie z. B. im Kreditkartenszenario) nicht akzeptabel.

Die gängige Lösung hierfür besteht darin, das Modell mithilfe einer Microservices-Plattform (z. B. *Kubernetes*) über mehrere Server automatisch zu skalieren. Dafür muss die Web-App in eine sogenannte Container-Virtualisierung (z. B. *Docker*) überführt werden, die es ermöglicht, die Web-App auf einem beliebigen Server zu starten. Die Microservices-Plattform sorgt dafür, dass immer eine ausreichende Zahl an Web-Apps gleichzeitig im Live-Betrieb läuft, um alle ankommenden Anfragen unmittelbar zu beantworten. Jede dieser Web-Apps lädt beim Start das neueste Modell aus dem Model-Storage und beantwortet eine Teilmenge der zu bearbeitenden Anfragen.

6.2 Monitoring von KI-Systemen

Um ein KI-System im Live-Betrieb erfolgreich einzusetzen, ist eine dauerhafte Überwachung des Systemverhaltens nach dem Deployment unumgänglich. Beim sogenannten *Monitoring* wird fortwährend überprüft, ob die Eingabedaten für das ML-Modell und dessen Vorhersagen sich in einem erwartbaren Rahmen bewegen. Wenn dies nicht der Fall ist, liegt möglicherweise ein Fehler vor, sodass die Vorhersagen des ML-Modells sehr viel ungenauer ausfallen können als erwartet.

Monitoring ist eine Disziplin, die bei herkömmlichen IT-Systemen schon seit Jahrzenten praktiziert wird und dementsprechend durch ausgereifte Monitoring-Tools unterstützt wird. Ziel des Monitorings ist es, alle wichtigen Systemeigenschaften zu überwachen und bei einer festgestellten Abweichung vom Sollzustand eine Alarmnachricht auszulösen. Diese wird typischerweise an einen verantwortlichen Systemadministrator gesendet, der sich das Problem daraufhin anschaut und versucht, es zu beheben.

Herkömmliches IT-Monitoring umfasst in der Regel die Überwachung von Hardwareressourcen, auf denen die zu überwachende Anwendung läuft (z. B. CPU-Auslastung oder Speicherbelegung der Serverinstanzen), sowie die Sammlung von Daten zu wichtigen Metriken der Anwendungen (z. B. Anfragen pro Minute oder Antwortzeit des Service). Während diese beiden Dimensionen auch für KI-Systeme relevant sind, kommt beim Live-Betrieb von ML-Modell noch eine zusätzliche Komponente hinzu: die Qualität der Input-Features und der Vorhersagen des Modells. Um dies zu veranschaulichen, greifen wir im folgenden Abschnitt wieder auf das Beispiel der Betrugserkennung bei Kreditkartentransaktionen zurück.

6.2.1 Vom Fehler zur Katastrophe

Nehmen wir an, das ML-Modell zur Erkennung von Kreditkartenbetrug läuft im Live-Betrieb im Rahmen der Web-App auf einem Server und gibt für jede Transaktion eine Betrugswahrscheinlichkeit zurück. Eines der Features, anhand derer das Modell seine Vorhersage trifft, ist die Höhe des Geldbetrags der jeweiligen Transaktion. Das Modell wurde auf historischen Transaktionen trainiert, bei denen dieser Betrag immer in Euro vorlag. Da das Modell aber auch Transaktionen aus anderen Zahlungsräumen verarbeiten soll, rechnet im Live-Betrieb ein vorgeschalteter Microservice jede Fremdwährung in Euro um, bevor die Transaktion an das ML-Modell weitergeleitet wird. Wenn wir jetzt weiter annehmen, dass dieser vorgeschaltete Service temporär fehlerhaft arbeitet und daher falsche Beträge bei der Umrechnung liefert, dann kann das unter Umständen dazu führen, dass die Vorhersagen unseres Modells komplett unzuverlässig werden. Beispielsweise werden Betrugsfälle gar nicht mehr erkannt oder fast jede normale Transaktion als Betrug erkannt und storniert.

Das beschriebene Beispiel zeigt, wie ein einfacher Fehler in einem vorgeschalteten Service durch ein ML-Modell kaskadiert und zu einem gewaltigen monetären Schaden führen kann, wenn dieser über einen längeren Zeitraum unentdeckt bleibt. Die besondere Problematik in diesem Beispiel liegt darin, dass herkömmliches IT-Monitoring aufseiten des ML-Modells diese Art von Fehler nicht erkannt hätte, da das Problem nicht auf der Hardwareseite, sondern in der abweichenden Verteilung der Eingangsdaten des Modells liegt. Eine solche Abweichung kann jedoch die Vorhersagequalität eines ML-Modells stark negativ beeinflussen. Angenommen, dass das Modell dadurch keinen Betrug mehr erkennen würde, wäre der Schaden sogar erst sichtbar, wenn sich Kunden aufgrund von Unregelmäßigkeiten bei ihrer Kreditkarte beim Unternehmen beschweren.

6.2.2 Die Rolle der Datenverteilung

Wie in den vorangehenden Grundlagenkapiteln beschrieben, werden ML-Modelle auf einer Menge von Trainingsdaten trainiert. In unserer Beispielanwendung sind dies historische Kreditkartentransaktionen, bei denen im Nachhinein bekannt ist, ob sie Betrug waren oder nicht. Auf einer zweiten Menge an historischen Daten wird das Modell nach dem Training in der Regel getestet und anhand einer Metrik (z. B. *F1-Score*) dessen Performance evaluiert. Wenn diese als gut genug bewertet wird, geht das Modell ins Deployment für den Live-Betrieb. Eine wichtige und oft übersehene Eigenschaft von ML-Systemen in diesem Kontext ist, dass ein Modell im Live-Betrieb nur dann eine ähnlich gute Performance wie in der Testphase liefert, wenn die Datenverteilung der Inputdaten des Modells in der Live-Umgebung ähnlich zu der Datenverteilung ist, mit der das Modell trainiert wurde (siehe z. B. [Koh et al. 2021]).

Ist dies nicht der Fall, spricht man von einem *Distribution Shift*. Abbildung 6.2 zeigt zwei Histogramme für dasselbe Feature (links zur Trainingszeit, rechts im Live-Betrieb), bei denen ein solcher Distribution Shift erkennbar ist. Ein Beispiel für einen gravierenden Distribution Shift wäre ein Modell, das im Training auf Geldbeträge in Cent trainiert wurde, in der Live-Umgebung jedoch Beträge als ganze Eurobeträge zugespielt bekommt.

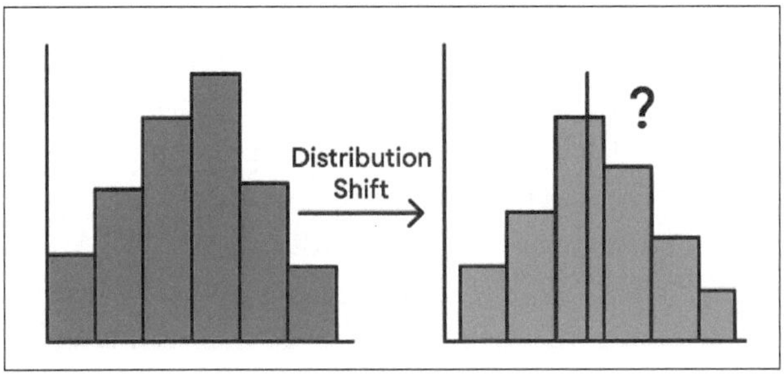

Abb. 6.2 *Änderung der Datenverteilung*

Die Gründe für Distribution Shifts zwischen Live-Betrieb und Trainingsdaten können vielfältiger Natur sein. Im Folgenden sollen einige beispielhaft aufgezählt werden:

- **Mangelnde Kommunikation**
  Es herrscht mangelnde Kommunikation zwischen den unterschiedlichen Entwicklungsteams. Im Beispiel mit den Eurobeträgen können fehlende Absprachen zwischen dem Team, das das Modell trainiert, und dem Team, das das Modell im Live-Betrieb mit Eingabewerten versorgt, zu einer unterschiedlichen Dimensionierung der Eingabewerte führen.
- **Fehlerhafter vorgeschalteter Service**
  Ein vorgeschalteter Service, der das Modell im Live-Betrieb mit Eingabewerten versorgt, arbeitet fehlerhaft. Mögliche Ursachen sind in diesem Kontext vielfältig und reichen von Fehlern in der Programmlogik (sogenannte *Bugs*) über zu lange Antwortzeiten des Service wegen Überlast bis zu Hardware- oder Netzwerkproblemen.
- **Natürliche Verschiebungen**
  Ein oft wenig beachteter Punkt sind natürliche Verschiebungen in der Verteilung von Daten, die im Allgemeinen ein großes Problem für ML-Modelle darstellen. Dabei unterscheidet man bei der Veränderung der Verteilungen zwischen wiederkehrenden Shifts (sogenannten saisonalen Effekten), stetigen Drifts und spontanen Drifts:

- **Saisonale Effekte** sind Veränderungen in der Datenverteilung, die sich mit einem gleichbleibenden zeitlichen Abstand wiederholen. So beeinflusst z. B. der Wochentag die Anzahl der Transaktionen, die ein Kunde mit einer Kreditkarte tätigt. Um ein ML-Modell dagegen robust zu machen, muss beim Training sichergestellt werden, dass der Zeitraum der Trainingsdaten groß genug ist, um alle potenziellen saisonalen Effekte möglichst mehrfach zu beinhalten.
- **Stetige Drifts** zeichnen sich durch eine fortwährende Änderung der Datenverteilung im Zeitverlauf aus. So werden z. B. die Geldbeträge der Kreditkartentransaktionen im Laufe der Zeit aufgrund von Inflation immer größer. Um ein Modell robust gegenüber dieser Art von Veränderung zu machen, müssen Features, bei denen ein stetiger Drift vorliegt, auf einen einheitlichen Wert normalisiert werden – und zwar im Training und im Live-Betrieb. Bei Geldbeträgen legt man sich beispielsweise auf ein Referenzdatum fest und normalisiert alle davor und danach liegenden Beträge mittels der jeweiligen Inflationsrate auf eine einheitliche Kaufkraft.
- Ein **spontaner Drift** hingegen ändert die Verteilung eines Input-Features schlagartig. Mit diesem Szenario können die meisten ML-Modelle nur schwer bis gar nicht umgehen. Ein bekanntes Beispiel stammt aus der Zeit der Coronakrise: Beim Schätzen von Lieferzeiten konnten die ML-Modelle vieler Lieferdienste nicht mehr damit umgehen, dass das Verkehrsaufkommen auf der Straße sich innerhalb kürzester Zeit drastisch änderte. Es gibt zwar erste Ansätze aus der aktuellen Forschung, um mit solchen Situationen in gewissen Szenarien umzugehen [Dong et al. 2024], eine allgemeine Lösung hierfür ist allerdings momentan noch nicht in Sicht.

Ähnlich wie bei den Eingabedaten eines Modells kann auch die Verteilung der Vorhersagen des Modells überwacht und mit denen zur Trainingszeit verglichen werden, um Unregelmäßigkeiten zu erkennen. So kann z. B. die Anzahl der vorhergesagten Betrugsfälle eines Live-Modells mit der Anzahl der Betrugsfälle in einem vergleichbaren Zeitraum aus den Trainingsdaten verglichen werden.

6.2.3 ML-Monitoring in der Praxis

In der Praxis besteht die Aufgabe des ML-Monitorings darin, die Verteilung der Input-Features und der Vorhersage des Modells fortwährend im Live-Betrieb zu überwachen und mit der Verteilung zur Trainingszeit zu vergleichen. Bei einer zu großen Abweichung bei einer der Verteilungen muss, ähnlich wie beim klassischen IT-Monitoring, ein verantwortlicher Administrator alarmiert werden, der sich das Problem anschaut.

Technisch kann ein solches System beispielhaft, wie folgt, realisiert werden: Jeder Eingabewert für das Modell wird im Live-Betrieb zuerst in einer Zeitreihendatenbank (z. B. *InfluxDB*) gespeichert, bevor dieser vom Modell verarbeitet wird. In einem festgelegten Zeitintervall (z. B. alle 10 Minuten) werden die zuletzt gesammelten Daten aus der Datenbank extrahiert und in Form einer empirischen Verteilung als Histogramm aggregiert. Dieses wird anschließend mit der empirischen Verteilung der Trainingsdaten verglichen (ähnlich zu Abb. 6.2). Um den Unterschied der beiden Histogramme quantitativ zu messen, eignen sich mathematische Verfahren wie z. B. die *Wasserstein-Metrik*. Liegt der errechnete Wert über einem zuvor festgelegten Grenzwert, wird ein Alarm in Form einer E-Mail an einen Systemadministrator ausgelöst.

Beim Vergleich der beiden Verteilungen gibt es mehrere statistische Herausforderungen, da der Zeitraum der beiden aggregierten Datensätze in der Regel unterschiedlich groß ist und auch hier saisonale Effekte eine Rolle spielen können. Da eine Diskussion hier den Rahmen sprengen würde, verweisen wir an dieser Stelle auf die Arbeit von Baier und Dragiev [Baier & Dragiev 2021], die sich mit dem Design und den Herausforderungen eines solchen Systems im Detail beschäftigen.

Zur Umsetzung eines ML-Monitoring-Systems gibt es auf dem Markt mittlerweile eine Reihe von Frameworks, die das beschriebene System auf ähnliche Art und Weise implementieren und somit eine ML-Monitoring-Lösung out of the box anbieten. Der bekannteste Anbieter in diesem Kontext ist *Evidently*, der Teile seines Monitoring-Tools auch als Open-Source-Version anbietet. Neben einer ganzen Reihe weiterer Anbieter offerieren auch die großen Cloud-Anbieter eigene ML-Monitoring-Lösungen im Rahmen ihrer jeweiligen Frameworks (z. B. *Amazon SageMaker Model Monitor*).

6.3 ML-Operations

Zum Abschluss dieses Kapitels wollen wir noch kurz auf das derzeit oft diskutierte Thema *ML-Operations* (MLOps) eingehen. MLOps ist ein Konzept, das Methoden des DevOps (Development and Operations) aus der allgemeinen Softwareentwicklung auf den Bereich des maschinellen Lernens überträgt. Das Ziel besteht darin, ML-Modelle effizient, reproduzierbar und skalierbar zu entwickeln, bereitzustellen und zu betreiben. Der aufmerksame Leser wird feststellen, dass die bisherigen Betrachtungen in diesem Kapitel auf denselben Zweck abzielen. Deployment und Monitoring sind in der Tat mitunter die wichtigsten Bestandteile des MLOps-Konzepts, weshalb sie in diesem Kapitel anhand eines Beispiels ausführlich dargestellt wurden. Im Rahmen von MLOps gibt es aber noch eine Reihe anderer Themen, die der Vollständigkeit halber im Folgenden noch kurz erläutert werden:

- **Datenmanagement**
  MLOps befasst sich mit Konzepten, mit denen Trainingsdaten für ML-Modelle versioniert, validiert und in einem standardisierten Format bereitgestellt werden. Das Ziel ist es, jederzeit nachvollziehen zu können, mit welchen Daten ein Modell trainiert wurde.
- **Modellentwicklung**
  Bei der iterativen, experimentellen Entwicklung eines neuen ML-Modells helfen MLOps-Konzepte dabei, Experimente zu dokumentieren, zu vergleichen und zu reproduzieren. Tools wie *MLflow* oder *Weights & Biases* unterstützen beim Tracking und Vergleich der Ergebnisse.

- **Modell-Retraining**
  Wenn die Performance eines Modells im Live-Betrieb mit der Zeit sinkt, muss das Modell in der Regel auf frischeren Daten neu trainiert werden – idealerweise automatisch. MLOps beschäftigt sich mit der Fragestellung, wie dieser Prozess reibungslos und nachvollziehbar abläuft.

Aktuell gibt es am Markt kein einzelnes Tool, das alle MLOps-Teilbereiche vollständig abdeckt. Große Cloud-Plattformen wie *Amazon SageMaker*, *Google Vertex AI* oder *Azure ML* bieten eine breite End-to-End-Abdeckung, sind jedoch oft stark an das jeweilige Ökosystem gebunden. Open-Source-Tools wie *MLflow*, *Kubeflow*, *Feast* oder *Evidently* fokussieren sich auf einzelne Bereiche wie Tracking, Deployment oder Monitoring und lassen sich flexibel kombinieren. Viele Unternehmen bauen daher eine modulare MLOps-Toolchain, die genau auf ihre Infrastruktur und Bedürfnisse zugeschnitten ist. Dabei entsteht oft ein Trade-off zwischen Benutzerfreundlichkeit, Automatisierung und technischer Kontrolle. Die Auswahl der richtigen Tools hängt stark vom Reifegrad des Teams, von der IT-Umgebung, regulatorischen Anforderungen und dem gewünschten Automatisierungsgrad ab.

6.4 Zusammenfassung

Wie in diesem Kapitel anschaulich dargestellt, ist die Operationalisierung von KI-Systemen ein zentraler Aspekt, um nachhaltig Wertschöpfungsprozesse in Unternehmen mittels KI zu etablieren. Die Herausforderungen, die damit einhergehen, sind nicht zu unterschätzen und übersteigen in vielen Fällen sogar die Komplexität und den Aufwand, die mit der Entwicklung des eigentlichen KI-Modells verbunden sind. Für Unternehmen ist es daher wichtig, bereits zu Beginn eines KI-Projektes den Aufwand für die Operationalisierung bei der Planung des Projektes zu berücksichtigen. Zudem ist es aus eigener Erfahrung sinnvoll, das Projektteam mit erfahrenen Softwareentwicklern, die Kenntnisse in den Bereichen MLOps oder DevOps mitbringen, zu ergänzen. So ist von Anfang an sichergestellt, dass der späteren Operationalisierung des KI-Systems schon bei dessen Entwicklung Rechnung getragen wird.

7 Vorgehensmodelle für die Entwicklung von KI-Anwendungen am Beispiel von DASC-PM

Michael Schulz · Uwe Haneke

In den vergangenen Jahren haben zahlreiche Unternehmen damit begonnen, Data-Science-Modelle und KI-gestützte Anwendungen zu entwickeln, um ihre Wertschöpfung zu verbessern. Die Erfolgsquote dieser Initiativen variiert jedoch erheblich: Während einige Projekte erfolgreich in den operativen Betrieb überführt wurden, scheitern andere vollständig oder kommen nur schleppend voran. Diese Diskrepanz wirft die Frage auf, warum selbst erfahrene Softwareentwicklungsunternehmen mit Data-Science- und KI-Projekten Schwierigkeiten haben. Ein möglicher Faktor ist das Fehlen eines geeigneten Vorgehensmodells für diese Projektarten. Bewährte agile Frameworks wie Scrum erweisen sich hier oft als unzureichend. Dieses Kapitel stellt verschiedene Möglichkeiten vor und erläutert detailliert das DASC-PM (Data Science Process Model) als exemplarisches Vorgehensmodell für KI-Projekte.

7.1 Aktueller Stand: ein kurzer Überblick

Data-Science-Projekte oder auch solche im Bereich der angewandten künstlichen Intelligenz sind oft komplex und zu Beginn mit vielen Unklarheiten behaftet. Da viele Organisationen erst anfangen, solche Projekte umzusetzen, mangelt es den Mitarbeitenden oft an praktischer Erfahrung in der Durchführung solcher Projekte.

Ein Data-Science-Projekt erfordert die enge Zusammenarbeit verschiedener Personengruppen, die ihre Expertise bündeln müssen, um den Projekterfolg sicherzustellen: Data Scientists verfügen über ein ausgeprägtes analytisches Verständnis, haben jedoch oft nur begrenzte Kenntnisse der fachlichen Herausforderungen. Gleichzeitig sind Domänenexperten mit den Möglichkeiten und der Anwendung komplexer Analyseverfahren nicht vertraut. Bei der Zusammenstellung des Projektteams sollte sichergestellt werden, dass alle relevanten Kompetenzen in ausreichendem Maße vertreten sind.

Aufgrund der langjährigen Erfahrungen im Bereich der Softwareentwicklung wissen wir, dass für die strukturierte Durchführung komplexer Projekte ein geeignetes Vorgehensmodell genutzt werden sollte. Gerade in der oft unstrukturierten Natur von datenbasierten Data-Science-Projekten hilft es, mittels eines passenden Vorgehensmodells zumindest dort klare Strukturen zu schaffen, wo dies umsetzbar ist.

Unter den verfügbaren Vorgehensmodellen ist der *Cross-Industry Standard Process for Data Mining* (CRISP-DM) das bekannteste und etablierteste [Wirth & Hipp 2000]. Ursprünglich für Data-Mining-Projekte entwickelt, die zwar deutliche Parallelen zur Data-Science-Projekten aufweisen, ist es jedoch nicht speziell für Herausforderungen aktueller datenbasierter Projekte konzipiert – nicht zuletzt, weil CRISP-DM bereits über 20 Jahre alt ist. Es ist daher mehr als fraglich, ob CRISP-DM tatsächlich noch ein geeignetes Vorgehensmodell darstellt. Dies zeigt sich nicht zuletzt darin, dass sich die in der Praxis zu findenden CRISP-DM-Ansätze stark vom ursprünglichen Konzept unterscheiden [Plotnikova et al. 2022]. Dennoch war das darin skizzierte Kreislaufmodell wegweisend und bildet heute noch das Rückgrat vieler Projekte. Aus diesem Grund ist es nicht verwunderlich, dass CRISP-DM über viele Jahre hinweg als De-facto-Standard für Analytics-, Data-Mining- und Data-Science-Projekte gesehen wurde [Martínez-Plumed et al. 2021].

Um den Anforderungen moderner KI-Projekte gerecht zu werden, wurde CRISP-DM in den letzten Jahren von verschiedenen Seiten weiterentwickelt. Besonders hervorzuheben ist *CRISP-ML(Q)* [Studer et al. 2021]. Leider scheint es sich bei diesen interessanten Ansätzen um einmalige Entwürfe zu handeln, die im späteren Verlauf nicht weiterverfolgt wurden. Angesichts der schnellen und signifikanten Entwicklungen im KI-Umfeld verlieren diese Ansätze zum Teil an Relevanz.

Es sind aber auch neue Vorgehensmodelle entstanden, die gezielt auf die speziellen Anforderungen künstlicher Intelligenz eingehen und die über Jahre hinweg immer wieder an aktuelle Entwicklungen und Anforderungen angepasst wurden. Zu nennen ist hier exemplarisch der *Team Data Science Process* (TDSP) von Microsoft, der 2016 erstmals veröffentlicht wurde. Ziel war es, eine agile und iterative Methode zu entwickeln, in der die Rolle des Teams, der Fachdomäne sowie eine kontinuierliche Weiterentwicklung der Data-Science-Modelle im Fokus standen. Microsoft hat sich jedoch stillschweigend von TDSP verabschiedet – das TDSP ist zwar nach wie vor auf GitHub verfügbar, wird aber nicht mehr gepflegt. Stattdessen bietet Microsoft im Rahmen seines *Cloud Application Framework* (CAF) einen strukturierten Prozess für die Einführung von KI-Lösungen an, der jedoch stark auf Microsoft-Produkte ausgerichtet ist und sich primär auf organisatorische Rahmenbedingungen konzentriert, weniger auf die konkreten Abläufe bei der Entwicklung von KI-Artefakten.

7.2 Data Science Process Model

Das Data Science Process Model (*DASC-PM*), das im Folgenden näher vorgestellt werden soll, wurde speziell für die Durchführung von Data-Science-Projekten entwickelt [Schulz et al. 2022]. Dabei werden datengetriebene KI-Projekte als eine besondere Form davon betrachtet. Es unterscheidet sich von anderen Vorgehensmodellen in zwei zentralen Aspekten: Einerseits entstand es in einer offenen Arbeitsgruppe, bestehend aus Fachexperten und Wissenschaftlern. Andererseits ist es von Anfang an darauf ausgelegt, kontinuierlich überarbeitet zu werden, um sowohl neue Entwicklungen in der noch jungen Disziplin *Data Science* zu berücksichtigen als auch praktische Erfahrungen aus Projekten systematisch einzubeziehen. Dabei ist zu erwarten, dass zukünftige Entwicklungen datengetriebene KI-Projekte stärker fokussieren werden.

Das DASC-PM gliedert sich in fünf Phasen (siehe Abb. 7.1):

- Projektauftrag
- Datenbereitstellung
- Analyse
- Nutzbarmachung
- Nutzung

Parallel zu den Projektphasen durchziehen drei zentrale Bereiche das gesamte Projekt (siehe ebenfalls Abb. 7.1):

- IT-Infrastruktur
- Wissenschaftlichkeit
- Domäne

Ein zentrales Merkmal des Modells ist die Möglichkeit, die Phasen innerhalb eines Projektes mehrfach zu durchlaufen. Dies trägt der Notwendigkeit eines agilen und iterativen Vorgehens in datenbasierten Projekten Rechnung.

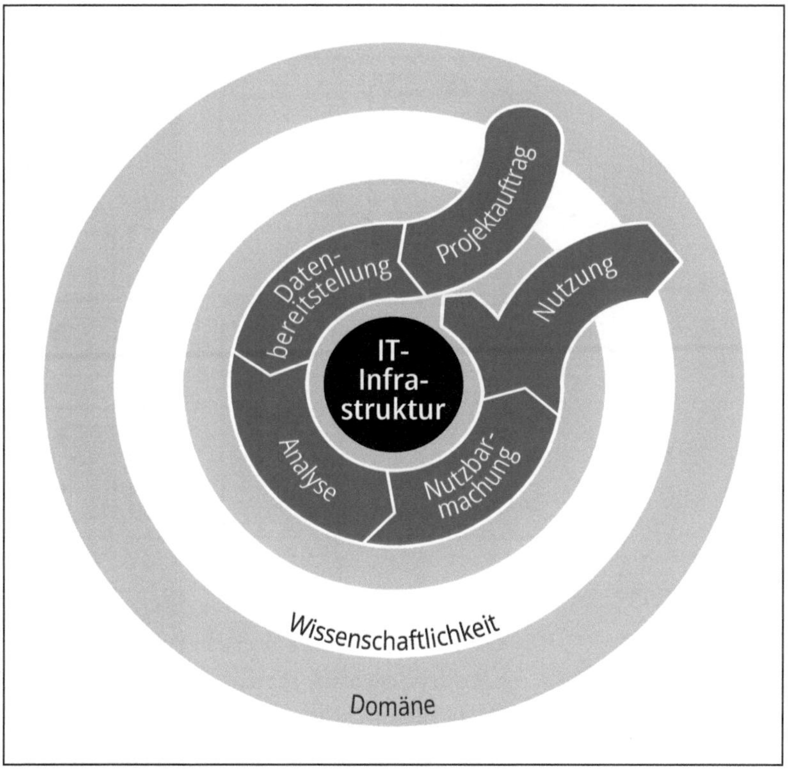

Abb. 7.1 *Data-Science-Vorgehensmodell DASC-PM*

Aufgrund der oft unstrukturierten Natur von Data-Science-Projekten kann es jederzeit einen Punkt geben, an dem eine sinnvolle Weiterführung des Analysevorhabens nicht mehr gegeben ist. Auch wenn dies im Vorgehensmodell nicht explizit visualisiert wird, sollte regelmäßig geprüft werden, ob das Projektziel erreichbar bleibt. Ist dies nicht der Fall, bedeutet dies jedoch nicht zwangsläufig, dass das Vorhaben als gescheitert betrachtet werden muss. Häufig lassen sich auch dann wertvolle Erkenntnisse gewinnen, die dazu beitragen, eine zunächst unstrukturierte Problemstellung klarer zu definieren und besser zu strukturieren. Auch kann eine Neuausrichtung des Projektziels ggf. zu einer Fortsetzung des Projektes führen.

Die Dokumentation von DASC-PM soll allen Beteiligten eines Data-Science-Projektes dabei helfen, Aufgaben strukturiert zu bearbeiten. Daher ist sie in unterschiedlichen Detaillierungsebenen gestaltet, um den verschiedenen Anforderungen der Interessengruppen gerecht zu werden (siehe Abb. 7.2). Ebene 1 bietet eine Visualisierung des Gesamtmodells, in der sämtliche Phasen und übergreifenden Schlüsselbereiche dargestellt werden. Sie veranschaulicht deren Zusammenhänge auf einen Blick. Ebene 2 zeigt die Aufgaben und wesentlichen Merkmale jeder einzelnen Phase – hier beispielhaft der Projektauftrag. Ebene 3 ergänzt die Phasendarstellung durch eine Beschriftung der Kanten sowie eine Beschreibung der Aufgaben. Ebene 4 schließlich liefert eine ausführliche textliche Erläuterung aller Phasen und übergreifenden Schlüsselbereiche.

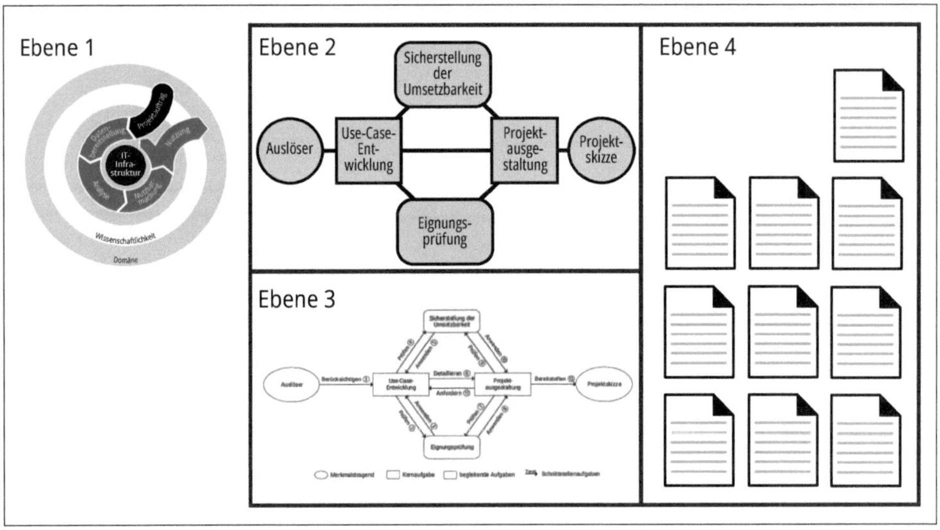

Abb. 7.2 *Detailebenen des DASC-PM*

Daneben leitet das DASC-PM für jede im Projekt typischerweise anfallende Aufgabe die jeweils verantwortlichen Rollen sowie die hierfür notwendigen Fähigkeiten ab. Dies ist gerade für Unternehmen, die noch nicht über Erfahrungen mit Projekten im Bereich der Data Science oder der künstlichen Intelligenz verfügen, ein wichtiger Baustein, um die Planung zu unterstützen.

Im Folgenden werden die Phasen des DASC-PM, entsprechend der Dokumentation des Vorgehensmodells [Schulz et al. 2022] beschrieben und anschließend anhand eines Beispiels veranschaulicht. Das gewählte Beispiel ist bewusst vereinfacht und bildet nicht die gesamte Komplexität eines realen Data-Science-Projektes ab. Betrachtet wird ein großes Versicherungsunternehmen, das eine breite Palette typischer Versicherungsprodukte anbietet. Ziel ist es nicht, sämtliche Details der einzelnen Phasen darzustellen – hierfür sei auf die frei verfügbare Dokumentation des DASC-PM verwiesen. Stattdessen liegt der Fokus auf einer grundlegenden Darstellung des Modells.

7.3 Projektauftrag

Ein Data-Science-Projekt wird in der Regel durch einen Auslöser innerhalb einer bestimmten Domäne initiiert. In der Regel gibt es mehr Projektideen, als tatsächlich umgesetzt werden können. Daher sollte diejenige Idee gewählt werden, die am besten zur Unternehmensstrategie passt.

Zudem muss geprüft werden, ob die identifizierten Probleme tatsächlich mit Data-Science-Methoden lösbar sind. Ein weiteres entscheidendes Kriterium ist die Umsetzbarkeit des Projektes in der individuellen Organisation. Dafür muss die erforderliche Infrastruktur entweder bereits vorhanden sein oder beschafft werden. Außerdem müssen die notwendigen Kompetenzen im Team existieren oder aufgebaut werden können bzw. durch unternehmensexterne Mitarbeitende abgebildet werden können. Zudem müssen ausreichend relevante Daten in angemessener Qualität zur Verfügung stehen, um eine erfolgreiche Durchführung zu ermöglichen.

Aufgrund der üblicherweise unstrukturierten Natur der Problemstellungen innerhalb von Data-Science-Projekten ist eine detaillierte Projektplanung oft nicht möglich. Umso wichtiger ist es, alle zu Projektbeginn bereits verfügbaren und relevanten Informationen in einer möglichst detaillierten Projektskizze zu dokumentieren. Problemstellungen lassen sich in einen oder mehrere Use Cases unterteilen. Ein Data-Science-Projekt kann mehrere Use Cases umfassen, besteht jedoch mindestens aus einem. In der Regel ist es sinnvoll, Projekte möglichst klein zu halten. Daher sollten nicht zwangsläufig alle identifizierten Use Cases innerhalb eines Projektes bearbeitet werden, sondern sie sollten anhand ihrer Relevanz priorisiert werden. In dieser Phase spielen insbesondere Domänenexperten eine zentrale Rolle, da sie meist ein tiefgehendes Verständnis für die Probleme bzw. Use Cases besitzen. Gleichzeitig sind auch Data Scientists essenziell, da sie beurteilen können, ob das Projektvorhaben mit Methoden der Data Science sinnvoll umgesetzt werden kann.

Fallbeispiel

Ein Versicherungsunternehmen hat festgestellt, dass eine nicht unerhebliche Anzahl von Kunden ihre Verträge kündigt. Um dieses Problem zu analysieren und das Potenzial für eine datenbasierte Adressierung zu bewerten, findet ein Workshop mit Vertretern aus der Fach- und der Data-Science-Abteilung statt.

Das Unternehmen bietet ein heterogenes Portfolio verschiedener Versicherungsprodukte an, wobei die jährliche Kündigungsquote sehr stark variiert. Die Domänenexperten gehen davon aus, dass die Kündigungsgründe je nach Produkt stark unterschiedlich sind. Daher wird beschlossen, das Problem zunächst auf ein spezifisches Versicherungsprodukt zu fokussieren, um gezieltere Analysen durchführen zu können. Besonders geeignet für die Analyse erscheint den Domänenexperten die Kfz-Versicherung. Sie zählt zu den beliebtesten Produkten des Unternehmens, sodass eine große Anzahl an Verträgen vorliegt. Zudem ist die jährliche Kündigungsquote mit rund 10 % vergleichsweise hoch und liegt zudem über dem Branchendurchschnitt.

Da die Leistungen dieses Produktes unternehmensübergreifend weitgehend standardisiert sind, lassen sie sich gut mit den Angeboten der Konkurrenz vergleichen. Ein Anbieterwechsel ist für Kunden daher unkompliziert. Die hohe Vertragszahl bietet für das Projekt eine solide Datenbasis, wodurch das Problem aus verschiedenen Perspektiven analysiert werden kann. Die Domänenexperten haben bereits erste Hypothesen zu den Ursachen der Kündigungen, konnten diese jedoch bislang nicht empirisch bestätigen. In dem Workshop werden sie strukturiert zusammengetragen (siehe Abb. 7.3).

Abb. 7.3 *Von Domänenexperten angenommene Gründe für die Kündigung der Kfz-Versicherung*

Das Ziel des Projektes ist es, abwanderungswillige Kunden zu identifizieren. Diese sollen dann über fachliche Maßnahmen an das Unternehmen gebunden werden. Eine Bindung bestehender Kunden ist bekanntlich kosteneffizienter als die Neukundenakquise.

Damit sich die Durchführung eines Data-Science-Projektes wirtschaftlich lohnt, soll das Modell in der Lage sein, mindestens 40 % der Personen zuverlässig zu identifizieren, die in naher Zukunft kündigen werden. Von diesen sollen anschließend 25 % durch den Kundendienst von der Kündigung abgehalten werden. Gleichzeitig soll ein besseres Verständnis dafür entwickelt werden, welche Faktoren Kunden zur Kündigung bewegen. Um Kunden, die potenziell kündigen wollen, nach ihrer Identifikation gezielt ansprechen zu können, sollen Kundendienstmitarbeitende in der von ihnen genutzten Software eine Warnung erhalten, sobald die Wahrscheinlichkeit einer Kündigung hoch ist. Dadurch können sie im direkten Kontakt entsprechend reagieren. Diese Warnung soll regelmäßig aktualisiert werden – so oft wie nötig, um relevante Veränderungen zeitnah zu erfassen. Das genaue Aktualisierungsintervall hängt davon ab, welche Merkmale in der Analyse als besonders ausschlaggebend identifiziert werden.

Da es sich um einen klar fokussierten und damit kleinen Use Case handelt, ist auch das Kernprojektteam von geringer Größe; es besteht aus einem Data Scientist, einem Data Engineer und einer Domänenexpertin. Wird ein nützliches Modell entwickelt, übernehmen eine Business-Intelligence-Expertin und ein Anwendungsentwickler die Implementierung der Ergebnisse. Die Projektleitung liegt dabei in der Verantwortung des Data Scientists.

7.4 Datenbereitstellung

In der Phase der Datenbereitstellung wird zunächst geprüft, welche Daten für die Analyse relevant sind. Einige Daten lassen sich leicht beschaffen, während dies bei anderen nicht der Fall ist. Daher muss abgewogen werden, ob die Beschaffung den Aufwand rechtfertigt oder ob auf diese Daten verzichtet werden kann – insbesondere, wenn sie nicht im Mittelpunkt der Analyse stehen oder wenn unklar ist, ob ihre Nutzung die Analyseergebnisse tatsächlich verbessert.

Anschließend werden ausgewählte Daten aus den vorhandenen Datenquellen extrahiert, sofern sie nicht speziell für die Analyse erhoben werden. Danach erfolgt die Aufbereitung der Daten und die Erstellung einer konsolidierten analytischen Datenquelle. Weitere Details zu dieser Phase sind in Kapitel 8 »Datenvorbereitung als Erfolgsfaktor in KI-Projekten« zu finden und werden daher an dieser Stelle nicht wiederholt. In vielen Projekten erfordert diese Phase den größten zeitlichen Aufwand.

Ein weiterer Bestandteil der Datenbereitstellung ist die explorative Datenanalyse der analytischen Datenquelle. Sie dient dazu, die Qualität der Daten aus den Quellsystemen sowie den Fortschritt der Datenaufbereitung zu bewerten. Gleichzeitig ermöglicht sie erste Erkenntnisse aus der aufbereiteten Datenbasis, die als direkte Vorbereitung für die anschließende Analyse genutzt werden können.

In dieser Phase steht vor allem die Rolle des Data Engineer im Fokus. Data Scientists übernehmen vor allem die explorative Analyse und bewerten die Ergebnisse zusammen mit den Domänenexperten.

Fallbeispiel

In enger Abstimmung zwischen Data Engineer und Domänenexpertin wurde eine Vielzahl potenziell relevanter Datenquellen identifiziert, die Merkmale zur Vorhersage der Kündigungswahrscheinlichkeit enthalten könnten (siehe Abb. 7.4).

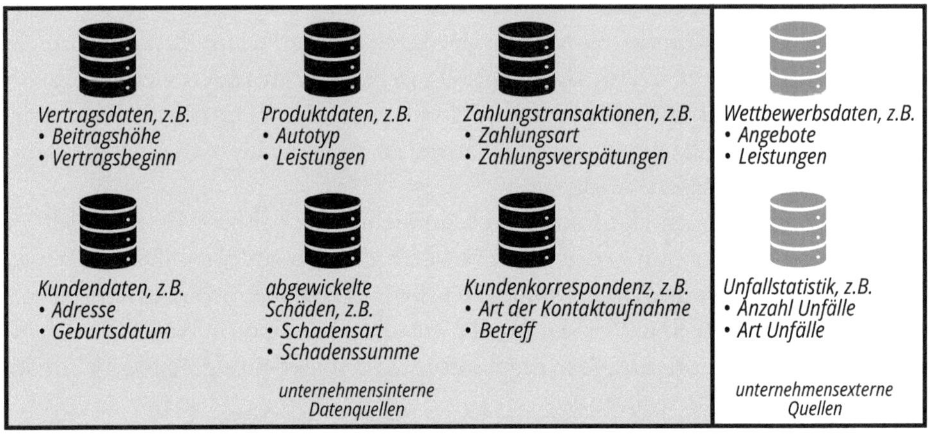

Abb. 7.4 *Mögliche Datenquellen für die Durchführung einer Kündigungsanalyse*

Die Anzahl der identifizierten Datenquellen übersteigt jedoch den Rahmen des Projektes, da die Beschaffung und Aufbereitung sämtlicher Daten zu viel Zeit in Anspruch nehmen würden. Durch die enge Abstimmung mit der Domänenexpertin sowie umfassende explorative Datenanalysen wurden daher die wichtigsten Quellen priorisiert.

Die Idee der Verwendung externer Datenquellen wurde verworfen, da diese bisher nicht systematisch erfasst wurden und die Beschaffung mit erheblichem Aufwand verbunden wäre. Letztlich entscheidet sich das Projektteam, zunächst vier Datenquellen zu berücksichtigen, die bereits im Workshop während der Phase Projektauftrag von den Domänenexperten als besonders vielversprechend eingeschätzt wurden:

- Produktdaten
- Kundendaten
- abgewickelte Schäden
- Kundenkorrespondenz

Eine erste Analyse der Quelldaten zeigt, dass sich die Struktur der Produkt- und Kundendaten vor einiger Zeit erheblich verändert hat. Ursache dafür war die Einführung eines neuen operativen Systems. Daher wird die Datenbasis des Data-Science-Projektes auf die vergangenen zwei Jahre begrenzt, um eine konsistente Datenstruktur sicherzustellen. Für die Analyse werden sowohl Daten aktiver Kunden als auch ehemaliger Kunden einbezogen.

Abbildung 7.5 zeigt die Merkmale, die für die Analyse verwendet werden sollen. Es ist wichtig zu betonen, dass diese Darstellung eine Vereinfachung für das Fallbeispiel ist. In einer realen Analyse würden in der Regel deutlich mehr Merkmale berücksichtigt.

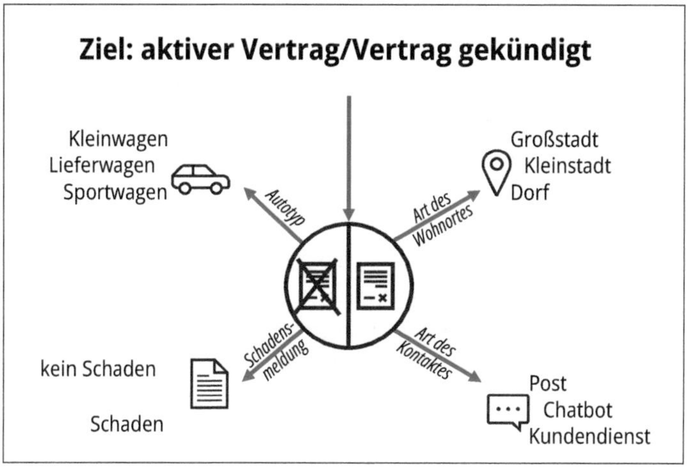

Abb. 7.5 *Für die Analyse bereitgestellte Merkmale*

7.5 Analyse

Die Analysephase ist in einem Data-Science-Projekt zwar nicht immer der zeitlich größte, jedoch der inhaltlich zentrale Bestandteil. Hier müssen die in der vorherigen Phase aus der explorativen Datenanalyse gewonnenen Erkenntnisse, die analytische Datenbasis sowie ggf. weitere Anforderungen an das Analyseverfahren – wie Reproduzierbarkeit oder Verständlichkeit – berücksichtigt werden. Es können entweder bereits existierende Analyseverfahren angewendet werden oder es kann nötig sein, neue Verfahren zu entwickeln, falls keine passenden Methoden identifiziert werden. Letzteres ist jedoch eher die Ausnahme.

Die Bestimmung der Problemklasse und die darauffolgende Auswahl geeigneter Analyseverfahren sind nicht immer trivial und erfordern mitunter eine intensive Recherche. In vielen Fällen kann es sinnvoll sein, mehrere Methoden auszuprobieren, um die beste Lösung für das spezifische Problem zu finden.

Anschließend an die Auswahl von Analyseverfahren erfolgt deren Anwendung. In der Regel werden verschiedene Analyseergebnisse erstellt und unterschiedliche Parametrisierungen getestet, um das optimale Ergebnis zu identifizieren. Häufig verhilft die Analyse auch zu einem tieferen Verständnis der Daten, was wiederum dazu führen kann, dass die Phase der Datenbereitstellung erneut durchlaufen werden muss – etwa um zusätzliche Daten einzubeziehen oder die bestehende Datenbasis anders aufzubereiten.

In dieser Phase stehen Data Scientists klar im Fokus. Aber auch Domänenexperten müssen intensiv einbezogen werden, um ein Analyseergebnis zu erzielen, das nicht nur statistisch, sondern auch fachlich relevante Ergebnisse liefert.

Fallbeispiel

Im betrachteten Projekt steht eine klar strukturierte und leicht zugängliche Datenbasis für die Analyse bereit. Der Domänenexpertin ist es dabei nicht nur wichtig, Kunden, die potenziell kündigen möchten, möglichst präzise zu identifizieren, sondern auch zu verstehen, welche Merkmale dazu führen, dass eine Person eine hohe Kündigungswahrscheinlichkeit aufweist. Auf die Verwendung eines Blackbox-Verfahrens sollte demnach verzichtet werden.

Das vorliegende Problem lässt sich als Klassifikationsaufgabe einordnen – eine gängige Problemstellung, für die zahlreiche Analyseverfahren existieren. Besonders geeignet ist der Einsatz eines Entscheidungsbaum-Algorithmus. Er ist leicht anzuwenden und ermöglicht eine transparente Einsicht, welche Merkmale bei der Klassifikation von Kunden und ehemaligen Kunden besonders relevant sind und in welcher Kombination sie eine entscheidende Rolle spielen. Details zur Durchführung einer solchen Analyse stehen in diesem Kapitel nicht im Fokus.

Abbildung 7.6 zeigt einen Ausschnitt des resultierenden Entscheidungsbaummodells. Daraus lässt sich erkennen, dass Personen, die in einer Großstadt leben, häufig kündigen, wenn sie bereits einen Schaden über die Versicherung abgewickelt haben.

Entscheidungsbaummodelle bietet mehrere Vorteile: Einerseits ermöglichen sie Domänenexperten, offensichtliche Zusammenhänge zu identifizieren und zu entfernen, die durch die Algorithmen identifiziert, für die Analyse aber nicht weiter relevant sind – etwa, dass Personen, die ihr Auto abmelden, auch ihre Kfz-Versicherung kündigen. Dadurch kann die Nützlichkeit des Modells gezielt verbessert werden. Andererseits eignet sich das Modell dazu, ein tieferes Verständnis des Kündigungsverhaltens zu gewinnen.

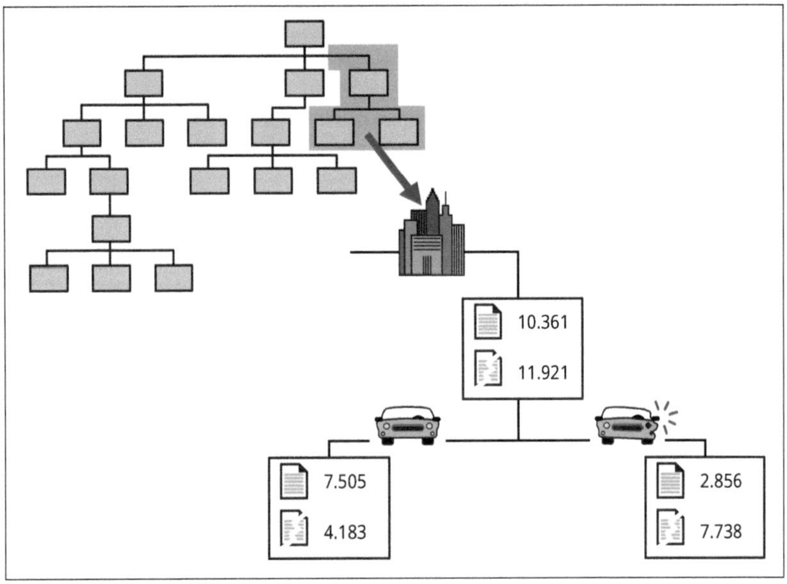

Abb. 7.6 *Ausschnitt eines Entscheidungsbaums zur Kündigungsanalyse*

7.6 Nutzbarmachung

Wenn die Analysephase ein Ergebnis hervorbringt, das das betrachtete fachliche Problem angemessen adressiert, kann es in die Nutzung überführt werden.

Die Art der Nutzbarmachung hängt von der Komplexität des Analyseergebnisses und der ihm zugrunde liegenden Problemstellung ab. In manchen Fällen reicht ein einfacher Bericht, während in anderen eine umfassende Softwarelösung erforderlich ist. Letzteres kann diese Phase eines Data-Science-Projektes zu einem klassischen Softwareentwicklungsprojekt machen, in dem die Kompetenzen von Data Scientists nur noch eine untergeordnete Bedeutung haben.

Analyseergebnisse sind oft komplex und abstrakt, während die Domänenexperten in der Regel keine Datenexperten sind. Daher ist es essenziell, die Ergebnisse in einer anwendungsfreundlichen Form bereitzustellen.

Auch aus technischer Sicht muss die Anwendbarkeit des Analyseergebnisses sichergestellt werden. So könnte das Modell beispielsweise auf einer Stichprobe bestehender Daten erstellt worden sein oder in der praktischen Anwendung eine Zeitkritikalität bestehen, die während des Trainings keine Rolle spielte.

Die Hardware- und Softwareumgebung des Produktivsystems kann sich von der der Entwicklungsumgebung unterscheiden. In solchen Fällen kann es erforderlich sein, die Analyseergebnisse neu zu implementieren.

Falls das Analyseergebnis kontinuierlich aktualisierte Daten benötigt und nicht statisch bleibt, muss eine dauerhafte Schnittstelle eingerichtet werden. Dabei ist entscheidend, dass die verwendeten Daten dieselben Eigenschaften aufweisen wie jene, die für das Training des Modells genutzt wurden, um konsistente und zuverlässige Ergebnisse zu gewährleisten. Eine entsprechende Pipeline, die das kontinuierliche Nachtrainieren des Modells sowie mögliche Abweichungen bei den Qualitätskennzahlen aufzeigt, sollte entsprechend eingerichtet werden (siehe hierzu auch die in Kapitel 6 »Operationalisierung von KI-Systemen« beschriebenen Methoden).

Zudem müssen sowohl eine technische als auch eine fachliche Dokumentation erstellt sowie die Anwender entsprechend geschult werden, um eine geeignete Nutzung der Ergebnisse zu gewährleisten.

Abhängig von der Form der Nutzbarmachung können in dieser Phase unterschiedliche Rollen im Fokus stehen.

Fallbeispiel

Mithilfe des erstellten Entscheidungsbaummodells sollen Kundendienstmitarbeitende über die Kündigungswahrscheinlichkeit von Kunden informiert werden, die mit der Versicherung in Kontakt treten. Dafür muss ein Datenbereitstellungsprozess implementiert werden, der regelmäßig aktuelle Daten aus den Quellsystemen bezieht – das sind dieselben Strukturen, die auch für das Training des Modells verwendet wurden. Diese müssen auf die gleiche Weise aufbereitet und bereinigt werden, um anschließend mit dem erstellten Modell die Kündigungswahrscheinlichkeit für jeden Kunden zu berechnen.

Aus fachlicher Sicht erscheint eine wöchentliche Aktualisierung der Daten sinnvoll, da sich insbesondere abgewickelte Schäden und die Kundenkorrespondenz regelmäßig ändern und somit aktuellen Einfluss auf die Bewertung haben können. Diese Informationen sollen in die vom Kundendienst genutzte Software integriert werden. Damit Domänenexperten den Wert nicht eigenständig interpretieren müssen, legen der Data Scientist und die Domänenexpertin aus dem Projektteam gemeinsam einen Schwellenwert der Kündigungswahrscheinlichkeit von 40 % fest. Wird dieser überschritten, erscheint eine Warnung, sobald die Informationen zu dem jeweiligen Kunden vorliegen, und die verantwortlichen Kundenbetreuer erhalten eine entsprechende Nachricht.

Aus fachlicher Perspektive muss definiert werden, wie mit identifizierten Kündigungskandidaten umzugehen ist. Die Domänenexpertin erarbeitet Rabattangebote und Empfehlungen für den Wechsel zu passenderen Versicherungsprodukten. Der automatische Datenbereitstellungsprozess wird von einer Business-Intelligence-Expertin umgesetzt, während die Anpassungen in der Kundendienstsoftware von einem Anwendungsentwickler vorgenommen werden. Abbildung 7.7 zeigt eine vereinfachte Darstellung des zu implementierenden Systems.

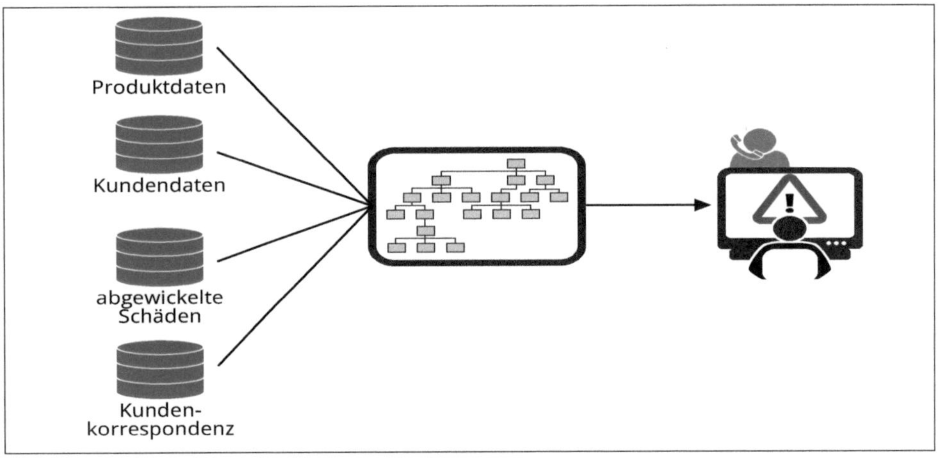

Abb. 7.7 *Vereinfachte Visualisierung der Implementierung des Analyseergebnisses*

7.7 Nutzung

Die Nutzung des erstellten Analyseartefakts kann nicht direkt Teil des Projektes sein, da ein wesentliches Merkmal eines Projektes dessen klar definiertes Ende ist. Die praktische Anwendung des Analyseergebnisses hingegen ist in der Regel fortlaufend. Analyseergebnisse sind oft so komplex, dass von den Domänenexperten nicht erwartet werden kann, ihre (andauernde) Nützlichkeit eigenständig zu bewerten. Ohne ein Monitoring bestünde die Gefahr, dass die Ergebnisse entweder falsch angewendet oder gar nicht genutzt werden – aus welchen Gründen auch immer.

In solchen Fällen muss geprüft werden, ob beispielsweise eine Nachschulung der Anwender erforderlich ist oder ob das Modell möglicherweise deaktiviert werden sollte. Da der Betrieb von Modellen in der Regel eine IT-Infrastruktur erfordert, die mit laufenden Kosten verbunden ist, sollte die Nutzung regelmäßig überprüft und optimiert werden. Auch muss regelmäßig überprüft werden, ob die bestehende IT-Infrastruktur den Anforderungen weiterhin gerecht wird. Falls das Datenvolumen im Laufe der Zeit zunimmt, kann die Nutzung schrittweise erschwert werden, sodass ggf. Anpassungen erforderlich sind.

Auch aus fachlicher Perspektive sollte die Nutzung regelmäßig bewertet werden. Dabei ist zu prüfen, ob das Analyseergebnis tatsächlich einen Mehrwert bietet. Ist dies nicht oder nicht mehr der Fall, sollte die Anwendung des Analyseergebnisses eingestellt werden. Bleibt das zugrunde liegende Problem für die Organisation weiterhin relevant, kann im Rahmen eines neuen Projektes eine aktualisierte Analyse entwickelt werden.

Im Fokus dieser Phase stehen die Domänenexperten und Data Scientists.

Fallbeispiel

Im betrachteten Projekt des Versicherungsunternehmens wurden ausschließlich interne Datenquellen verwendet und es ist anzunehmen, dass ihr Umfang während der Nutzung relativ stabil bleibt. Dennoch sollte kontinuierlich beobachtet werden, wie Kundendienstmitarbeitende mit dem System umgehen: Beachten sie die Warnungen vor Kündigungen? Interpretieren sie diese korrekt? Reagieren sie angemessen? Und gelingt es ihnen, Kündigungen tatsächlich zu verhindern?

Mit der Zeit können sich die Gründe für eine Kündigung verändern, wodurch das Modell allmählich an Genauigkeit verliert. Sobald die Treffsicherheit so weit sinkt, dass der Nutzen des Modells nicht mehr gegeben ist, sollte es außer Betrieb genommen werden. Da Kündigungen in der Versicherungsbranche jedoch ein dauerhaft relevantes Thema sind, sollte dann ein neues Projekt aufgesetzt werden, um aktuelle Faktoren für eine hohe Kündigungswahrscheinlichkeit zu identifizieren. Zudem sollten weitere Projekte initiiert werden, um neben der Kfz-Versicherung auch andere Produkte in die Analyse einzubeziehen.

7.8 Übergreifende Schlüsselbereiche

Das DASC-PM unterscheidet drei übergreifende Schlüsselbereiche: Domäne, IT-Infrastruktur und Wissenschaftlichkeit.

Die bisherigen Ausführungen haben bereits immer wieder verdeutlicht, wie wichtig die *Domäne* für den Erfolg eines Data-Science-Projektes ist. In jeder Phase muss eine enge Einbindung von Domänenexperten sichergestellt werden, um fundierte Entscheidungen zu ermöglichen.

Auch die *IT-Infrastruktur* wurde mehrfach thematisiert und spielt in jedem Data-Science-Projekt eine entscheidende Rolle – auch wenn ihre Bedeutung je nach Projektanforderungen variiert. Faktoren wie die Datenmenge oder die Komplexität der Analyseverfahren haben Einfluss darauf, in welchem Maße die IT-Infrastruktur relevant ist. Grundsätzlich kann die IT-Infrastruktur entweder als Ermöglicher fungieren, der Lösungen aufzeigt, oder sie stellt eine Einschränkung des Lösungsraums dar.

Der Begriff *Wissenschaftlichkeit* mag zunächst überraschend erscheinen. Während einige Projekte im wissenschaftlichen Umfeld angesiedelt sind, stehen andere stark im praktischen Anwendungsbezug. Dennoch ist auch in praxisnahen Projekten ein gewisses Maß an Wissenschaftlichkeit unerlässlich. Kernanforderungen wie die vollständige Replizierbarkeit und statistische Validität müssen stets gewährleistet sein. Auch wenn die Hypothesenbildung am Beginn eines Projektes stehen sollte, kann die theoretische Verankerung der Forschungsfrage hingegen bei stark anwendungsorientierten Projekten eine untergeordnete Rolle spielen. Ein Data-Science-Projekt sollte stets strukturiert umgesetzt, sorgfältig dokumentiert und kontinuierlich überprüft werden.

Fallbeispiel

In diesem Beispiel spielt die fachliche Domäne eine zentrale Rolle. Die Lösung muss so gestaltet sein, dass sie den Domänenexperten einen klaren Mehrwert bietet. Daher ist ihre enge Einbindung in jede Projektphase unerlässlich.

Auch die IT-Infrastruktur ist ein relevanter Aspekt, steht hier jedoch nicht im Fokus. Es werden ausschließlich strukturierte, unternehmensinterne Daten genutzt, deren Umfang überschaubar ist. Zudem ist die Erstellung des Entscheidungsbaummodells wenig rechenintensiv. Die Nutzbarmachung erfordert zudem eine Automatisierung der Datenbereitstellungsprozesse sowie die Integration in die bestehende Kundendienstapplikation. Der technische Aufwand bleibt auch dabei überschaubar.

Die Wissenschaftlichkeit mag in dem betrachteten Projekt auf den ersten Blick von geringer Bedeutung erscheinen. Eine literaturbasierte Herleitung der Forschungsfrage ist überflüssig, da Kündigungsanalysen ein bekanntes Problem sind und die Relevanz solcher Fragestellungen bereits belegt wurde. Wie in jedem Projekt ist jedoch eine umfassende Dokumentation essenziell. Die eigentliche Herausforderung der begleitenden Aufgabe »Wissenschaftlichkeit« liegt hier darin, im Nachhinein die Nützlichkeit der erzielten Ergebnisse zu bewerten: Ziel ist es, Kunden zu identifizieren, die möglicherweise kündigen wollen, jedoch idealerweise davon abgehalten werden. Die Frage, wie dies konkret umgesetzt werden kann, stellt eine der größten Herausforderungen in der Nutzungsphase dar.

7.9 Zusammenfassung

Für Projekte in den Bereichen Data Science oder auch der angewandten künstlichen Intelligenz sind geeignete Vorgehensmodelle erforderlich, die sich angesichts des Charakters solcher Projekte von den aus der Softwareentwicklung bekannten Frameworks unterscheiden. Mit dem DASC-PM wurde ein solches Vorgehensmodell vorgestellt, das speziell für Data Science und ähnliche datengetriebene Projekte entwickelt wurde. Auf der anderen Seite ist für das DASC-PM ein kontinuierlicher Weiterentwicklungsprozess vorgesehen. Ziel ist es, das Modell an die dynamischen Entwicklungen im Bereich der künstlichen Intelligenz anzupassen und es somit aktuell zu halten. Inwieweit dies gelingen wird, dürfte unter anderem davon abhängen, in welchem Maße sich DASC-PM am Markt etablieren kann und somit eine kritische Masse an Mitwirkenden für eine Weiterentwicklung erreicht wird.

8 Datenvorbereitung als Erfolgsfaktor in KI-Projekten

Stefan Gerlach · Michael Schulz

Die sorgfältige Aufbereitung von Daten ist die unverzichtbare Grundlage für den erfolgreichen Einsatz von datengetriebenen KI-Projekten. Fehler oder Versäumnisse in dieser frühen Projektphase beeinträchtigen nicht nur die Qualität der Analyseergebnisse, sondern können im ungünstigsten Fall den gesamten Projektverlauf gefährden. Ziel dieses Kapitels ist es, die vielfältigen Aufgaben im Rahmen der Datenvorbereitung systematisch zu strukturieren. Hierzu wird zunächst eine Kategorisierung vorgeschlagen, die die Aufgaben in vier zentrale Bereiche gliedert: Datenbeschaffung, Datenbereinigung, Datentransformation und Datenbereitstellung. Im Anschluss werden exemplarisch ausgewählte Teilaufgaben dieser Kategorien dargestellt, um die Bandbreite und Komplexität der Anforderungen aufzuzeigen.

8.1 Einleitung

Eine sorgfältige Datenvorbereitung ist entscheidend für die erfolgreiche Durchführung von KI-Projekten. Fehler, die in diesem Schritt gemacht werden, können das gesamte Projekt gefährden bzw. verzögern und dazu führen, dass wertvolle Erkenntnisse, die aus den Daten gewonnen werden könnten, unentdeckt bleiben.

Eine vollständige Liste aller relevanten Aufgaben der Datenvorbereitung lässt sich nicht erstellen. Jedes Projekt bringt spezifische Herausforderungen mit sich, die eng mit der jeweiligen behandelten Problemstellung verbunden sind. Dieses Kapitel unternimmt zunächst den Versuch, eine Aufgabenkategorisierung vorzunehmen. Anschließend werden exemplarisch ausgewählte Teilaufgaben innerhalb der jeweiligen Kategorie beschrieben, um die Vielfalt und den Charakter der Tätigkeiten in diesem Bereich zu verdeutlichen.

Für die Kategorisierung potenziell relevanter Aufgaben werden diese in vier Bereiche unterteilt: Beschaffung, Bereinigung, Bereitstellung und Transformation (siehe Abb. 8.1). Diese Kategorien sind bewusst nicht als linearer Prozess mit festgelegter Abfolge dargestellt, da die einzelnen Aufgaben der Datenvorbereitung häufig mehrfach durchlaufen werden müssen, bis das Ergebnis den Anforderungen genügt. Die Reihenfolge adressierter Aufgaben spielt dabei häufig eine untergeordnete Rolle, ist jedoch nicht in allen Fällen bedeutungslos.

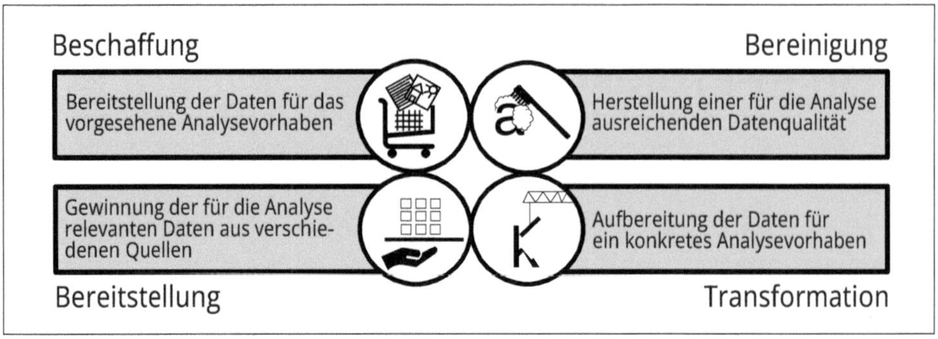

Abb. 8.1 *Kategorisierung von Aufgaben in der Datenvorbereitung*

Die in diesem Kapitel behandelten Aufgaben gehen der eigentlichen Datenanalyse typischerweise voraus. Sollte sich während der Analyse jedoch die Notwendigkeit weiterer Datenaufbereitungen ergeben, muss diese Phase erneut durchlaufen werden (siehe hierzu auch Kapitel 7 »Vorgehensmodelle für die Entwicklung von KI-Anwendungen am Beispiel von DASC-PM«).

8.2 Datenbeschaffung

Die Kategorie *Datenbeschaffung* umfasst alle Aufgaben, die erforderlich sind, um relevante Daten aus möglicherweise verschiedenen Quellen für die Durchführung einer Analyse zu gewinnen. Dabei handelt es sich oft um große Datenmengen mit unterschiedlichen Strukturen und variierender Qualität.

Die für das Analysevorhaben relevanten Daten müssen zunächst identifiziert werden. Sie liegen häufig in strukturierter Form vor, insbesondere wenn sie aus operativen Systemen stammen. Allerdings können sie auch teilweise oder vollständig unstrukturiert sein. Zu den häufigsten Beispielen unstrukturierter Daten in KI-Projekten zählen Bilder (siehe Kapitel 4 »Künstliche Intelligenz in der Computer Vision«) und Texte (siehe Kapitel 3 »Natural Language Processing«).

Daten können entweder organisationsintern vorliegen oder sie müssen zunächst aus externen Quellen beschafft werden. Wurden sie nicht gezielt für das adressierte Analysevorhaben erfasst, sondern ursprünglich für einen anderen Zweck gesammelt, kann sich ihre Nützlichkeit in Bezug auf die aktuelle Problemstellung stark unterscheiden. Sind Anpassungen erforderlich, fallen diese in die Kategorie der Datenbereinigung oder der Datentransformation.

Daten können für die Analyse entweder einmalig oder wiederkehrend geladen werden. Eine einmalige Beschaffung erfolgt in der Regel über ein manuelles computergestütztes Vorgehen. Ist hingegen eine regelmäßige Bereitstellung erforderlich, sollte dieser Prozess automatisiert werden. Die Häufigkeit der Bereitstellung hängt von den Eigenschaften der Daten und der adressierten Problemstellung ab und kann von gelegentlichen, beispielsweise monatlichen Updates bis hin zur (nahezu) Echtzeitverarbeitung variieren.

Im Rahmen der Beschaffung ist zu prüfen, ob die ausgewählten Daten für das Analysevorhaben nutzbar sind oder ob es rechtliche Bedenken gibt. Die Daten könnten etwa im Besitz einer anderen Organisation sein oder auch personenbezogene Informationen enthalten, die zumindest in ihrer ursprünglichen Form ggf. nicht verarbeitet werden dürfen (siehe Kapitel 9 »Aufbau einer KI-Einheit im Unternehmen«).

Eine zentrale Aufgabe der Datenbeschaffung besteht darin, sowohl die richtige Datenmenge als auch die richtigen Daten zu identifizieren. Dies ist jedoch nicht immer einfach – insbesondere bei unstrukturierten Analysefragestellungen kann der Bedarf in einer frühen Projektphase noch unklar sein. Das Vorhandensein eines großen Datenvolumens allein ist dabei nicht zwangsläufig von Vorteil. Entscheidend ist, dass die verfügbaren Daten nicht nur umfangreich, sondern auch qualitativ hochwertig sind und das angestrebte Analyseziel geeignet unterstützen. Die Bewertung der Nützlichkeit von Daten bedingt meist umfangreiche explorative Datenanalysen bereits in der Quelle.

Reicht der vorhandene Datenumfang für die Durchführung des KI-Projektes nicht aus, müssen zusätzliche Daten entweder beschafft oder generiert werden. Ein häufig angewandtes Verfahren zur Datengenerierung ist die *Data Augmentation*. Das primäre Ziel der Data Augmentation besteht darin, sowohl den Umfang als auch die Vielfalt der vorhandenen Daten zu erweitern. Dabei ist es entscheidend, dass die generierten Daten einen tatsächlichen Mehrwert für das Analysevorhaben bieten. Andernfalls besteht das Risiko, dass sie nicht nur keine Verbesserung bringen, sondern im schlimmsten Fall sogar zu einer Verzerrung der Analyseergebnisse führen.

Es gibt verschiedene Verfahren der Data Augmentation, denen gemein ist, dass vorhandene Daten kopiert und anschließend leicht verändert werden. Welche Methode dabei zum Einsatz kommt, hängt maßgeblich von der Datenstruktur ab – so erfordern beispielsweise Bilddaten andere Ansätze als Textdaten. Abbildung 8.2 veranschaulicht einige einfache Möglichkeiten der Data Augmentation für Textdaten.

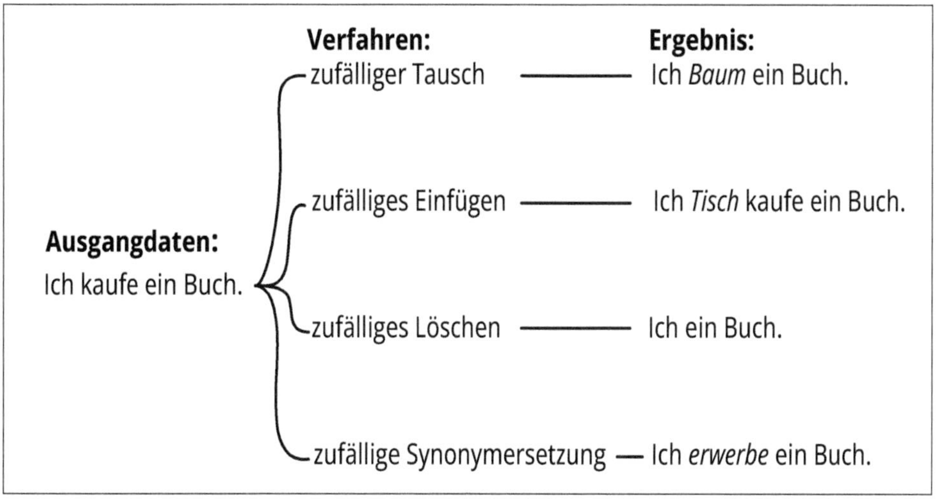

Abb. 8.2 *Beispiele für einfache Data-Augmentation-Verfahren für Textdaten (in Anlehnung an [Shorten et al. 2021])*

8.3 Datenbereinigung

Eine Bereinigung der Daten ist immer dann notwendig, wenn die Datenqualität für das geplante Analysevorhaben unzureichend ist. Daten mit mangelhafter Qualität werden auch als *inkonsistente Daten* bezeichnet. Wie auch bei den anderen Kategorien in diesem Kapitel handelt es sich bei der Datenbereinigung um einen iterativen Prozess, der erst abgeschlossen ist, wenn die *Datenqualität* für das konkrete Vorhaben ausreicht.

Unter inkonsistenten Daten versteht man im Allgemeinen Daten, die widersprüchliche oder unverständliche Informationen enthalten. Diese Inkonsistenzen können verschiedene Formen annehmen, wie z. B. fehlende oder doppelte Einträge (*Dubletten*), falsche oder unvollständige Daten oder fehlerhafte Beziehungen zwischen den Daten. Inkonsistente Daten können die Integrität und Genauigkeit der gesamten Datenbasis beeinträchtigen und zu fehlerhaften Analyseergebnissen führen.

Es kann, je nach Datenquelle, eine Reihe verschiedener Ursachen für inkonsistente Daten geben. Ein häufiger Grund ist menschliches Versagen, z. B. bei der manuellen Dateneingabe. Tippfehler oder fehlerhafte Datenintegration können zu inkonsistenten Daten führen, ebenso technische Probleme wie Softwarefehler, Datenübertragungsfehler oder Hardwareprobleme. Das Vorhandensein inkonsistenter Daten wird auch durch eine fehlerhafte oder unzureichende *Datenvalidierung* gefördert. Durch die Validierung der Daten werden potenzielle Probleme erkannt und können durch geeignete Maßnahmen vor der Weiterverarbeitung behoben werden. Diese Prüfung sollte erstmalig vor der Datenbeschaffung durchgeführt werden, muss dann im Zuge der Datenbereinigung aber mehrfach wiederholt werden.

Bei der *Plausibilitätsprüfung* wird ein konkreter Wert daraufhin beurteilt, ob er zu einem bestimmten Datentyp gehört oder in einem vorgegebenen Wertebereich oder einer vorgegebenen Wertemenge liegt. Als typische Beispiele seien hier die Prüfungen von Adressdaten, wie Postleitzahlen, oder Altersangaben genannt, die in einem bestimmten Wertebereich liegen müssen, um plausibel zu sein. Die Postleitzahl einer Adresse in Hamburg beginnt etwa immer mit der Ziffer 2, das Alter eines Menschen liegt immer zwischen 0 und 120. Dementsprechend lassen sich für einfache Variablen häufig auch einfache Plausibilitätsprüfungen implementieren.

Sind bestimmte Variablen eines Datensatzes unvollständig gefüllt, spricht man von *Missing Values*. Ihr Fehlen kann dabei verschiedene Ursachen haben, wie beispielsweise technische Fehler, Eingabefehler im Quellsystem oder Fehler bei der Zusammenführung von Daten. Möglich ist auch, dass nicht immer für alle Merkmale eines Datensatzes tatsächlich Werte existieren. Dies kann bei Datensätzen aus Umfragen der Fall sein, wenn etwa nicht alle Fragen von den Teilnehmern, sei es aus Unwissenheit oder fehlender Motivation heraus, vollständig beantwortet worden sind.

Zur Behandlung fehlender Werte lassen sich im Wesentlichen drei grundlegende Strategien unterscheiden:

- Direkte Auswertung
- Eliminierungsstrategien
- Imputationsstrategien

Während bei der *direkten Auswertung* der vorhandenen Daten die gewünschten Analyseergebnisse unmittelbar auf Basis des unvollständigen Datenmaterials bestimmt werden, kann durch die Anwendung von *Eliminierungs-* und *Imputationsstrategien* eine vollständige Datengrundlage bereitgestellt werden (vgl. [Bankhofer & Joenssen 2011]).

In Abbildung 8.3 sehen Sie exemplarisch unvollständige Daten der Mitgliederliste eines Vereins. Dieses Beispiel wird für die folgenden Beschreibungen verwendet.

ID	Name	Seniorität	Alter	Mitgliedschaft
1	Müller	Junior	10	Standard
2	Meier	Senior	57	Standard
3	Schulz	Junior	**FEHLT**	Premium
4	Gerlach	Junior	12	**FEHLT**
5	Eckstein	Senior	68	Premium
6	Hanke	Junior	8	Standard

Abb. 8.3 *Beispielhafte Mitgliederliste eines Vereins*

Die einfachste Maßnahme wäre es in diesem Beispiel, Zeilen mit fehlenden Werten aus der Tabelle zu entfernen und ohne die entsprechenden Daten weiterzuarbeiten. Daraus ergibt sich jedoch der Nachteil, dass sich der Umfang nutzbarer Daten reduziert, was sich wiederum negativ auf das Analyseergebnis auswirken kann. Es besteht weiterhin die Möglichkeit, dass es sich um ein systematisches Fehlen von Werten handelt, beispielsweise, wenn bei einer Umfrage die Angabe nach dem Gehalt nur selten ausgefüllt wird. Es ist also wesentlich, dass die Daten inhaltlich verstanden worden sind, um das passende Verfahren für die Vervollständigung zu wählen.

Abbildung 8.4 zeigt drei Beispiele von Imputationsverfahren. Ein einfaches Verfahren zur Imputation ist die Bildung eines *Mittelwertes* bei numerischen Variablen (siehe Abb. 8.4 a) bzw. des *Medians* bei nicht numerischen Variablen (siehe Abb. 8.4 c), um so einen konstanten Imputationswert als Ersatz für die fehlende Variable zu ermitteln. Dieses Verfahren kann verbessert werden, indem es nicht einheitlich für den gesamten Datensatz angewendet wird, sondern wiederholt für bestimmte Merkmalsausprägungen, die sogenannten Klassen des Datensatzes (siehe Abb. 8.4 b).

a. Mittelwert-Implutation

ID	Name	Seniorität	Alter	Mitgliedschaft	Alter		Alter
1	Müller	Junior	10	Standard	10		10
2	Meier	Senior	57	Standard	57		57
3	Schulz	Junior	**FEHLT**	Premium		Summe: 155 / Anzahl: 5 →	155/5 = 31
4	Gerlach	Junior	12	**FEHLT**	12		12
5	Eckstein	Senior	68	Premium	68		68
6	Hanke	Junior	8	Standard	8		8

b. Mittelwert-Imputation anhand von Merkmalsklassen

ID	Name	Seniorität	Alter	Mitgliedschaft	Seniorität	Alter		Alter
1	Müller	Junior	10	Standard	Junior	10		10
2	Meier	Senior	57	Standard	Junior			57
3	Schulz	Junior	**FEHLT**	Premium	Junior	12	Summe: 30 / Anzahl: 3 →	30/3 = 10
4	Gerlach	Junior	12	**FEHLT**	Junior	8		12
5	Eckstein	Senior	68	Premium				68
6	Hanke	Junior	8	Standard				8

c. Modus-Imputation

ID	Name	Seniorität	Alter	Mitgliedschaft	Mitgliedschaft		Mitgliedschaft
1	Müller	Junior	10	Standard	Standard		Standard
2	Meier	Senior	57	Standard	Standard		Standard
3	Schulz	Junior	FEHLT	Premium	Premium	**Häufigkeit**	Premium
4	Gerlach	Junior	12	**FEHLT**		Standard: 3 →	Standard
5	Eckstein	Senior	68	Premium	Premium		Premium
6	Hanke	Junior	8	Standard	Standard	Premium: 2	Standard

Abb. 8.4 *Beispiele verschiedener Imputationsverfahren*

8.4 Datentransformation

Daten in ihrem »Rohzustand« sind häufig nicht direkt für den Einsatz in Analysen geeignet, sie müssen *transformiert* werden. Dabei kann es sich entweder um eher technisch motivierte Transformationen handeln oder um Transformationen mit dem Ziel, die Daten für die konkrete Aufgabenstellung in einem KI-Projekt vorzubereiten.

Typische Beispiele für technische Transformationen sind Anpassungen von Zahlen- und Datumsformaten oder die Umrechnungen von Maßeinheiten auf ein Standardmaß (siehe Abb. 8.5).

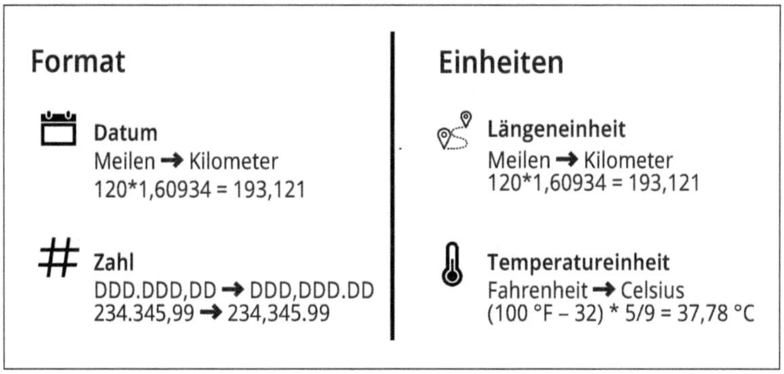

Abb. 8.5 *Beispiele für die Anpassung von Formaten und Einheiten*

Die fachlich motivierte Transformation der Daten ist naturgemäß stark von der bearbeiteten Fragestellung und den entsprechenden Daten geprägt und lässt sich nicht verallgemeinert beschreiben. Daher werden hier exemplarisch Verfahren zur Behandlung nominaler und ordinaler Variablen sowie zur Datendiskretisierung vorgestellt, die im Zusammenhang mit KI-Projekten häufig von Relevanz sind.

Nominaldaten werden durch ihre Benennung repräsentiert, bilden eine Kategorie von Werten mit endlich vielen Ausprägungen und liegen meist in Textform vor. Die Kategorien sind unabhängig voneinander und stellen keine Hierarchien oder Reihenfolgen dar. *Ordinaldaten* werden ebenfalls durch ihre Benennung repräsentiert. Im Gegensatz zu Nominaldaten bilden sie jedoch Kategorien mit endlich vielen Ausprägungen, die eine Reihenfolge bzw. eine Rangfolge beinhalten und hierarchisch angeordnet werden können.

Abbildung 8.6 zeigt Beispiele für Nominal- und Ordinaldaten.

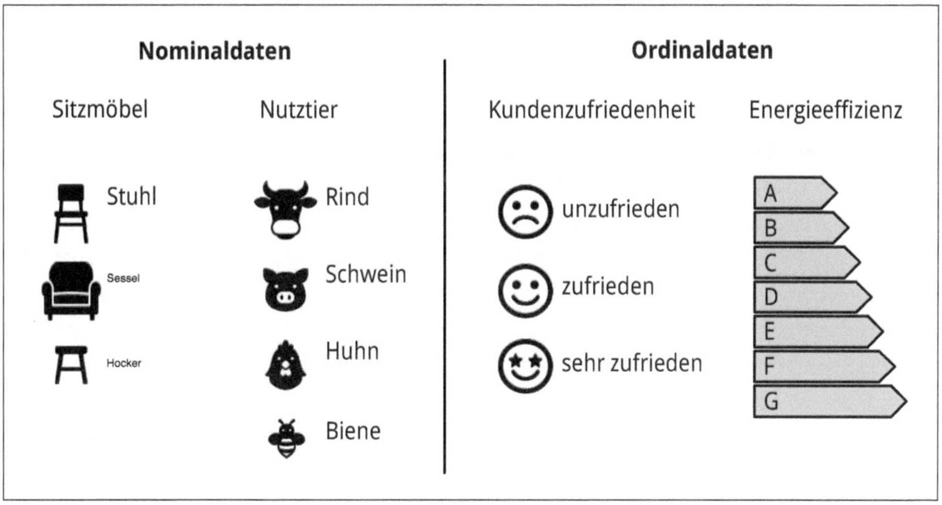

Abb. 8.6 *Beispiele für Nominal- und Ordinaldaten*

Da viele Algorithmen ausschließlich numerische Daten verarbeiten können, ist es häufig notwendig, Nominal- und Ordinaldaten in numerische Werte zu transformieren. Zwei gängige Methoden dafür sind:

- One-Hot Encoding
- Integer Encoding

Beim *One-Hot Encoding* wird für jede mögliche Ausprägung der Variablen eine binäre Spalte in den Datensatz eingefügt.

Für die Variable *Nutztier* würde sich bei diesem Verfahren die in Abbildung 8.7 dargestellte Tabelle ergeben, wobei eine 1 immer das Vorhandensein der entsprechenden Ausprägung anzeigt.

ID	Nutztier		ID	Rind	Schwein	Huhn	Biene
10	Rind		10	1	0	0	0
20	Schwein	**One-Hot** →	20	0	1	0	0
30	Huhn	**Encoding**	30	0	0	1	0
40	Biene		40	0	0	0	1

Abb. 8.7 *Beispiel für One-Hot Encoding*

Beim *Integer Encoding*, oder auch Label Encoding, wird jedem Wert des Attributs ein fester Integerwert zugeordnet. Bei der Messung der Kundenzufriedenheit könnte dies beispielsweise »unzufrieden« = 1, »zufrieden« = 2, »sehr zufrieden« = 3 sein. Die numerischen Werte lassen sich leicht wieder auf die Ausgangswerte zurückführen und bilden zugleich die Rangfolge der Variablen ab.

Der Begriff *Datendiskretisierung* beschreibt den Vorgang, kontinuierliche Werte in eine endliche Folge diskreter Kategorien zu transformieren. Dabei gilt es, den Informationsverlust so gering wie möglich zu halten. *Binning* ist dabei eine der gängigen Techniken. Es kann dazu beitragen, die Daten zu vereinfachen, Rauschen zu reduzieren und Muster und Trends aufzudecken. Die Reduktion der möglichen Merkmalsausprägungen vereinfacht den Umgang mit den Daten in der Analysephase und reduziert den Rechenaufwand unter Umständen erheblich. Diskrete Werte verbessern die Vergleichbarkeit von Ergebnissen und lassen sich für die weitere Verarbeitung besser in Klassen organisieren. Die Wahl der richtigen Binning-Methode kann jedoch eine Herausforderung sein, da existierende Ansätze unterschiedliche Vor- und Nachteile haben.

Das grundlegende Prinzip der Datendiskretisierung ist in Abbildung 8.8 dargestellt. Hervorzuheben ist die Reduktion verschiedener Ausprägungen, je nach gewählter Größe der Bins.

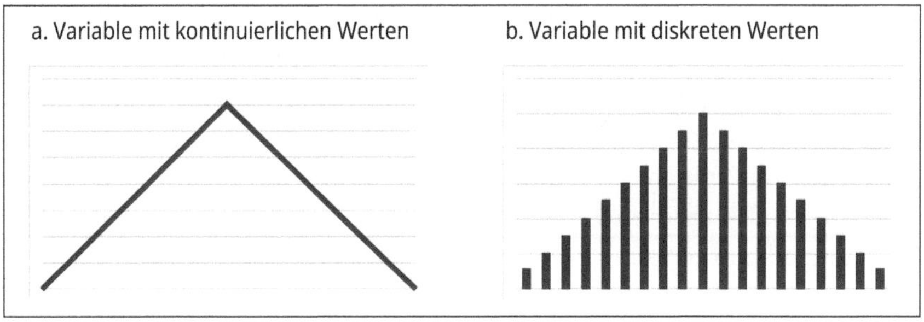

Abb. 8.8 *Wertebereiche von kontinuierlichen und diskreten Variablen*

Verschiedene grundlegende Methoden der Datendiskretisierung sollen hier an einem einfachen Beispiel mit der folgenden Datenbasis veranschaulicht werden: In einem Kühlhaus wird stündlich die Temperatur gemessen. Daraus ergeben sich 24 Messungen an einem Tag, die in Abbildung 8.9 aufgelistet sind.

Messzeit-punkt	Tempe-ratur	Messzeit-punkt	Tempe-ratur	Messzeit-punkt	Tempe-ratur	Messzeit-punkt	Tempe-ratur
00:00	2,1	06:00	2,1	12:00	3,2	18:00	4,1
01:00	2,0	07:00	3,1	13:00	4,1	19:00	5,0
02:00	3,0	08:00	4,2	14:00	5,9	20:00	1,4
03:00	4,0	09:00	5,1	15:00	1,2	21:00	2,6
04:00	5,1	10:00	1,2	16:00	2,2	22:00	3,1
05:00	1,0	11:00	2,1	17:00	3,0	23:00	4,8

Abb. 8.9 *Temperaturmessung in einem Kühlhaus*

Bei der Klassenbildung mit einem *Binning gleicher Breite* wird der Wertebereich in gleich große Klassen (Bins) unterteilt (siehe Abb. 8.10). Ein Vorteil dieser Methode besteht darin, dass sie einfach zu implementieren und zu interpretieren ist und die Verteilung der Daten erhalten bleibt. Nachteilig ist, dass leere oder spärliche Klassen erstellt werden können, insbesondere wenn die Daten verzerrt sind oder Ausreißer aufweisen.

Klasse (Bin)	Intervall (in °C)	Anzahl Messwerte
1	[1,0 - 1,9]	4
2	[2,0 - 2,9]	6
3	[3,0 - 3,9]	5
4	[4,0 - 4,9]	5
5	[5,0 - 5,9]	4

Abb. 8.10 *Binning gleicher Breite*

Beim *Binning mit gleicher Frequenz* werden die Messwerte in Klassen unterteilt, die die gleiche Anzahl von Messungen aufweisen. Wenn die betrachteten 24 Messwerte in vier Klassen unterteilt werden sollen, enthalten alle Klassen sechs Messwerte (siehe Abb. 8.11). Der Vorteil dieser Methode besteht darin, dass ausgeglichene Klassen erstellt werden, die mit schiefen Daten und Ausreißern besser umgehen können. Der Nachteil ist, dass die Verteilung der Daten verzerrt wird und es zu unregelmäßigen Bin-Breiten kommen kann.

Klasse (Bin)	Intervall	Anzahl Messwerte
1	[1,0 - 2,0]	6
2	[2,1 - 3,0]	6
3	[3,1 - 4,1]	6
4	[4,2 - 5,9]	6

Abb. 8.11 *Binning gleicher Frequenz*

Beim *benutzerdefinierten Binning* (siehe Abb. 8.12) werden die Messwerte in Klassen unterteilt, die für den Anwendungsfall von Bedeutung sind. Alle Messwerte werden dann einer bestimmten Klasse wie beispielsweise »zu niedrig«, »korrekt« und »zu hoch« zugeordnet.

Klasse (Bin)	Intervall	Anzahl Messwerte
zu niedrig	[1,0 - 2,0]	5
korrekt	[2,1 - 4,0]	11
zu hoch	[4,1 - 5,9]	8

Abb. 8.12 *Benutzerdefiniertes Binning*

8.5 Datenbereitstellung

Die Kategorie der *Datenbereitstellung* umfasst alle Aufgaben, die erforderlich sind, um sicherzustellen, dass die Daten für vorgesehene Analysevorhaben bereitgestellt und zugänglich gemacht werden.

Im Gegensatz zur Datenbereitstellung für klassische Analyseanforderungen, wie sie beispielsweise in Business-Intelligence-Systemen im Mittelpunkt stehen, ist das Zielschema in KI-Projekten meist bewusst einfach gehalten – in der Regel als einzelne Tabelle. Dies kann zwar das menschliche Verständnis der Daten erschweren, was im Kontext der künstlichen Intelligenz jedoch eine untergeordnete Rolle spielt: Hier liegt der Fokus vielmehr auf einer optimierten Aufbereitung, damit die Daten effizient von Algorithmen verarbeitet werden können.

Die *Datenintegration* umfasst Aufgaben der Zusammenführung verschiedener Datenquellen zu einer einheitlichen und konsistenten Datenbasis. Sind zu viele Daten vorhanden, um sie effizient und in angemessener Zeit zu analysieren, muss eine geeignete *Stichprobe* gezogen werden. Das Bestimmen einer geeigneten Stichprobe ist auch dann von zentraler Bedeutung, wenn Daten speziell für das Analysevorhaben erhoben werden, etwa durch eine Umfrage. In diesem Fall ist die Aufgabe jedoch der Kategorie Datenbeschaffung zuzuordnen. Für die Stichprobenziehung stehen verschiedene Verfahren zur Verfügung – von einfachen Methoden bis hin zu komplexen Ansätzen, die eine möglichst repräsentative Abbildung der Merkmale der Grundgesamtheit sicherstellen sollen.

Eine spezielle Form der Stichprobenziehung ist das *Data Splitting* – ein Verfahren, das bei der Anwendung überwachten Lernens (siehe Kapitel 2 »Maschinelles Lernen«) eingesetzt wird. Wenn sämtliche verfügbaren Daten ausschließlich für das Training eines Modells verwendet werden, besteht die Gefahr der Überanpassung, auch als Overfitting bekannt. In diesem Fall kann das Modell zwar bekannte Daten – also die Daten, die für das Training verwendet werden – präzise vorhersagen, ist jedoch nicht dafür geeignet, neue, unbekannte Daten zu verarbeiten. Die Generalisierungsfähigkeit ist erheblich eingeschränkt. Um diese Überanpassung zu vermeiden, wird in der Regel nicht der gesamte Datensatz für das Modelltraining verwendet. Stattdessen werden die Daten in verschiedene Kategorien eingeteilt:

- Trainingsdaten
- Validierungsdaten
- Testdaten

Mithilfe der Trainingsdaten wird ein Modell trainiert. Die Validierungsdaten dienen dazu, die Modellleistung zu bewerten und auf Basis der gewonnenen Erkenntnisse das Training gezielt anzupassen. Dieser Prozess wird meist mehrfach wiederholt, wobei Trainings- und Validierungsdaten abwechselnd genutzt werden. Dadurch beeinflussen auch die Validierungsdaten den Trainingsprozess. Erst nach Abschluss des Trainings werden die Testdaten eingesetzt, um die endgültige Modellgüte zu bewerten. Dieser Teil der Daten dient somit ausschließlich der Überprüfung und wird nicht zur Anpassung des Modells verwendet.

Eine Sonderform der Aufteilung in Trainings- und Validierungsdaten stellt die *Kreuzvalidierung* dar. Dabei werden im Verlauf des Trainings verschiedene Teilmengen der Daten abwechselnd für das Training und die Validierung verwendet. Ein Vorteil dieses Ansatzes besteht darin, dass insgesamt mehr Daten für die Modellerstellung genutzt werden können, da keine Daten dauerhaft für die Validierung reserviert werden müssen.

Daten, die für Klassifikationsanalysen – eine Form des überwachten Lernens – genutzt werden, weisen häufig Klassen mit stark unterschiedlicher Anzahl von Fällen auf, d. h., sie sind unbalanciert. Typische Fragestellungen dazu sind Abbildung 8.13 zu entnehmen. Es zeigt sich, dass gerade die *Minderheitsklasse* – also die Klasse mit der geringeren Fallzahl – häufig aus fachlicher Perspektive die interessantere ist. Die Beispiele beziehen sich auf Analysen mit zwei Klassen, lassen sich jedoch auch auf Probleme mit einer größeren Anzahl von Klassen übertragen.

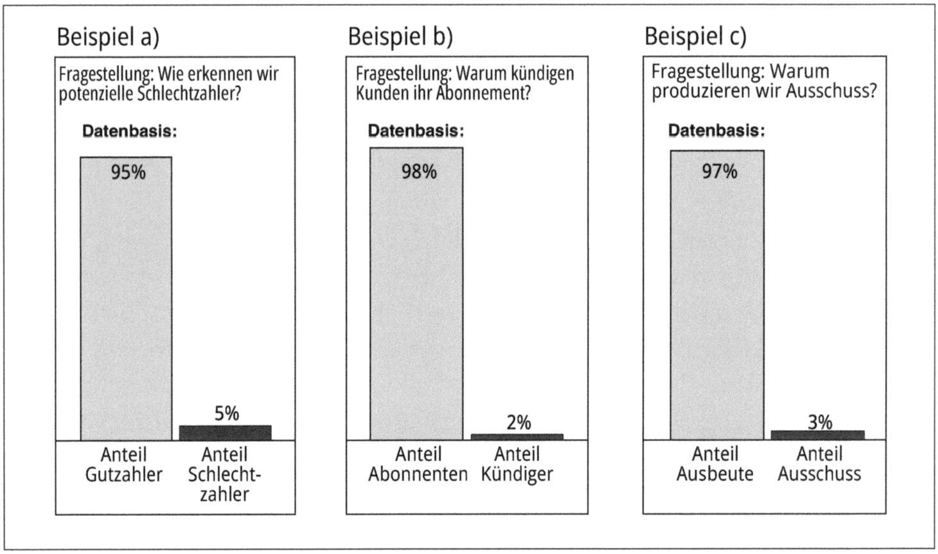

Abb. 8.13 *Klassifikationsfragestellung mit einem starken Ungleichgewicht in den Trainingsdaten*

In all diesen Beispielen würde das aus der Klassifikationsanalyse resultierende Modell stark an die *Mehrheitsklasse* – also die Klasse mit der größeren Fallzahl – angepasst, während die Minderheitsklasse kaum oder gar nicht berücksichtigt würde. Das Modell wäre zwar sehr präzise, hätte jedoch nahezu keine Aussagekraft. So würde etwa in Beispiel a, wie in Abbildung 8.13 zu sehen, ein Modell entstehen, das stets einen Gutzahler voraussagt, in 95 % der Fälle wäre diese Bewertung auch korrekt. So könnten aber weder Schlechtzahler identifiziert werden, noch könnte erkannt werden, welche Merkmale bei der Einschätzung der Zahlungsbereitschaft relevant sind.

Verfahren zur *Balancierung* von Daten lassen sich in *Oversampling* und *Undersampling* unterteilen. Beim Oversampling werden der Minderheitsklasse zusätzliche Fälle hinzugefügt, entweder durch die mehrfache Verwendung vorhandener Fälle oder durch die Erstellung neuer Datensätze (z. B. durch Data Augmentation). Daraus resultiert eine Balance zwischen den Fallzahlen aller Klassen. Dieses Resultat kann auch durch Undersampling erzielt werden. Dabei werden Fälle aus der Mehrheitsklasse entfernt, üblicherweise durch das Ziehen einer zufälligen Stichprobe.

In der Regel sind nicht alle Merkmale einer Datenbasis tatsächlich nützlich. Gründe dafür können etwa Redundanzen, eine schlechte Datenqualität oder auch eine fehlende Relevanz für die aktuelle Fragestellung sein.

Die Aufgabe der *Merkmalsauswahl* besteht darin, eine möglichst geeignete Teilmenge der vorhandenen Merkmale zu bestimmen. Dadurch kann die Genauigkeit der Analyseergebnisse verbessert, das Modell verständlicher und der Rechenaufwand zur Erstellung von Modellen reduziert werden.

Abbildung 8.14 veranschaulicht durch ein einfaches Beispiel, wie eine fehlerhafte Merkmalsauswahl die gesamte Analyse zum Scheitern bringen kann. Angenommen, das Ziel der Analyse besteht darin, anhand verschiedener Merkmale den Messertyp vorherzusagen – sei es ein Brotmesser, ein Kochmesser, ein Schälmesser oder ein Steakmesser.

Im ersten Beispiel (siehe Beispiel a in Abb. 8.14) werden die Merkmale Preis und Härte des Stahls ausgewählt. Die Abbildung zeigt, dass diese beiden Eigenschaften keine eindeutige Unterscheidung der vier betrachteten Messertypen ermöglichen. Günstige Messer bestehen häufig aus Stahl mit geringer Härte, da dieses Material kostengünstiger ist – jedoch auch weniger scharf geschliffen werden kann. Hochpreisige Messer hingegen werden typischerweise aus härterem Stahl gefertigt.

Im zweiten Beispiel (siehe Beispiel b in Abb. 8.14) werden die Merkmale *Klingenlänge* und *Schliff* gegenübergestellt. Die Abbildung zeigt, dass in diesem begrenzten Szenario eine eindeutige Zuordnung der Messertypen möglich ist. Für andere oder erweiterte Analysevorhaben kann sich dies jedoch ändern. So werden hier beispielsweise ausschließlich Steakmesser mit Wellenschliff betrachtet, obwohl es auch Varianten mit Glattschliff gibt.

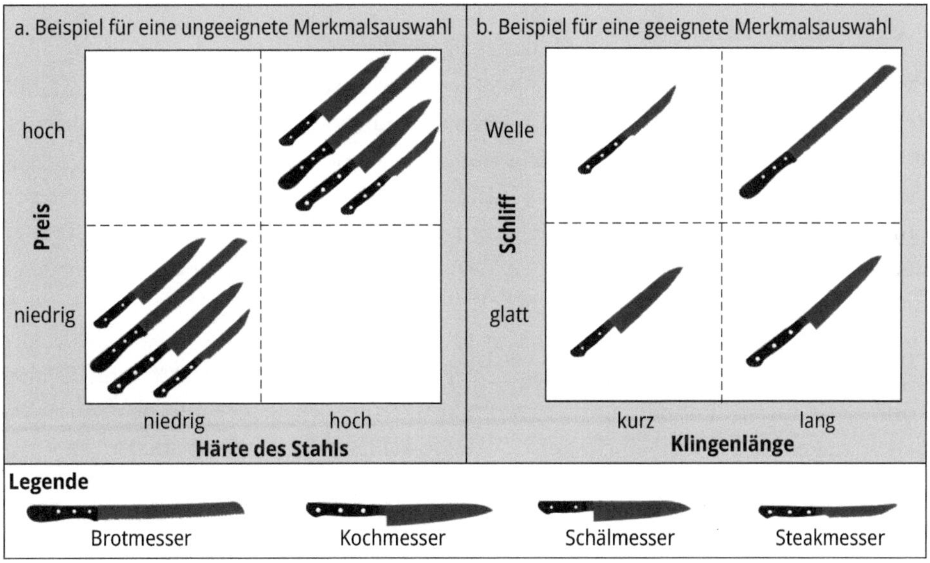

Abb. 8.14 *Beispiel der Merkmalsauswahl zur Klassifikation von Küchenmessern*

Eine Möglichkeit zur geeigneten Merkmalsauswahl ist die *Filtermethode* (siehe a in Abb. 8.15), bei der die Merkmale zunächst nach ihrer Relevanz für die Fragestellung bewertet werden. Anschließend werden die wichtigsten Merkmale aus dieser Liste ausgewählt. Eine andere Herangehensweise bietet die *Wrapper-Methode* (siehe b in Abb. 8.15), bei der eine Teilmenge der Merkmale ausgewählt und für die Modellbildung getestet wird. Dieser Vorgang wird mehrfach wiederholt, wobei die Testergebnisse die Auswahl in den folgenden Durchläufen beeinflussen. Es wird also zwischen den Phasen Datenvorbereitung und Analyse iteriert. Bei der *Embedded-Methode* (siehe c in Abb. 8.15) wird die Merkmalsauswahl direkt im Training des Modells durchgeführt und stellt damit keine explizite Aufgabe der Datenvorbereitung dar.

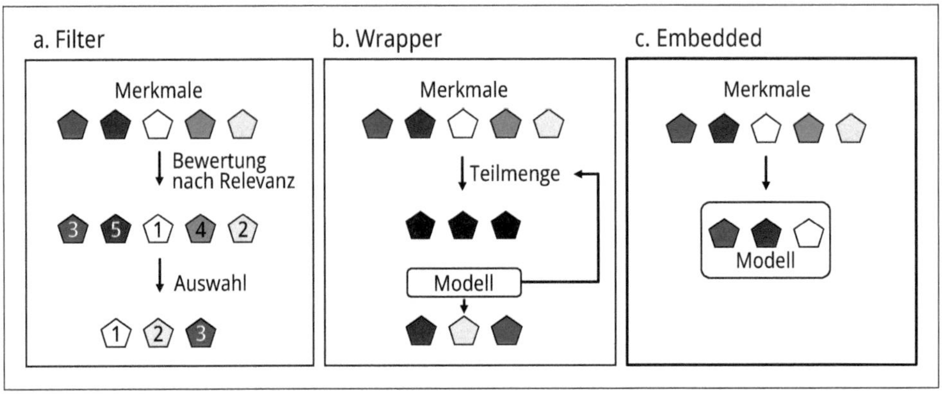

Abb. 8.15 *Arten der Merkmalsauswahl (in Anlehnung an [Too et al. 2022])*

8.6 Zusammenfassung

Die Darstellungen in diesem Kapitel haben gezeigt, dass es schwerfällt, die Aufgaben der Datenvorbereitung und die Aufgaben der Analyse vollständig voneinander zu trennen. Dies hätte jedoch größtenteils nur einen akademischen Nutzen. Eine grundsätzliche phasenweise Aufteilung der Aufgaben ist aber sinnvoll, da diese meist von unterschiedlichen Personengruppen durchgeführt werden: Während die Analyse in der Regel in den Aufgabenbereich von Data Scientists fällt, liegt die Datenvorbereitung in der Hand von Data Engineers.

Die exemplarisch dargestellten Aufgaben verdeutlichen, dass viele Aspekte der Datenvorbereitung speziell auf bestimmte Analyseziele ausgerichtet sind. Daher können sie nicht unabhängig von einem konkreten Projektziel durchgeführt werden, sondern sind integraler Bestandteil des jeweiligen Analysevorhabens.

9 Aufbau einer KI-Einheit im Unternehmen

Michael Zimmer · Florian Läpple

Künstliche Intelligenz (KI) ist derzeit in aller Munde. Dennoch ist es für deutsche und insbesondere mittelständische Unternehmen eine Herausforderung, das Thema KI zu erschließen, Talente aufzubauen, Anwendungsfälle zu identifizieren, Plattformen zu entwerfen und KI letztlich rechtssicher und nutzenstiftend einzusetzen. Die vorliegende Fallstudie soll aufzeigen, welche Schritte hierfür notwendig sind und wie Unternehmen sich dem Thema KI pragmatisch nähern können, um Nutzen durch KI für Kunden, Mitarbeiter und das Unternehmen zu schaffen. Das Beispiel spiegelt eine Konzernwelt wider und kann direkt adaptiert werden. Für kleine und mittelständische Unternehmen ist in der Regel nicht alles erforderlich, hier ist eine bewusste Auswahl der notwendigen Bausteine zielführend.

9.1 Einleitung

Beim Aufbau von KI-Einheiten gibt es einiges zu beachten. Wie soll die Einheit organisiert sein? Welche Aufgaben soll sie wahrnehmen? Wie integrieren sich Mitarbeiter in bestehende fachliche und organisatorische Prozesse? Und wie sieht es mit der Finanzierung aus?

In diesem Kapitel werden allgemeine Prinzipien aufgezeigt, die einem »Head of AI« in den ersten drei Jahren als Art Blaupause dienen können. Darüber hinaus werden die Erfahrungen der letzten Jahre beim Aufbau einer KI-Organisation beschrieben.

Spätestens seit dem 30. November 2022, als Open AI seinen Chatbot *ChatGPT* der Öffentlichkeit bereitgestellt hat, ist das Thema KI in der Breite der Bevölkerung und der Unternehmen angekommen. Durch die Vielzahl an Anwendungsfällen, die durch generative KI möglich geworden sind, gepaart mit einer Kostendegression von KI-Services [Microsoft 2025], sind die Barrieren für Unternehmen, sich mit KI auseinanderzusetzen, deutlich gesunken. Die scheinbare Einfachheit, mit der sich mittlerweile KI-Systeme entwickeln lassen oder KI-Services abrufbar sind, in Verbindung mit Prognosen bekannter Beratungshäuser in Bezug auf Potenziale für Unternehmen und die Wirtschaft, haben zusätzlich die Erwartungen an KI auf C-Level-Ebene und in der Belegschaft geschürt (vgl. [McKinsey 2025]).[1]

1. Bereits 2023 wurden hier Kostensenkungen in den Bereichen Operations und Sales von ca. 55 % vorhergesagt und ein wirtschaftliches Potenzial von bis zu 4,4 Mrd. Euro prognostiziert.

Viele Unternehmen versuchen derzeit, KI erfolgreich zu adaptieren und zugehörige Einheiten im Unternehmen zu etablieren. Für viele Entscheider und Datenverantwortliche innerhalb dieser Unternehmen stellt dies jedoch Neuland dar. Sie bewegen sich oft in einem Umfeld aus normativen Aussagen selbsternannter Experten, vermeintlich selbst erfüllenden Verkaufsprophezeiungen von Beratungshäusern oder Softwareherstellern sowie grundsätzlicher Unsicherheit bezüglich der optimalen Vorgehensweise.

Aus Gesprächen auf verschiedenen Chief-Data-Officer-Tagungen und -Panels[2] lassen sich folgende Fragen ableiten, die in der Regel immer wieder gestellt werden:

- Was kann mit KI erreicht werden?
- Wie gelingt der Einstieg in das KI-Projekt?
- Welches Personal wird benötigt?
- Wie und wo sollte eine KI-Einheit organisiert werden?
- Wer trägt die Verantwortung für das Thema KI?
- Welche Technologien kommen zum Einsatz?
- Gibt es rechtliche Rahmenbedingungen zu beachten?
- Welche Aufgaben liegen im KI-Bereich und welche im Fachbereich sowie der IT?
- Wie bleiben KI-Anwendungen zukunftsfähig?

Generell ist die erfolgreiche Einführung von KI kein Hexenwerk. Erforderlich ist aber ein durchdachtes Vorgehen beim Aufbau einer KI-Einheit. Wesentlich dabei ist die interdisziplinäre Vernetzung von Fachbereich, Daten, IT und KI. Dies ermöglicht es, eine gemeinsame KI-Plattform mit klaren Verantwortlichkeiten und Regelstrukturen zu schaffen. In Anlehnung an klassische Data- und KI-Governance-Frameworks lassen sich vier relevante Kernbereiche zum Aufbau einer KI-Einheit identifizieren [Haneke & Zimmer 2021]:

- (Aufbau- und Ablauf-)Organisation
- Governance und KPIs
- Aufgaben
- Relevante Technologien

2. SZ-Fachkonferenz »The Digital Insurance«, »KI Insurance-Tagung« vom BusinessForum21, CDAO Summit, Gartner CDO Community, Evanta CDO Community.

Der in Abbildung 9.1 dargestellte Ordnungsrahmen visualisiert die vier Kernbereiche, die in der Fallstudie behandelt werden. Im weiteren Verlauf des Kapitels werden diese Kernbereiche vorgestellt und eingeordnet. Zur besseren Darstellung werden im Text fiktive pointierte Fallbeispiele eingeführt.

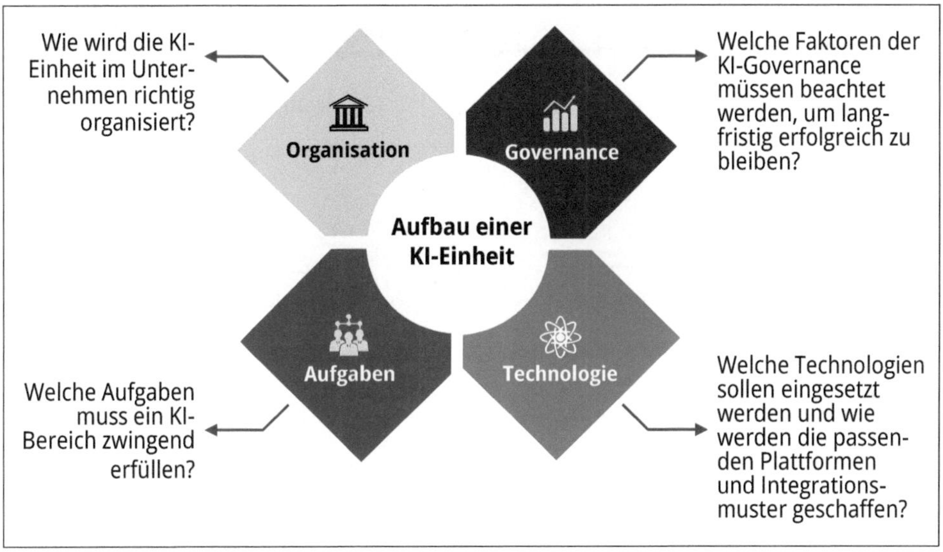

Abb. 9.1 *Relevante Themen beim Aufbau einer KI-Einheit*

9.2 Aufgaben einer KI-Einheit

Bei der Einführung von KI als neues Thema stehen Führungskräfte vor der Herausforderung, die richtigen Fragen zu stellen, relevante Kompetenzen zusammenzuführen und eine Vielzahl komplexer Aufgaben zu bewältigen. Das Spektrum reicht vom klassischen Management-Buy-in über die tatsächliche Identifikation, Dokumentation sowie Umsetzung von KI-Anwendungsfällen bis hin zur rechtssicheren Wartung und Weiterentwicklung der Anwendungsfälle. Es gibt eine Reihe von Kernaufgaben, die eine KI-Einheit bewältigen muss (siehe Abb. 9.2):

- Teufels Advokat für neue Lösungen
- Management-Buy-in sicherstellen
- KI-Plattform-Management
- Identifikation, Entwicklung und Betrieb von KI-Anwendungen
- First und Second Line für KI
- Heimathafen

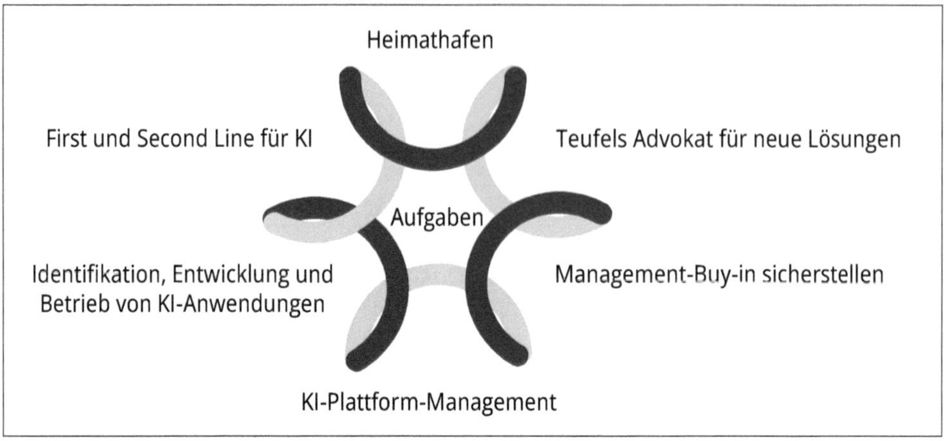

Abb. 9.2 *Aufgaben einer KI-Einheit*

In den folgenden Abschnitten werden die Kernaufgaben dargestellt und kurz thematisiert.

9.2.1 Teufels Advokat für neue Lösungen: aufklären und Awareness schaffen

Beim Aufbau einer KI-Einheit ist es wichtig, von Anfang an Aufklärungsarbeit zu leisten und ein effektives Erwartungsmanagement zu betreiben. Dies umfasst sowohl die realistische Darstellung der Möglichkeiten und Grenzen von KI als auch die ehrliche Bewertung der Umsetzbarkeit erster Ideen aus dem Fachbereich. Darüber hinaus sollte die Dauer für den Aufbau grundlegender Strukturen und der Einheit transparent kommuniziert werden. Eine klare Kommunikation ist entscheidend, um Frustration und Ablehnung in der Belegschaft zu vermeiden. Durch das Aufzeigen einer klaren Roadmap und die Umsetzung erster kleinerer nützlicher Anwendungsfälle kann das Unternehmen die Belegschaft auf die KI-Reise mitnehmen. Erste Erfolge mit den Fachbereichen etablieren die KI-Einheit als Kompetenzcenter [Zimmer 2024a; Zimmer 2024b].

Tipp: KI-Entmystifizierung auf Topmanagement- und Mitarbeiterebene

Als Führungskraft im Bereich KI ist es essenziell, die Möglichkeiten von KI innerhalb der Geschäftsprozesse aufzuzeigen, aber auch deren Limitierung hervorzuheben. Gerade durch die Goldgräberstimmung in sozialen Medien kursieren viele falsche Aussagen. C-Level-Führungskräfte werden von Anbietern auf vermeintlich einfache Lösungen mit angeblich großem Nutzen hingewiesen. Meist zeigt sich aber, dass diese Lösungen nur in einfachen Szenarien funktionieren, die eigene Branche für den Anbieter unbekannt ist, die notwendigen Datenquellen fehlen und die Integrationsaufwände erheblich sind. Hier ist es Aufgabe des KI-Bereichs, als Teufels Advokat die richtigen Fragen zu stellen, Aufwände sichtbar zu machen und letztlich eine ganzheitliche Sicht auf das Thema zu fördern. Gleiches gilt auch auf Mitarbeiterebene. Hier herrscht oftmals die Angst vor Wandel durch KI. Die Rolle ist hier eher die eines Hands-on-Befähiger, um die Möglichkeiten von KI aufzuzeigen und Ängste durch gemeinsame Entwicklung zu nehmen. (Eigenes Zitat des Autors Michael Zimmer)

9.2.2 Management-Buy-in sicherstellen

Zahlreiche Studien belegen, dass die Unterstützung des Topmanagements ein kritischer Erfolgsfaktor bei der Einführung neuer Themen und Technologien darstellt. Deshalb ist es entscheidend, sich direkt zu Beginn ein klares Commitment und das Management-Buy-in auf C-Level-Ebene einzuholen [Bischof 2024]. Dies ermöglicht relevante organisatorische Änderungen sowie den Aufbau erforderlicher KI-Plattformen und erlaubt letztlich, integrierte Strukturen zu schaffen. Idealerweise sollte dies mit einer klaren Roadmap für den Aufbau der KI-Einheit verknüpft sein, die den Nutzen für das Unternehmen transparent darstellt.

Diese Vorgehensweise hilft dabei, die Erwartungshaltung auf C-Level-Ebene zu klären und eine gemeinsame Roadmap zu verabschieden, die Orientierung bietet. Hierbei sollte festgelegt werden, was in den ersten zwei bis drei Jahren von der KI-Einheit erwartet werden kann und welche Investitionen für den Aufbau und die Umsetzung erforderlich sind. So kann ein Zustand vermieden werden, der mit dem Henne-Ei-Problem vergleichbar ist: Aufgrund zu hoher Erwartungen wird oft ein schneller erster monetärer Nutzen durch KI erwartet, obwohl es notwendig ist, erst gewisse Investitionen zu tätigen, bevor dieser Nutzen mithilfe von KI realisiert werden kann. Das erforderliche Budget wird jedoch häufig erst zur Verfügung gestellt, wenn bereits ein erster Nutzen nachgewiesen ist.

Insbesondere in den ersten Monaten kann dies ein Spannungsfeld erzeugen, das zu Ernüchterung führt und Bottom-up-Initiativen im Keim erstickt.

Die gute Nachricht ist, dass sich dieses Problem lösen lässt. Für den Aufbau einer KI-Einheit sind keine Vorabinvestitionen in Millionenhöhe notwendig, auch wenn größere Budgets natürlich hilfreich sind [Zimmer 2023]. In der Regel sieht sich ein Head of AI jedoch knappen Budgets und einer hohen Erwartungshaltung gegenüber.

Dabei ist es wichtig, eine klare Roadmap für die nächsten drei Jahre zu erstellen. Diese sollte mit Metriken zur Erfolgsmessung unterlegt sein, um den prognostizierten Nutzen aufzuzeigen. Zudem sollten realistische Anfangsbudgets festgelegt werden, die idealerweise bereits im zweiten Jahr, inklusive der anfänglichen Investitionen, einen positiven Return on Investment vorweisen können. Um bei knappen Budgets den größtmöglichen Nutzen generieren zu können, muss eine anfängliche Fokussierung erfolgen, ohne das übergeordnete Zielbild und die Strategie aus den Augen zu verlieren. Hier gilt der bewährte Grundsatz: »Think big, start small!«.

Tabelle 9.1 zeigt exemplarische Aufgaben für das erste Jahr einer KI-Einheit.

Thema	Aufgabe	Ziele	Tasks
Strategie	Erstellung einer KI-(und Daten-) Strategie	Vorgabe erster Standards und einer Marschrichtung	Strategie erstellen
Grundlagen schaffen	KI-Plattform aufbauen	Schaffung einer KI-Plattform	Aufbau der Plattform
			Sicherstellung der kosteneffizienten Implementierung
EU AI Act sicherstellen	Regulatorik sicherstellen	Erfüllung der Anforderungen aus dem EU AI Act und anderer Regularien oder Gesetze	Umsetzung eines EU-AI-Act-Frameworks, Erstellung einer KI-Betriebsvereinbarung, Umsetzung von Audit-Anforderungen
Nutzen mit KI stiften	Deskriptive KI-Anwendungsfälle	Erste Anwendungsfälle zur Integration bereitstellen	Umsetzung von Anwendungsfällen
	Wissensbot als Standardservice	Aufbau von Wissensbots als Standardanwendung	Muster für skalierbare Wissensbots
	Ausbau dokumentbasierter Services	Bereitstellung eigener KI-Services	Digitalisierung des gesamten Posteingangs
			Verbesserte Klassifizierung im Inputmanagement
Daten	Aufbau von Anwendungsfalldaten	Sicherstellung der Datenversorgung aus operativen und dispositiven Systemen	Value Case erstellen und Roadmap für inkrementellen Aufbau

Tab. 9.1 *Exemplarische Aufgaben für das erste Jahr einer KI-Einheit*

Die konkrete Ausgestaltung einer KI-Organisation und die erforderlichen Tätigkeiten bei der Umsetzung von KI-Anwendungsfällen werden in Abschnitt 9.3 »KI-Organisation: vom Elfenbeinturm zum integrierten KI-Hub« thematisiert.

9.2.3 KI-Plattform-Management

Neben der Sensibilisierung des Topmanagements und der Mitarbeitenden ist es wichtig, eine KI-Plattform zu schaffen, mit der KI-Anwendungsfälle schnell und einfach skaliert werden können (vgl. [Wenzel & Haag 2023]). Abbildung 9.3 zeigt eine High-Level-Sicht auf eine KI-Plattform und beschreibt deren Eigenschaften. Besonders hervorzuheben sind hier der standardisierende und der integrative Charakter der Plattform.

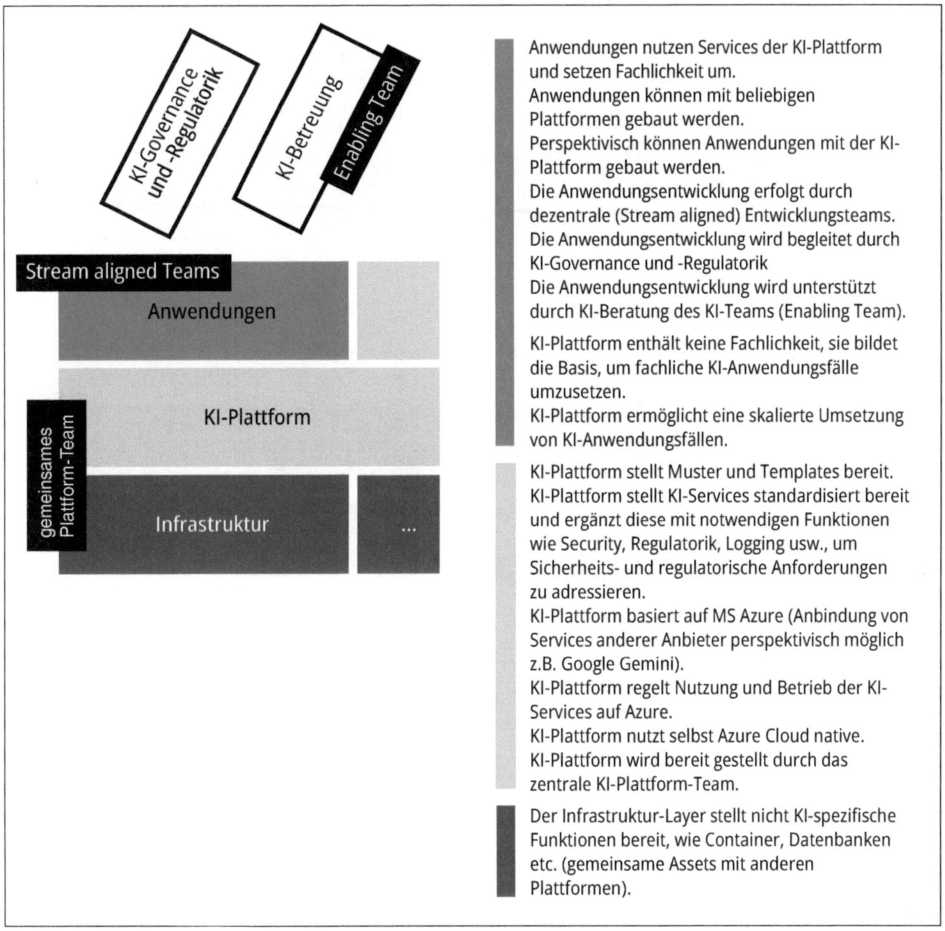

Abb. 9.3 *Eigenschaften einer KI-Plattform*

Was verbirgt sich aber technisch hinter einer solchen Plattform? Entscheidend ist, dass die Anwendungsschichten auf KI-Services zugreifen können, die über die KI-Plattform erstellt, bereitgestellt und gewartet werden. Die technische Umsetzung einer solchen Architektur ist in Abbildung 9.4 dargestellt. Die Grundlage für neue KI-Services und Integrationsmuster sind *Research-Umgebungen*, in denen der zentrale KI-Bereich oder dezentrale Data-Science-Einheiten neue Funktionalität ausprobieren können. Darauf aufbauend entwickeln interdisziplinäre Teams aus KI, IT und Fachbereich wiederverwendbare Integrationsmuster. Abbildung 9.4 zeigt exemplarische KI-Services wie die Extraktion von Inhalten, die auf Knopfdruck für andere Anwendungsfälle deployt werden können. Werden hier auch Large Language Model (LLMs) verwendet, kann auch ein Prompt Engineering im Fachbereich und die Übergabe mit Versionierung in zentrale Einheiten abgebildet werden. Der Self-Service-Ansatz stellt hier einen großen Mehrwert dar [Zimmer & Diemann 2021].

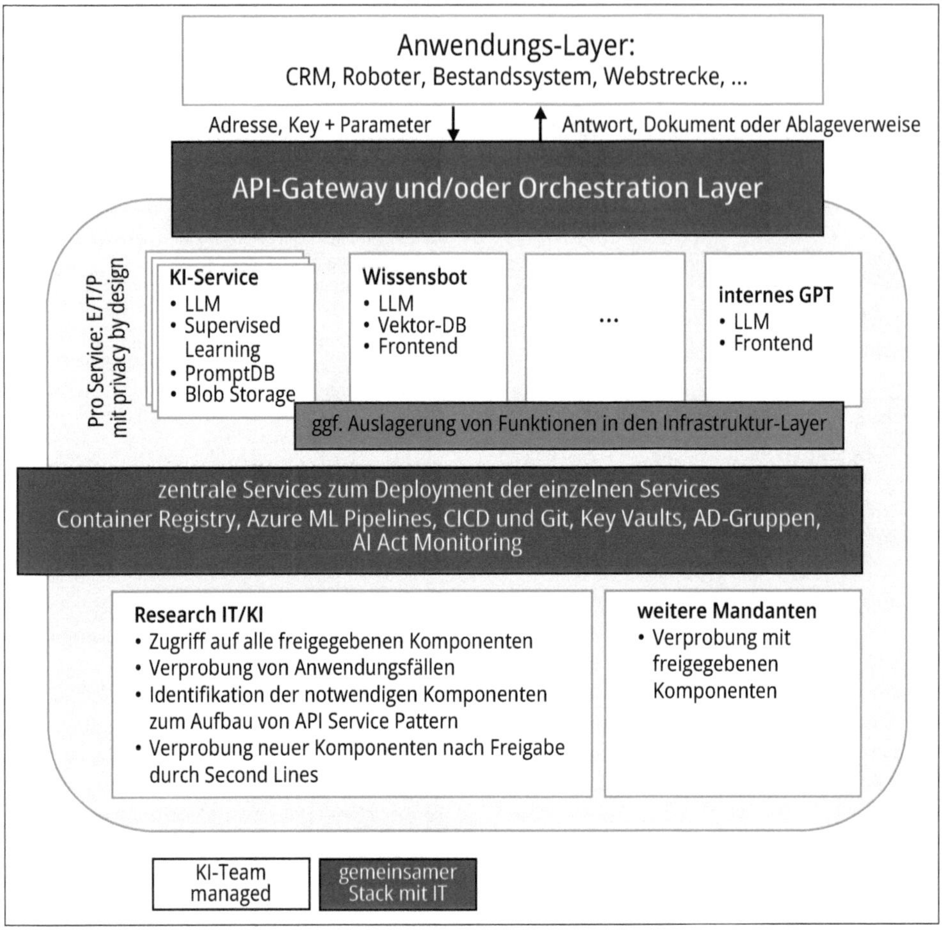

Abb. 9.4 *KI-Plattform im Detail*

9.2.4 Identifikation, Entwicklung und Betrieb von KI-Anwendungen

Die Fragen nach dem richtigen KI-Anwendungsfall, den ein Unternehmen umsetzen sollte, erfordert einen zentralen KI-Bereich als Koordinator, Berater und Experten. Fachexperten erkennen oftmals ihre eigenen Herausforderungen, haben jedoch häufig keine Sicht auf die zugrunde liegenden Metriken und den Business-Nutzen.

Bei Hospitanzen hört man öfters Aussagen wie: Dieser eine Anwendungsfall kostet mich regelmäßig 20h Arbeitszeit, hier muss mir die KI helfen. Auf die Frage, wie oft der Fall vorkommt und wie viele andere Mitarbeiter betroffen sind, kommt häufig die Aussage, dass es einmal im Jahr vorkommt und keine anderen Mitarbeiter betrifft. Subjektiv ist hier eine große Last vorhanden, aus Sicht der Abteilung sollte der Anwendungsfall aber nicht angegangen werden.

Bei der Frage nach dem passenden Anwendungsfall ist es zielführend, mit den Fachbereichen eine einfache Metrik abzufragen: Welcher Nutzen bzw. welche Zeitersparnis kann wie oft durch den Anwendungsfall realisiert werden? Hierdurch entsteht bereits zu Beginn eine einfache Nutzenmetrik, die bei der Einordnung und Bewertung der Anwendungsfälle unterstützt.

Nach der Beschreibung eines Nutzen-Anwendungsfalls bietet sich ein schnelles und inkrementelles Vorgehen mit den Fachbereichen an. Um die Fachbereiche in die Entwicklung einzubeziehen und zu begeistern, hat sich folgendes Vorgehen als Erfolgsgarant erwiesen:

1. Ideation Workshop zur Identifikation von Themen und zum Erproben erster Szenarien mithilfe einer speziellen KI-Demoumgebung
2. Erstellung eines einfachen Business Case, Bereitstellung relevanter Daten und Dokumente und erste Iteration eines einfachen Modells
3. Entscheidung über das weitere Vorgehen auf Basis der Ergebnisse und gemeinsame Entwicklung sowie Einplanung der Beistellleistungen zur Prozessintegration in andere Systeme

Durch dieses Vorgehen sieht der Fachbereich schnell Ergebnisse, die Erklärbarkeit von KI wird Teil des Prozesses und es kann letztlich zielgerichtet an Lösungen gearbeitet werden. Ein kritischer Erfolgsfaktor ist die realistische Bewertung der Integrationsaufwände. Der Aufwand für die regelmäßige Bereitstellung notwendiger Daten und Dokumente sowie die Extraktion aus bzw. Integration in bestehende Systeme ist in der Regel erheblich und wird meist unterschätzt. Hier sind gesunder Realismus und die Vorgabe wiederverwendbarer Integrationsmuster erforderlich.

Nach der Produktivsetzung der Anwendung sind regelmäßiges Monitoring und kontinuierliche Weiterentwicklung unerlässlich. Unternehmen vergessen häufig, die notwendigen Aufwände einzuplanen. Selbst bei kleinen Anwendungsfällen sollten 0,1 AK[3] pro Jahr für Betrieb, Weiterentwicklung und Refactoring eingeplant werden. Die Erfahrungswerte helfen auch dabei, den Business Case realistisch auszugestalten.

9.2.5 First und Second Line für KI

Spätestens seit dem EU AI Act ist klar, dass KI auch aus rechtlicher Sicht eine umfassende Governance erfüllen muss. Während die Second Line in den vergangenen Jahren primär datenschutzrechtlich geprägt war, kam durch den EU AI Act eine zusätzliche ethische Komponente hinzu. In diesem Zusammenhang ist es erforderlich, klare Verantwortlichkeiten für KI zu definieren. Mit Inkrafttreten der europäischen Verordnung für künstliche Intelligenz (EU KI-VO) am 2. August 2024 werden nun konkrete Anforderungen an die Entwicklung, den Betrieb und den Einsatz von KI-Systemen und Modellen gestellt.

---

3. 1AK entspricht der Arbeitszeit eines Mitarbeiters.

Doch was muss tatsächlich umgesetzt werden, um eine effektive Governance-Struktur etablieren zu können? Als Minimum empfiehlt sich die Einführung folgender Rollen:

- Fachlicher und technischer Owner des Anwendungsfalls
- Governance-Verantwortlicher (gerne auch der Head of AI)
- Senior Data Scientist als technische Kontrollinstanz

Zusätzlich sind Schnittstellen zur IT (IT-Betrieb, Unternehmensarchitektur), zum Betriebsrat und zum Datenschutz erforderlich.

Wie müssen die unterschiedlichen Akteure innerhalb des Three-Lines-of-Defense-Modells nun miteinander interagieren und wer trägt welche Verantwortung? Tabelle 9.2 gibt einen detaillierten Überblick.

Three-Lines-of-Defense-Modell

Beim Three-Lines-of-Defense-Modell handelt es sich um ein Vorgehen aus dem Risikomanagement, in dem operative Einheiten (First Line) von kontrollierenden (Second Line) und überwachenden Einheiten (Third Line) separiert werden [IIA 2025].

Der Head of AI muss übergeordnet sicherstellen, dass die regulatorischen Anforderungen umgesetzt und eingehalten werden, sodass ein konformer Einsatz von KI-Systemen ermöglicht werden kann. Um die Anforderungen abdecken zu können, ist es ratsam, zu Beginn alle KI-Initiativen eines Unternehmens über die zentrale KI-Einheit zu steuern. Durch den EU AI Act wird dies für KI-Verantwortliche einfacher, da ein zentrales Repository und die Bewertung der KI-Anwendungsfälle im EU AI Act vorgesehen ist. Mit zunehmendem Reifegrad der KI-Organisation kann schrittweise mehr Eigenverantwortung in die Fachbereiche abgegeben werden. Jedoch ist es empfehlenswert, im Sinne einer RACI-Matrix, dass die KI-Einheit (oder respektive der verantwortliche KI-Beauftragte) frühzeitig informiert wird, sobald der Einsatz oder die Entwicklung eines neues KI-Systems geplant wird. Dies ist auch wichtig, um der Anforderung einer lückenlosen Inventarisierung eingesetzter KI-Systeme nachzukommen.

Praxisbeispiel: KI-Wissensbot auf Basis eines Retrieval-Augmented-Generation-Ansatzes (RAG)

Ein Unternehmen möchte einen KI-Wissensbot auf Basis eines RAG-Ansatzes entwickeln und einsetzen. Ziel des Wissensbots ist es, den Mitarbeitenden schnelle Antworten auf häufige Fragen in Bezug auf interne Konzernrichtlinien und Konzernstandards zu liefern, inklusive Quellenverweisen, wo die wiedergegebenen Informationen im Dokument zu finden sind. Die Verantwortlichkeit für den Wissensbot liegt innerhalb eines zentralen Fachbereichs, der zentrale Dienstleistungen für den Konzern erbringt und einen fachlichen Verantwortlichen für das System benennt, der als zentraler Ansprechpartner über den Lebenszyklus des Systems fungiert.

Verteidigungslinie	Rollen	Aufgaben im Lebenszyklus des KI-Wissensbots
First Line (operativ)	Fachlicher Owner	Definition des Anwendungszwecks, der Anforderungen und Ziele
	KI-Entwicklung als Teil der KI-Organisation	Entwicklung des Wissensbots Umsetzung technischer und fachlicher Maßnahmen
	IT-Betrieb	Dokumentation und Kontrolle auf ordnungsgemäße Funktionsweise des Wissensbots
Second Line (Governance, Kontrolle, Beratung)	Governance-Verantwortlicher und AI Governance Office	Umsetzung der regulatorischen Anforderungen des EU AI Act, Risikoklassifizierung und -bewertung, Beratung des Fachbereichs in Bezug auf die Anforderungen und Einhaltung der KI-Governance
	Datenschutzbeauftragter	Datenschutzrechtliche Prüfung
	Risikomanagement	Prüfung auf systemische Risiken und Mitigationsmaßnahmen
	Compliance-Abteilung	Überwachung der unternehmensweiten Regelkonformität und Sicherstellung der Einbettung in das interne Kontrollsystem (IKS)
	Betriebsrat	Prüfung der Auswirkungen auf die Mitarbeitenden
Third Line (unabhängige Prüfung)	Interne Revision	Prüfung auf die ordnungsgemäße Einhaltung der regulatorischen Pflichten und internen Regelungen und Richtlinien

Tab. 9.2 *Regulatorische Aufgaben und Lines of Defense*

First-Line-Funktionen

Gemäß den im vorherigen Abschnitt beschriebenen Schritten verantwortet der fachliche Owner den Einsatz, die Nutzenbewertung sowie die Fachkonformität der KI und dokumentiert die Risiken, die aus dem Einsatz der KI-Lösung entstehen können. Unterstützt wird er hierbei von der KI-Entwicklung, die das KI-System entwickelt, konfiguriert oder in Betrieb nimmt und einen technischen Owner bestimmt, der über den KI-Lebenszyklus im Tandem mit dem fachlichen Owner als zentraler Ansprechpartner für das KI-System verantwortlich ist. Um technische Sicherheitsstandards zu gewährleisten, implementiert die KI-Entwicklung (Data-Science-Team) technische Maßnahmen zur Einhaltung von Anforderungen aus den Bereichen Datenschutz, IT-Sicherheit und Fairness, um den Anforderungen der geltenden Regulatorik, insbesondere der DSGVO und dem EU AI Act, zu entsprechen. Zudem erstellt sie die technische Dokumentation.

Second-Line-Funktionen

Nach Abschluss aller relevanten Anforderungsbeschreibungen, des Business Case sowie der Bereitstellung relevanter Daten und Dokumente ist es insbesondere in Bezug auf die Inventarisierung des KI-Systems gemäß dem EU AI Act essenziell, dass der KI-Governance-Verantwortliche und der Head of AI frühzeitig über das Vorhaben informiert werden. Der KI-Governance-Verantwortliche nimmt anschließend auf Basis der bereitgestellten Dokumente sowie des Anwendungszwecks als Teil der Second Line eine erste Risikoklassifizierung gemäß dem EU AI Act vor. Das exemplarische Prüfschema (siehe Abb. 9.5) gibt einen Überblick, welche Aspekte bei der Prüfung berücksichtigt werden müssen. Wichtig ist in diesem Zusammenhang auch, dass First und Second Line klar definiert sind. Ein Head of AI, der seine Anwendungen selbst überwacht, ist in kleineren Unternehmen möglich. In größeren Unternehmen mit komplexerer Regulatorik sind hier Konzepte zur Trennung umzusetzen. Dies kann auch über Rollen erfolgen.

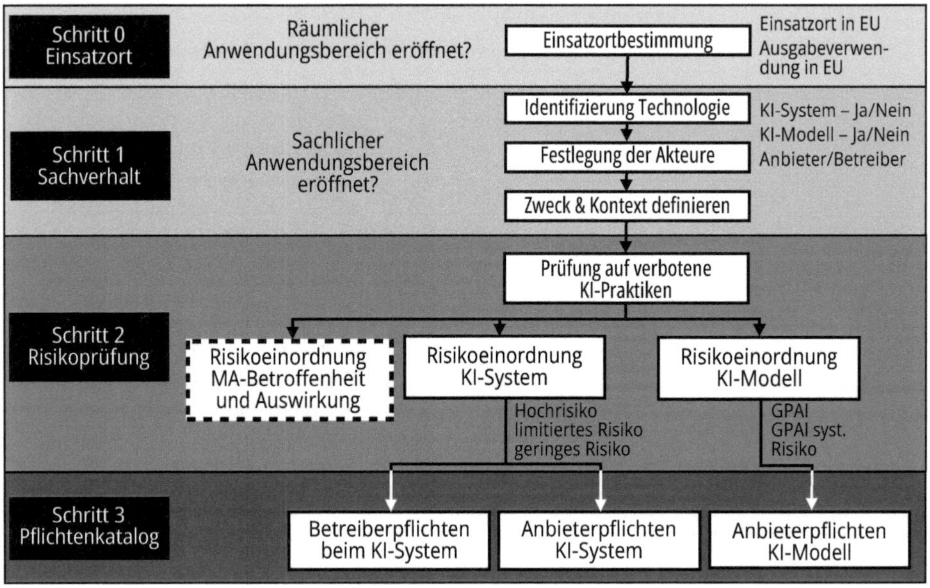

Abb. 9.5 *Exemplarisches Prüfschema nach dem EU AI Act*

Neben den Prüfkriterien des EU AI Act wird empfohlen, in Schritt 2 der Risikoprüfung eine Risikoeinordnung in Bezug auf die Betroffenheit der Mitarbeitenden und die Auswirkung des einzusetzenden KI-Systems vorzunehmen. Dies ist wichtig, um den Betriebsrat frühzeitig zu informieren, falls das KI-System dem Arbeitgeber eine Leistungs- und Verhaltenskontrolle von Mitarbeitenden ermöglicht.

Da es sich bei dem vorliegenden Beispiel des Wissensbots weder um eine verbotene Praktik noch um ein Hochrisikosystem handelt, unterliegt der KI-Wissensbot somit den allgemeinen niedrigschwelligen Anforderungen des EU AI Act.[4] Für

4. Mehr Details zum EU AI Act finden sich unter [EU 2025].

das Unternehmen folgt daraus, dass es insbesondere die allgemeinen Transparenz- und Sorgfaltsanforderungen erfüllen muss. Dies bedeutet z. B., dass dem Nutzer kenntlich gemacht werden muss, dass er bei der Nutzung des Systems mit einem KI-System interagiert.

Je nach prozessualer Ausgestaltung kann die datenschutzrechtliche Prüfung vor- oder nachgelagert erfolgen. Empfohlen wird jedoch, den Datenschutz möglichst früh einzubinden, um frühzeitig für Transparenz über das Vorhaben zu sorgen. Unternehmen verfügen im Allgemeinen bereits über bestehende Regeln, Richtlinien und Prozesse aus dem DSGVO-Umfeld, die den Umgang mit Datengruppen, insbesondere mit Daten, die Personenbezug aufweisen, regeln [DSGVO 2025]. Je nachdem, welche Dokumente dem Wissensbot zur Verfügung gestellt werden, könnte es zur Berührung mit personenbezogenen Daten kommen. Insbesondere der sensible Umgang mit etwaigen Mitarbeiterdaten (z. B. bei FAQ-Dokumenten oder Protokollen) muss berücksichtigt werden.

Ist die Verarbeitung von personenbezogenen Daten für die Durchführung des Anwendungsfalls notwendig, sind in diesem Fall die folgenden Schritte erforderlich:

- Prüfung durch den Datenschutzbeauftragten / die Datenschutzorganisation, ob personenbezogene Daten vom KI-System verwendet werden
- Gegebenenfalls Durchführung einer Datenschutz-Folgenabschätzung (DPIA) nach Art. 35 DSGVO
- Dokumentation der Maßnahmen zur Risikominimierung, etwa durch Anonymisierung

Ist die datenschutzrechtliche Prüfung unbedenklich und eine Freigabe wurde erteilt, ist es notwendig, dem Mitbestimmungsrecht des Betriebsrates Rechnung zu tragen. Hier empfiehlt es sich, frühzeitig gemäß § 90 Betriebsverfassungsgesetz den Betriebsrat zu informieren und alle Informationen bereitzustellen, die für die Beurteilung in Bezug auf das Risiko bzw. die Betroffenheit von Mitarbeitenden relevant sind.

Um mögliche systemische Risiken und deren Auswirkungen wirksam zu begegnen, ist es ratsam, diese zu benennen und ihre Eintrittswahrscheinlichkeit festzulegen. Dies ermöglicht eine zielgerichtete und effektive Ableitung von Risikomitigationsmaßnahmen. Wenn die jeweiligen Prüfschritte abgeschlossen sind und alle erforderlichen Dokumentationen erstellt wurden, kann der Wissensbot entwickelt werden.

Vor der Inbetriebnahme ist es empfehlenswert, eine formale Freigabe einzuholen. Der fachliche Verantwortliche stellt hierbei dem Governance-Verantwortlichen sowie dem Head of AI alle notwendigen Dokumente bereit, die final auf Vollständigkeit geprüft werden, bevor die Freigabe erteilt und das KI-System in Betrieb genommen werden kann.

Der Entwicklungs- und Produktivsetzungsprozess wird von der Compliance-Abteilung und der Integration in das interne Kontrollsystem begleitet. Zusammen mit dem KI-Governance-Verantwortlichen und dem Datenschutz werden zentrale

Kontrollpunkte definiert und die regelkonforme Umsetzung der Anforderungen überwacht. Hierbei muss das Ziel sein, einen schlanken Prozess zu entwickeln, der keine unverhältnismäßigen Aufwände verursacht, gleichzeitig jedoch dazu beiträgt, eine risikobewusste, transparente und rechtskonforme Entwicklung und Nutzung von KI-Systemen zu fördern.

Third-Line-Funktionen

Die dritte Verteidigungslinie bildet die interne Revision. Ihre Aufgabe ist es, als unabhängige Prüf- und Beurteilungsstelle die Sicherheits- und Governance-Maßnahmen für den KI-Wissensbot nachgelagert zur operativen Umsetzung auf Angemessenheit zu bewerten. Bezüglich der internen Revision ist die frühzeitige konzeptionelle Einbindung in die Governance-Struktur essenziell, um sicherzustellen, dass Prüfpfade, Verantwortlichkeiten und Dokumentationsanforderungen von Beginn an so ausgestaltet werden können, dass sie einer späteren revisionssicheren Prüfung standhalten.

9.2.6 Heimathafen für Data Scientists

In der Vergangenheit wurden Data Scientists häufig dezentral eingesetzt. Die Erfahrung zeigt, dass es hilfreich ist, den zentralen KI-Bereich als Heimathafen für gleichgesinnte Data Scientists zu etablieren. Hier kann Austausch gefördert, Entwicklung gesteuert und Gemeinschaft geschaffen werden. Dies ist ein integraler Bestandteil, da Einzelkämpfer meist nach wenigen Jahren das Unternehmen wieder verlassen. Auch die Standards der KI-Plattform und der Regulatorik können so verbreitet und pragmatisch weiterentwickelt werden.

9.3 KI-Organisation: vom Elfenbeinturm zum integrierten KI-Hub

Bei der Einordnung von KI im Unternehmen ist zu beachten, dass es sich bei KI um keine alleinige Domäne der IT oder der Fachbereiche handelt, sondern um einen interdisziplinären Ansatz, der eine enge Zusammenarbeit aller Beteiligten erfordert. In der Vergangenheit haben sich oftmals elfenbeintumartige KI-Labor-Ansätze etabliert. Hier wird häufig externe Data-Science-Expertise angeworben und in einem Labor gebündelt. Prinzipiell ist dieser Ansatz nicht falsch, jedoch wurden dabei in der Vergangenheit Grundprinzipien erfolgreicher KI-Projekte nicht beachtet. KI erfordert einerseits die direkte Interaktion zwischen Fachexperten, Datenexperten und KI-Experten, aber andererseits auch zentrale Integrationsmuster und tiefgreifende IT-Kenntnisse, um KI-Anwendungen wirklich produktiv zu setzen (siehe Abschnitt 9.2 »Aufgaben einer KI-Einheit«).

Die Herausforderung liegt meist nicht in der Entwicklung des KI-Modells, sondern einerseits in der Beschaffung relevanter Daten sowie andererseits in der Integration der Services in die historisch gewachsene IT-Landschaft. Um es bildhaft im

Sinne von Loriot zu sagen: Ein Klavier ist schnell an die Wohnungstür geliefert. Der Transport in die Wohnung und die notwendige Kommunikation zur Dokumentation der Ankunft benötigt Zeit und Aufwand – dieser wird meist unterschätzt. Integrationszeiten von KI-Services in produktive Architekturen von mehreren Monaten sind ohne Integrationspattern keine Seltenheit. Betrachtet man den Output historischer Data-Science-Bereiche, wurden aus Data-Science-Sicht zum Teil komplexe und interessante Anwendungen umgesetzt, bei der Skalierung sowie Schaffung von Nutzen gab es jedoch häufig Nachholbedarf.

Wie lässt sich dieses Problem lösen? Ein zentraler Ansatzpunkt ist das aus Datenarchitekturen bekannte *Hub-and-Spoke-Prinzip*, bei dem analog zur Luftfahrt dezentrale Zubringer (Spokes) mit einem zentralen Hub verbunden sind. Innerhalb der Datenarchitekturen hat sich dieser Ansatz beginnend beim Data Warehouse mit Data Marts etabliert und hat auch in heutigen Lakehouse-Architekturen oder modernen Modellierungsansätzen wie beispielsweise Data Vault seine Berechtigung.

Organisatorisch bedeutet dies konkret, dass ein zentraler (Daten- und) KI-Bereich geschaffen werden sollte, der als Wissensträger, Plattformprovider für KI-Plattformen, als First-Line-Kontrollinstanz sowie als Entwickler von KI-Anwendungen fungiert. Gleichzeitig ist es erforderlich, im Fachbereich organisatorische Counterparts als Spokes zu etablieren (siehe Abb. 9.6). Je nach Reifegrad der Organisation kann dies von fest zugeordneten Fachbereichskollegen, die mit dem Kern-KI-Bereich Anwendungen als Projekt entwickeln, bis hin zu eigenen fachspezifischen KI-Einheiten reichen.

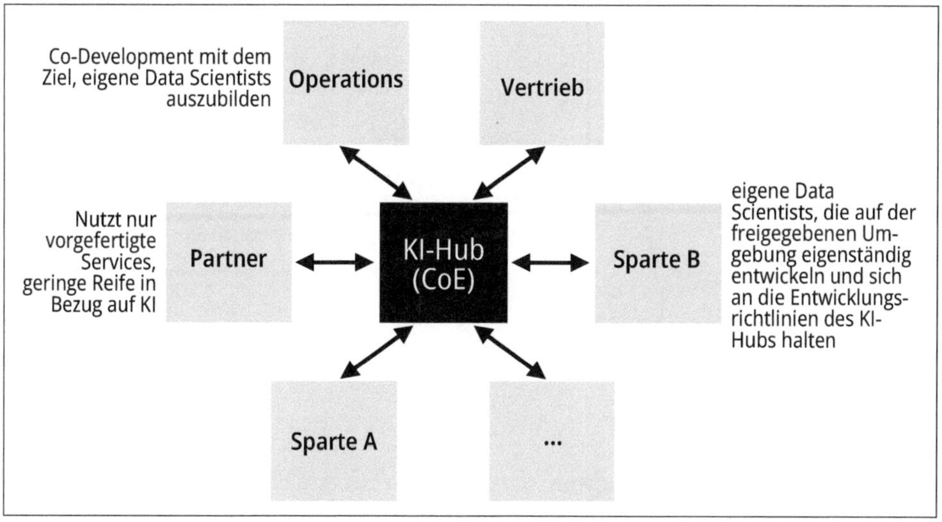

Abb. 9.6 *Aufgaben eines KI-Hubs und der Spokes im KI-Umfeld*

Ein *KI-Hub* vereint technische und KI-fachliche Expertise in einem übergreifenden Zentralbereich. Entscheidend ist hier, dass der KI-Bereich nicht Teil der IT, sondern beim CEO, COO, CDataO, CDigitalO oder CFO als Teil der Fachwelt angesiedelt ist.

Diese Einordnung außerhalb der IT, verbunden mit der interdisziplinären Verbindung zu den Spokes, ermöglicht es, KI-Anwendungsfälle gemeinsam mit dem Fachbereich zu entwickeln. Dies ist zielführend, weil tiefes Prozess-, Daten- und Domänenwissen erforderlich ist, um nutzenstiftende Anwendungsfälle in Produktion zu bringen.

Fallbeispiel: Elfenbeinturm vs. integrierter Ansatz

Ein zentraler Bereich entwickelt vom Fachbereich isoliert eine Lösung zur Extraktion von Schlüssel-Wert-Paaren aus Dokumenten für Sachbearbeiter. Bei der Entwicklung greifen sie auf wenige zufällig von einem Fachbereichskontakt bereitgestellte Dokumente zurück. Fragen über Häufigkeit, Wichtigkeit oder Rangfolge von zu extrahierenden Schlüssel-Wert-Paaren werden nicht gestellt. Auch ein Austausch mit anderen Stakeholdern findet nicht statt. Nach einer kurzen Entwicklung entsteht ein Produkt, das auf den vorgegebenen Dokumenten die Inhalte sehr gut ausliest. Da es sich aber nur um Dokumente mit geringem Volumen handelt, ist die Akzeptanz im Fachbereich gering.

Demgegenüber steht der Ansatz, die Dokumente des Sachbearbeiters als Anlass zu nehmen, mit weiteren Kollegen in eine erste Ideation-Phase zu gehen. Hier wird hinterfragt, welche Volumina und Dokumententypen vorkommen und welche Schlüsselwerte von Relevanz sind. Im Gespräch erklärt der KI-Hub den Fachkollegen z. B., dass es nicht sinnvoll ist, alle Felder auszulesen, da mit zunehmender Anzahl und den daraus resultierenden prozentuellen Fehlern eine automatische Verarbeitung ohne menschlichen Eingriff statistisch nahezu unmöglich wird. Die Fachbereiche weisen in einem Nebensatz des Workshops darauf hin, dass es neben den Dokumenten noch eine regelbasierte Datenbank und Richtlinien gibt, die zur Unterstützung herangezogen werden können. In mehreren Gesprächen wird so Vertrauen aufgebaut und gegenseitig Wissen ausgetauscht. So kann am Ende eine Lösung geschaffen werden, die einen Mehrwert erzeugt und vom Fachbereich akzeptiert wird, da Erklärbarkeit von KI Teil des Prozesses ist.

Ein solches Vorgehen ist in Abbildung 9.7 dargestellt.

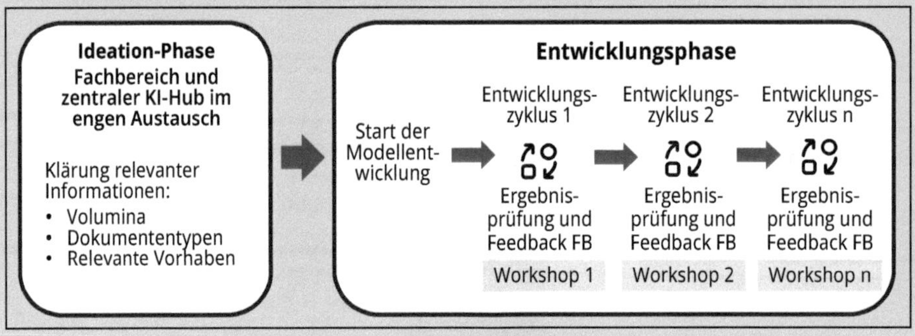

Abb. 9.7 *Exemplarischer iterativer Entwicklungsprozess*

9.4 Erfolgsfaktoren

Wie in den vorherigen Abschnitten dargestellt, ist für den erfolgreichen Einsatz und den erfolgreichen Aufbau einer KI-Einheit zielführend, den Nutzen im Fokus zu behalten, pragmatisch vorzugehen, Regulatorik frühzeitig zu integrieren und interdisziplinär zu arbeiten. Dabei gibt es einige Kernfaktoren, die im Folgenden einzeln näher erläutert werden:

- Nutzen in den Fokus stellen
- Pragmatisch vorgehen
- Regulatorisch integriert
- Interdisziplinäre Zusammenarbeit

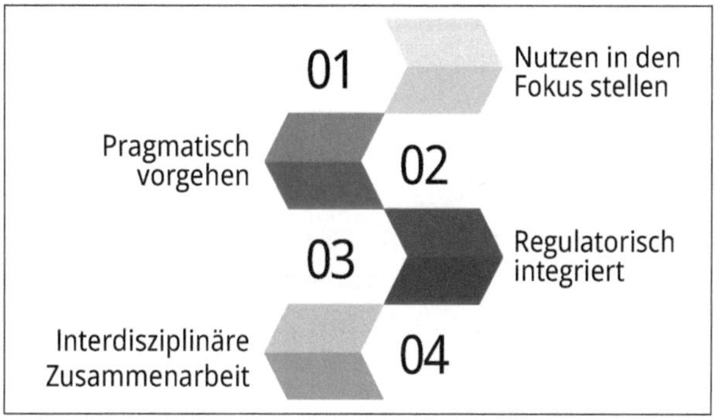

Abb. 9.8 *Erfolgsfaktoren*

Nutzen in den Fokus stellen

Anwendungsfälle im Allgemeinen und KI-Anwendungsfälle im Speziellen sollten nie zum Selbstzweck, zur Schaffung nicht notwendiger technischer Exzellenz oder aus reinem Spieltrieb erfolgen. Stattdessen ist eine klare Einordnung mit Nutzenmetriken durchzuführen. Ob es quantitative Größen wie eingesparte Zeit, zusätzlicher Ertrag oder qualitative Faktoren wie Zufriedenheit der Kunden sind, ist prinzipiell sekundär. Wichtig ist, sich vor der Umsetzung mit dem Nutzen auseinanderzusetzen und diesen auch aktiv mit dem Management zu diskutieren.

Pragmatisches Vorgehen

Direkte Kommunikation stellt einen häufig unterschätzten Erfolgsfaktor dar. Frei nach dem Motto »Gehen wir zum Äußersten und reden miteinander« lässt sich Austausch und Interdisziplinarität fördern. Pragmatisches Vorgehen beinhaltet aber auch den Willen, Lösungen zu finden und dabei die notwendige Regulatorik mit abzubilden, ohne in zu große Sicherheitsvorkehrungen zu verfallen. Wichtig ist, dass klar ist, wer welche Verantwortung trägt.

Regulatorisch integriert

Gerade in größeren Konzernen ist Regulatorik ein kritisches Thema. Anstatt das Thema bis zum Go-live zu ignorieren, hat sich gezeigt, dass ein frühes Einbinden der regulatorischen Einheiten nicht nur als kritischer Erfolgsfaktor gesehen werden kann, sondern dass das Einbeziehen der Regulatorik-Einheiten Vertrauen aufbaut, was langfristig zu schnellerer Umsetzung, zufriedeneren Kunden und letztlich auch zu mehr rechtsicheren Anwendungen führt.

Interdisziplinäre Zusammenarbeit

In einem Thema wie KI, das Technologie, Fachlichkeit, Statistik und Prozessintegration erfordert, ist die interdisziplinäre Aufstellung der KI-Teams essenziell. Wissen über Daten, Fachwissen und Rechtswissen aus dem täglichen Geschäft werden mit hoch spezifischer KI-Expertise zu erfolgreichen Anwendungsfällen kombiniert. Jeder Kompetenzbereich deckt nur einen Teil der Anforderungen ab. Im interdisziplinären Team kommen diese Fähigkeiten zusammen.

9.5 Zusammenfassung

In diesem Kapitel wurde kurz in das Thema KI eingeführt und die Aufgaben einer KI-Einheit vorgestellt. Darauf aufbauend wurden Organisationsformen zur Einführung einer KI-Einheit vorgestellt und mit Praxisbeispielen eingeordnet. Zuletzt wurden einfache, aber wichtige Erfolgsfaktoren beschrieben, die für eine erfolgreiche KI essenziell sind. Wir hoffen, dass wir mit dem Kapitel Datenverantwortlichen oder C-Level-Kräften dabei helfen können, KI-Organisationen erfolgreich im Unternehmen zu etablieren.

10 Wertschöpfung mit KI: vom Quick Win zum Geschäftsmodell

Jürgen Seitz · Janina Gabrian

Künstliche Intelligenz eröffnet Unternehmen heute eine Fülle von Möglichkeiten, ihre Wertschöpfung neu zu gestalten und sich im Wettbewerb zu differenzieren. Sie ermöglicht nicht nur Effizienzgewinne, sondern auch die Entwicklung neuer Produkte und Services sowie die Entstehung von Innovationschancen. Dieses Kapitel zeigt, wie Unternehmen dieses Potenzial systematisch erschließen können. Ein besonderes Augenmerk liegt auf generativer KI, die mit geringen Einstiegshürden schnelle Erfolge ermöglicht und somit den Weg für eine breite Nutzung ebnet. Nachhaltig wirksam wird dieser Ansatz durch klare Governance-Regeln, sichere Lizenzmodelle und gezieltes Upskilling der Mitarbeitenden. Es wird gezeigt, wie Unternehmen erste Anwendungen identifizieren und weiterentwickeln können. Zudem werden Effizienzprojekte und innovationsgetriebene Neuproduktentwicklungen als komplementäre Säulen eines erfolgreichen KI-Portfolios präsentiert. Das vorgestellte Phasenmodell bietet einen Orientierungsrahmen von schnellen »Quick Wins« zur strategischen Neuausrichtung mit KI.

10.1 Einleitung: Warum KI-Wertschöpfung jetzt auf die Agenda gehört

Wenn es um Wertschöpfung mit künstlicher Intelligenz geht, stehen häufig zwei Fragen im Raum:

- Lässt sich damit menschliche Arbeit ersetzen?
- Welche Aufgaben können wir automatisieren?

Wer KI jedoch ausschließlich als Instrument zur Kostensenkung betrachtet, verkennt ihr transformatives Potenzial: Sie eröffnet vielfältige Möglichkeiten der Wertschöpfung – und oft überraschend einfache Wege, diese Potenziale zu heben. Der wirtschaftliche Mehrwert von KI entsteht längst nicht mehr nur durch Automatisierung. Vielmehr liegt er zunehmend in intelligenteren Entscheidungen, innovativen Produkten und der strategischen Differenzierung im Markt. Ziel dieses Kapitels ist es, auf Basis dieses erweiterten Verständnisses konkrete Handlungsansätze aufzuzeigen. Vorgestellt werden fünf Entwicklungsstufen, mit denen Unternehmen den Einsatz von KI systematisch gestalten können – von schnellen Self-Service-Lösungen bis hin zur strategischen Neuausrichtung des Geschäftsmodells.

10.1.1 Direkte Wertschöpfung durch KI: die drei zentralen Hebel

Betrachtet man die wirtschaftliche Bedeutung von KI aus wissenschaftlicher Sicht, lassen sich drei zentrale Potenziale identifizieren. Grundlage hierfür ist das *Wertschöpfungsmodell* von Seitz und Burosch [Seitz & Burosch 2018]:

- **Umsatzsteigerung**
  KI kann dazu beitragen, das Produkt- und Dienstleistungsangebot zu diversifizieren und zu verbessern, was direkt zu einer Umsatzsteigerung im Kerngeschäft führt. Darüber hinaus ermöglicht sie die Erschließung neuer Märkte und die Generierung zusätzlicher Einkommensströme. Auch ein Wachstum im Vergleich zur Peer Group kann direkt zu höheren Umsätzen und Marktanteilen führen.
- **Kostensenkung**
  Automatisierung und Optimierung durch KI können Unternehmen helfen, operative Kosten zu reduzieren. Die Reduzierung von Verschwendung, die Verbesserung der betrieblichen Effizienz und die Minimierung menschlicher Fehler führen zu einer deutlichen Senkung der Betriebskosten, was sich direkt auf die Profitabilität auswirkt.
- **Unternehmenswertsteigerung**
  Der Einsatz von KI kann langfristig den Marktwert eines Unternehmens erhöhen, weil Investoren und Stakeholder es als zukunftssicherer bewerten. Der Einsatz von KI trägt dazu bei, potenzielle Kunden sowie Talente anzusprechen und somit das Vertrauen in die strategische Ausrichtung zu stärken.

Diese drei Aspekte werden als die direkten, monetären Wertschöpfungspotenziale von KI-Anwendungen betrachtet.

> **Kurz gesagt**
>
> Viele denken bei Wertschöpfung durch KI zunächst nur an Kosteneinsparungen! Das ist ein häufiger Fehler.

10.1.2 Indirekte Wertschöpfung durch KI: qualitative Effekte nutzen

Neben der direkten Wertschöpfung spielen auch indirekte Wertschöpfungspotenziale eine wesentliche Rolle. Sie beschreiben Ziele, die über die drei klassischen Erfolgsgrößen hinausgehen und mittelbar zur Wertschöpfung beitragen [Seitz et al. 2022].

Ähnlich wie bei der Anschaffung unverzichtbarer Arbeitsmittel wie Laptops sollten Unternehmen auch für KI pauschale Budgets bereitstellen. Denn viele ihrer Vorteile, insbesondere qualitative Mehrwerte – etwa bessere Entscheidungsfindung –, lassen sich in klassischen Business Cases oft nicht adäquat quantifizieren.

Weitere Beispiele mit großer Wirkung sind die Optimierung des Wissens- und Datenmanagements, die Steigerung der Produktivität, die Kompetenzentwicklung und die Erhöhung der Mitarbeiterzufriedenheit sowie der Erhalt der Wettbewerbsfähigkeit.

Wer KI nur nach kurzfristigen Business Cases bewertet, kann auf lange Sicht wichtige Wettbewerbsvorteile verspielen.

10.1.3 Generative KI als Beschleuniger: schnelle Erfolge ohne Großprojekte

Generative KI-Modelle haben den Weg zur Wertschöpfung dramatisch verkürzt: Wo klassische KI-Projekte früher mit monatelanger Datenaufbereitung und sechsstelligen Budgets starteten, reichen heute Enterprise-GPT-Lizenzen und elementares Prompt-Know-how, um innerhalb weniger Tage erste Produktivitätssprünge zu erzielen. Viele generative Modelle benötigen keinen spezifischen Input mehr und können direkt verwendet werden. Die Time-to-Value bei KI-Projekten hat sich durch generative Modelle signifikant verkürzt [Chui et al. 2023; Google Cloud 2024; Dutt et al. 2024].

Dieser Paradigmenwechsel ermöglicht schnelle Erfolge – sogenannte Quick Wins –, die Unternehmen ohne lange Entwicklungszeiten erreichen können. Viele Unternehmen hängen jedoch noch in der alten Denkweise fest, in der KI-Projekte als große, langwierige Vorhaben galten.

Die nächsten Abschnitte zeigen, wie generative KI als Beschleuniger wirkt – von ersten Produktivitätssteigerungen bis hin zu komplexen, strukturierten Projekten und neuen Geschäftsmodellen.

Kurz gesagt

Generative KI ermöglicht schnelle erste Erfolge und eröffnet stufenweise den Weg zu komplexeren Projekten und Geschäftsmodellen.

10.2 Rahmen schaffen: Governance und Kompetenzen für breite KI-Nutzung

Erst ein sicherer Rahmen und gezieltes Upskilling machen Quick Wins mit generativer KI nachhaltig nutzbar – und legen den Grundstein für die Demokratisierung von KI im Unternehmen. Klare Leitlinien schaffen Vertrauen und verhindern Risiken, während Kompetenzen im Umgang mit KI sicherstellen, dass Potenziale im Alltag auch tatsächlich ausgeschöpft werden.

10.2.1 KI-Policy und Lizenzen: Klare Regeln schaffen Freiräume

Viele Unternehmen behindern den schnellen Adaptionsprozess von generativer KI durch übermäßige Restriktionen. Statt die Nutzung generativer KI einzuschränken oder gar zu verbieten, sollten Unternehmen zwei zentrale Rahmenbedingungen schaffen:

- Klare Richtlinien für Datenschutz, Compliance und Qualitätsstandards
- Bereitstellung geeigneter Lizenzen

Ein produktiver und rechtssicherer KI-Einsatz erfordert klare, unternehmensweite Richtlinien zu Datenschutz, Compliance und Qualitätsstandards. Sie definieren, welche Daten verwendet, welche Anwendungen freigegeben und wie Risiken bewertet werden. Besonders wirksam sind Richtlinien, die nicht nur Kontrolle ausüben, sondern Handlungssicherheit schaffen. Die wirkungsvollste Regel lautet dabei: Alles darf eingegeben werden. So fühlen sich Mitarbeitende ermächtigt statt eingeschränkt, während das Unternehmen durch die richtige Auswahl und Konfiguration der Tools die Kontrolle behält und Risiken aktiv steuert [Bilfinger et al. 2024; Bitkom 2025a].

Ergänzend erfolgt die Bereitstellung sicherer Enterprise-Lizenzen zentral. Solche Lösungen bieten nicht nur technische Vorteile wie Datenisolierung und vertraglich abgesicherte Nichtweitergabe von Inputs, sondern auch betriebswirtschaftliche: Zentrale Verträge sind günstiger, einfacher zu verwalten und erlauben eine präzise Kostenkontrolle [Dutt et al. 2024].

So lässt sich die gefürchtete *Dark AI* vermeiden – jener Schattenmarkt, in dem Mitarbeitende aus Effizienzgründen auf ungesicherte, kostenlose Tools zurückgreifen. In solchen Fällen entstehen nicht nur intransparente Prozesse, sondern auch Sicherheitslücken, die dem Unternehmen teuer zu stehen kommen können [Bitkom 2024].

10.2.2 Upskilling: vom Ausprobieren zur Anwendungskompetenz

Eine häufige Ursache für Enttäuschungen beim Einsatz von KI-Tools liegt nicht in der Technologie selbst, sondern in deren unsachgemäßer Anwendung. Typisch ist der Fall, in dem Mitarbeitende vage Prompts in ein KI-System wie ChatGPT eingeben und das Ergebnis als unbrauchbar einstufen. Die eigentliche Schwachstelle liegt hier in der mangelnden Interaktionskompetenz: Wie bei jeder professionellen Software bestimmt auch bei KI die Qualität der Eingabe maßgeblich die Qualität der Ausgabe. Da die meisten generativen KI-Tools nicht mehr auf dem Training eigener Modelle, sondern auf der intelligenten Nutzung vorhandener Systeme basieren, wird die Fähigkeit zur präzisen, kontextbewussten Interaktion mit diesen Systemen zur Schlüsselkompetenz [Rampelt et al. 2025].

Gezieltes Upskilling ist daher unerlässlich und muss zwei Dimensionen abdecken:

- *Prompt Engineering* – die Fähigkeit, klare, kontextbezogene Anweisungen mit konkretem Ziel und gewünschtem Stil zu formulieren
- *Modellkompetenz* – das Verständnis für die unterschiedlichen Spezialisierungen von KI-Modellen

Manche Modelle sind auf allgemeine Textgenerierung ausgelegt, andere auf datenbasierte Analysen und komplexe Argumentationsketten (Reasoning), tiefgehende Recherchen (Deep Research) oder die Erstellung von Bild-, Audio- und Videoinhalten. Ein einfaches Modell kann z. B. einen Marketingtext erstellen, während für eine fundierte Marktanalyse ein auf wissenschaftlicher Forschung basierendes Modell deutlich bessere Ergebnisse liefert – vorausgesetzt, der Unterschied ist bekannt und wird gezielt eingesetzt.

Regulatorische Anforderungen

Die KI-Verordnung der EU verpflichtet Unternehmen seit 2025 dazu, Mitarbeitende zu schulen, die mit bestimmten – insbesondere hochriskanten – KI-Systemen arbeiten oder diese betreuen (EU AI Act, Art. 4 [EU AI Act 2025]).

Dieser Ansatz transformiert KI von einer geheimnisumwitterten Zukunftstechnologie in ein alltägliches Produktivitätstool. Die eigentliche Kunst liegt nicht in der Technologieimplementierung, sondern in der Schaffung eines Rahmens, der Mitarbeitenden sichere Experimente erlaubt – begleitet von gezieltem Wissenstransfer. Unternehmen, die diesen Weg beschreiten, generieren nicht nur schnelle Effizienzgewinne, sondern bauen gleichzeitig die Kompetenzbasis für anspruchsvollere KI-Projekte in der Zukunft auf.

Kurz gesagt

Unternehmen realisieren sofort KI-Wertschöpfung, indem sie:

- klare Richtlinien und Lizenzen etablieren, um Sicherheit und Transparenz zu gewährleisten,
- KI-Upskilling betreiben und Mitarbeitenden beibringen, die passenden Modelle für ihre Aufgaben richtig zu nutzen.

10.3 Use-Case-Ideation und Portfolioaufbau: von der Idee zur Umsetzung

Damit KI in Unternehmen gezielt Wirkung entfalten kann, braucht es Orte und Formate, in denen erste Ideen entstehen und zu konkreten Anwendungsfällen (Use Cases) heranreifen können. Der Fokus verschiebt sich dabei vom breiten Zugang hin zu spezifischeren, kontextbezogenen Anwendungen.

Das größte Potenzial für den praktischen KI-Einsatz liegt oft dort, wo Mitarbeitende konkrete Herausforderungen benennen – vorausgesetzt, sie werden gezielt in den Ideationsprozess einbezogen. Ein strukturierter Prozess übersetzt diese Erfahrungen in greifbare Projekte und verbindet damit strategische Ziele mit operativer Umsetzung.

Somit wird die Ideation zum Ausgangspunkt eines kontinuierlichen Lern- und Umsetzungsprozesses, der Innovation fördert und zugleich Orientierung bietet.

10.3.1 Workshops: Katalysatoren für Awareness und Ideensammlung

Die Einführung von KI in Unternehmen scheitert häufig nicht an der Technologie, sondern daran, dass Mitarbeitende sich wenig Konkretes darunter vorstellen können. Gerade Personen ohne Vorerfahrung fällt es schwer, sinnvolle Anwendungsfälle zu identifizieren oder sich überhaupt vorzustellen, wie KI ihren Arbeitsalltag verbessern könnte. Hier setzen Workshops an: Sie bieten einen niedrigschwelligen, praxisnahen Einstieg und ermöglichen es, das Potenzial von KI erfahrbar zu machen.

Workshops dienen zunächst dazu, Awareness zu schaffen und Neugier zu wecken. Sie können themenoffen gestaltet werden und sich an Mitarbeitende aus unterschiedlichen Fachbereichen und Hierarchieebenen richten. Ziel ist es, Hemmschwellen abzubauen und einen Raum zu schaffen, in dem Mitarbeitende eigene Pain Points einbringen können. Gerade diese Praxisnähe ist essenziell, da sich die besten Anwendungsfälle oft direkt aus dem Arbeitsalltag der Teilnehmenden ergeben [Plattform Lernende Systeme 2019; Brakemeier et al. 2023].

Auf der weiteren KI-Reise von Unternehmen können solche Workshops eine Plattform zum Austausch erfolgreicher Anwendungsfälle bieten.

10.3.2 Use-Case-Identifikation: Pain Points als Schlüssel zum Erfolg

Einer der wichtigsten Erfolgsfaktoren für KI in Unternehmen ist die Identifikation geeigneter Anwendungsfälle. Oft neigen Menschen dazu, KI für Probleme einsetzen zu wollen, die sie selbst nie lösen konnten. Dabei stellt sich heraus, dass KI hier ebenfalls an ihre Grenzen kommt, was zu Frustration und Aufgabe führt. Stattdessen sollte der Fokus auf Anwendungsfällen liegen, die bereits nachweislich gut funktionieren.

Die Identifikation von Anwendungsfällen erfolgt idealerweise in Workshops mit den Mitarbeitenden, da diese oft selbst wertvolle Ideen für realistische und umsetzbare Verbesserungen im Arbeitsalltag einbringen [Grebe et al. 2023; Brakemeier et al. 2023].

Faustregel für die Auswahl von Anwendungsfällen

Eine Faustregel für die Auswahl von passenden KI-Anwendungsfällen lautet: »Solve easy, proven problems first.«

Bewährte Anwendungsfälle sind beispielsweise:

- Automatisiertes Verfassen von E-Mails
- Optimierung des Wissensmanagements
- Erstellung von Vertriebsberichten
- Sprachbasierte Protokollerstellung für Übergaben

10.3.3 Schulungen: gezielte Skills für erfolgreiche Anwendungsfälle

Im Anschluss an die Identifikation ist entscheidend, ob die identifizierten Anwendungsfälle in der Praxis tatsächlich Wirkung entfalten. Gezieltes Upskilling zu den identifizierten KI-Anwendungsfällen hilft, deren Potenziale zu heben.

Zudem endet der Lerneffekt nicht mit einer einzelnen Schulung – vielmehr beginnt hier ein kontinuierlicher Kreislauf: Erkenntnisse aus den Schulungen fließen direkt in die nächste Workshop-Runde ein. Neue Funktionen, Best Practices und Fallbeispiele werden regelmäßig aktualisiert und vertieft. Dieser iterative Prozess hält das Wissen aktuell, erhöht die Erfolgsquote bestehender Anwendungen und öffnet den Blick für neue Potenziale [Rampelt et al. 2025].

10.3.4 Portfolio: Sichtbarkeit macht Synergien möglich

Trotz des bisher beschriebenen bottom-up-orientierten Vorgehens ist ein zentrales Anwendungsfallportfolio für Unternehmen unerlässlich. Es schafft Transparenz, verhindert Silos und dient als Governance-Instrument – etwa zur Überprüfung der Konformität mit der KI-Verordnung und zur Identifikation ethischer Risiken. Erfolgreiche Anwendungsfälle sollten dem gesamten Unternehmen zugänglich gemacht werden, um Skalierung und Wissenstransfer zu ermöglichen und Synergien auszuschöpfen.

Eine praktikable Lösung ist die Einrichtung einer zentralen Stelle, die für die systematische Erfassung und Bewertung von KI-Implementierungen zuständig ist. So bleibt der Überblick gewahrt und Unternehmen können flexibel auf neue Anforderungen reagieren [Brakemeier et al. 2023].

Kurz gesagt

Erfolgreiche KI-Implementierung beginnt nicht bei der Technologie, sondern bei den Menschen: Workshops schaffen Awareness, die richtige Identifikation von Anwendungsfällen sorgt für erste Erfolge, gezieltes Upskilling macht sie nutzbar – und ein zentrales Portfolio sichert das Wissen für die Zukunft.

10.4 KI-Enabling: eigene Daten und Prozesse für tiefe Wertschöpfung

Nachdem erste Erfolge durch den individuellen Einsatz von KI-Tools erzielt wurden, besteht der nächste Schritt darin, die Wertschöpfungspotenziale unternehmensspezifisch weiterzuentwickeln – auf Basis eigener Daten und Prozesse [Goehring & Marshall 2020]. Dies kann auch als Pilotphase verstanden werden, um erste Proofs of Concept (PoC) oder Minimum Viable Products (MVP) für weiterführende KI-Projekte zu entwickeln.

Im Zentrum steht die systematische Analyse: Welche Daten sind im Unternehmen vorhanden? Welche davon eignen sich für den Einsatz von KI und können einen echten Mehrwert schaffen? Dazu sind keine tiefgreifenden Data-Science-Kenntnisse erforderlich – es reicht, sich einen Überblick über die vorhandenen Daten und ihre Struktur zu verschaffen. Häufig können diese Daten direkt genutzt oder als Basis für KI-gestützte Anwendungen weiterentwickelt werden.

10.4.1 Prompt-Datenbanken: Eingabevorlagen zentral verfügbar machen

Ein effektiver Einstieg in den strategischen Einsatz generativer KI ist der Aufbau von *Prompt-Datenbanken*. Mithilfe einfacher Text-Shortcut-Tools oder zentraler Plattformen können häufig genutzte Prompts gesammelt, thematisch sortiert und unternehmensweit bereitgestellt werden. Wiederkehrende Aufgaben können so effizienter bearbeitet werden, ohne dass Mitarbeitende jedes Mal aufs Neue Anweisungen formulieren müssen – und das ganz ohne komplexe IT-Infrastruktur oder aufwendige Scripting-Lösungen.

Der Nutzen zeigt sich in vielen Anwendungsbereichen des Arbeitsalltags: In der Kundenkommunikation können beispielsweise Prompts für eine bestimmte Tonalität – etwa freundlich, empathisch oder lösungsorientiert – abrufbereit hinterlegt werden. Im Marketing lassen sich Prompts für verschiedene Zielgruppen oder Kanäle (z. B. Social Media, Newsletter, Website) standardisieren, um eine konsistente Sprache und Markenidentität sicherzustellen. Auch für interne Zwecke, etwa zur schnellen Erstellung professioneller E-Mail-Antworten oder zur Gliederung komplexer Texte, bieten solche Datenbanken eine verlässliche Grundlage. Prompt-Datenbanken schaffen so nicht nur Effizienz, sondern auch Qualitätssicherung [Liu et al. 2023; German 2024].

10.4.2 KI-Assistenten: Spezialisten für wiederkehrende Aufgaben

KI-Assistenten bieten zwei weitere wirkungsvolle Ansätze, um die KI-Nutzung im Unternehmen gezielt zu optimieren:

- Spezialisierte KI-Assistenten
- KI-gestützte Teamnutzung und Zusammenarbeit

Aus allgemeinen LLM-basierten Chatbots entstehen durch Spezialisierung leistungsfähige KI-Assistenten für spezifische Aufgaben, Branchen oder Nutzergruppen. Mit Plattformen wie ChatGPT oder POE können sogenannte Custom bzw. Spezial-GPTs entwickelt werden, die auf unternehmensspezifischen Inhalten und Dokumenten basieren – etwa durch hochgeladene Dokumente. Bei Custom GPTs übernehmen sogenannte *System Prompts* die Rolle einer dauerhaften Grundeinstellung: Sie definieren Tonalität, Rollenverständnis und Verhaltensregeln des Assistenten und sorgen so für konsistente Antworten, unabhängig davon, wer den Assistenten nutzt [Verma et al. 2023; Bitkom 2025a, OpenAI].

Über Teamlizenzen oder gemeinsame Arbeitsumgebungen können mehrere Mitarbeitende mit denselben KI-Assistenten arbeiten. Dies fördert eine einheitliche Wissensbasis, vereinfacht projektübergreifende Zusammenarbeit und ermöglicht es, einmal entwickelte Custom GPTs gemeinsam weiterzuentwickeln oder in neue Kontexte zu übertragen.

10.4.3 RAG-Systeme: interne Wissensquellen intelligent nutzen

RAG-Systeme (Retrieval-Augmented Generation) gehören aktuell zu den vielversprechendsten Ansätzen für die unternehmensweite KI-Wertschöpfung. Sie kombinieren generative KI mit dem Zugriff auf unternehmensinterne Wissensquellen – wie Datenbanken, Handbücher oder Dokumentationen – und ermöglichen so kontextrelevante, präzise Antworten auf individuelle Anfragen. Die KI »halluziniert« seltener, da sie auf verlässliche, eigene Informationen zurückgreift [Honroth et al. 2024; NVIDIA].

Die Entwicklung solcher Systeme ist ein zentraler Investitionsschwerpunkt in der KI-Branche. Zwar erfordert ihre Implementierung technisches Grundverständnis, doch stehen inzwischen auch No-Code- und Low-Code-Lösungen zur Verfügung, die eine einfachere Integration ermöglichen – etwa über visuelle Schnittstellen und modulare Datenanbindungen.

Praxisbeispiel: RAG-basierter Chatbot

Schauen wir uns das an einem Praxisbeispiel an: Ein Maschinenbauunternehmen nutzt RAG-basierte Chatbots, um technische Dokumentationen nutzbar zu machen. Statt lange PDF-Handbücher zu durchsuchen, können Ingenieure weltweit direkt Fragen stellen wie: »Worin unterscheidet sich diese Maschine von der Standardkonfiguration?« Die KI greift auf die passende Dokumentation zu und liefert sofort eine präzise Antwort.

10.4.4 KI-Agenten: vom Tool zur autonomen Aufgabenlösung

Für fortgeschrittene Nutzer stellen *KI-Agenten* den nächsten Entwicklungsschritt dar: Sie automatisieren nicht nur einzelne Aufgaben, sondern ganze Prozesse, indem sie eigenständig mit Software, Schnittstellen oder Webanwendungen interagieren. So können etwa Daten automatisch in ein CRM-System eingetragen, E-Mails verarbeitet oder Workflows ausgelöst werden, sobald definierte Bedingungen erfüllt sind [Park et al. 2023; Raskovich et al. 2024].

Zwar befindet sich der Einsatz autonom agierender KI-Agenten derzeit noch in der Experimentierphase, doch das Potenzial für Effizienzgewinne ist enorm. Erste praxistaugliche Umsetzungen sind bereits ohne Programmierkenntnisse möglich – etwa über No-Code-Tools wie Zapier oder Make.com. Diese ermöglichen es, einfache Automatisierungen zu erstellen. Unternehmen, die frühzeitig mit Pilotprojekten experimentieren, können hier bereits messbare Wertschöpfung realisieren – bei gleichzeitig geringem Implementierungsaufwand.

Kurz gesagt

KI-Enabling ermöglicht es Unternehmen, die tiefere Wertschöpfungspotenziale von KI zu nutzen, indem sie eigene Daten und Prozesse in den KI-Einsatz einbeziehen. Das Besondere: Vieles davon funktioniert, ohne dass IT-Spezialisten involviert werden müssen.

10.5 Formalisierte KI-Projekte: Effizienz und Innovation systematisch umsetzen

Formalisierte KI-Projekte markieren den Übergang von explorativen Anwendungen und Pilotierung hin zur strategisch gelenkten Innovation mit klar definierten Zielen, Zeitrahmen und Verantwortlichkeiten. Ihr Fokus liegt darauf, die strategischen Ziele des Unternehmens zu unterstützen und einen nachhaltigen Wettbewerbsvorteil zu schaffen. Dies erfordert eine strukturierte Herangehensweise mit dediziertem Budget, Projektteams, definierten Erfolgskriterien und einer verbindlichen Governance.

Im KI-Portfolio lassen sich zwei zentrale Kategorien unterscheiden [Plattform Lernende Systeme 2019; Brakemeier et al. 2023]:

- Effizienzprojekte zur Optimierung bestehender Abläufe
- Neuproduktprojekte zur Entwicklung neuer, KI-basierter Dienstleistungen und Geschäftsmodelle

10.5.1 Effizienzprojekte: bestehende Prozesse mit KI verbessern

Effizienzprojekte zielen darauf ab, bestehende Prozesse zu optimieren, Kosten zu senken und Produktivitätsgewinne zu erzielen. Sie setzen auf vorhandenen Abläufen auf und versprechen schnelle, messbare Verbesserungen im Tagesgeschäft.

Auslöser sind häufig zunehmender Kostendruck und schwindende Margen, aber auch Engpässe durch Fachkräftemangel oder alternde Belegschaften. Unternehmen spüren Verzögerungen an Prozess-Bottlenecks – etwa, wenn Eingangsrechnungen wochenlang liegen bleiben –, oder sie stehen vor einer IT-Modernisierung, weil veraltete Legacy-Systeme Innovationen ausbremsen. Gleichzeitig lockt die Aussicht, Talente zu gewinnen, die KI-gestützte Arbeitsumgebungen als selbstverständlich erwarten.

Die Anwendungsszenarien sind vergleichsweise einfach und der Erfolg lässt sich schnell nachweisen. Das macht Effizienzprojekte auch zu idealen Einstiegsprojekten für den Aufbau von KI-Kompetenz im Unternehmen. Auch für Unternehmen, die Entscheidungen über einen Business Case absichern, bieten sich diese Projekte besonders an.

Ein Vorteil liegt in den kurzen Projektzyklen und dem klar messbaren Return on Investment (ROI). Die Wahrscheinlichkeit des Scheiterns ist gering und selbst bei begrenztem Erfolg profitieren Unternehmen durch Know-how-Gewinn. Beteiligt sind in der Regel eine Fachabteilung und die IT, selten das gesamte Unternehmen.

Die Risiken sind überschaubar, aber typische Stolpersteine liegen in der Überschätzung des Einsparpotenzials, insbesondere wenn der Aufwand für die Datenaufbereitung unterschätzt wird. Zudem können Ängste vor Automatisierung und Jobverlust die Akzeptanz im Unternehmen behindern, wenn Change Management und Kommunikation vernachlässigt werden. Kritisch ist auch eine zu frühe Skalierung: Wird in Infrastruktur investiert, bevor der Nutzen im Proof of Concept nachgewiesen wurde, drohen teure Fehlinvestitionen [Plattform Lernende Systeme 2019; Enholm et al. 2022; Verma et al. 2023; Brakemeier et al. 2023].

Beispiel für Effizienzprojekte

Bewährte Anwendungsfälle sind beispielsweise:

- Automatisierte Dokumentenverarbeitung (Rechnungen, Verträge)
- Chatbots für Kundendienstanfragen (intern/extern)
- Predictive Maintenance in Fertigung oder Logistik

10.5.2 Neuproduktprojekte: KI als Treiber für innovative Produkte und Services

Neuproduktprojekte zielen auf Innovation, Wachstum und Differenzierung vom Wettbewerb. Sie schaffen neue Wertangebote, erschließen neue Märkte, schaffen neue Umsatzströme und bieten die Chance, einzigartige KI-basierte Produkte oder Dienstleistungen zu entwickeln.

Nahezu jedes Produkt kann in Zukunft durch KI ergänzt oder neu gedacht werden. Wer frühzeitig in diese Entwicklung einsteigt, sichert sich Wettbewerbsvorteile in strategisch wichtigen und kundenexponierten Bereichen. KI kann einen Innovationsvorsprung verschaffen, da viele Unternehmen in diesem Bereich noch zögerlich sind. Der Startschuss fällt meist, wenn herkömmliche Produkte Kundenbedürfnisse nicht mehr vollständig adressieren oder neue Zielgruppen – etwa der Mittelstand – nach smarten Lösungen verlangen. Oft erhöht sich der Druck durch agile Disruptoren, die mit Technologiesprüngen vorpreschen. Ebenso kann eine klare Vision für ein datengetriebenes Geschäftsmodell den Impuls geben, Investitionen in KI-basierte Innovation zu wagen.

Diese Projekte sind meist komplexer, interdisziplinär aufgestellt und langfristiger angelegt. Neben technischen Teams sind oft Design, Marketing, Recht und Strategie involviert. Die Laufzeiten sind mittel- bis langfristig – 12 bis 24 Monate oder länger [Verma et al. 2023]. Die ROI-Kalkulation ist komplexer, da Marktpotenzial und Technologieakzeptanz schwerer vorherzusagen sind. Das Geschäftsmodell muss oft grundlegend analysiert und ggf. neu gedacht werden, dafür ist das Potenzial für Differenzierung und Marktvorsprung deutlich höher.

Gleichzeitig sind Neuproduktprojekte im KI-Bereich mit größeren Risiken verbunden. Unternehmen müssen sorgfältig abwägen, ob sie bereit sind, in innovative Vorhaben zu investieren – auch wenn damit das Risiko von Fehlschlägen und finanziellen Verlusten verbunden ist. Zu den zentralen Herausforderungen zählen ein oft unklarer Product-Market-Fit, regulatorische Hürden wie die KI-Verordnung, Datenschutz oder Urheberrechte sowie ethische Fragen wie Bias und Kinderschutz. Hinzu kommen typische Projektrisiken wie Scope Creep durch steigende Anforderungen und eine Übertechnisierung, bei der aufwendige Lösungen entwickelt werden, obwohl einfachere Ansätze ausreichen würden. Solche Projekte erfordern daher ein besonders sorgfältiges Innovationsmanagement und umfassende regulatorische Expertise [Verma et al. 2023; Brakemeier et al. 2023; Aagaard & Tucci 2024; de Bellefonds et al. 2024; Bitkom 2025].

Beispiele für Neuproduktprojekte

Bewährte Anwendungsfälle sind beispielsweise:

- KI-gestützte Dienstleistungen, z. B. Erweiterung auf Mittelstand (Demokratisierung hoch spezialisierter Leistungen)
- KI-Lernplattformen und virtuelle Coaches
- Personalisierung von Produkten mittels KI
- Physische Produkte mit KI-Kern, z. B. Wearables

10.5.3 KI-Portfolio: Balance zwischen Optimierung und Innovation finden

Ein ausgewogenes KI-Portfolio sollte sowohl Effizienzprojekte als auch Neuproduktentwicklungen enthalten. Wer nur auf neue Produkte setzt, riskiert hohe Flop-Raten und Akzeptanzprobleme. Wer sich ausschließlich auf Effizienzsteigerung konzentriert, läuft Gefahr, langfristig den Anschluss an innovative Wettbewerber zu verlieren.

Kurz gesagt

- Kurzfristige Gewinne schafft man durch Effizienzsteigerung.
- Langfristige Gewinne erzielt man durch Neuproduktentwicklung.

10.5.4 Phasenmodell: in vier Schritten vom Anwendungsfall zur Umsetzung

Der typische Lebenszyklus eines KI-Projekts umfasst folgende Stufen [Plattform Lernende Systeme 2019]:

1. **Idee:** Identifikation und Priorisierung des Anwendungsfalls
2. **Proof of Concept (PoC):** Nachweis, dass die KI-Lösung grundsätzlich funktioniert
3. **Minimum Viable Product (MVP):** Entwicklung einer ersten, nutzbaren Version
4. **Scale:** Skalierung und Integration in den Unternehmensalltag

Mit jedem Schritt steigen die Komplexität und der Investitionsbedarf – aber auch das Potenzial für nachhaltige Wertschöpfung. Durch das schrittweise Herangehen lassen sich Kosten besser kontrollieren.

Auch bringt jede Phase neue Anforderungen an Skills im Unternehmen mit sich. Unternehmen müssen kontinuierlich in Weiterbildung investieren und ein iteratives Lernen fördern, um mit dem schnellen technologischen Wandel Schritt zu halten.

10.6 Geschäftsmodelle: Ansätze für den KI-basierten Wandel

Im Vergleich zu den bisher aufgezeigten Möglichkeiten, KI für die Optimierung bestehender Geschäftsprozesse zu nutzen, ist die Entwicklung eigenständiger KI-basierter *Geschäftsmodelle* bislang noch weniger verbreitet. Auch die Forschung in diesem Bereich steht erst am Anfang: Zwar wird schon lange zur Geschäftsmodellinnovation geforscht, doch die Dynamik aktueller KI-Technologien ist in klassischen Modellen und Methoden bislang kaum abgebildet [Aagaard & Tucci 2024].

Aus der Praxis lassen sich aktuell mehrere sich entwickelnde Geschäftsmodelltypen beobachten, die sich in drei Gruppen gliedern:

- Bestehende Angebote erweitern und monetarisieren
- Neue Produkte und Services entwickeln
- KI als zentrales Geschäftsmodell etablieren

Die erste Gruppe umfasst Geschäftsmodelle, bei denen KI bestehende Angebote ergänzt und zusätzliche Erlösquellen erschließt:

- **Zusatzfunktionalitäten durch KI monetarisieren**
  Hier werden Zusatzfunktionen in bestehende Produkte integriert, die erst durch KI möglich werden – etwa durch generative Funktionen, Automatisierung oder personalisierte Inhalte. Diese Mehrwerte werden oft als Premiumfunktion gegen Aufpreis angeboten, häufig im Rahmen von Abonnements. Besonders verbreitet ist dieses Modell in Software-as-a-Service-Anwendungen.
- **Neue Zielgruppen durch KI-gestützte Skalierung erreichen**
  KI ermöglicht es, bestehende Dienstleistungen in neue Zielgruppen zu bringen – beispielsweise durch (Teil-)Automatisierung von Dienstleistungen, Senkung von Einstiegskosten oder intelligentere Interfaces. So können etwa hoch spezialisierte Expertensysteme für den Mittelstand zugänglich gemacht werden, die zuvor meist Großunternehmen vorbehalten waren.
- **Internationale Expansion durch Sprach- und Marktanpassung**
  Durch KI-gestützte Übersetzung und Produktvariation lassen sich internationale Märkte schneller und kostengünstiger erschließen. Dabei geht es nicht nur um Sprache, sondern auch um kulturelle Anpassungen, Marktanalysen und differenzierte Produktvarianten für verschiedene Regionen.

Die zweite Gruppe macht deutlich, wie KI nicht nur ergänzt, sondern selbst zum Treiber neuer Produkt- und Serviceideen wird:

- **Dienstleistungen rund um KI-Nutzung anbieten**
  Ein wachsender Bereich ist der Verkauf von Produktlösungen, die sich um die Implementierung, Nutzung oder Governance von KI drehen. Beispiele sind Schulungen für *KI-Officers*, ethikgerechte Implementierung, Prompt Engineering oder Support bei Regulatorik und Compliance.
- **KI-basierte Produktkategorien entwickeln**
  In manchen Fällen entstehen komplett neue Produktkategorien auf Basis von KI – etwa humanoide Roboter, autonome Drohnen oder KI-basierte Sensoriksysteme. Diese Produkte wären ohne KI nicht denkbar, da sie multimodale Wahrnehmung, Entscheidungsfähigkeit und Autonomie erfordern.
- **Produkte für verändertes Nutzerverhalten durch KI-Nutzung**
  KI verändert auch das Verhalten von Kunden. Viele nutzen etwa Chatbots anstelle von Suchmaschinen oder erwarten eine direkte Antwort in natürlicher Sprache. Daraus ergeben sich neue Anforderungen an Sichtbarkeit, Suchoptimierung, Customer Experience und Interface Design – mit eigenen Geschäftsmodellchancen für Anbieter, die diese Entwicklung früh adressieren.

Die dritte Gruppe schließlich rückt KI selbst ins Zentrum des Geschäftsmodells:

- **Eigene Datenpools als Geschäftsmodellbasis nutzen**
  Ein besonders potenzialträchtiges Modell ist die Bereitstellung von KI-Modellen auf Basis exklusiver Datensätze – etwa juristische Datenbanken, medizinische Fachinformationen oder redaktionell kuratierte Inhalte. Unternehmen, die über hochwertige, schwer zugängliche Daten verfügen, können daraus Geschäftsmodelle entwickeln, indem sie diese in Form von Diensten oder APIs vermarkten.

Die Liste ist keineswegs als abschließend zu betrachten, da sich der Bereich äußerst dynamisch entwickelt. Für KI-basierte Geschäftsmodelle gilt in besonderem Maße, dass Prinzipien aus der frühen Innovationsphase – dem sogenannten *Fuzzy Front-end* – weiterhin relevant bleiben. Das *New Concept Development Model* von Koen et al. [Koen et al. 2001] bietet hier hilfreiche Orientierungspunkte für den Einstieg. Geschäftsmodellinnovation sollte dabei nicht ausschließlich durch die Identifikation von Marktchancen (Opportunity Identification) angestoßen werden. Ebenso können technologische Fortschritte und ihre kreativen Anwendungsmöglichkeiten Ausgangspunkt für neue Ideen sein.

Ein Beispiel für diese Dynamik ist die therapeutische Nutzung von KI: Laut einer Harvard-Studie zählt sie mittlerweile zu den häufigsten Anwendungsfällen – obwohl sie noch ein Jahr zuvor kaum Beachtung fand [Zao-Sanders 2025]. Erst die kontinuierliche Verbesserung der Sprachfunktionen generativer Modelle machte diesen Anwendungsbereich massentauglich und wirtschaftlich relevant.

Dieses Beispiel zeigt, wie schnell sich neue Geschäftsmodellpotenziale durch technologische Fortschritte entfalten können – oft unabhängig von klassischen Innovationsplänen. Unternehmen, die solche Entwicklungen frühzeitig beobachten und adaptiv darauf reagieren, sichern sich wertvolle Wettbewerbsvorteile.

Kurz gesagt

Neue Geschäftsmodelle entstehen oft dort, wo technologische Sprünge auf kreative Anwendungsideen treffen – nicht nur da, wo Marktchancen offensichtlich sind.

10.7 Zusammenfassung

Wertschöpfung mit KI beginnt oft auf überraschend einfache Weise: Mithilfe generativer Modelle, sicherer Lizenzen und etwas Prompt-Kompetenz lassen sich in kürzester Zeit sichtbare Produktivitätsschübe erzielen. Diese ersten Quick Wins sind jedoch nicht das Ziel, sondern das Startsignal: Sie öffnen den Blick dafür, was möglich ist, wenn KI klug eingesetzt wird.

Im nächsten Schritt rückt die Frage in den Vordergrund, wo KI wirklich den Unterschied macht. Mithilfe von Workshops und Ideationsformaten werden konkrete Pain Points sichtbar gemacht und in realistische Anwendungsfälle übersetzt. Ein zentrales Portfolio verleiht diesen Ideen Struktur, macht Erfolge transparent und ermöglicht es, voneinander zu lernen und Synergien zu nutzen.

Wer weitergeht, bindet eigene Daten und Prozesse ein und nutzt damit tiefere Wertschöpfungspotenziale. Es entstehen Proofs of Concept oder Minimum Viable Products spezialisierter KI-Assistenten oder RAG-Systeme – oft ohne großen technischen Aufwand, aber mit spürbarem Mehrwert.

Am Ende steht nicht nur Effizienzsteigerung, sondern auch Innovation in Form neuer Produkte, Services und Geschäftsmodelle. KI entwickelt sich so vom Werkzeug für kleine Verbesserungen zum Treiber strategischer Neuausrichtung.

Diese Stufen bilden keinen starren Fahrplan, sondern zeigen, wie Unternehmen Schritt für Schritt ihre eigene Form der Wertschöpfung mit KI entwickeln können.

11 Betriebliche Wertschöpfung durch KI: Prozessmodell für eine langfristige Perspektive

Konstantin Hopf

Zur Entwicklung und Umsetzung ihrer KI-Strategie können Unternehmen auf ein Prozessmodell zurückgreifen, das die Wertschöpfung von maschinellen Lernverfahren in Unternehmen erklärt. Das Modell zeigt Entwicklungspfade für KI-Vorhaben auf und erlaubt einen agilen Umgang mit der neuen Technologie. Neben der Einführung in dieses Werkzeug zur strategischen Planung und dem Management von KI-Vorhaben stellt dieses Kapitel durch zahlreiche Beispiele einen Bezug zu den Fallstudienkapiteln des Buches her.

11.1 Einleitung

Die Frage nach dem Wertbeitrag von Investitionen in Informationstechnologie – heute insbesondere in KI – ist ein Dauerthema. Nobelpreisträger Robert Solow stellte in den 1980ern fest, dass das IT-Zeitalter überall zu sehen ist, nur nicht in den Produktivitätsstatistiken. Genauso stellt sich heute die Frage, wie genau mit KI in Unternehmen nachweislich Wert geschaffen werden kann. Anekdotisch sehen wir einen markanten Gegensatz zwischen Erfolgsmeldungen über technische Errungenschaften der KI und gescheiterten Projekte in der betrieblichen Praxis: KI-Tools sind in der Lage, lästige Arbeiten zu übernehmen, komplexe Zusammenhänge in Daten zu erkennen und neue Behandlungsmethoden in der Medizin zu ermöglichen. Der Blick in die betriebliche Praxis offenbart jedoch auch viele KI-Projekte, die scheitern oder Schaden verursachen. Beispielsweise ein Behörden-Chatbot, der zu illegalen Aktivitäten rät [Holland 2024], eine Ernährungs-App, die giftige Rezepte empfiehlt [Taunton 2023], oder mangelhafte Gesichtserkennung, die zu falschen Verhaftungen führt [Hill 2023].

Für Unternehmen ergeben sich aus dieser Diskrepanz folgende Fragen:

- Welche Wertbeiträge können durch KI geschaffen werden?
- Wie kann der Wertbeitrag durch KI langfristig sichergestellt werden?

Dieses Kapitel geht diesen beiden Fragen nach. Dabei soll einerseits das Thema Wertschöpfung durch KI konzeptionell hergeleitet und andererseits ein empirisch fundiertes Prozessmodell für die KI-Wertschöpfung vorgestellt werden. Am Ende werden die in Teil II dieses Buches beschriebenen Fallstudien genutzt, um die Anwendung der strategischen Werkzeuge zu demonstrieren und einen Ausblick zu geben, wie die vorgestellten Modelle in der Praxis eingesetzt werden können.

11.2 Theoretischer Rahmen zur Untersuchung von Wertbeiträgen durch KI

Wenn wir den Wertbeitrag durch KI verstehen wollen, ist es erforderlich, die Komponenten des Erfolgs heutiger KI-Anwendungen zu berücksichtigen. Dieser Erfolg basiert nicht allein auf den technischen Innovationen im Bereich der maschinellen Lernverfahren der letzten Jahre. Wichtig ist ebenfalls die Verfügbarkeit von qualitativ hochwertigen Daten zum Training von effektiven Vorhersagemodellen. Auch die skalierbare Verfügbarkeit von Rechenkapazität, die die Verarbeitung der großen Datenmengen in kurzer Zeit erlaubt, ist notwendig, um eine iterative Entwicklung von KI-Anwendungen zu ermöglichen. Der Erfolg heutiger KI-Anwendungen basiert somit auf den großen technologischen Trends der letzten Jahrzehnte:

- Web 2.0: nutzergenerierte Daten
- Big Data: Technologien zur Speicherung und Nutzung umfangreicher Datenbestände
- Cloud Computing: skalierbare Verfügbarkeit von Rechenkapazität

Mit der Sichtweise der inkrementellen technologischen Entwicklung können wir auch die Konzepte der Wertschöpfung durch IT [Schryen 2013] und Daten [Grover et al. 2018; Zeng & Glaister 2018] konsequent auf die Wertschöpfung durch KI-Vorhaben anwenden.

Die Wertschöpfung durch KI-Anwendungen lässt sich als ein Wertschöpfungsprozess beschreiben, der in Abbildung 11.1 schematisch dargestellt ist.

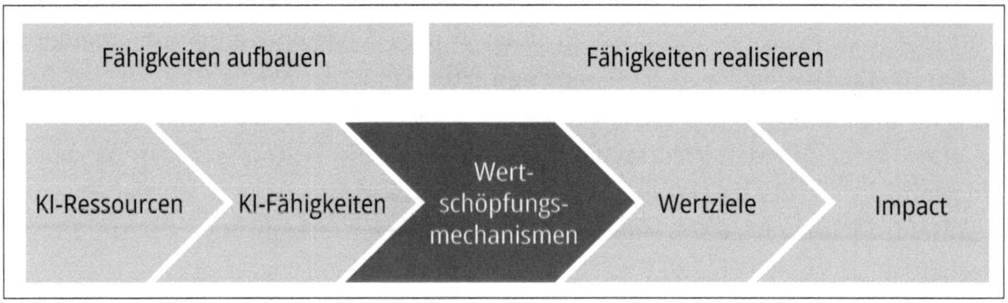

Abb. 11.1 *KI-Wertschöpfungsprozess aus Sicht der Ressourcenorchestration*

In diesem Prozess werden *KI-Ressourcen* (z. B. Datensätze, Datenanalysemethoden, Rechenkapazitäten) und *KI-Fähigkeiten* im Unternehmen kombiniert, mobilisiert, konfiguriert und in Machine-Learning-Anwendungen (ML-Anwendungen) orchestriert [Sirmon et al. 2011], um unternehmerische Wertziele zu erreichen. Werden diese Wertziele erreicht, geht damit meist ein positiver Einfluss auf die Organisation einher, indem der Gewinn gesteigert wird, Prozesse optimiert werden oder die Belegschaft zufriedener ist. Der Wertbeitrag kann z. B. als materieller (tangibler) oder immaterieller Wert, als externer oder interner Wert und als strategischer oder operationaler Wert gemessen und eingeordnet werden (vgl. [Schryen 2013]).

Um die Wertgenerierung zwischen den Ressourcen, Fähigkeiten und der Erreichung der Wertziele genauer zu verstehen, hilft uns ein Blick auf *organisationale Mechanismen*, die neben der Frage, was passiert, auch noch offenlegen, wie etwas passiert [Hernes 1998]. Organisationale Mechanismen können als das »Räderwerk« im Unternehmen verstanden werden. Sie beschreiben, wie die einzelnen Aktivitäten in Unternehmen ihre Wirkung erzeugen. Ein Fokus auf diese Mechanismen ist vorteilhaft, da wir damit unseren Blick über einzelne Variablen und deren Verbindungen hinaus auf das Gesamtbild des Handelns lenken [Anderson et al. 2006].

11.3 Drei Mechanismen zur Schaffung von Unternehmenswert durch Machine Learning

In einer empirischen Studie auf Basis einer heterogenen und weltweit verteilten Stichprobe von 56 ML-Vorhaben [Shollo et al. 2022] gelang es, die betriebliche Wertschöpfung durch ML mithilfe von drei Wertschöpfungsmechanismen zu beschreiben:

1. Wissensgenerierung
2. Assistenzsysteme
3. Autonome Agenten

Dieser Abschnitt stellt die drei Wertschöpfungsmechanismen mit ihren Subtypen vor und veranschaulicht sie anhand von Beispielen aus den Fallstudienkapiteln dieses Buches. Da die Fallstudien einen starken Fokus auf den Einsatz neuester KI-Modelle – *Foundation Models* (z. B. GPT und Llama für die Verarbeitung natürlicher Sprache) – haben, demonstriert die Zuordnung der Anwendungsfälle zu den Wertschöpfungsmechanismen, dass das theoretische Modell in der Lage ist, die betriebliche Wertschöpfung von KI-Anwendungen zu erklären, auch wenn sich die Technologie rasant weiterentwickelt. Tabelle 11.1 am Ende des Kapitels gibt einen Überblick über die referenzierten Fallstudien, ihre Wertziele und die Wertschöpfungsmechanismen. Für jeden Wertschöpfungsmechanismus werden acht notwendige Bedingungen aufgezeigt, die erfüllt sein müssen, damit mit den jeweiligen Mechanismen betrieblicher Wert geschaffen werden kann. Mit den drei Mechanismen und ihren notwendigen Bedingungen wird die Grundlage für das im Anschluss beschriebene Prozessmodell gelegt, das uns erlaubt, KI-Vorhaben langfristig zu denken und strategisch zu managen.

11.3.1 Mechanismus 1: Wissensgenerierung

Der erste Mechanismus ist die Verwendung von ML zur *Wissensgenerierung*. Hier machen sich Unternehmen die Fähigkeit von ML-Algorithmen zunutze, Muster in Daten zu erkennen und sichtbar zu machen. Aus diesen Mustern können neue Erkenntnisse über das Geschäftsfeld, das Kundenverhalten usw. abgeleitet werden. Für die Wissensgenerierung finden einerseits klassische ML-Verfahren und Datenanalysen Anwendung, mit denen beispielsweise durch Root-Cause-Analysen oder hinreichend erklärbare ML-Modelle neue Erkenntnisse und Zusammenhänge identifiziert werden. Andererseits spielen bei der Wissensgenerierung auch große Sprachmodelle und Methoden des Retrieval-Augmented Generation (RAG) immer stärker eine Rolle, wenn es beispielsweise darum geht, spezifische Informationen oder Erklärungen aus einem großen Umfang an Dokumenten herauszulesen. Kapitel 17 »KI für das Wissensmanagement in der Energiewirtschaft« beschreibt hier Beispiele, wie die Fachabteilungen eines Gasnetzversorgers bei der Interpretation von technischen Dashboards oder der Durchsicht von Gesetzestexten unterstützt werden können. Ein anderes Beispiel ist die Entwicklung des *Hawk-O-Meters* bei der Bundesbank (siehe Kapitel 16 »KI-gestützte Analyse geldpolitischer Kommunikation bei der Bundesbank«). Dieses Werkzeug setzt Sprachmodelle ein, um zu bewerten, wie *hawkish* (dt. falkenhaft) Reden oder Pressemitteilungen sind – also inwiefern diese auf eine aggressive Geldpolitik hinweisen. Texte können vor Veröffentlichung hinsichtlich ihres Einflusses auf die öffentliche Debatte geprüft und ggf. angepasst werden.

Notwendige Bedingungen, um Wissen mit ML aus Daten zu extrahieren, sind:

1. **Umfassende Data-Science-Fähigkeiten**, um die teils komplexen Datenanalyseverfahren korrekt auf große Mengen an Daten anzuwenden.
2. **Tiefgreifende Domänenkenntnis**, um die Daten effektiv vorzubereiten, die in den Daten entdeckten Muster korrekt zu interpretieren, aber auch die Analyseverfahren sinnvoll zu parametrisieren.

11.3.2 Mechanismus 2: Assistenzsysteme

Die zweite Art der ML-Nutzung sind *Assistenzsysteme*, die Menschen bei der Ausführung von Aufgaben unterstützen oder anleiten. Sie reichen von kleinen Erweiterungen bestehender Softwareprogramme bis hin zu spezialisierten Entscheidungsunterstützungssystemen und ermöglichen spezifische Erkenntnisse oder Handlungsempfehlungen. Dabei können zwei verschiedene Ausprägungen unterschieden werden. In der ersten Ausprägung (*Subtyp 2a*) werden ML-Verfahren genutzt, um informative Einblicke zu geben, die bei der Entscheidungsfindung helfen. Diese KI-Assistenzsysteme können eine Vielzahl von Informationen aufbereiten und so zu informierten Entscheidungen führen. Im Subtyp 2a behält der Nutzer jedoch einen großen Ermessensspielraum bei der Nutzung der Informationen.

Wir finden zahlreiche Beispiele für diesen Wertschöpfungsmechanismus in den Fallstudien des Buches: Die Versicherungsgesellschaft Provinzial entwickelt beispielsweise Chatbot-Werkzeuge, die ihre Belegschaft bei verschiedenen Aufgaben unterstützen (siehe Kapitel 15 »Einführung einer Enterprise-GPT-Plattform bei der Provinzial Versicherung«). Bereits Ende November 2022 (also wenige Wochen nach der Veröffentlichung von ChatGPT) begannen die Entwickler, den KI-Chatbot »Henriette« aufzusetzen, um den Mitarbeitern rechtskonformen Zugriff auf generative KI zu ermöglichen. Der Chatbot wurde stetig erweitert, sodass Sachbearbeiter zielgerichtete Fragen zu E-Mails und Daten für spezifische Schadensfälle stellen können (z. B. »Wann war der Gutachter vor Ort?«). Da die Chatbot-Werkzeuge lediglich auf Anfragen von Nutzern reagieren, behalten diese die Entscheidungskompetenz und das System liefert lediglich Ergebnisse. Ein zweites Beispiel für diesen Subtyp ist das Projekt »KI-Bohrer« (siehe Kapitel 18 »KI-Bohrer: KI-gesteuerte Lärmreduzierung für urbane Geothermiebohrungen«), bei dem Reinforcement-Learning- und Optimierungsansätze verwendet werden, um die Schallemissionen bei Tiefenbohrungen zu reduzieren. Die Person, die die Maschine bedient, kann die vorgeschlagene Einstellung dann auf die Bohrmaschine übertragen, muss dabei aber auch weitere Entscheidungsparameter berücksichtigen (z. B. Geologie, Bergbaurecht).

In der zweiten Ausprägung dieses Wertschöpfungsmechanismus (*Subtyp 2b*) geben Assistenzsysteme hingegen sehr konkrete Handlungsanweisungen, die von Mitarbeitenden mitunter nur noch ausgeführt werden. Menschen haben hier also nur geringe Ermessensspielräume bei der Nutzung der Informationen.

Ein Beispiel hierfür ist ein IT-System in einem Callcenter, das dem Telefonisten konkrete Fragen oder Handlungen anzeigt und diese Handlungsoptionen dynamisch, basierend auf prädiktiven Modellen anpasst (z. B. andere Fragen anzeigt, wenn bei Kunden ein hohes Kündigungsrisiko besteht). So kann ein ML-Modell gezielt den Arbeitsablauf beeinflussen und effizienter gestalten. Ein weiteres Beispiel ist der Einsatz von Sprachmodellen bei der rechtlichen Prüfung von Vertragstexten, wie Kapitel 19 »Digitalisierung im Sozialwesen: KI-gestützte Vertragsprüfung« beschreibt. Die dort vorgestellte Lösung annotiert Vertragstexte hinsichtlich problematischer Formulierungen, die einer Prüfung oder Anpassung bedürfen. Bei den identifizierten Textstellen fügt das KI-Werkzeug bereits Prüfvermerke aus früheren Prüfungen an. Zwar müssen die Prüfvermerke im Anschluss von Sachbearbeitern freigegeben und ggf. verändert werden, jedoch wird die menschliche Aufmerksamkeit durch das System maßgeblich auf die vermeintlich kritischen Passagen gelenkt, was dem Nutzer das eingehende Lesen der übrigen Textstellen erspart. Somit hilft dieses System nicht nur den Prüfprozess zu beschleunigen, sondern die Menge an zu prüfenden Dokumenten erst handhabbar zu machen.

Um Assistenzsysteme zu entwickeln und langfristig zu betreiben, sind also folgende Bedingungen notwendig:

1. **Ausgereifte und stabile Dateninfrastruktur:** Sind grundlegende Veränderung an den Datenprozessen notwendig oder werden Daten anders aufgezeichnet, kann es sein, dass die darauf aufbauenden ML-Modelle von Grund auf neu erstellt werden müssen (Problem des Data Drift).
2. **Solide DevOps-Fähigkeiten[1]:** Bei der Entwicklung von KI-Systemen ist der Aufbau von DevOps-Fähigkeiten keine leichte Aufgabe, da beispielsweise alle Trainingsdaten in den Live-Betrieb übergeben werden müssen.
3. **Gute Fähigkeiten im Bereich der User Experience (UX):** Dies beginnt mit der effektiven Umsetzung von Datenvisualisierungen, die für eine breite Nutzerschicht verständlich sein sollen, und geht hin bis zur Anpassung von bestehenden IT-Systemen, um relevante Informationen darzustellen (z. B. Erweiterung eines Customer-Relationship-Management-Systems, um eine Kundenwechselwahrscheinlichkeit für Vertriebsmitarbeiter anzuzeigen).

11.3.3 Mechanismus 3: autonome Agenten

Die dritte Art der Wertschöpfung nutzt *autonome Agenten*, bei denen ML direkt in intelligente Produkte und Dienstleistungen (*Subtyp 3a*) integriert wird, d. h., es werden neue Arten von Angeboten für Endkunden geschaffen. Eine andere Art intelligenter Agenten ist es, wenn ML-basierte Software nicht nur Teile von Geschäftsprozessen anleitet, sondern auch direkt ausführt (*Subtyp 3b: Prozessautomation*). Ein Beispiel für eine solche Anwendung ist der Einsatz von ML-Verfahren bei der Marktbeobachtung im Lebensmitteleinzelhandel: Ein Dienstleister erstellt durch Auswertung von Werbeanzeigen und Prospekten einen Preisspiegel für Lebensmittelprodukte. Der früher manuelle Prozess des Labelns dieser Anzeigen (Welche Produkte in welchen Verpackungsgrößen werden zu welchem Preis angeboten?) wurde in der Vergangenheit per Hand durchgeführt und kann nun nahezu komplett automatisiert durchgeführt werden.

1. DevOps ist eine Arbeitsweise, bei der die Menschen, die Software entwickeln, und diejenigen, die sie betreiben, eng zusammenarbeiten. Dadurch können neue Funktionen schneller bereitgestellt und Probleme zügiger behoben werden, z. B. durch automatisierte Tests und schnelle Updates.

Um KI-basierte autonome Agenten zu realisieren, sind Unternehmen – neben den Bedingungen, die auch für die anderen beiden Wertschöpfungsmechanismen nötig sind – auch auf folgende Aspekte angewiesen:

1. **Integration von ML-Anwendungen in betriebliche Prozesse und IT-Systeme**, um Zugriff auf aktuelle Daten zu erhalten und betriebliche Transaktionen in den Systemen anzustoßen (z. B. Bestellung über Sprachsteuerung).
2. **Stabiles Geschäftsumfeld**, in dem die trainierten ML-Modelle die Realität hinreichend abbilden (z. B. kein starker Data/Concept Drift).
3. **Wenige rechtliche und ethische Hürden**, die einer automatisierten Entscheidungsfindung durch ML-Modelle entgegenstehen.

Bei der beschriebenen Anwendung zur Marktbeobachtung wurde eine Integration in bestehende IT-Systeme realisiert und es liegen kaum rechtliche und ethische Hürden vor, da die Anzeigen und Produktprospekte öffentlich zugänglich sind, keine personenbezogenen Daten (im Sinne der Datenschutz-Grundverordnung) verarbeitet werden und die Anwendung kein erhöhtes Risiko (vgl. [EU AI Act 2025]) birgt. Das Problem, dass sich das Produktsortiment im Lebensmitteleinzelhandel stetig verändert (ein Problem, das im Bereich ML auch mit Data oder Concept Drift bezeichnet wird), kann durch den Einsatz von Foundation Models und Few-Shot-Learning umgangen werden.

Um den von vielen Unternehmen angestrebten Einsatz von ML zur Realisierung intelligenter Produkte oder zur Automatisierung von Prozessen in der Praxis umsetzen zu können, müssen die acht identifizierten notwendigen Bedingungen (1.-8.) erfüllt sein. Diese Vielzahl an Prämissen für autonome Agenten ist eine mögliche Erklärung für das Scheitern von teils ambitionierten ML-Vorhaben. Denn oft sind es weniger technische Prämissen, sondern betriebliche Hürden oder fehlende Fähigkeiten, die den Einsatz von KI behindern [Hopf et al. 2023; Joshi et al. 2021].

11.3.4 Einfluss der Wertschöpfungsmechanismen auf die Gestaltung von KI-Systemen

Die KI-Wertschöpfungsmechanismen unterscheiden sich nicht nur hinsichtlich ihrer Wertbeiträge, sondern auch anhand ihres technischen Aufbaus, wie Abbildung 11.2 illustriert. Während beim Mechanismus 1 (Wissensgenerierung) Menschen – vornehmlich Data Scientists – direkt mit dem ML-Modell in der Entwicklungsumgebung interagieren und Erkenntnisse ableiten, werden bei Mechanismus 2 (Assistenzsysteme) und 3 (autonome Agenten) explizite Nutzerschnittstellen benötigt. Diese Schnittstellen müssen so gestaltet sein, dass sie die Ausgaben der KI-Systeme in eine für Fachanwender verständliche Sprache übersetzen.

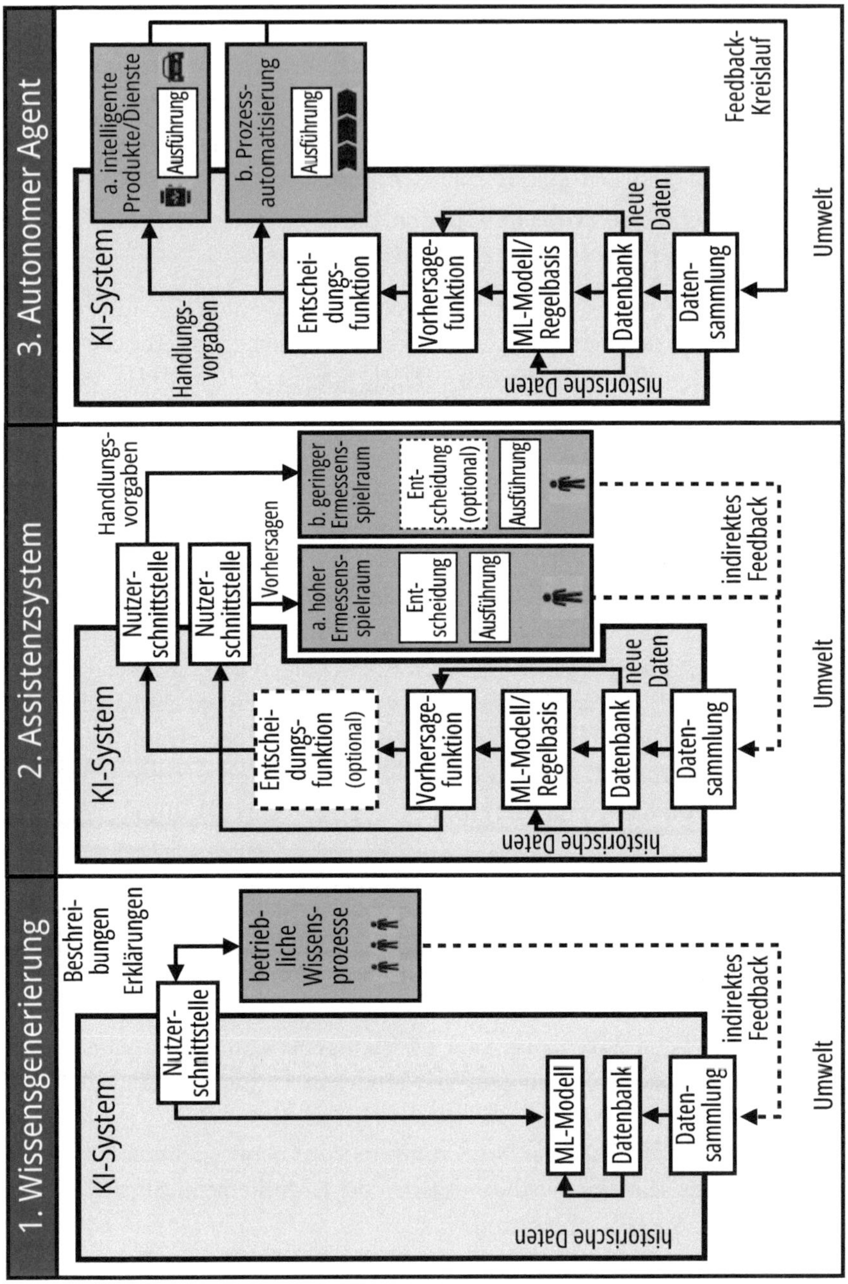

Abb. 11.2 *Soziotechnische Unterschiede in der Gestaltung von KI-Systemen zur Realisierung der Wertschöpfungsmechanismen (nach [Shollo et al. 2022])*

Ein weiteres Unterscheidungsmerkmal zwischen den verschiedenen Mechanismen ist die Art der Information, die an Nutzer weitergegeben wird. Während Nutzer beim Mechanismus 1 und 2 (zumindest im Subtyp 2a, bei dem Nutzer einen hohen Ermessensspielraum haben) Zusammenhänge des Modells oder Vorhersagen erhalten, wird im Fall von Assistenzsystemen mit geringem Ermessensspielraum (Subtyp 2b) und bei autonomen Agenten zusätzlich noch eine Entscheidungsfunktion benötigt, die aus der Vorhersage (»Was wird passieren?«) eine Handlungsvorgabe ableitet (»Was sollte passieren?«). Die Entscheidungsfunktion (im mathematischen Sinne eine Optimierung hinsichtlich einer gegebenen Zielfunktion) ist ein essenzieller Bestandteil, der mitunter implizit umgesetzt wird. Werden beispielsweise die Empfehlungen eines Chatbots ohne Überprüfung von Menschen umgesetzt, kann dies problematische Folgen haben, wie das Beispiel einer Ernährungs-App zeigt, die eine giftige Substanz vorschlug [Taunton 2023]. Auch im Bereich der Wissensgenerierung kann es fatale Folgen haben, die Zusammenhänge aus erklärbaren ML-Modellen als Grundlage für Entscheidungen zu nutzen, ohne diese Erkenntnisse nochmals eingehend zu validieren (vgl. [Rudin 2019]). Grund dafür ist, dass es sich bei den Mustern, die ein ML-Algorithmus erkennt, zunächst um Korrelationen, nicht aber um kausale Beziehungen handelt. Auch die Ausgabe eines Sprachmodells ist in vielen Fällen (trotz der stetigen technischen Entwicklung) nach wie vor lediglich eine Korrelation der Worte im Kontext, nicht aber eine kausale und logisch kohärente Ableitung von Schlüssen aus einem Wissensraum.

11.4 Prozesssicht auf KI-Vorhaben anstatt befristete Projektsicht

Die Wertschöpfung durch KI unterliegt einem ständigen Wandel. Dies liegt unter anderem an der rasanten Entwicklungsgeschwindigkeit der Technologie. Besonders die Entwicklungen im Bereich der Foundation Models führte in den letzten Jahren zu einer weiten Verbreitung von KI in Unternehmen. In den vorhergehenden Abschnitten wurden acht notwendige Bedingungen beschrieben, die für die Wirksamkeit der Wertschöpfungsmechanismen notwendig sind. Betrachtet man diese Bedingungen über die Zeit, wird klar, dass manche vielleicht heute noch nicht erfüllt sind, aber vielleicht in Zukunft erfüllt werden können.

So können Unternehmen ihre Belegschaft in den Bereichen Data Science, DevOps und UX schulen und ihre Dateninfrastruktur verbessern, um aus Pilotprojekten, mit denen zunächst Erfahrungen gesammelt wurden, funktionierende Assistenzsysteme zu machen. Alternativ können Experten ins Boot geholt werden, um entsprechende Kompetenzen einzukaufen. So sind Unternehmen in der Lage, die Wertschöpfungsmechanismen ihrer KI-Vorhaben zu wechseln, wie Abbildung 11.3 zeigt.

Veränderungen können jedoch nicht nur zur Erfüllung weiterer Bedingungen führen. So können Veränderungen im Marktumfeld, im Unternehmen oder in der Regulatorik auch dazu führen, dass Bedingungen für KI-Anwendungen nicht mehr erfüllt sind. Aus der zeitlichen Veränderlichkeit der Bedingungen ergibt sich die Möglichkeit, die Art der Wertschöpfung bei KI-Anwendungen zu wechseln und so völlig neue Werte durch KI zu stiften. Diese *Shifting*-Möglichkeit [Shollo et al. 2022] ist für das Management von KI-Vorhaben von zentraler Bedeutung, denn sie erlaubt Agilität bei der strategischen Planung sowie bei der Reaktion auf veränderte Rahmenbedingungen.

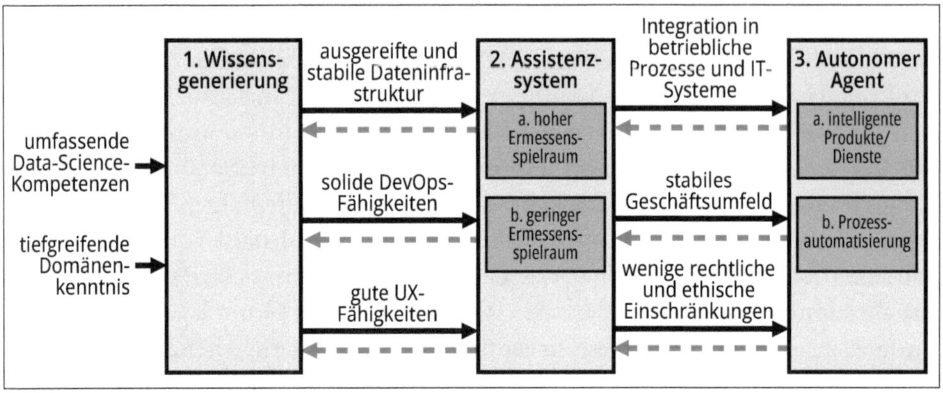

Abb. 11.3 *Prozessmodell der KI-Wertschöpfung in Unternehmen (nach [Shollo et al. 2022])*

Diese Agilität lässt sich anhand einer ML-Anwendung bei einem Online-Einzelhändler verdeutlichen, der im Jahr 2020 eine vollautomatische Anzeigenschaltung in Onlinemedien in Betrieb hatte (Mechanismus 3: Prozessautomatisierung). Zu Beginn der Covid-19-Pandemie und der einhergehenden Lockdowns verschlechterte sich die Werbeleistung rapide, da sich das Verbraucherverhalten änderte. Das Unternehmen entschied sich deshalb dazu, die Anzeigenplatzierung wieder – wie früher – händisch vorzunehmen. Erst langsam begann man, sich mithilfe von ML-Modellen zunächst einen Marktüberblick zu verschaffen, um Wissen über die neue Situation zu sammeln (Mechanismus 1: Wissensgenerierung). Mit den gewonnenen Erkenntnissen wurde dann ein Dashboard zur Unterstützung der routinemäßigen menschlichen Entscheidungsfindung erstellt (Mechanismus 2: Assistenzsystem). Schließlich trainierten die Entwickler neue Vorhersagemodelle, die auf die Pandemiesituation zugeschnitten waren. So konnte das Unternehmen zum alten Modus der ML-basierten Prozessautomatisierung zurückkehren (Mechanismus 3).

Die Kenntnis darüber, dass sich ML-Wertschöpfungsmechanismen über die Zeit ändern können, erlaubt Unternehmen, eine Entwicklungsperspektive auf ihre KI-Vorhaben einzunehmen. Projekte, deren angedachter Wert nicht erfüllt werden kann, sollten also nicht zu früh als gescheitert angesehen werden. Vielmehr sollten Unternehmen Hürden identifizieren und diese abbauen, um angedachte Wertbeiträge zu ermöglichen.

Das vorgestellte Prozessmodell kann also als strategisches Werkzeug für die Planung von KI-Vorhaben genutzt werden. Einerseits helfen die Wertschöpfungsmechanismen bei der Identifikation von möglichen Beiträgen durch KI, sodass ein Portfolio von KI-Vorhaben gestaltet werden kann. Andererseits helfen die notwendigen Bedingungen und das Wissen über die Shifting-Möglichkeit dabei, eine Entwicklungsperspektive für KI-Vorhaben zu entwickeln.

11.5 Data Scientists als Architekten der KI-Wertschöpfung

Neben der strategischen Planung benötigen erfolgreiche KI-Vorhaben eine solide Umsetzung in der Praxis. Data Scientists[2] nehmen dabei eine zentrale Rolle ein, da sie von Anfang bis Ende in die KI-Vorhaben eingebunden sind. Aufgrund der Komplexität der Aufgaben müssen sie eigenverantwortlich weitreichende Entscheidungen treffen, denn Manager und Kollegen sind oft nicht in der Lage, die technischen Zusammenhänge vollständig zu überblicken. Sie sind aber auch diejenigen, die als Erste beurteilen können, ob sich notwendige Bedingungen für die Wertschöpfungsmechanismen verändern (nicht mehr gegeben sind oder in Zukunft gegeben sein können). Dies liegt daran, dass sie diejenigen sind, die alle Ressourcen und Fähigkeiten im Detail kennen, Risiken für ML-Vorhaben einschätzen und Entwicklungspfade für ML-Anwendungen aufdecken können.

Darüber hinaus wirken Data Scientists beim Aufbau der KI- und Datenkompetenz im Unternehmen mit. Dies ist ein schwieriges Unterfangen, wie auch im Kapitel 21 »Erfolgreiche Robotik-Integration: Kompetenzaufbau und Verankerung von KI-gestützter Robotik in Unternehmen« zu lesen ist. Data Scientists betreiben beispielsweise aktives Erwartungsmanagement, indem sie zu hohe Erwartungen an ML-Vorhaben durch Aufklärung über die tatsächlichen Möglichkeiten dämpfen [Hopf et al. 2023]. Sie helfen auch Fachabteilungen bei der Beurteilung, welche Anwendungsfälle geeignet für ML bzw. KI sind und welche nicht. Manager unterstützen sie durch eingehende Erklärungen der Herausforderungen bei der Umsetzung von KI-Vorhaben. Am Ende helfen sie auch den Entscheidern und Anwendern bei der Beurteilung der Qualität der Lösung, indem sie beispielsweise Gütemetriken erklären und kontextbezogen auswählen (z. B. wenn sie die tatsächlichen Kosten für Fehlklassifikationen einbeziehen). So leisten Data Scientists einen essenziellen Beitrag zum Gelingen von KI-Vorhaben.

11.6 Zusammenfassung und Ausblick

Das vorliegende Kapitel hat aufgezeigt, wie Unternehmen durch KI-Vorhaben systematisch Wertbeiträge generieren können. Die vorgestellten KI-Wertschöpfungsmechanismen (1: Wissensgenerierung, 2: Assistenzsysteme, 3: Autonome Agenten) und das Prozessmodell mit den acht notwendigen Bedingungen und der Shifting-Möglichkeit sind in der Theorie der Ressourcenorchestration und der Forschung zum Wertbeitrag von IT begründet. Der Blick auf die konkreten Beiträge zu Wert-

2. Die Berufsbezeichnung Data Scientist steht dabei als Sammelbegriff für eine ganze Berufsgruppe, die auch KI-Spezialisten, ML-Experten, Datenarchitekten usw. umfasst.

zielen des Unternehmens hilft insbesondere in Situationen, in denen eine quantitative Beurteilung des Wertbeitrags (noch) kaum möglich ist.

Die vorgestellten Konzepte helfen Entscheidern in Unternehmen bei der strategischen Planung und Steuerung von KI-Vorhaben, aber auch operativ, wenn es darum geht, kurzfristig Entscheidungen über die weitere Entwicklung von KI-Anwendungen zu treffen. Anders als eine reine Projektsicht erlaubt das Prozessmodell ein agiles Denken in fortlaufenden Entwicklungszyklen. Die Möglichkeit des Shiftings zwischen den drei Mechanismen ermöglicht es Unternehmen, sich sukzessive von frühen Pilotierungen hin zu vollautomatisierten Lösungen zu entwickeln – und bei Bedarf auch wieder zurückzugehen, wenn sich Markt- oder Rahmenbedingungen ändern.

Hinweis: Weiterführende Literatur

Das vorgestellte Prozessmodell erschien als frei zugänglicher Volltext im Artikel »Shifting ML Value Creation Mechanisms: A Process Model of ML Value Creation« [Shollo et al. 2022] und wurde als Best Paper der Zeitschrift *The Journal of Strategig Information Systems* sowie mit dem Best Information Systems Paper Award der Wirtschaftsinformatik-Organisation AIS Senior Scholars ausgezeichnet.

Fünf Herausforderungen bei KI-Vorhaben, deren Ursache und Taktiken zu deren Bewältigung beschreibt der frei zugängliche Artikel »Organizational implementation of AI: Craft and mechanical work« in *California Management Review* 66 (1). Der Artikel erhielt den Research Award sowie den Urwick-Preis des Centre for Management Consulting Excellence.

Die KI-Navigator-Konferenz sowie die Heise KI-Kolumne, die Sie unter dieser URL finden *https://www.heise.de/suche?q=%22ki+navigator%22*, sind gute Möglichkeiten, um sich zu Fragen des Managements von KI auf dem Laufenden zu halten.

Kapitel	Fallstudie	Wertziel	Mechanismus
15	Provinzial (Versicherung)	Bereitstellen generativer KI, Prozessoptimierung	2a: Assistenzsystem (großer Ermessensspielraum für Menschen)
16	Bundesbank (Zentralbank)	Zielgerichtetere Außenkommunikation	1: Wissensgenerierung
17	Innovex/Smart Grid Europe (Energieversorger)	Verständnis von technischen Dashboards verbessern u. a.	1: Wissensgenerierung
18	Hernknecht (Tiefbau, Geothermiebohrungen)	Reduktion der Schallemissionen	2a: Assistenzsystem (großer Ermessensspielraum für Menschen)
19	Consiliari GmbH und öffentliche Verwaltung	Beschleunigen der Prüfung und Freigabe von Vertragstexten	2b: Assistenzsystem (kleiner Ermessensspielraum für Menschen)
20	ClimaClic	Beschleunigung des Marketings	2a: Assistenzsystem (großer Ermessensspielraum für Menschen)
21	Robotik	Prozessautomatisierung	3: Prozessautomatisierung

Tab. 11.1 *Übersicht über die Wertziele und Wertschöpfungsmechanismen in den Fallstudienkapiteln in Teil III dieses Buches*

12 Recht im Zeitalter synthetischer Realitäten: Überdenken rechtlicher Normen für generative KI

Bart van der Sloot[1]

Dieses Kapitel untersucht kritisch die sich entwickelnde Regulierungslandschaft für synthetische Technologien unter besonderer Berücksichtigung grundlegender Rechtsprinzipien – Wahrheit, Gerechtigkeit, die Fähigkeit, Träger von Rechten zu sein, Privatsphäre, kognitive Autonomie und Kollektivrechte. Es bietet einen tiefen Einblick in die strukturellen und dogmatischen Herausforderungen, die generative KI für europäische Rechtssysteme darstellt, analysiert wichtige Rechtsinstrumente und relevante Rechtslehre und vereint neue Rechtstheorien, um zu beurteilen, inwieweit der aktuelle Regulierungsrahmen ausreichend ist, der ontologischen Instabilität synthetischer Realitäten zu begegnen.

12.1 Einleitung

Die Verbreitung von Technologien der generativen künstlichen Intelligenz (engl. *Generative AI*, kurz GAI) verändert die Konturen der rechtlichen, ethischen und gesellschaftlichen Ordnung radikal. Im Übergang zur »synthetischen Gesellschaft« sieht sich das Recht mit einer beispiellosen ontologischen und normativen Krise konfrontiert: Wie kann man eine Realität gesetzlich regeln, die zunehmend simuliert, erweitert oder generiert wird? Von humanoiden Robotern bis hin zu Deepfakes, von virtuellen Umgebungen bis hin zu algorithmisch maßgeschneiderten Avataren – GAI verwischt die Grenze zwischen Realem und Künstlichem, nicht nur im Erscheinungsbild, sondern auch in den Auswirkungen. Die rechtlichen Auswirkungen dieser verschwommenen Grenzen sind vielfältig und stellen traditionelle Rechtskonzepte wie Rechtsfähigkeit, Verantwortlichkeit, Wahrheit und Autonomie infrage.

Abschnitt 12.2 untersucht die epistemische Destabilisierung [de Groot & De Souza 2025], die durch synthetische Inhalte verursacht wird, sowie deren Auswirkungen auf Beweiswürdigung und den öffentlichen Diskurs. Abschnitt 12.3 befasst sich mit der Entstehung synthetischer Akteure und der Herausforderung, die sie für traditionelle Haftungsprinzipien und die Rechtsfähigkeit darstellen. Der Fokus ver-

1. Dieses Kapitel basiert auf [Van der Sloot 2024] (englische Originalsprache). OpenAIs Deep Research wurde verwendet, um auf Grundlage dieses Buches ein Kapitel zu erstellen. Die Übersetzung ins Deutsche wurde mit freundlicher und kompetenter Unterstützung von Fabian Randt überprüft.
Die Originalversion des Kapitels in englischer Sprache ist auf der Webseite zu diesem Buch unter: *www.dpunkt.de/produkt/kuenstliche-intelligenz-fuer-business-analytics/* verfügbar.

lagert sich dabei von Individuen auf Kollektive. Abschnitt 12.4 untersucht die strukturellen Grenzen von rechtsbasierten Regimen im Umgang mit systemischen Schäden. Abschnitt 12.5 bewertet die Krise der juristischen Vorstellungskraft, die zu fragmentierten und reaktiven politischen Maßnahmen geführt hat. Abschließend wird in Abschnitt 12.6 ein zukunftsweisender Rahmen – das *Lex Syntheticum* – als Prototyp für eine regulatorische Synthese im Zeitalter der KI vorgestellt.

12.2 Realitätszerstörung: die epistemische Krise von Deepfakes und synthetischen Inhalten

Die Rechtstradition beruhte schon immer auf einer stabilen Ontologie, in der Fakten festgestellt, Wahrheiten beurteilt und menschliche Aussagen als grundsätzlich glaubwürdig angesehen werden können. Diese Architektur ist nun in Gefahr. Das Aufkommen generativer synthetischer Inhalte – Deepfakes, KI-generierte Audiodateien, hyperrealistische Avatare – hat eine neue Ebene epistemischer Unsicherheit in das Rechtssystem eingeführt. Das Problem ist nicht nur technologischer, sondern auch normativer Natur: Wie kann das Recht weiterhin als Schiedsrichter der Wahrheit fungieren, wenn seine epistemischen Grundlagen durch synthetische Simulationen zunehmend destabilisiert werden? Im Zentrum jedes Gerichtsverfahrens steht die Frage nach der Tatsachenfeststellung. Deepfakes, insbesondere solche, die mithilfe von gegnerischen neuronalen Netzen erzeugt werden [Wang et al. 2017], erreichen mittlerweile eine fotorealistische Präzision, die sie von authentischem audiovisuellem Material kaum noch unterscheidbar macht. Dies stellt die Beweiskraft von Videos, Sprachaufzeichnungen und sogar biometrischen Daten infrage, die seit Langem als wichtige Beweismittel in Zivil- und Strafverfahren dienen.

Die traditionelle Doktrin der Tatsachenfeststellung in europäischen Rechtssystemen basiert auf den Grundsätzen der Zuverlässigkeit, der Beweiskraft und der Verfahrensgerechtigkeit. Artikel 6 der Europäischen Menschenrechtskonvention (EMRK) besagt [EMRK 2021]:

1. *Jede Person hat ein Recht darauf, dass über Streitigkeiten in Bezug auf ihre zivilrechtlichen Ansprüche und Verpflichtungen oder über eine gegen sie erhobene strafrechtliche Anklage von einem unabhängigen und unparteiischen, auf Gesetz beruhenden Gericht in einem fairen Verfahren, öffentlich und innerhalb angemessener Frist verhandelt wird. Das Urteil muss öffentlich verkündet werden; Presse und Öffentlichkeit können jedoch während des ganzen oder eines Teiles des Verfahrens ausgeschlossen werden, wenn dies im Interesse der Moral, der öffentlichen Ordnung oder der nationalen Sicherheit in einer demokratischen Gesellschaft liegt, wenn die Interessen von Jugendlichen oder der Schutz des Privatlebens der Prozessparteien es verlangen oder – soweit das Gericht es für unbedingt erforderlich hält – wenn unter besonderen Umständen eine öffentliche Verhandlung die Interessen der Rechtspflege beeinträchtigen würde.*

2. *Jede Person, die einer Straftat angeklagt ist, gilt bis zum gesetzlichen Beweis ihrer Schuld als unschuldig.*

Diese Bestimmung sieht vor, dass jeder Mensch Anspruch auf ein faires Verfahren hat, das das Recht auf Prüfung der gegen ihn vorgebrachten Beweise umfasst. Wenn jedoch die Echtheit dieser Beweise probabilistisch wird – d. h. eher auf forensischen Schätzungen als auf einer eindeutigen Überprüfung beruht –, wird die Beweislast konzeptionell instabil. Dies ist im Strafrecht besonders kritisch. Betrachten wir ein hypothetisches Beispiel: Es taucht ein Video auf, das einen Angeklagten bei einer Körperverletzung zeigt. Die Verteidigung argumentiert, es handele sich um eine Deepfake-Fälschung. Die Staatsanwaltschaft legt ein forensisches KI-Tool vor, das mit einer Wahrscheinlichkeit von 74 % belegt, dass das Video echt ist. Kann eine Verurteilung aufgrund einer probabilistischen Authentifizierung erfolgen? Dieses Szenario birgt die Gefahr, dass die Unschuldsvermutung gemäß Artikel 6 Absatz 2 EMRK verletzt wird.

Zu den neuen Lösungen gehören digitale Wasserzeichen, kryptografische Verifizierungsketten (z. B. die Content Authenticity Initiative von Adobe) und Blockchain-basierte Herkunftsnachweis-Tools. Diese sind jedoch weiterhin freiwillig und nicht rückwirkend gültig. Der *EU AI Act* schreibt Transparenz in einigen Anwendungsfällen vor (Artikel 52), verzichtet jedoch auf die Festlegung von Beweismaßstäben für KI-generierte Inhalte in Rechtsstreitigkeiten [EU AI Act 2024]. Darin heißt es:

- Anbieter müssen sicherstellen, dass KI-Systeme, die für die direkte Interaktion mit natürlichen Personen bestimmt sind, so konzipiert und entwickelt werden, dass die betroffenen natürlichen Personen darüber informiert werden, dass sie mit einem KI-System interagieren, es sei denn, dies ist aus der Sicht einer natürlichen Person, die unter Berücksichtigung der Umstände und des Nutzungskontexts angemessen informiert, aufmerksam und umsichtig ist, offensichtlich. Diese Verpflichtung gilt nicht für KI-Systeme, die gesetzlich zur Aufdeckung, Verhinderung, Untersuchung oder Verfolgung von Straftaten zugelassen sind, vorbehaltlich geeigneter Garantien für die Rechte und Freiheiten Dritter, es sei denn, diese Systeme stehen der Öffentlichkeit zur Meldung einer Straftat zur Verfügung.
- Anbieter von KI-Systemen, einschließlich solcher für allgemeine Zwecke, die synthetische Audio-, Bild-, Video- oder Textinhalte erzeugen, müssen sicherstellen, dass die Ergebnisse des KI-Systems in einem maschinenlesbaren Format gekennzeichnet und als künstlich erzeugt oder manipuliert erkennbar sind. Die Anbieter stellen sicher, dass ihre technischen Lösungen wirksam, interoperabel, robust und zuverlässig sind, soweit dies technisch möglich ist, unter Berücksichtigung der Besonderheiten und Einschränkungen verschiedener Arten von Inhalten, der Kosten der Umsetzung und des allgemein anerkannten Stands der Technik, wie er sich in einschlägigen technischen Normen widerspiegelt. Diese Verpflichtung gilt nicht, soweit die KI-Systeme eine Hilfsfunktion für die Standardbearbeitung erfüllen oder die vom Betreiber bereitgestellten Eingabedaten oder deren Semantik nicht wesentlich verändern oder soweit dies gesetzlich zur

Aufdeckung, Verhinderung, Untersuchung oder Verfolgung von Straftaten zulässig ist.

- Betreiber eines Emotionserkennungssystems oder eines biometrischen Kategorisierungssystems informieren die davon betroffenen natürlichen Personen über die Funktionsweise des Systems und verarbeiten die personenbezogenen Daten gemäß den Verordnungen (EU) 2016/679 und (EU) 2018/1725 sowie der Richtlinie (EU) 2016/680, soweit anwendbar. Diese Verpflichtung gilt nicht für KI-Systeme, die zur biometrischen Kategorisierung und Emotionserkennung verwendet werden und die gesetzlich zur Aufdeckung, Verhinderung oder Untersuchung von Straftaten zulässig sind, vorbehaltlich geeigneter Garantien für die Rechte und Freiheiten Dritter und im Einklang mit dem Unionsrecht.
- Betreiber eines KI-Systems, das Bild-, Audio- oder Videoinhalte erzeugt oder manipuliert, die Deepfakes darstellen, müssen offenlegen, dass die Inhalte künstlich erzeugt oder manipuliert wurden. Diese Verpflichtung gilt nicht, wenn die Verwendung gesetzlich zur Aufdeckung, Verhinderung, Untersuchung oder Verfolgung von Straftaten zugelassen ist. Ist der Inhalt Teil eines offensichtlich künstlerischen, kreativen, satirischen, fiktionalen oder ähnlichen Werks oder Programms, beschränken sich die festgelegten Transparenzpflichten auf die Offenlegung der Existenz solcher generierten oder manipulierten Inhalte in einer geeigneten Weise, die die Darstellung oder den Genuss des Werks nicht beeinträchtigt.
- Betreiber eines KI-Systems, das Texte generiert oder manipuliert, die mit dem Ziel veröffentlicht werden, die Öffentlichkeit über Angelegenheiten von öffentlichem Interesse zu informieren, sollten offenlegen, dass der Text künstlich generiert oder manipuliert wurde. Diese Verpflichtung gilt jedoch nicht, wenn die Verwendung gesetzlich zur Aufdeckung, Verhinderung, Untersuchung oder Verfolgung von Straftaten zulässig ist oder wenn die KI-generierten Inhalte einem menschlichen Überprüfungs- oder redaktionellen Kontrollprozess unterzogen wurden und eine natürliche oder juristische Person die redaktionelle Verantwortung für die Veröffentlichung der Inhalte trägt.

Diese Ausnahmen sind so weit gefasst, dass sie die Bestimmungen wirkungslos machen.

Auch außerhalb des Gerichtsaals sind die gesellschaftlichen Auswirkungen synthetischer Inhalte nicht weniger gravierend. Mit der Verbreitung von Deepfakes könnte der Europäische Gerichtshof für Menschenrechte bald mit Klagen konfrontiert werden, bei denen die Verletzung der Privatsphäre nicht in der Offenlegung der Wahrheit, sondern in der Verbreitung von Fiktion liegt – was die Frage aufwirft: Unterliegt eine synthetische Lüge denselben Schutzvorkehrungen wie eine echte? In Demokratien, die auf informierte Bürger angewiesen sind, stellt die systematische Verbreitung falscher, KI-generierter Inhalte einen Angriff auf das epistemische Gemeingut dar. Die Rolle des Rechts muss daher über reaktive Gerichtsentscheidungen hinausgehen und den proaktiven Schutz der demokratischen Infrastruktur umfassen.

Der Digital Services Act (DSA) [DSA 2022], insbesondere die Artikel 34–36, verpflichtet sehr große Online-Plattformen (engl. *very large Online Platforms*, kurz VLOPs) zur Durchführung von Risikobewertungen und zur Umsetzung von Strategien zur Minderung systemischer Bedrohungen, einschließlich Desinformation. Diese Bestimmungen sehen Folgendes vor:

- Anbieter sehr großer Online-Plattformen führen die Risikobewertungen unter Berücksichtigung ihrer Schwere und Wahrscheinlichkeit durch und berücksichtigen dabei die folgenden systemischen Risiken: a) die Verbreitung illegaler Inhalte über ihre Dienste; b) tatsächliche oder vorhersehbare negative Auswirkungen auf die Ausübung der Grundrechte; c) tatsächliche oder vorhersehbare negative Auswirkungen auf den zivilgesellschaftlichen Diskurs und Wahlprozesse sowie auf die öffentliche Sicherheit; d) tatsächliche oder vorhersehbare negative Auswirkungen in Bezug auf geschlechtsspezifische Gewalt, den Schutz der öffentlichen Gesundheit und Minderjähriger sowie schwerwiegende negative Folgen für das körperliche und geistige Wohlbefinden von Personen.
- Anbieter sehr großer Online-Plattformen und sehr großer Online-Suchmaschinen ergreifen angemessene, verhältnismäßige und wirksame Abhilfemaßnahmen, die auf die festgestellten spezifischen systemischen Risiken zugeschnitten sind. Diese Maßnahmen können ggf. Folgendes umfassen: a) Anpassung der Gestaltung, der Funktionen oder der Funktionsweise ihrer Dienste, einschließlich ihrer Online-Schnittstellen; b) Anpassung ihrer Nutzungsbedingungen und deren Durchsetzung; c) Anpassung der Verfahren zur Moderation von Inhalten; d) die Prüfung und Anpassung ihrer algorithmischen Systeme, einschließlich ihrer Empfehlungsdienste; e) die Anpassung ihrer Werbesysteme und die Einführung gezielter Maßnahmen zur Einschränkung oder Anpassung der Darstellung von Werbung im Zusammenhang mit dem von ihnen angebotenen Dienst; f) die Stärkung der internen Prozesse, Ressourcen, Tests, Dokumentation oder Überwachung ihrer Tätigkeiten, insbesondere im Hinblick auf die Erkennung systemischer Risiken; (g) Einleitung oder Anpassung der Zusammenarbeit mit vertrauenswürdigen Hinweisgebern im Einklang mit den Verhaltensregeln und Krisenprotokollen; (h) Einleitung oder Anpassung der Zusammenarbeit mit anderen Anbietern von Online-Plattformen oder Online-Suchmaschinen im Einklang mit den Verhaltensregeln und Krisenprotokollen; (i) Sensibilisierungsmaßnahmen und Anpassung ihrer Online-Schnittstelle, um den Empfängern des Dienstes mehr Informationen zur Verfügung zu stellen; (j) gezielte Maßnahmen zum Schutz der Rechte des Kindes; (k) sicherstellen, dass Informationen, unabhängig davon, ob es sich um generierte oder manipulierte Bilder, Audio- oder Videodateien handelt, die bestehenden Personen, Objekten, Orten oder anderen Einrichtungen oder Ereignissen deutlich ähneln und einer Person fälschlicherweise als authentisch oder wahr erscheinen, durch auffällige Kennzeichnungen auf ihren Online-Schnittstellen erkennbar sind, und zusätzlich eine benutzer-

freundliche Funktion bereitstellen, mit der die Empfänger des Dienstes solche Informationen kennzeichnen können.

Obwohl diese Bestimmungen ein guter Anfang sind, verlangt der DSA weder die Offenlegung der Authentizität von Inhalten noch sieht er wirksame Rechtsbehelfe für Personen vor, die von synthetischen Medien betroffen sind. Ein Weg für die weitere Gesetzgebung liegt in der Anerkennung eines »epistemischen Rechts auf Wahrheit« – nicht im absoluten Sinne, sondern als Recht auf Informationsintegrität in digitalen Informationsumgebungen.[2] In einer Zeit, die zunehmend von künstlicher Intelligenz und synthetischen Medien geprägt ist, entwickelt sich das »Recht auf Wahrheit« zu einem Grundprinzip für die Wahrung der individuellen Autonomie, des demokratischen Diskurses und der Integrität des gemeinsamen Wissens. Dieses Recht würde eine Garantie dafür beinhalten, dass Bürger Zugang zu unverfälschten, überprüfbaren Darstellungen der Welt haben – sei es im Journalismus, in der politischen Kommunikation oder in der gerichtlichen Tatsachenfeststellung. Ein Recht auf Realität würde die Verwendung von KI-generiertem Material nicht per se verbieten, sondern eine zweifelsfreie Transparenz über dessen Herkunft, strenge Standards für die Kennzeichnung und Herkunftsangaben sowie Schutzmaßnahmen gegen irreführende Praktiken verlangen. Ein solches Recht bekräftigt, dass Menschen, um fundierte Entscheidungen zu treffen, am gesellschaftlichen Leben teilzunehmen und Institutionen vertrauen zu können, in der Lage sein müssen, ihr Verständnis in einer zugänglichen und nachvollziehbaren Version der Realität zu verankern.

12.3 Synthetische Subjekte: die Regulierung nicht menschlicher Akteure

Das Aufkommen generativer KI-Systeme mit zunehmender Autonomie und anthropomorpher Gestaltung stellt eine grundlegende Herausforderung für die rechtliche Architektur von Verantwortlichkeit und Handlungsfähigkeit dar. Da synthetische Entitäten zunehmend Aufgaben übernehmen, die einst als ausschließliche Domäne des Menschen galten – wie Gesellschaft leisten, medizinische Versorgung leisten oder Finanzgeschäfte tätigen –, müssen sich Rechtswissenschaftler und politische Entscheidungsträger mit einer zentralen Frage auseinandersetzen: Wie soll das Recht nicht menschliche Akteure behandeln, die menschliches Handeln nachahmen oder vermitteln?

Das Konzept der Rechtsfähigkeit dient seit Langem als dogmatischer Maßstab für die Zuweisung von Rechten und Pflichten. Traditionell war es natürlichen Personen und juristischen Personen wie Unternehmen vorbehalten. Mit der Entwicklung humanoider Roboter, synthetischer Avatare und autonomer Akteure, die zu komplexen Interaktionen fähig sind, wächst jedoch der Druck, die Konturen dieser Rechtskategorie zu überdenken. Im Jahr 2015 schlug der Rechtsausschuss des Euro-

2. Anuj Puri hat den Begriff »*Right to Reality*« (dt. Recht auf Realität) geprägt [Puri 2024].

päischen Parlaments vor, den fortschrittlichsten autonomen Robotern eine »elektronische Rechtspersönlichkeit« zu gewähren. Er schlug vor, »langfristig die Schaffung eines besonderen Rechtsstatus für Roboter zu prüfen, damit zumindest die hochentwickeltsten autonomen Roboter den Status elektronischer Personen erhalten, die für den Ersatz von Schäden, die sie verursachen, verantwortlich sind, und möglicherweise die elektronische Persönlichkeit auf Fälle anzuwenden, in denen Roboter autonome Entscheidungen treffen oder auf andere Weise unabhängig mit Dritten interagieren« [Zivilrechtliche Regelungen Robotik 2017].

Obwohl dieser Vorschlag nicht aufgegriffen wurde, bleibt der Druck bestehen. Aus funktionalistischer Sicht könnte das Recht ein abgestuftes Modell der Rechtspersönlichkeit einführen, das sich nach dem Grad der Autonomie, der sozialen Präsenz und der Entscheidungsfähigkeit richtet. So wie Unternehmen für vertragliche und vermögensrechtliche Zwecke eine teilweise Rechtspersönlichkeit genießen, könnten synthetische Akteure in Kontexten, in denen Handlungsfähigkeit erforderlich ist, eine »funktionale Rechtspersönlichkeit« erwerben. Dieser Ansatz birgt jedoch die Gefahr, die menschliche Verantwortung zu verschleiern. Die Darstellung von KI-Systemen als unabhängige Akteure könnte den Fokus von den Entwicklern, Betreibern und Profiteuren, die sie kontrollieren, ablenken. Rechtssysteme müssen daher wachsam gegenüber dem anthropomorphen Trugschluss bleiben – der Tendenz, Systemen, denen Bewusstsein, Intentionalität oder die Fähigkeit zu normativem Denken fehlen, moralische Handlungsfähigkeit zuzuschreiben.

Anstelle der Rechtsfähigkeit könnte ein fruchtbarerer rechtlicher Ansatz das Stellvertretungsrecht sein. Nach dessen Grundsätzen handeln Agenten als »Dritte« im Namen oder unter der Verantwortung der Verantwortlichen, z. B. der Auftraggeber, und können diese in vertraglichen Beziehungen binden oder ihre deliktische Haftung auslösen, also sie wegen einer unerlaubten Handlung haften lassen. Synthetische Agenten könnten dann als Stellvertreter verstanden werden, durch die Menschen handeln. In diesem Rahmen liegt die Haftung für die Handlung des Agenten – ob vorsätzlich oder fahrlässig – beim Auftraggeber, es sei denn, der Agent hat exzessiv seine Befugnisse überschritten. Was aber, wenn der Handlungsagent ein algorithmisches System ist, dessen Entscheidungslogik selbst für seine Schöpfer undurchsichtig ist? In solchen Fällen versagen traditionelle Modelle der Zurechnung. Die »Verantwortungslücke« [Matthias 2004] entsteht gerade deshalb, weil niemandem eine Absicht oder Vorhersehbarkeit des konkreten Schadens unterstellt werden kann.

Um diese Lücke zu schließen, müssen Regulierungsbehörden möglicherweise Modelle der Haftungsvermutung einführen. Ein Vorschlag sieht eine verschuldensunabhängige Haftung für Betreiber autonomer Systeme vor, die risikoreiche Tätigkeiten ausführen (z. B. autonome Fahrzeuge, Roboter im Gesundheitswesen, tödliche autonome Waffen). Ein weiterer Vorschlag ist ein mehrstufiges Haftungsmodell: Entwickler haften für Konstruktionsfehler, Betreiber für Einsatzentscheidungen und Nutzer für Missbrauch. Die von der Europäischen Kommission vorgeschlagene Richtlinie über die Haftung im Bereich der künstlichen Intelligenz [Europäische Kommission 2022] geht in diese Richtung, indem sie eine widerlegbare Vermutung der Kausalität einführt, wenn der Kläger nachweisen kann, dass ein KI-System wahrscheinlich einen Schaden verursacht hat und der Beklagte eine relevante Sorgfalts- oder Informationspflicht verletzt hat. Dieser Vorschlag ist zwar vielversprechend, aber in seinem Anwendungsbereich begrenzt und lässt eine verbindliche Harmonisierung vermissen. Er sieht vor, dass nationale Gerichte für die Zwecke der Anwendung von Haftungsregeln auf Schadensersatzansprüche einen Kausalzusammenhang zwischen dem Verschulden des Beklagten und dem Ergebnis des KI-Systems oder dem Ausbleiben eines Ergebnisses des KI-Systems vermuten, wenn alle folgenden Voraussetzungen erfüllt sind:

- Der Kläger hat das Verschulden des Beklagten oder einer Person, für deren Verhalten der Beklagte verantwortlich ist, nachgewiesen oder das Gericht hat dieses Verschulden vermutet, das in der Nichteinhaltung einer Sorgfaltspflicht besteht, die unmittelbar dem Schutz vor dem eingetretenen Schaden dienen sollte.
- Es kann aufgrund der Umstände des Falles als hinreichend wahrscheinlich angesehen werden, dass das Verschulden das Ergebnis des KI-Systems oder das Ausbleiben eines Ergebnisses des KI-Systems beeinflusst hat.
- Der Kläger hat nachgewiesen, dass die vom KI-System erbrachte Leistung oder das Versagen des KI-Systems, eine Leistung zu erbringen, den Schaden verursacht hat.

Auf internationaler Ebene besteht wenig Einigkeit darüber, wie synthetische Agenten reguliert werden sollen. Die mangelnde Harmonisierung stellt eine Herausforderung für den grenzüberschreitenden Einsatz von KI dar. Ein humanoider Roboter mit begrenzter Rechtsfähigkeit in einem Rechtsraum kann in einem anderen als bloßes Werkzeug und in einem dritten Land als Mitarbeiter behandelt werden. Dieser Rechtspluralismus schafft Möglichkeiten zur Ausnutzung und unterstreicht die Notwendigkeit koordinierter internationaler Standards. Über den Nutzen hinaus befasst sich die Debatte auch mit moralischer Philosophie. Sollte der rechtliche Status die gesellschaftliche Wahrnehmung moralischer Handlungsfähigkeit widerspiegeln? Wenn Nutzer Kameradschaft, Trauer oder Zuneigung zu synthetischen Wesen empfinden, verdienen diese Wesen dann rechtlichen Schutz? Wissenschaftler wie David Gunkel sind der Ansicht, dass relationale Ethik die Ausweitung bestimmter rechtlicher Schutzmaßnahmen rechtfertigen kann, nicht weil KI diese an sich verdient, sondern weil ihre Verweigerung die moralische Integrität des Menschen untergräbt [Gunkel 2018]. Diese Ansicht steht im Einklang mit dem Tierschutzrecht, das die Empfindungsfähigkeit und Verletzlichkeit von Tieren als Grundlage für einen begrenzten rechtlichen Schutz anerkennt. Eine ähnliche Logik könnte begrenzte Pflichten gegenüber KI-Entitäten rechtfertigen, die emotionale Bindungen hervorrufen oder so konzipiert sind, dass sie bewusst erscheinen. Gleichzeitig sollte emotionaler Realismus bei synthetischen Agenten nicht mit echtem Bewusstsein verwechselt werden. Das Recht muss sich ästhetischen Verführungen widersetzen und im Rechtsrealismus verankert bleiben.

12.4 Von individuellen Rechten zu kollektiven Schäden

Der Übergang von analogen zu synthetischen Gesellschaften bringt einen Paradigmenwechsel in der Konzeption von Rechten, Schäden und Schutzmaßnahmen mit sich. Während traditionelle Rechtsrahmen die Vorrangstellung individueller Rechte betonen – insbesondere im Zusammenhang mit Datenschutz und Privatsphäre –, bringt generative KI Schäden mit sich, die diffus, systemisch und oft kollektiver Natur sind. In diesem Abschnitt werden die Grenzen bestehender rechtsbasierter Rechtsarchitekturen hinterfragt und Wege zur Bewältigung kollektiver Schäden im synthetischen Zeitalter vorgeschlagen. Das europäische Datenschutzrecht, insbesondere die Datenschutz-Grundverordnung (DSGVO), bleibt der Grundpfeiler der Informationsrechte innerhalb der EU. Sie gewährt Einzelpersonen das Recht auf Zugang, Berichtigung, Löschung und Widerspruch gegen die Verarbeitung ihrer personenbezogenen Daten. Synthetische Systeme arbeiten jedoch zunehmend mit Inferenz, Aggregation und Verhaltensvorhersagen – Berechnungsmethoden, die sich traditionellen Vorstellungen von »personenbezogenen Daten« entziehen.

Personenbezogene Daten werden im Sinne der DSGVO definiert als:

- Alle Informationen, die sich auf eine identifizierte oder identifizierbare natürliche Person (»betroffene Person«) beziehen; als identifizierbar wird eine natürliche Person angesehen, die direkt oder indirekt, insbesondere mittels Zuordnung zu einer Kennung wie einem Namen, einer Identifikationsnummer, Standortdaten, einer Onlinekennung oder einem oder mehreren spezifischen Merkmalen, die Ausdruck der physischen, physiologischen, genetischen, psychischen, wirtschaftlichen, kulturellen oder sozialen Identität dieser natürlichen Person sind, identifiziert werden kann.
- Die Grundsätze des Datenschutzes sollten für alle Informationen über eine identifizierte oder identifizierbare natürliche Person gelten. Pseudonymisierte personenbezogene Daten, die durch Zuweisung zusätzlicher Informationen einer natürlichen Person zugeordnet werden können, sollten als Informationen über eine identifizierbare natürliche Person betrachtet werden. Um festzustellen, ob eine natürliche Person identifizierbar ist, sollten alle Mittel berücksichtigt werden, die vernünftigerweise eingesetzt werden können, wie beispielsweise das Herausgreifen durch den Verantwortlichen oder durch eine andere Person, um die natürliche Person direkt oder indirekt zu identifizieren. Um festzustellen, ob Mittel zur Identifizierung der natürlichen Person vernünftigerweise eingesetzt werden können, sind alle objektiven Faktoren zu berücksichtigen, wie die Kosten und der Zeitaufwand für die Identifizierung, unter Berücksichtigung der zum Zeitpunkt der Verarbeitung verfügbaren Technologie und der technologischen Entwicklungen. Die Grundsätze des Datenschutzes sollten daher nicht für anonyme Informationen gelten, d. h. Informationen, die sich nicht auf eine identifizierte oder identifizierbare natürliche Person beziehen, oder für personenbezogene Daten, die so anonymisiert wurden, dass die betroffene Person

> nicht oder nicht mehr identifizierbar ist. Diese Verordnung betrifft daher nicht die Verarbeitung solcher anonymer Informationen, auch nicht zu statistischen oder Forschungszwecken. Diese Verordnung gilt nicht für personenbezogene Daten verstorbener Personen. Die Mitgliedstaaten können Vorschriften für die Verarbeitung personenbezogener Daten verstorbener Personen erlassen.

Beispielsweise erstellen generative Empfehlungssysteme psychometrische Profile, nicht durch die Erfassung erklärter Präferenzen, sondern durch die Triangulation subtiler Verhaltenshinweise: Klickverzögerungen, Scrollgeschwindigkeit, Stimmmodulation. Diese Schlussfolgerungen werden in der Regel nicht offengelegt und fallen nicht in den Geltungsbereich der DSGVO. Auch ein Großteil des Affective Nudging und des epistemischen Framing durch KI-Systeme ist davon ausgenommen. Darüber hinaus gibt es zahlreiche Einschränkungen und Ausnahmen zu Artikel 22, der Schutz vor automatisierten Entscheidungen bietet, jedoch nur, wenn die Entscheidung »rechtliche oder ähnlich erhebliche Auswirkungen« hat. Er sieht vor:

- Die betroffene Person hat das Recht, nicht einer Entscheidung unterworfen zu werden, die ausschließlich auf einer automatisierten Verarbeitung, einschließlich Profiling, beruht und ihr gegenüber rechtliche Wirkung entfaltet oder sie in ähnlicher Weise erheblich beeinträchtigt.
- Dies gilt nicht, wenn die Entscheidung: (a) für den Abschluss oder die Erfüllung eines Vertrags zwischen der betroffenen Person und einem für die Daten verantwortlichen erforderlich ist; (b) durch das Recht der Union oder eines Mitgliedstaats, dem der für die Daten verantwortliche unterliegt, autorisiert ist und das auch geeignete Maßnahmen zum Schutz der Rechte und Freiheiten sowie der berechtigten Interessen der betroffenen Person vorsieht; oder (c) auf der ausdrücklichen Einwilligung der betroffenen Person beruht.
- In den in den Buchstaben a und c genannten Fällen trifft der für die Datenverarbeitung Verantwortliche geeignete Maßnahmen, um die Rechte und Freiheiten der betroffenen Person zu wahren, insbesondere das Recht, ein menschliches Eingreifen seitens des für die Datenverarbeitung Verantwortlichen zu erwirken, seinen Standpunkt zu vertreten und die Entscheidung anzufechten.
- Wenn die automatisierte Entscheidung auf sensiblen Daten beruht (personenbezogene Daten, aus denen die rassische oder ethnische Herkunft, politische Meinungen, religiöse oder weltanschauliche Überzeugungen oder die Gewerkschaftszugehörigkeit hervorgehen, sowie die Verarbeitung von genetischen Daten, biometrischen Daten zur eindeutigen Identifizierung einer natürlichen Person, Gesundheitsdaten oder Daten zum Sexualleben oder zur sexuellen Orientierung einer natürlichen Person), ist dies nur zulässig, wenn die betroffene Person ihre Einwilligung nach den Bestimmungen dieser Verordnung gegeben hat oder wenn dies aus Gründen des überwiegenden öffentlichen Interesses erforderlich ist.

Darüber hinaus geht die DSGVO von einem dyadischen Modell des Datenschadens aus: einem Betroffenen und einem Verantwortlichen. Deepfakes, halluzinierte Nachrichtenartikel und algorithmisch generierte Lügen betreffen jedoch Dritte, Gemeinschaften und sogar demokratische Institutionen. Das Recht muss daher Instrumente entwickeln, um auf »epistemische Schäden« zu reagieren – Schäden, die nicht einem einzelnen Betroffenen, sondern der gemeinsamen Informationsgrundlage, auf der die Gesellschaft beruht, zugefügt werden. In diesem Zusammenhang haben Wissenschaftler Konzepte wie »Datengerechtigkeit« und »kognitive Freiheit« als alternative Rahmenwerke vorgeschlagen [Taylor 2017]. Datengerechtigkeit bezieht sich auf die gerechte Verteilung epistemischer Macht: Wer kontrolliert die Produktion, den Zugang und die Verifizierung von Wissen [Taylor 2023]? Kognitive Freiheit betont nicht nur das Recht auf Privatsphäre, sondern auch das Recht auf Autonomie in der Meinungsbildung, ohne Manipulation durch immersive oder irreführende KI-Reize [Farahany 2023].

Synthetische Technologien führen auch zu strukturellen Schäden, die eher Gruppen als Einzelpersonen betreffen [Taylor et al. 2017]. Dazu gehören Desinformationskampagnen, die demokratische Prozesse untergraben, algorithmisches Profiling, das systemische Vorurteile reproduziert, und generative Inhalte, die das kollektive Gedächtnis untergraben oder Geschichtsüberlieferungen verzerren. Die Gesetzgebung hat sich in der Vergangenheit schwergetan, Antworten auf solche Schäden zu formulieren. Das Deliktsrecht beispielsweise erfordert identifizierbare Kläger und nachweisbare Schäden. Das Verfassungsrecht kann sich zwar auf das öffentliche Interesse berufen, verfügt jedoch über keine verfahrensrechtlichen Wege zur Wiedergutmachung. Selbst der Europäische Gerichtshof für Menschenrechte (EGMR) bleibt trotz seiner weitreichenden Auslegung an subjektive Ansprüche gebunden. Eine verfassungsrechtliche Verankerung der Informationsumgebung könnte erforderlich sein, wobei gemeinsame epistemische Infrastrukturen als rechtlich geschützte Gemeingüter behandelt werden. Dies könnte dem Umweltrecht ähneln, wo kollektive Schäden (z. B. Luftverschmutzung) durch öffentliche Regulierung statt durch private Rechtsstreitigkeiten geregelt werden. Gesetzgeberische Innovationen sind bereits im Digital Services Act (DSA) erkennbar, der sehr großen Online-Plattformen systemische Risikoverpflichtungen auferlegt und sie verpflichtet, Schäden im Zusammenhang mit Desinformation, algorithmischer Verstärkung und Manipulation zu bewerten und zu mindern. Der DSA ist zwar vielversprechend, aber es fehlen durchsetzbare Rechte für betroffene Gemeinschaften und die Anerkennung der epistemischen Integrität als eigenständiges Rechtsgut.

Kognitive Souveränität hingegen befasst sich mit dem Recht von Individuen und Gemeinschaften, ihre mentale Umgebung zu gestalten. In immersiven Medienkontexten – Augmented Reality, Gehirn-Computer-Schnittstellen, algorithmisch generierte Träume – kann dies die rechtliche Anerkennung eingriffsfreier Räume für die Gedankenbildung erfordern. Rechtswissenschaftler haben eine Gesetzgebung zu Neuro-Rechten gefordert, insbesondere angesichts der Konvergenz von KI und Neurotechnologie. Der Weg nach vorne besteht nicht einfach in der Ausweitung der Datenschutzrechte, sondern in einer Neukonzeption der Informationsrechte als ökologische und partizipative Rechte [Farahany et al. 2023]. Die synthetische Gesellschaft fordert das Rechtssystem heraus, von einem interaktionsbasierten Schadensmodell zu einem systemischen Modell überzugehen, das in der Lage ist, die kollektive Verletzlichkeit, die KI-Technologien aufdeckt und ausnutzt, zu erkennen, zu verhindern und zu beheben.

12.5 Die rechtliche Vorstellungskraft in der Krise: Fragmentierung, Soft Law und strukturelle Grenzen

Das Aufkommen synthetischer Technologien hat die Fähigkeit des Rechts, kohärent zu reagieren, überholt. Regulierungsinstrumente vermehren sich, bleiben jedoch über Rechtsordnungen, Disziplinen und institutionelle Mandate hinweg fragmentiert. Gleichzeitig droht eine wachsende Abhängigkeit von *Soft Law* – ethischen Leitlinien, freiwilligen Verhaltenskodizes, Folgenabschätzungen –, die demokratische Rechenschaftspflicht durch einen technokratischen Konsens zu ersetzen. In diesem Abschnitt werden die Grenzen der aktuellen rechtlichen Infrastrukturen bewertet und ein robusterer, mehr prinzipienorientierter Ansatz für die KI-Governance gefordert.

In der gesamten EU versuchen mindestens drei wichtige Rechtsordnungen, Aspekte der synthetischen Gesellschaft zu regulieren: die Datenschutz-Grundverordnung, das Gesetz über künstliche Intelligenz (EU AI Act) und der Digital Services Act (DAS). Jede davon befasst sich mit einem bestimmten Bereich – Datenschutz, Klassifizierung von KI-Systemen und Governance von Online-Plattformen –, aber keine bietet einen ganzheitlichen Rahmen für die Bewältigung der systemischen Risiken, die von generativer KI ausgehen. Die DSGVO konzentriert sich auf den Schutz personenbezogener Daten, regelt jedoch synthetische Inhalte an sich nicht. Der AI Act sieht einen mehrstufigen risikobasierten Rahmen vor, vermeidet jedoch eine angemessene Definition von Schlüsselbegriffen wie »Autonomie« oder »Allzweck-KI«. Der DSA erlegt Online-Plattformen Sorgfaltspflichten auf, schreibt jedoch keine spezifischen Durchsetzungsinstrumente für den Umgang mit schädlichen synthetischen Medien oder epistemischen Schäden vor.

Diese Fragmentierung führt zu Überschneidungen der Zuständigkeiten, Regulierungsunterschieden und unzureichender Durchsetzung. So könnte beispielsweise ein generatives KI-System, das Deepfake-Pornografie mit öffentlichen Personen produziert, unter das KI-Gesetz (wenn es als risikoreich eingestuft wird), die DSGVO (wenn personenbezogene Daten betroffen sind) und den DSA (wenn es von einer Plattform gehostet wird) fallen – doch keine einzige Stelle ist mit der Klärung eines derart vielschichtigen Falls betraut. Wissenschaftler haben eine »rechtliche Interoperabilität« in der KI-Governance gefordert – eine koordinierte rechtliche Infrastruktur, die Definitionen, Grundsätze und Durchsetzungsinstrumente harmonisiert [de Oliveira et al. 2024]. Ohne eine solche Integration besteht die Gefahr, dass die KI-Regulierung zu einem Flickenteppich aus isolierten Maßnahmen wird, die systemische Effekte nicht erfassen können.

Angesichts der zunehmenden Komplexität der Regulierung greifen politische Entscheidungsträger und Unternehmen zunehmend auf Soft-Law-Instrumente zurück:

Grundsätze für vertrauenswürdige KI, Ethikräte für KI, algorithmische Folgenabschätzungen und Transparenzverpflichtungen. Diese Mechanismen können zwar das Bewusstsein und die soziale Verantwortung von Unternehmen fördern, dienen jedoch oft als Ersatz für verbindliche Vorschriften. Dieses Phänomen – von einigen Wissenschaftlern als *Ethics Washing* der KI-Governance bezeichnet – kann sowohl das Vertrauen der Öffentlichkeit als auch die Rechtsklarheit untergraben [van Maanen 2022]. Die hochrangige Expertengruppe für KI [HLEG) der Europäischen Kommission veröffentlichte 2018 ein viel zitiertes Dokument, in dem sieben Schlüsselanforderungen für vertrauenswürdige KI dargelegt wurden: menschliche Handlungsfähigkeit, technische Robustheit, Datenschutz, Transparenz, Vielfalt, gesellschaftliches Wohlergehen und Rechenschaftspflicht [HLEG 2018]. Diese Grundsätze sind zwar rhetorisch und inhaltlich überzeugend, aber rechtlich nicht durchsetzbar. Darüber hinaus können sie zu selektiven Auslegungen führen und Unternehmen, die sich zwar formal, aber nicht inhaltlich daran halten, als Deckmantel dienen.

Ethisches Soft Law hat auch mit demokratischer Legitimität zu kämpfen [Senden 2004]. Die meisten KI-Ethikrahmen werden von Unternehmen, technischen Experten oder geschlossenen Beratungsgremien entworfen, oft ohne nennenswerte Beteiligung der Zivilgesellschaft. Dies kann zu einem technokratischen Regulierungsansatz führen, der Grundrechte zugunsten von Leistungskennzahlen und Innovationsanreizen vernachlässigt. Letztendlich muss die rechtliche Vorstellungskraft den Herausforderungen der synthetischen Gesellschaft mit normativen Ambitionen begegnen, nicht mit regulatorischem Minimalismus. Das Recht ist nicht nur eine Einschränkung für Innovation, sondern eine konstitutive Kraft bei der Gestaltung der Zukunft, in der wir leben. Die Regulierung der KI muss daher nicht nur auf Effizienz oder Sicherheit beruhen, sondern auch auf grundlegenden demokratischen Werten: Wahrheit, Würde, Gerechtigkeit und kollektive Selbstbestimmung. Anstatt KI als branchenspezifisches Thema zu behandeln, sollten Rechtssysteme sie als eine infrastrukturelle Transformation betrachten, die mit der Elektrizität oder dem Buchdruck vergleichbar ist – eine Entwicklung, die alle Lebensbereiche betrifft und eine ebenso integrierte rechtliche Antwort erfordert.

12.6 Den Weg in die Zukunft weisen: Lex Syntheticum als Regulierungsprototyp

Um die epistemische, normative und rechtliche Fragmentierung zu überwinden, die die heutigen rechtlichen Antworten auf synthetische Realitäten kennzeichnet, sollte ein *Lex Syntheticum* eingeführt werden, das auf einer kohärenten Rechtssystematik basiert, die die ontologischen und ethischen Besonderheiten des synthetischen Zeitalters widerspiegelt. In diesem Abschnitt werden die wichtigsten Säulen eines solchen Rahmenwerks skizziert – in dogmatischer, institutioneller und verfahrensrechtlicher Hinsicht. Das Lex Syntheticum ist kein neues Gesetz, sondern ein Meta-Rahmenwerk, das bestehende und neu entstehende Regulierungsinstrumente harmonisieren und miteinander verknüpfen soll. Es basiert auf vier normativen Säulen:

- **Epistemische Integrität:** Rechtliche Mechanismen müssen die Zuverlässigkeit von Informationen und die Überprüfbarkeit der Wahrheit gewährleisten. Dazu gehören Authentifizierungsstandards für digitale Inhalte, forensische KI-Protokolle für Gerichte sowie das Recht auf Transparenz und Anfechtbarkeit von Algorithmen.
- **Kognitive Autonomie:** Der Einzelne muss die Souveränität über seine eigenen mentalen und emotionalen Zustände behalten. Diese Säule untermauert neu entstehende Neuro-Rechte, Verbote unterbewusster KI-Manipulationen und die Überwachung immersiver Umgebungen, die Verhaltensschwächen ausnutzen.
- **Soziale Infrastruktur:** Das Recht muss Institutionen unterstützen, die Pluralismus, Diskurs und Resilienz in synthetischen Ökosystemen bewahren – Faktenprüfungsstellen, KI-Ombudsstellen, öffentliche Kampagnen zur KI-Kompetenz und Mechanismen zur gemeinsamen Steuerung von Plattformen.
- **Menschenwürde:** Alle KI-Vorschriften müssen den Vorrang der Menschenrechte vor kommerziellen, technologischen oder militärischen Prioritäten bekräftigen. Dazu gehören rote Linien in Bezug auf biometrische Überwachung, manipulative KI in der Politik und Systeme, die Nutzer entmenschlichen oder instrumentalisieren.

Die Umsetzung des Lex Syntheticum erfordert institutionelle Innovationen. Auf nationaler Ebene sollten Regierungen unabhängige KI-Aufsichtsbehörden mit Untersuchungs- und Durchsetzungsbefugnissen einrichten – ähnlich den Datenschutzbehörden im Rahmen der DSGVO. Diese Behörden würden KI-Systeme prüfen, Beschwerden untersuchen und verbindliche Entscheidungen treffen. Auf transnationaler Ebene könnte eine europäische Agentur für epistemische Integrität geschaffen werden, um die Reaktion auf grenzüberschreitende synthetische Bedrohungen zu koordinieren, z. B. koordinierte Desinformationskampagnen, synthetische Wahlbeeinflussung oder plattformübergreifende Schäden durch generative Inhalte. Diese Stelle würde mit der Europäischen Agentur für Netz- und Informationssicherheit (ENISA), dem Europäischen Datenschutzausschuss und anderen relevanten Interessengruppen zusammenarbeiten.

In Anlehnung an die Umweltpolitik könnte ein öffentliches KI-Register als Transparenzmechanismus dienen, in dem risikoreiche und universell einsetzbare KI-Systeme zusammen mit Prüfprotokollen, Rechtswegen und Kontaktstellen katalogisiert werden. Die Teilnahme an diesem Register könnte für Systeme, die die im KI-Gesetz oder im Lex Syntheticum festgelegten Kriterien erfüllen, verpflichtend gemacht werden.

Das Lex Syntheticum fordert auch neue Verfahrensmechanismen:

- **Algorithmische Rechtsstaatlichkeit:** Personen müssen informiert werden, wenn synthetische Inhalte ihre Rechte oder ihr Umfeld erheblich beeinträchtigen, und sie müssen eine sinnvolle Möglichkeit erhalten, diese Ergebnisse anzufechten oder zu korrigieren [Citron 2008; Fortes 2020]. Dies erweitert Artikel 22 DSGVO und steht im Einklang mit der Rechtsprechung des EGMR zu wirksamen Rechtsbehelfen.

- **Epistemischer Habeas Corpus:** Ein Verfahrensrecht, um die Integrität wichtiger Informationsinhalte (z. B. Beweise, Medien, Archive) anzufechten, wenn deren Authentizität aufgrund von KI-Einflüssen infrage gestellt wird [Vergari & Preite 2023].
- **Zivilgesellschaftliche Algorithmus-Verbandsklagebefugnis:** Die Anerkennung von zivilgesellschaftlichen Organisationen, akademischen Einrichtungen und Kontrollorganisationen als legitime Kläger in Fällen, in denen kollektive oder systemische Schäden durch KI entstehen – insbesondere wenn kein Einzelner einen direkten Schaden nachweisen kann.
- **Verfallsklauseln für synthetische Systeme:** Alle risikoreichen synthetischen Technologien sollten einer regelmäßigen Überprüfung, Verfallsklauseln oder Mechanismen zur erneuten Genehmigung unterliegen, um die fortdauernde rechtliche, ethische und soziale Angemessenheit sicherzustellen [Kouroutakis 2016].

In einer Zeit, die zunehmend von synthetischen Realitäten geprägt ist, in der generative Algorithmen Menschen erfinden, Beweise manipulieren, Diskurse prägen und die menschliche Wahrnehmung neu kalibrieren, wird vom Recht eine neue und historisch ungewohnte Funktion verlangt: die Rolle des Wächters der Realität selbst. Diese Rolle geht über die traditionelle Aufgabe des Rechts als Streitbeilegungsinstanz oder Zwangsmaßnahme hinaus. Sie verlangt von den Rechtssystemen, die epistemischen Grundlagen zu verteidigen, auf denen demokratische Gesellschaften aufgebaut sind: die Fähigkeit, Wahres von Falschem, Authentisches von Erfundenem, Akteure von Artefakten zu unterscheiden. Damit bekräftigt das Recht seine Relevanz nicht nur als normative Ordnung, sondern auch als ontologischer Anker in einer Welt der beschleunigten Simulation.

Es geht nicht nur um die Regulierung von Technologie, sondern um den Erhalt der politischen Gemeinschaft. Ohne Vertrauen in Beweise kann Rechtsstaatlichkeit nicht aufrechterhalten werden. Ohne gemeinsame Narrative bricht die demokratische Entscheidungsfindung zusammen. Ohne rechtliche Rechenschaftspflicht können generative Systeme zu Mitteln der Straflosigkeit, Instrumentalisierung und psychologischen Manipulation werden. Wie wir in diesem Kapitel dargelegt haben, ist die derzeitige Rechtsarchitektur in ihrer jetzigen Form nicht in der Lage, diese Herausforderungen zu bewältigen. Rechtsbasierte Rahmenwerke haben mit kollektiven Schäden zu kämpfen. Traditionelle Haftungsdoktrinen versagen angesichts synthetischer Handlungsfähigkeit. Soft Law verbreitet sich ohne Bindungswirkung. Jurisdiktionale Unterschiede lähmen die transnationale Durchsetzung.

Die Antwort darauf muss jedoch nicht Verzweiflung sein. Das Lex Syntheticum bietet einen möglichen Entwurf – einen harmonisierten, anpassungsfähigen und prinzipienbasierten Rahmen, der die Menschenwürde, die epistemische Integrität und die demokratische Souveränität in den Mittelpunkt der KI-Governance stellt. Die Umsetzung eines solchen Rahmens erfordert dogmatische Kreativität, institutionellen Mut und transdisziplinäre Zusammenarbeit. Letztendlich wird die Legitimität des Rechts im synthetischen Zeitalter davon abhängen, ob es in der Lage ist, nicht nur Rechte, sondern auch die Realität zu schützen; nicht nur Individuen, sondern Gesellschaften; nicht nur Ordnung, sondern auch Bedeutung. Die Zukunft der rechtlichen Regulierung liegt in ihrer Fähigkeit, auf eine Welt zu reagieren, in der die Grenze zwischen dem Realen und dem Künstlichen nicht nur verschwimmt, sondern aktiv umkämpft ist. Indem das Recht diese Grenze verteidigt, verteidigt es uns alle.

13 Verantwortung und Erkenntnis

Gernot Meier

Dieses Kapitel reflektiert die Rolle der Ethik im Zeitalter generativer KI nicht als nachgelagerte Bewertung, sondern als aktive Mitgestaltung technologischer Prozesse. Anhand konkreter Beispiele wird deutlich, wie automatisierte Systeme Verantwortung verschieben, intransparente Entscheidungen erzeugen und soziale Ungleichheiten verstärken können. Ethik muss daher frühzeitig in Design und Governance eingebunden werden. Das Kapitel kontrastiert wirtschaftlich-instrumentelle, wissenschaftlich-normative und relationale Perspektiven und plädiert für eine lebensdienliche, dialogische Ethik, die technologische Entwicklungen im Horizont von Verantwortung, Gerechtigkeit und digitaler Mündigkeit begleitet.

13.1 Einleitung

Die Informatik hat sich längst als fundamentale Kulturtechnik etabliert. Grundkenntnisse in einfachen Programmiersprachen gehören heute ebenso zur Allgemeinbildung wie früher das Alphabet oder die vier Grundrechenarten, und in nahezu allen wissenschaftlichen Feldern sind Kenntnisse in Python oder R mittlerweile zentral. Gleichzeitig verlassen sich Millionen Menschen täglich auf Systeme wie Large Language Models (LLMs) – oft ohne sich ihrer inneren Funktionsweise oder gesellschaftlichen Wirkungen bewusst zu sein. Technologie wird günstiger, zugänglicher, schneller – doch mit dieser wachsenden Verfügbarkeit hält die kritische Reflexion über ihre Bedingungen und Konsequenzen oftmals nicht Schritt. In der Geschichte digitaler Systeme zeigt sich immer wieder: Wo die Anwendung vorausläuft, ohne dass eine ethische Reflexion folgt, gibt es durchaus blinde Flecken. Zwei besonders eindrückliche Beispiele verdeutlichen dies:

Im australischen Sozialhilfesystem führte der Einsatz eines algorithmischen Entscheidungssystems zu einer massenhaften automatisierten Versendung von Mahnschreiben an Empfänger staatlicher Leistungen – bekannt geworden unter dem Begriff *Robo-Debt*. Die Algorithmen, ursprünglich zur Effizienzsteigerung eingeführt, produzierten systematisch fehlerhafte Ergebnisse: Tausende Menschen erhielten unberechtigte Rückzahlungsforderungen, oft ohne nachvollziehbare Begründung [Rohde 2017]. Die Betroffenen litten teils unter existenziellen Ängsten, und eine öffentliche Debatte über das Verhältnis von Technik, Kontrolle und menschlicher Würde kam erst in Gang, nachdem der Schaden bereits entstanden war. Es stellte sich in der Aufarbeitung auch die Frage, inwieweit Verantwortung delegiert wurde.

Ähnlich kritisch ist der Einsatz des COMPAS-Systems in den USA zu bewerten, das Rückfallrisiken von Straftätern bewerten sollte. Untersuchungen – u. a. durch ProPublica [Larson et al. 2016] – zeigten, dass People of Color systematisch als risikoreicher eingestuft wurden, selbst wenn sie nur geringfügige oder keine Vorstrafen hatten, während weiße Personen trotz erheblicher Delikte als ungefährlich galten. Die Diskriminierung geschah automatisiert – und war zugleich intransparent, weil das System »proprietär« geschützt war und keine öffentliche Rechenschaftspflicht bestand.

Beide Fälle zeigen, dass technologische Systeme nicht nur Werkzeuge sind. Sie strukturieren Entscheidungen, verschieben Verantwortlichkeiten – und können strukturelle Ungleichheit verstärken. Eine Ethik, die lediglich von außen kommentiert, reicht hier nicht aus. Ethik muss zur Mitgestaltungspraxis werden – z. B. dort, wo Macht ausgeübt wird oder wo Verletzlichkeit[1] entsteht.

In der gegenwärtigen Debatte erscheint Ethik auch immer wieder als Delegationsfigur: Die Aushandlungsprozesse werden an Institutionen wie Technikfolgenabschätzungsgremien oder kirchliche Einrichtungen externalisiert, wodurch sie gleichsam aus der alltäglichen Praxis ausgelagert und zugleich »neutralisiert« werden [Grimm 2021]. Dieses Verfahren erzeugt eine entlastende Illusion der Bearbeitung, ohne jedoch operative Politik oder konkrete Praxis zu transformieren. Ethik ist daher nicht als abstraktes Korrektiv oder moralisierender Überbau zu begreifen, sondern als kritische Praxis, die Machtverhältnisse, ökonomische Strukturen und politische Dynamiken sichtbar macht – insbesondere dort, wo Verantwortung unbequem, konflikthaft oder nicht anschlussfähig erscheint. Nicht dort, wo sie mit großer Corporate-Social-Responsibility-Werbung oder Wohlfühl-Guidelines leicht zu haben ist, sondern dort, wo technologische Systeme soziale Ungleichheiten verstärken, Machtverhältnisse verfestigen oder Entscheidungsprozesse intransparent machen.

Bereits 2017 schrieb Tim Berners-Lee unter dem Titel »The System is Failing«, dass das Internet seine ursprünglich offen-demokratischen Versprechen zu verlieren drohe, da wenige Konzerne zunehmend an Macht gewännen [Solon 2017]. Heute, acht Jahre später, könnte diese Warnung Realität geworden sein oder ggf. bald werden: KI-Modelle werden unter Ausschluss öffentlicher Kontrolle trainiert, Algorithmen diskriminieren systematisch und Daten werden zur Ressource eines neuen Überwachungskapitalismus.[2]

---

1. Zur Frage der Vulnerabilität siehe die Publikation der österreichischen Akademie der Wissenschaften/Institut für Technikfolgen-Abschätzung: *https://www.oeaw.ac.at/ita/projekte/digitalisierung-vulnerabilitaet-und-kritische-gesellschaftliche-infrastrukturen* (zugegriffen am 23.04.25).
2. Weitere Informationen hierzu finden Sie im Buch »Das Zeitalter des Überwachungskapitalismus« von Shoshana Zuboff aus dem Jahr 2019.

Rafael Capurro [Capurro 2017] beschreibt den *Homo Digitalis* (den vernetzten Menschen) nicht als distanzierten Nutzer, sondern als einen Menschen, der in digitale Systeme eingebettet ist – der sie mitgestaltet, aber auch durch sie geprägt wird. Digitale Technologien sind keine neutralen Instrumente. Sie sind kulturelle Akteure mit anthropologischer Wirkkraft: Sie formen unser Denken, unsere Wahrnehmung, unsere Strukturen. Insofern ist auch jede Technikgestaltung ein Akt der Weltgestaltung.[3]

Der digitale Humanismus[4] erinnert uns daran: Technik ist nicht bloß Innovation, sondern immer auch eine Frage der Werte. Eine demokratische Gesellschaft kann es sich nicht leisten, ethische Fragen an die Ränder des Diskurses zu delegieren. Wer Verantwortung ernst meint, muss dorthin schauen, wo Systeme wirken – nicht nur technisch, sondern auch sozial und manchmal auch schmerzhaft.

Angesichts dieser Entwicklungen wird deutlich: Verantwortung lässt sich nicht einfach delegieren oder vorschreiben – sie muss in konkreten Praktiken eingeübt und im Spannungsfeld von Wissen, Macht und Subjektivität immer wieder neu hergestellt werden. Eine Ethik, die diesen Namen verdient, darf sich nicht mit Kommentaren am Rande begnügen. Sie muss im Sinne Michel Foucaults als kritische Praxis der Selbstverhältnisse verstanden werden: als kontinuierliche Arbeit an der Frage, wie wir handeln wollen, wenn technologische Ordnungen unsere Handlungsspielräume strukturieren und erweitern. Reflexion ist dabei keine luxuriöse Denkbewegung, sondern eine notwendige Form der Selbstsorge in digitalen Verhältnissen – ein Widerstand gegen die Verengung des Denkens durch Algorithmen, Märkte oder vorgeformte Entscheidungssysteme. In dieser Perspektive beginnt das Feld, das traditionell unter dem Begriff *Ethik* firmiert, nicht als moralische Letztinstanz, sondern als ein kritisches, historisch situiertes Ringen um Verantwortung, Freiheit und das gute Leben.

13.2 Reflexion als notwendige Praxis

Auch die Reflexion von moralischen Aushandlungsmodellen – gemeinhin als Ethik bezeichnet – hat in den vergangenen Jahren eine beachtliche Entwicklung erfahren. Wurde sie in einem ersten interdisziplinären Aufschwung bezüglich KI noch vielfach als mahnende Stimme am Rande der technologischen und ökonomischen Diskussionen verortet, ist sie heute zunehmend integrativer Bestandteil technischer und ökonomischer Felder. Sie findet Eingang in Studiengänge der Informatik und Robotik ebenso wie in die Leitbilder global oder lokal agierender Technologieunternehmen. Auch in

---

3. »Der Bedarf an philosophischer Analyse wächst, um Klischees, Schlagworte und Schwarz-Weiß-Darstellungen zu entlarven, die zu einer lähmenden Polarisierung führen. Erfreulicherweise beteiligen sich in letzter Zeit immer mehr deutschsprachige Intellektuelle [und Informatiker*innen A. d. V.] an dieser global geführten Debatte. Die digitale Technologie ist nicht nur ein Instrument, sondern eine Sichtweise, uns selbst und die Welt zu verstehen. Sie wirft ontologische, anthropologische und ethische Fragen auf. Was kennzeichnet diese Art, die Welt in ihrem digitalen Sosein zu verstehen? Wer sind wir im digitalen Zeitalter? Diese Fragen lassen sich deskriptiv und normativ erörtern« [Capurro 2017, S. VII].
4. Ein Begriff, den vor allem Julian Nida-Rümelin und Nathalie Weidenfeld in ihrer Publikation »Digitaler Humanismus: Eine Ethik für das Zeitalter der Künstlichen Intelligenz« entscheidend geprägt haben [Nida-Rümelin & Weidenfeld 2018].

der Technikfolgenabschätzung gilt ethische Reflexion längst als konstitutiver Bestandteil wissenschaftlicher Praxis – auch wenn sie oft jenseits öffentlicher Sichtbarkeit agiert, wo Grundlagen gelegt und Forschungsrichtungen mitgestaltet werden. Doch mit dem beschleunigten Einzug von KI in nahezu alle gesellschaftlichen Sektoren verändern sich nicht nur die Fragestellungen, sondern auch die Anforderungen an die Wissenschaft selbst. Wissenschaftspolitisch wächst der Druck, ethische Reflexion nicht nur als additiven Kommentar, sondern als integralen Bestandteil von Forschung, Innovation und Governance zu begreifen [European Commission 2021]. Damit geht ein erweitertes Verständnis von Reflexionsvermögen einher: Es meint nicht nur die Fähigkeit, normativ zu urteilen, sondern auch, systemische Zusammenhänge, Machtverteilungen und soziale Implikationen technischer Entwicklung vorausschauend mitzudenken – eine Kompetenz, die zunehmend zur Voraussetzung verantwortlicher Forschung wird. Klassische Fragen nach Gerechtigkeit, Verantwortung oder dem »gelingenden Leben« erhalten unter den Bedingungen algorithmischer Entscheidungsfindung eine neue Dimension: Entscheidungen erscheinen zunehmend datenbasiert kalkulierbar und technisch vermittelbar, zugleich jedoch durch intransparente, proprietäre und schwer rekonstruierbare Prozesse strukturiert. In diesem Kontext fungiert Ethik als kritisches Gegenlicht, das jene Bereiche ausleuchtet, die in Alltagsdiskussionen häufig als rein funktional oder technisch-neutral erscheinen:

- Wer profitiert von bestimmten Entscheidungen?
- Wessen Stimme bleibt ungehört?
- Wo verlagert sich Verantwortung – und wer entzieht sich ihr?

Ein Blick in aktuelle Stellungnahmen, wie etwa der Leopoldina [Leopoldina 2024; Leopoldina 2021], der Deutschen Forschungsgemeinschaft [DFG 2024] oder der Helmholtz-Gemeinschaft [Helmholtz-Gemeinschaft 2019] u. v. m., zeigt eine bemerkenswerte Konvergenz in der Benennung zentraler Herausforderungen: Dazu zählen systematische Verzerrungen in Trainingsdaten (Datenbias), ungeklärte Fragen des geistigen Eigentums und der Urheberschaft, das Risiko von Plagiaten in KI-generierten Texten sowie die eingeschränkte Verlässlichkeit und mangelnde dokumentierbare Nachvollziehbarkeit komplexer Modelle – insbesondere im Kontext großer Sprachmodelle (Large Language Models, LLMs). In zahlreichen Stellungnahmen wird immer wieder betont: Transparenz, Fairness und eine nachvollziehbar dokumentierte Herkunft von Trainingsdaten und Modellentscheidungen sind keine idealistischen Zusatzforderungen, sondern grundlegende Voraussetzungen für Verlässlichkeit, Rechenschaftspflicht und eine gemeinwohlorientierte technologische Entwicklung.

Ethik als Reflexionswissenschaft ist in diesem Kontext nicht als nachgelagerte moralische Kommentierung technischer Prozesse zu verstehen, sondern als integrale, produktive Praxis der Technikgestaltung. Sie setzt früh an – bereits in der Phase des Designs – indem sie grundlegende Fragen, Zielkonflikte und soziale Implikationen sichtbar macht. Zugleich eröffnet sie die Möglichkeit zu kritischen Korrekturen im Verlauf der Entwicklung und Anwendung.

Hinzu kommt: Je später ethisch relevante Probleme adressiert werden, desto aufwendiger, kostenintensiver und risikobehafteter sind in der Regel die notwendigen Anpassungen – sei es technisch, regulatorisch oder gesellschaftlich. Frühzeitige Reflexion ist daher nicht nur normativ geboten, sondern auch strategisch klug.

Nur unter solchen Bedingungen kann Technik nicht nur funktional wirksam, sondern auch lebensdienlich[5] und verantwortungsfähig sein. Diese Perspektive deckt sich mit dem Ansatz von Monika Gatt, die ein dynamisches ethisches Verfahren fordert.[6] Ethik dürfe sich nicht auf starre Normenkataloge beschränken, sondern müsse technische Systeme situativ und dialogisch bewerten können – im kontinuierlichen Austausch zwischen Entwicklern, Nutzern und den involvierten gesellschaftlichen Gruppen. Ethik wird damit nicht als Ex-post-Korrektiv verstanden, sondern als konstitutives Element technischer Entwicklung, die digitale Kommunikationssysteme nicht nur moralisch bewertet, sondern deren Vermittlungslogik selbst ethisch reflektiert.[7]

Die daraus resultierende Forderung ist eindeutig: Technikgestaltung benötigt ethische Reflexionsräume – nicht als dekoratives Beiwerk, sondern als konstitutiver Bestandteil einer verantwortungsvollen Ingenieurpraxis. Wie Monika Gatt in ihrer Publikation hervorhebt, gehört dazu insbesondere das Einüben von Urteilskraft sowie die Fähigkeit, Ambivalenzen technologischen Handelns zu erkennen und einzuordnen. Gerade in einer zunehmend automatisierten Welt ist es entscheidend, dass Fachkräfte im technischen Bereich lernen, ihr Handeln ethisch zu reflektieren. Doch Ethik erschöpft sich nicht in einer regulativen Zusatzfunktion: Sie setzt Autonomie voraus und zielt zugleich darauf ab, diese Freiheit durch verantwortungsvolles Entscheiden zu formen und zu rahmen. Vor dem Hintergrund stellt sich damit die Frage, wie individuelle Selbstbestimmung unter den Bedingungen algorithmischer Steuerung und datenbasierter Vorstrukturierung erhalten bleiben kann. Der Homo Digitalis bzw. der Homo Responsibilis [Grunwald 2023] befindet sich in einem paradoxen Spannungsfeld: Digitale Technologien eröffnen einerseits neue Spielräume individueller Autonomie – durch Vernetzung, verbesserten Wissenszugang und intelligente Assis-

5. Auch wenn der Fokus des zitierten Beitrags auf pädagogischen Fragestellungen liegt, wird hier doch im Kern ein zentraler Bezugspunkt für die weiterführende Diskussion um das Konzept der Lebensdienlichkeit formuliert: »Religionspädagogische Reflexion ist in ihrem bildungstheoretischen Kern deskriptive und normative Deutungspraxis des wahrgenommenen, erhofften und verantwortlich mitgestalteten guten Lebens. Die disziplinäre Selbstverständigung steht im Zeichen der notwendigen kritischen Selbstaufklärung über den eigenen Standort angesichts und inmitten der gegenwärtigen komplexen Lebensverhältnisse. Der Begriff des Lebens als ›Metapher und Realität‹, der zugleich Unmittelbarkeit und Übergang an sich trägt, kann hier als Landmarke künftiger Wege, der in Unabgegoltenes vorausgreift und Suche sowie Veränderung befördert, verstanden werden« [Schlag 2019, S. 229].

6. Unter der Überschrift »Begriffe der Ethik im Ingenieurwesen« verweist Monika Gatt auf einen wichtigen Denker in der Prozessphilosophie: »Für den englischen Philosophen und Mathematiker des 20. Jahrhunderts, Whitehead, Begründer der Prozessphilosophie, der selbst im Ingenieurwesen lehrte, zeigt uns die Ethik gerade kein statisches Denken, sondern einen dynamischen, lebendigen und kreativen Prozess, wie Menschen über sich selbst denken und immer wieder neu herausarbeiten, wie das Miteinander gestaltet werden kann. Aus seiner Sicht erfahren wir im moralischen Handeln drei Aspekte, nämlich 1. die Einheit dieser moralischen Handlung, 2. die Vielheit dieser moralischen Handlung und 3. den Übergang von Bedeutungen und Symbolen im Prozess des Handelns« [Gatt 2025, S. 20].

7. Vgl. hierzu auch den Abschnitt »Leben in der message society« [Capurro 2017, S. 153 ff.].

tenzsysteme. Andererseits wächst zugleich die Abhängigkeit von algorithmischen Strukturen, die Entscheidungen vorstrukturieren, Daten interpretieren und Nutzer in personalisierte Informationsräume einschließen. Technik erscheint somit nicht als neutrale Werkzeugsammlung, sondern als Ausdruck eines bestimmten Weltverhältnisses: Sie ist stets auch sozial, kulturell und ethisch codiert [Loh 2019]. Während Algorithmen und Zahlen neue Ordnungen schaffen, bleibt die Frage nach dem Sinn unabdingbar – denn nur sie vermag Orientierung zu stiften in einer zunehmend vermessenen und vorausberechneten Welt [Schlenker 2023].

13.3 Perspektiven auf Verantwortung im Zeitalter generativer KI

In der aktuellen Einschätzung um Leitlinien für den Umgang mit generativer künstlicher Intelligenz zeigen sich deutlich unterschiedliche Akzentsetzungen – je nachdem, aus welchem gesellschaftlichen Feld die jeweiligen Beiträge stammen. Besonders sichtbar wird dies im kursorischen Vergleich der Zugänge, wie beispielsweise des Bitkom-Leitfadens, der EU Living Guidelines und der relationalen Ethik von Mark Coeckelbergh [Coeckelbergh 2018].

Der Bitkom-Leitfaden versteht Ethik primär als steuerndes Werkzeug innerhalb unternehmerischer Verantwortungskulturen. Ziel ist es, Prinzipien wie Vertrauen, Transparenz und Nachvollziehbarkeit in konkrete Richtlinien und Prozesse zu übersetzen [Bitkom 2025a, S. 94–97]. Ethik erscheint hier als Kompass, der in einer dynamischen Unternehmensrealität Orientierung geben soll – auch unter dem Druck von Innovation, Skalierung und Marktlogik.

Besonders betont werden präventive Schutzmaßnahmen vor potenziellen Fehlwirkungen generativer Systeme, etwa im Kontext von psychologischer Manipulation durch algorithmisches Nudging. Ethik wird so zur Risikosteuerung, deren Fokus auf unternehmerischer Sorgfaltspflicht und technologischer Kontrollierbarkeit liegt [Bitkom 2025a].

Im Kontrast dazu formuliert die Europäische Kommission in ihren *Living Guidelines on the Responsible Use of Generative AI in Research* eine forschungsethische Position, die auf der Einhaltung wissenschaftlicher Integrität und auf einem klar normativen Rahmen beruht. Als zentrale Prinzipien werden folgende Aspekte identifiziert [European Commission 2024]:

- Reliability
- Honesty
- Respect
- Accountability

Die Kommission betont: »These guidelines intend to set out common directions on the responsible use of generative AI« [European Commission 2024, S. 4]. Hier steht nicht die Steuerung einzelner Anwendungen im Vordergrund, sondern die

Förderung einer integren Wissenschaftskultur, die Selbstverpflichtung über Kontrolle stellt.

Eine grundlegend andere Herangehensweise formuliert Mark Coeckelbergh mit seinem Konzept der relationalen Ethik, die Aspekte des Sozialkonstruktivismus aufnimmt. Ausgangspunkt ist die Kritik an klassischen Ethikmodellen, die primär die Handlungsfähigkeit des Akteurs in den Blick nehmen, jedoch die Perspektive der Betroffenen – der *Moral Patients* – vernachlässigen. Coeckelbergh spricht deshalb von einer moralischen Patiency und betont: »Seen from a more relational perspective, there are not only moral agents but also moral patients in the responsibility relation. It is argued that the demand for explainability is justified not only via the knowledge condition (know what you are doing as an agent of responsibility) but should also be based on the moral requirement to provide reasons for a decision or action to those to whom you are answerable, to the responsibility patients. Finally, other senses of the term ›relational‹ responsibility are also explored: collective responsibility and the social aspect of giving explanations« [Coeckelbergh 2020, S. 2053].

Transparenz und Rechenschaftspflicht werden hier nicht aus der Macht des Systems, sondern aus dem Anspruch des Gegenübers auf Antwort begründet. Damit entsteht eine tiefere, anthropologisch verankerte Legitimation für ethische Anforderungen an KI – jenseits technischer Funktionalität oder normativer Regulierung.

Von Systemorientierung zu Beziehungsfragen

Diese Perspektiven lassen sich in einem Spannungsfeld zwischen Anwendung, Institutionalisierung und Relationalität verorten – mit jeweils unterschiedlichem Gewicht auf Prinzipien wie Nachvollziehbarkeit, Vertrauen oder Antwortverpflichtung.

Diese beispielhaften Analysezugänge lassen sich in einem mehrdimensionalen Spannungsfeld verorten. Sie unterscheiden sich nicht nur in ihrer institutionellen Herkunft (Wirtschaft, Wissenschaft, Philosophie), sondern auch in ihrer Grundhaltung gegenüber Technik, Verantwortung und dem Subjekt der Ethik.

Am einen Ende steht der systemorientierte (rechtliche) Zugang, wie ihn der Bitkom-Leitfaden exemplarisch vertritt: Ethik dient hier vor allem der Strukturierung von Prozessen und Risiken innerhalb technischer und organisatorischer Kontexte. Der Mensch erscheint primär als Akteur im System – Verantwortung wird »operationalisiert«, Nachvollziehbarkeit wird hergestellt. Einen anderen Fokus hat die relationale Ethik Coeckelberghs, in der Verantwortung nicht primär aus Handlungsmacht, sondern aus Antwortverpflichtung gegenüber dem anderen hervorgeht. Ethik bedeutet hier, Beziehung aufzunehmen – zu jenen, die betroffen sind, auch wenn sie keine Stimme haben oder kein Akteur im klassischen Sinne sind. Technik wird dadurch nicht neutral verwaltet, sondern als Beziehungsraum verstanden.[8]

---

8. Siehe [Coeckelbergh 2020]. An dieser Stelle ist es zentral, auch auf John Rawls Theorie der Gerechtigkeit hinzuweisen, die eine besondere Stellung in der grundsätzlichen Einschätzung von wirtschaftlichen Prozessen einnimmt. Er stärkt die Stellung des einzelnen Individuums und wehrt sich gegen einen unmenschlichen Utilitarismus [Rawls et al. 2021].

Von normativer Rahmung zu praktischer Ermöglichung

Die EU Living Guidelines markieren einen Zwischenpunkt. Sie betonen nicht konkrete Technikgestaltung, sondern die Pflege einer normativen Kultur im wissenschaftlichen Umgang mit KI. Der Fokus liegt auf Prinzipien wie Honesty und Respect, die nicht technisch kontrolliert, sondern gemeinsam getragen und kommunikativ erneuert werden sollen. Ethik erscheint hier als Kulturform, nicht als Kontrollinstrument[9].

Von der Vielfalt zur Verankerung: Wie bleibt Ethik wirksam?

Die Vielfalt der ethischen Perspektiven im Umgang mit generativer KI zeigt: Verantwortung ist kein statisches Konzept, sondern ein dynamisches Aushandlungsfeld, das je nach Kontext anders gewichtet und konkretisiert wird. Das ist eine Stärke – birgt aber auch Risiken. Denn je pluraler die Ethikmodelle, desto größer wird die Gefahr, dass Verantwortung fragmentiert, relativiert oder entpolitisiert wird. Gerade in komplexen technologischen Umgebungen braucht es deshalb eine doppelte Bewegung: Einerseits die Offenheit für kontextspezifische Ausprägungen ethischer Orientierung – andererseits aber auch Formen der institutionellen Verankerung, die Ethik nicht nur als Haltung, sondern als strukturwirksame Praxis sichern.

Wie kann Ethik in Strukturen eingebettet werden, ohne zur reinen Compliance-Rhetorik zu verkommen? Wie bleibt sie lebendig, widerständig – und zugleich anschlussfähig für Institutionen, Organisationen und Gesellschaften?

Der nächste Abschnitt dieses Artikels widmet sich genau diesen Fragen: dem Spannungsfeld zwischen normativer Tiefe und organisatorischer Umsetzung. Im Zentrum steht dabei die Idee der lebensdienlichen Technikgestaltung – als Ausdruck einer Ethik, die nicht abseitssteht, sondern mitgestaltet: partizipativ, verantwortlich und den Menschen im Blick.[10]

Digitale Verantwortung als Gestaltungsprinzip

Ein verantwortungsvoller Umgang mit digitaler Technik erfordert mehr als funktionale Problemlösungen oder regulatorische Compliance. Er setzt eine ethische Haltung voraus – eine Form der Urteilskraft, die technische Gestaltung nicht isoliert, sondern in Beziehung zu gesellschaftlichen Werten, Machtverhältnissen und langfristigen Wirkungen denkt. Verantwortung beginnt nicht erst im Nachhinein, wenn Schäden eingetreten oder Systeme aus dem Ruder gelaufen sind. Sie beginnt mit der grundlegenden Frage:

Wofür – und für wen – setzen wir Technologie überhaupt ein?

Der Homo Digitalis (s. o.) lebt in einer Welt, in der Daten zur Leitwährung geworden sind. Seine Entscheidungen werden zunehmend durch automatisierte Prozesse, persona-

9. Siehe [European Commission 2024]: Insbesondere die Prinzipien zu »Honesty« und »Respect« sowie die kontextuelle Verortung der Guidelines als dynamisches, gemeinsam getragenes Orientierungsangebot.
10. Einen größeren Überblick über ethische Ansätze in finden Sie in [Jobin et al. 2019].

lisierte Inhalte und algorithmische Vorhersagen beeinflusst – oft subtil, oft intransparent. In dieser durchdigitalisierten Umwelt genügt klassische Medienkompetenz nicht mehr.

Es braucht eine neue Form der digitalen Mündigkeit: die Fähigkeit, digitale Machtstrukturen zu erkennen, algorithmische Steuerungsmechanismen zu durchschauen und deren soziale Folgen kritisch zu reflektieren. Der digitale Humanismus erinnert uns daran, dass der Mensch nicht zum Objekt datenbasierter Optimierung degradiert werden darf. Er ist ein freies, verletzliches und urteilsfähiges Subjekt, dessen Würde nicht aus Effizienz, sondern aus Beziehung erwächst. Technik muss daher nicht bloß effizient, sondern ethisch reflektiert sein – an den Bedingungen eines guten, gerechten und menschenwürdigen Zusammenlebens.[11]

Die zentrale Herausforderung besteht darin, eine digitale Kultur zu gestalten, in der Würde, Freiheit, Teilhabe und Verantwortung nicht als nachträgliche Korrektive erscheinen, sondern als tragende Prinzipien technischer Entwicklung und gesellschaftlicher Innovation. Eine solche Kultur entsteht nicht automatisch – sie muss gewollt, verhandelt und gepflegt werden: in der Bildung, in der Politik, in Designprozessen und in der alltäglichen Praxis.

Doch genau hier beginnen die Herausforderungen:

Freiheit, Gerechtigkeit, Verantwortung, Nachhaltigkeit und Transparenz sind keine technischen Parameter, die sich linear implementieren ließen – sie sind normative Orientierungsbegriffe, die in gesellschaftlichen Kontexten durchaus im Spannungsverhältnis zueinander stehen können.

Freiheit kann mit Gerechtigkeit kollidieren, etwa wenn eine liberale Datenökonomie auf Kosten des Schutzes persönlicher Rechte [Leopold 2021] operiert. Transparenz kann in einem Fall die Verantwortung eines Akteurs stärken, im anderen jedoch seine Schutzwürdigkeit und Autonomie gefährden – etwa, wenn Offenlegungspflichten marginalisierte Gruppen zusätzlich exponieren.

Ethik muss sich deshalb nicht nur mit dem Ausbalancieren von moralischen Ansätzen befassen, sondern auch mit der Frage, wie sie in konkreten Kontexten miteinander verknüpft, gewichtet und ausgehandelt werden. Gesellschaftliche Aushandlungsprozesse sind dabei keine Schwäche, sondern Ausdruck demokratischer und ökonomischer Reife: Sie machen sichtbar, dass normative Orientierung nicht einfach in universellen Regeln aufgeht, sondern im Dialog entsteht – und in der Fähigkeit, Ambivalenzen auszuhalten und verantwortungsvoll zu gestalten.

Verantwortung für kommende Generationen

»Handle so, daß die Wirkungen deiner Handlung verträglich sind mit der Permanenz echten menschlichen Lebens auf Erden. [...] Schließe in deine gegenwärtige Wahl die zukünftige Integrität des Menschen als Mit-Gegenstand deines Wollens ein« [Jonas 2015, S. 36].

---

11. Siehe hier auch den sehr lesenswerten Überblickssammelband: Der Wert der Digitalisierung, Gemeinwohl in der digitalen Welt [Piallat 2021].

In einer zunehmend komplexen Welt wird Verantwortung zu einem ethischen Grundprinzip, das individuelles Handeln an der Möglichkeit einer guten Zukunft für alle ausrichtet[12]. Der heutige Mensch ist gefordert, nicht nur im Hier und Jetzt zu entscheiden, sondern die langfristigen Auswirkungen seines Tuns mitzudenken – über Generationen, Kulturen und technologische Schwellen hinweg.

13.4 Zusammenfassung

Die Zukunft bleibt ungewiss. Umso dringlicher ist es, dass Entscheidungen auf einer Grundlage getroffen werden, die auf Erfahrung, überprüfbarem Wissen und moralisch reflektierter Urteilskraft beruht. Der Homo Digitalis steht dabei an einer Schnittstelle: Er ist Schöpfer und Geschöpf digitaler Strukturen zugleich – er formt Technologien, doch er wird auch von ihnen geformt. Digitale Technik eröffnet immense Möglichkeiten – doch ihre Gestaltung ist keine Frage der bloßen Machbarkeit. Sie ist eine Frage der Verantwortung, der kulturellen Verankerung und der Fähigkeit, zwischen dem technisch Möglichen und dem menschlich Wünschbaren zu unterscheiden. Ethik wird so nicht zur externen Bewertung von Technik, sondern zu einem integralen Bestandteil digitaler Existenz – eingebettet in unser Selbstverständnis, unsere Beziehungen, unsere Weltverhältnisse.

Damit entsteht z. B. ein ganzheitlicheres Verständnis von Verantwortung: nicht als moralischer Appell, sondern als lebensdienliche Praxis, die technische Innovation mit kultureller Tiefenschärfe und sozialer Gerechtigkeit verbindet. So verstanden ist Verantwortung nicht die Bürde der Gegenwart, sondern die Brücke zur Zukunft – getragen von Urteilskraft, Beziehung und dem Mut, das Morgen mitzugestalten.

---

12. Auch wenn das Buch »Das Prinzip Verantwortung« von Hans Jonas schon älter ist (erschienen 1979), hat es nichts von seiner wissenschaftlichen und erkenntnistheoretischen Klarheit für die heutige Zeit eingebüßt [Jonas 2015].

14 Arbeiten mit KI: Kollege oder Konkurrent?

Tobias Zwingmann

In der Beziehung zwischen Mensch und KI gibt es seit jeher viele Erwartungen an und Ängste bezüglich der Zukunft. Diese reichen von Szenarien einer allherrschenden KI im Sinne von Terminator bis hin zu einem bewussten Einsatz von KI als Werkzeug zur Augmentierung des Arbeitsalltags oder des Lebens. Was verbirgt sich aber wirklich dahinter? In diesem Kapitel wird dieses Thema diskutiert und mögliche Formen der Zusammenarbeit sowie die Auswirkungen auf Jobprofile dargestellt.

14.1 KI-Einführung – ein Alltagsbeispiel

Wird KI zum hilfreichen Kollegen oder zur bedrohlichen Konkurrenz? Diese Frage beschäftigt Unternehmen und ihre Mitarbeitenden gleichermaßen – oft mit sehr unterschiedlichen Antworten. Während das Management die Effizienzpotenziale sieht, empfinden viele Beschäftigte Unsicherheit oder sogar Angst vor Veränderungen. Schauen wir uns dies an einem Fallbeispiel an.

Hinweis: Fallbeispiel

Das hier vorgestellte Fallbeispiel ist fiktiv, steht aber exemplarisch für die typischen Muster und Beobachtungen aus über einem Dutzend generativer KI-Projekte, die ich in den letzten zwei Jahren in Unternehmen verschiedener Branchen begleitet habe.

In einem mittelständischen Unternehmen der Marketingbranche herrscht Aufbruchstimmung – zumindest in der Geschäftsleitung. Nach monatelanger Marktbeobachtung fällt die Entscheidung: Ein generativer KI-Chatbot soll eingeführt werden, um den Kundendialog effizienter zu gestalten. Das Ziel ist klar: Entlastung für den Kundenservice, mehr Geschwindigkeit im Tagesgeschäft – und ein moderneres Auftreten nach außen. Im Projektplan klingt alles sinnvoll. Doch bereits in der ersten Besprechung mit dem Serviceteam wird deutlich: Hier geht es nicht nur um Technik.

Julia, Mitte fünfzig, seit 18 Jahren im Unternehmen, verschränkt die Arme: »Also wenn das Ding dann unsere E-Mails beantwortet, bin ich gespannt, was ich hier noch machen soll.« Ein Kollege ergänzt halblaut: »Erst nehmen sie uns die Routine, dann den Rest. Wir werden schon sehen, ob der Bot wirklich so gut ist wie wir.«

Der vom Management als »digitale Unterstützung« geplante Chatbot wird in diesem Szenario nicht positiv, sondern als Bedrohung und sich anbahnende Verdrängung ihrer Arbeitskraft gesehen.[1] Im Betriebsrat ist von »Einsparmaßnahmen durch die Hintertür« die Rede. Und während die Projektverantwortlichen versuchen, das neue Tool mit Anwendungsfällen und Erfolgsgeschichten zu erklären, formiert sich innerhalb der Belegschaft ein stiller Widerstand. Letztlich scheitern viele Projekte genau daran. Frei nach dem Motto: »Ich schau mir das erst mal an und identifiziere jede Unzulänglichkeit, bis es irgendwann keine Erfolgsgeschichte mehr gibt« [Bolder 2025].

14.2 Vom Widerstand zur Wurzel: das KI-Paradoxon

Szenarien, in denen Mitarbeiter nicht gemeinsam mit auf die Reise genommen werden und letztlich ein Projekt boykottieren, sind keine Einzelfälle. In vielen Unternehmen scheitert der Einsatz von KI nicht an der Technologie, sondern an den Menschen, für die sie gedacht ist.

Das hat System. Es ist Teil eines größeren Musters, das in vielen Projekten und Kundensituationen auftritt und nachfolgend als das *KI-Paradoxon* bezeichnet wird:

> *» Während das Management sich über die Möglichkeiten von KI begeistert und erwartet, dass Mitarbeitende die neue Arbeitswelt bereitwillig annehmen, empfinden diese häufig Angst oder Bedrohung durch potenzielle Veränderungen ihrer Jobs und Tagesabläufe.«*
>
> [Zwingmann et al. 2024]

Das Paradoxe daran: Genau jene Technologie, die den Arbeitsalltag vereinfachen und Mitarbeitende entlasten soll, löst bei vielen Ablehnung oder Gleichgültigkeit aus. Nicht, weil sie die Potenziale nicht erkennen, sondern weil sie nicht überzeugt sind, dass sie selbst davon profitieren. Der Nutzen bleibt abstrakt, die Risiken sind spürbar.

Das bestätigt auch eine Studie von Ernst & Young: 75 % der befragten Mitarbeitenden machen sich Sorgen, dass KI bestimmte Jobs überflüssig macht. Zwei Drittel befürchten konkret, dass ihr eigener Arbeitsplatz gefährdet ist [EY Americas 2023].

Technologie allein verändert nichts – sie braucht Menschen, die sie annehmen, gestalten und mit Leben füllen. Das KI-Paradoxon zeigt deutlich: Ohne Überzeugung der Mitarbeitenden bleibt jede noch so leistungsfähige KI ineffektiv.

Warum scheitert der Buy-in so oft? Weil häufig Folgendes fehlt:

- Ein klares »Warum« hinter dem KI-Einsatz: Was ist das Ziel – jenseits technischer Buzzwords?
- Eine realistische Erwartungshaltung: KI ist kein Zauberstab, sondern ein Werkzeug.
- Übersetzerrollen, die zwischen IT und Fachabteilung vermitteln.

---

1. Gerade vor dem Hintergrund von Ankündigungen wie beispielsweise von Klarna, komplett auf KI anstatt auf den Menschen zu setzen, sind solche Szenarien und Ängste bereits heute Realität (vgl. [Klarna 2024]). Wie ein solches Vorgehen erfolgreich angegangen werden kann, ist in Kapitel 9 »Aufbau einer KI-Einheit im Unternehmen« dargestellt.

- Echtes Change Management, das Ängste adressiert und nicht ignoriert.
- Eine langfristige Perspektive statt kurzlebiger Projekte

Hinzu kommt, dass Mitarbeitende KI oft nicht als Erweiterung ihrer Arbeit erleben, sondern als Verdrängung – vor allem, wenn der Einsatz nicht partizipativ gestaltet wird [Krzywdzinski 2024].

Aber es geht auch anders. Wer die KI nicht als Ersatz, sondern als echten Kollegen betrachtet, kann ihr volles Potenzial ausschöpfen. Genau hier setzen neue Kollaborationsmodelle an, die Rollenverständnisse präsentieren, die aufzeigen, wie Menschen und Maschinen produktiv zusammenarbeiten können.

Doch wie genau kann eine solche Zusammenarbeit zwischen Mensch und KI aussehen? Nachfolgend werden Möglichkeiten anhand zweier Denkmodelle vorgestellt.

14.3 Centaur vs. Cyborg: zwei Denkmodelle für die Zusammenarbeit von Mensch und KI

Wie lässt sich eine produktive Zusammenarbeit zwischen Mensch und KI konkret gestalten? Zwei Modelle helfen dabei, ein systematisches Verständnis zu entwickeln: das *Centaur-Modell* und das *Cyborg-Modell* [Mollick 2023] (siehe Abb. 14.1). Beide Modelle beschreiben unterschiedliche Weisen, wie Mensch und Maschine sich ergänzen können, und haben sich in der Praxis als wertvolle Orientierungshilfen erwiesen.

Abb. 14.1 *Centaur vs. Cyborg*

14.3.1 Das Centaur-Modell: Mensch und KI als Team mit klarer Arbeitsteilung

In der Welt der Schachcomputer wurde der Begriff *Centaur* geprägt. Hierbei handelt es sich um eine hybride Spielform, bei der Mensch und Maschine gemeinsam antreten. Nicht in Konkurrenz, sondern als Team – mit dem Ziel, ihre jeweiligen Stärken zu kombinieren [Cassidy 2014].

Übertragen auf den Unternehmenskontext bedeutet das: Die KI übernimmt Aufgaben, in denen sie besonders stark ist, z. B. Mustererkennung, Informationskategorisierung und automatische Texterstellung. Der Mensch hingegen konzentriert sich auf das, was Maschinen (noch) nicht können: Kontextverständnis, ethische Abwägungen, Empathie, Kreativität und Kommunikation als Mensch mit Menschen.

Welche Einsatzszenarien gibt es für diese typische Kombination aus Stärken zwischen Mensch und Maschine? Im Unternehmensalltag entsprechen beispielsweise die folgenden drei Anwendungen dem Centaur-Modell:

- Eine Vertriebsmitarbeiterin lässt sich von der KI Gesprächsnotizen zusammenfassen, nutzt diese aber als Grundlage für ihr eigenes Follow-up.
- Ein Marketingteam generiert mit einer KI Varianten von Social-Media-Posts und entscheidet selbst, welche am besten zur Markenidentität passen.
- Ein Controller nutzt ein KI-Dashboard zur Musteranalyse, nimmt aber eigenständig eine Interpretation der Zahlen und Handlungsempfehlungen vor.

In der Praxis entspricht das Centaur-Modell vielen klassischen Workflow-Augmentierungen: Die KI übernimmt definierte Teilaufgaben – etwa Datenrecherche, Textvorschläge oder Übersetzungen –, die dann durch den Menschen weiterverarbeitet oder finalisiert werden. Der Mensch ist hier immer noch aktiv im Prozess, wird aber durch spezifische KI-Fertigkeiten unterstützt.

Vorteile dieses Vorgehens sind:

- Niedrige Einstiegshürde
- Klar nachvollziehbare Prozesse
- Geringe Risiko- und Akzeptanzbarrieren

Nachteile oder Grenzen sind hingegen:

- Wenig echte Kollaboration – eher aufeinanderfolgende Arbeitsteilung
- KI bleibt »Werkzeug«, nicht Partner

14.3.2 Das Cyborg-Modell: Mensch und KI als eng verwobene Einheit

Im Gegensatz dazu steht das Cyborg-Modell – ein Denkansatz, bei dem Mensch und KI nahtlos zusammenarbeiten. Die Grenzen verschwimmen: KI wird zum integralen Bestandteil der täglichen Arbeit in einem kontinuierlichen Dialog. Statt Arbeit zu delegieren, entstehen Ergebnisse co-kreativ: Der Mensch beginnt mit einer Idee, die KI ergänzt, der Mensch korrigiert, die KI entwickelt weiter – ein iterativer Prozess, bei dem sich beide wechselseitig beeinflussen.

Beispiele für Cyborg-Szenarien [Zwingmann 2024] sind etwa:

- Ein Data Analyst entwickelt gemeinsam mit einer KI komplexe SQL-Abfragen – mit Vorschlägen, Tests und Verfeinerung im Dialog.
- Eine Redakteurin nutzt die KI nicht nur zur Texterstellung, sondern entwickelt mit ihr gemeinsam ein Storyboard – mit Ideen, Gliederung, Zwischenfeedback im Wechselspiel.
- Ein Produktentwickler arbeitet mit einer multimodalen KI, die Skizzen interpretiert, Varianten entwirft und technische Umsetzungen simuliert – in Echtzeit und kollaborativ.

Hier steht nicht das Delegieren, sondern das Erweitern der eigenen Handlungsmöglichkeiten im Vordergrund.

Das Cyborg-Modell ist besonders in kreativen, konzeptuellen oder analytischen Aufgaben hilfreich, bei denen neue Inhalte entstehen – etwa bei der Ideenfindung, der Entwicklung von Strategien oder bei komplexen Entscheidungsprozessen.

Vorteile dieses Vorgehens sind:

- Höheres kreatives Potenzial
- Stärkere Verschmelzung von menschlicher Intuition und KI-Mustererkennung
- Geeignet für komplexe Problemstellungen

Nachteile oder Grenzen sind hingegen:

- Höhere Anforderungen an Datenqualität, Benutzerfreundlichkeit und Vertrauen
- Schwerer zu kontrollieren, wer was beigetragen hat
- Risiko der übermäßigen Abhängigkeit von KI

14.3.3 Welches Modell ist wann sinnvoll?

Die Wahl zwischen Centaur- und Cyborg-Modell ist keine Entweder-oder-Entscheidung. Vielmehr hängt sie von drei Faktoren ab:

1. **Art der Aufgabe**
   Sich regelmäßig wiederholende, relativ einfache Routinetätigkeiten sind eher für Centaur-Projekte geeignet. Kreative, offene Problemstellungen hingegen erfordern in der Regel einen Cyborg-Ansatz.
2. **Reifegrad der KI**
   Ist das System bereits gut trainiert und in die täglichen Workflows integriert? Hier ist ein Cyborg-Ansatz möglich. Beschränkt sich die KI-Fähigkeit jedoch eher auf einige wenige, gut abgesteckte Use Cases? Dann bietet das Centaur-Modell in Verbindung mit klarer Handlungsanweisung einen sichereren Einstieg.
3. **Reifegrad der Organisation**
   Ist das Team bereit für offene, iterative Prozesse mit einem hohen Maß an Eigenverantwortung und Selbstorganisation? Dies ist eine ideale Situation für das Cyborg-Modell. Sind die Mitarbeitenden hingegen eher klare Handlungsvorschriften und Aufgabenstellungen gewohnt, ist das Centaur-Modell besser geeignet und schafft eine stabile Basis für spätere Weiterentwicklungen.

Führungskräfte sollten diese beiden Modelle bewusst einsetzen und anbieten – je nach Kontext, Team und Zielsetzung. In vielen erfolgreichen Projekten zeigt sich: Die beste Lösung ist oft eine Kombination beider Ansätze. Wer es schafft, beide Denkmodelle flexibel anzuwenden, kann KI nicht nur effizient einführen, sondern sie als echten Kollegen etablieren.

Ein Blick zurück auf den Chatbot zu Beginn des Kapitels macht das greifbar: Im Team von Julia hätte ein klar umrissenes Centaur-Setup im Sinne einer klaren Kommunikation von KI als Ergänzung und Entlastung von repetitiven Tätigkeiten Vertrauen schaffen können, anstatt in einen impliziten Teufelskreis aus Angst vor KI und Ersetzung zu geraten. Erst nachdem eine positive Erfahrung der Mitarbeitenden mit dem Centaur-Modell gesammelt wurde, ist in diesem Setup ein Übergang zum Cyborg denkbar.

14.4 Prinzipien wirksamer Augmentierung: das TRICUS-Modell

Ob in einer Centaur- oder Cyborg-Konstellation – damit die Zusammenarbeit zwischen Mensch und KI im Unternehmensalltag tatsächlich funktioniert, braucht es mehr als nur ein gutes Werkzeug. Es braucht ein durchdachtes Interaktionsdesign. Denn selbst die leistungsfähigste KI bringt wenig, wenn sie zur falschen Zeit, im falschen Format oder mit falschen Annahmen agiert.

14.4.1 Sechs Prinzipien des TRICUS-Modells

Hier setzt das in Abbildung 14.2 dargestellte *TRICUS-Modell* an – ein Rahmenwerk für effektive Workflow-Augmentierung, das erstmals im Buch »Augmented Analytics« [Weber & Zwingmann 2024] vorgestellt wurde. Es beschreibt sechs zentrale Prinzipien, nach denen KI-Systeme gestaltet werden sollten, um Menschen nicht zu ersetzen, sondern sinnvoll zu ergänzen und zu unterstützen:

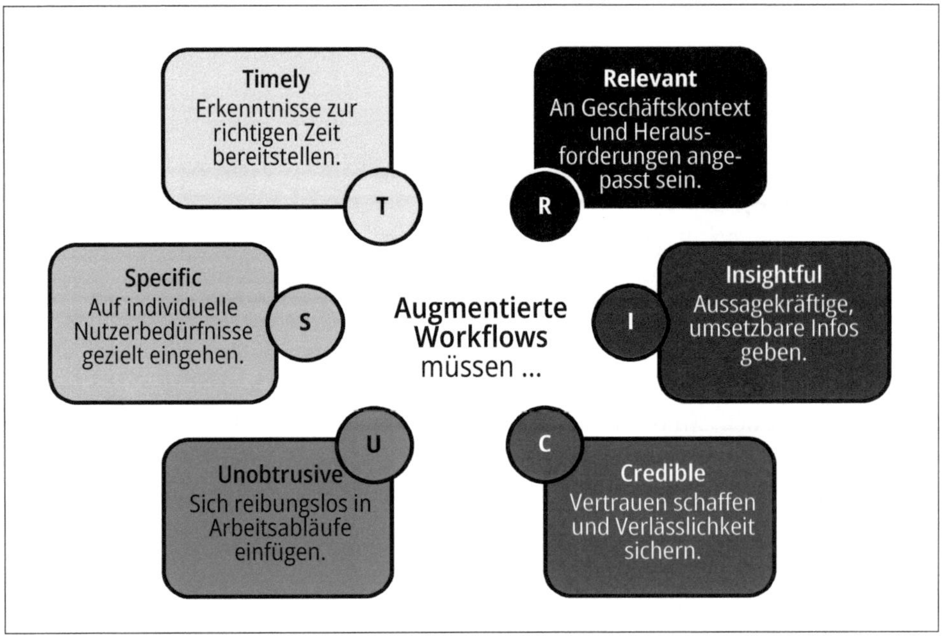

Abb. 14.2 *TRICUS-Modell (aus dem Englischen übersetzt, in Anlehnung an [Weber & Zwingmann 2024])*

Augmentierte Prozesse sollten folgende Eigenschaften haben:

- T – Timely (rechtzeitig)
- R – Relevant (kontextbezogen)
- I – Insightful (erkenntnisfördernd)
- C – Credible (vertrauenswürdig)
- U – Unobtrusive (nicht störend)
- S – Specific (spezifisch)

Schauen wir uns an, was sich dahinter verbirgt:

Timely (rechtzeitig)

Eine KI muss in dem Moment unterstützen, in dem der Mensch Unterstützung braucht – nicht vorher, nicht nachher. Das bedeutet: Eine Analysefunktion, die erst am Monatsende verfügbar ist, hilft im Alltagsstress der Woche wenig. Augmentierung gelingt nur, wenn Informationen im richtigen Moment bereitstehen.

Beispiel: Ein Vertriebsdashboard, das Verkaufschancen antizipiert und automatisch Vorschläge ausgibt, bevor ein Kundenkontakt stattfindet, wirkt »timely«. Wenn dieselbe Analyse erst Wochen später per PDF kommt, ist sie kaum noch relevant.

Relevant (kontextbezogen)

Die beste Empfehlung nützt nichts, wenn sie nicht zum Kontext passt. KI muss auf die konkrete Aufgabe, das Fachgebiet und die Zielgruppe abgestimmt sein.

Beispiel: Ein HR-Bot, der Onboarding-FAQs beantwortet, sollte zwischen Rollen (z. B. Werkstudent vs. Führungskraft) unterscheiden – und nicht allen denselben Standardtext liefern.

Insightful (erkenntnisfördernd)

Augmentierung bedeutet nicht nur, Informationen zu liefern, sondern bessere Entscheidungen und daraus resultierende Handlungen zu ermöglichen. Das System sollte Hinweise liefern, die eine echte Verbesserung bringen – nicht nur bereits bekannte Fakten wiederholen.

Beispiel: Ein Finanztool, das nicht nur meldet, dass Kosten steigen, sondern warum (z. B. gestiegene Logistikpreise) und was das bedeutet (Handlungsempfehlung), ist »insightful«.

Credible (vertrauenswürdig)

Vertrauen ist der Schlüssel zur Akzeptanz. Nutzer müssen nachvollziehen können, wie eine KI zu ihrem Vorschlag kommt und ob sie ihr trauen können.

Beispiel: Eine HR-KI, die Bewerbungen vorsortiert, muss nachvollziehbar begründen, warum Kandidatin A weitergeleitet wurde und Kandidat B nicht.

Unobtrusive (nicht störend)

Gute KI fügt sich nahtlos in bestehende Arbeitsprozesse ein. Sie erfordert keine separate Plattform, keine neuen Workflows, sondern wirkt im Hintergrund unterstützend.

Beispiel: Eine Texthilfe ist direkt in die E-Mail-Oberfläche integriert; statt eine separate App zu öffnen, erscheint der KI-Vorschlag direkt im Entwurf.

Specific (spezifisch)

KI-Unterstützung sollte spezifisch auf den jeweiligen Anwendungsfall zugeschnitten sein – nicht generisch oder überfrachtet.

Beispiel: Ein Vertriebsassistent, der für ein spezifisches Produktsegment entwickelt wurde, bietet gezieltere Unterstützung als ein allgemeiner »Alleskönner«-Bot ohne Fokus.

14.4.2 TRICUS als Gestaltungsrahmen für KI-Projekte

Die TRICUS-Prinzipien sind nicht einfach eine Checkliste, sie dienen vielmehr als Kompass dafür, wie und wann KI in Arbeitsabläufe eingebettet wird, damit sie als wertvolle Unterstützung und nicht als störende Belastung oder gar Gefahr wahrgenommen wird.

Im Fall von Julia und ihrem Team hätte genau dieser Rahmen helfen können:

- Die KI wurde als »smarte Unterstützung« vorgestellt – doch in der Praxis fehlte jegliche Relevanz: Die konkreten Probleme des Serviceteams (z. B. Ticketpriorisierung, interne Übergaben) wurden nicht adressiert.
- Die Einführung erfolgte ohne Einbindung in laufende Prozesse – statt unobtrusive zu sein, wirkte die KI wie ein paralleles System, das zusätzlich Aufmerksamkeit erforderte.
- Die Empfehlungen des Chatbots waren generisch und austauschbar – so austauschbar, dass bei vielen das Gefühl aufkam, sie selbst könnten es bald auch sein.

In Summe entsteht so kein Gefühl von Hilfe, sondern von Störung. Das System wirkt nicht wie eine Unterstützung, sondern eher wie eine Überfremdung.

14.5 Der Wandel von Aufgabenprofilen durch KI

Wenn künstliche Intelligenz in Unternehmen Einzug hält, verändern sie nicht nur Tools und Prozesse, sondern auch Rollenbilder, Verantwortlichkeiten und Karrierepfade. Besonders betroffen sind dabei jene Mitarbeitenden, die bisher vor allem operative, wiederholbare Aufgaben übernommen haben – häufig in Nachwuchspositionen.

14.5.1 Entry-Level-Dilemma

Früher galten einfache Recherchen, strukturierende Zuarbeit oder erste Analysen als idealer Einstieg in komplexe Berufsfelder – etwa in der Beratung, im Controlling oder in juristischen Assistenzrollen. Heute erledigen viele dieser Aufgaben generative KI-Systeme in Sekunden: schneller, konsistenter, skalierbarer. Die Folge: Was früher als »Lernfläche« für Berufseinsteiger diente, fällt zunehmend weg.

Tom Davenport spricht in diesem Zusammenhang vom *Entry-Level-Problem*: Eine neue Generation von Mitarbeitenden trifft auf eine Arbeitswelt, in der klassische Einstiegsaufgaben automatisiert sind – ohne dass gleichzeitig neue, niedrigschwellige Lernräume geschaffen werden [Davenport 2025].

Darin besteht ein unterschätztes Risiko: Wer in der Vergangenheit über Jahre hinweg durch Routinetätigkeiten gelernt hat, Probleme systematisch zu analysieren, bekommt diese Gelegenheit in KI-unterstützten Workflows deutlich seltener. Wer startet zukünftig noch auf einem weißen Blatt Papier, um eine Präsentation zu erstellen oder einen Bericht zu verfassen? Gerade für Junioren birgt das die Gefahr eines »Kompetenzlochs«: Ihnen fehlen nicht die Tools, sondern die Zeit und der Raum, Erfahrungen zu machen. Was dabei oft verloren geht, ist nicht nur Übung, sondern implizites Lernen durch Ausprobieren, Scheitern und Korrigieren. Wenn alles durch KI vorstrukturiert ist, entfällt auch das kognitive Ringen mit der Aufgabe – ein zentraler Lernmotor.

Das verändert nicht nur individuelle Karrierewege, sondern die gesamte Struktur von Organisationen.

14.5.2 Von der Karrierepyramide zum Karrierediamant

Davenport beschreibt diesen Wandel als *Diamond-Shaped Workforce*: Statt einer klassischen Pyramide mit vielen Einstiegspunkten an der Basis und wenigen Führungspositionen an der Spitze, entsteht eine Diamantstruktur – mit einer schmalen Basis, aber relativ vielen Rollen im mittleren und oberen Bereich (siehe Abb. 14.3).

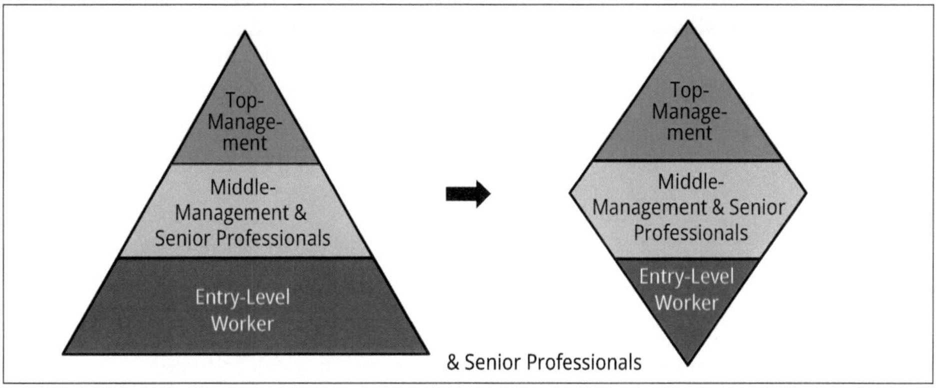

Abb. 14.3 *Von der Karrierepyramide zum Karrierediamant (in Anlehnung an [Cowan 2024])*

Dieser Wandel hat gravierende Folgen:

- Weniger Nachwuchsrollen bedeuten weniger Talententwicklung im eigenen Haus.
- Mehr Mid-Management-Rollen brauchen Mitarbeitende, die sofort strategisch mitdenken können.
- Der »interne Aufstieg« wird erschwert – weil es an vorbereitenden Positionen fehlt.

Führungskräfte stehen damit vor der Aufgabe, neue Lernräume zu schaffen, in denen junge Talente nicht nur mit, sondern auch an KI wachsen können: durch gezielte Trainings, Co-Piloting-Modelle, Mentoring bei KI-Einsatz und transparentes Feedback zu maschinell erzeugten Ergebnissen.

In vielen Fällen verschiebt sich der Aufgabenfokus weg vom Selbst-Erstellen hin zum Beurteilen, Anpassen und Weiterentwickeln. Das klingt nach weniger Arbeit – ist es aber nicht. Es verlangt neue Kompetenzen:

- Kontextverständnis
- Kritisches Denken
- Entscheidungsstärke
- Verantwortung in der Interpretation von KI-Vorschlägen

Die neue Rolle ähnelt eher einem »Editor-in-Chief« als einem »Datensammler« – wer nicht selbst tippt, muss dennoch (oder gerade deshalb) wissen, was gut ist.

Jobs verschwinden damit seltener komplett – aber sie verändern sich drastisch:

- Statt »Büro-Assistenten« braucht es nun Mitarbeitende, die KI-Protokolle bewerten und nachjustieren.
- Die »Junior-Analysten« müssen noch besser in der Lage sein, Hypothesen zu formulieren, die die KI untersucht.

Ein Sachbearbeiter wird zur Schnittstelle zwischen Automatisierung, Interpretation und Kundenerwartung. Das bedeutet: Es ist nicht die KI, die Menschen ersetzt, sondern Unternehmen, die es versäumen, Menschen für neue Aufgaben zu befähigen.

Führungskräfte müssen deshalb bewusst Räume schaffen, in denen *Lernen durch Tun* weiterhin möglich bleibt – auch in einer KI-gestützten Umgebung. Denn wer jungen Talenten nur das Editieren überlässt, nimmt ihnen die Chance, sich zu entwickeln.

14.5.3 Jobverlust durch KI? Zwischen Realität und Rhetorik

Doch nicht alle Unternehmen schaffen den Übergang. Manche setzen auf Automatisierung, bevor sie die Grundlagen für Augmentierung gelegt haben – mit spürbaren Folgen. Ein prominentes Beispiel hierfür ist der Zahlungsdienstleister *Klarna*.

Im Februar 2024 verkündete der Zahlungsdienstleister stolz, dass ein neuer KI-gestützter Chatbot bereits im ersten Monat zwei Drittel aller Kundenanfragen übernommen habe – das entspreche, so hieß es, dem Äquivalent von 700 Vollzeitstellen im Kundenservice. Das Narrativ war klar: Künstliche Intelligenz sei nun auf Augenhöhe mit menschlichen Servicekräften – bei deutlich niedrigeren Kosten [Klarna 2024].

Nur gut ein Jahr später kam die Kehrtwende. Im Mai 2025 räumte CEO Sebastian Siemiatkowski öffentlich ein, dass man wieder damit begonnen habe, menschliche Mitarbeitende einzustellen [Ivanova 2025]. Die Gründe: Qualitätsprobleme, Kundenfrust, fehlende Empathie. Die KI konnte einfache Anliegen zwar schnell bearbeiten – aber sie scheiterte an komplexeren Fällen, erzeugte unklare Übergaben an menschliche Agenten und ließ Kunden oft mit dem Gefühl zurück, nicht gehört worden zu sein.

Klarna hatte den »Konkurrenten KI« zu früh allein ins Rennen geschickt – und damit nicht nur Kunden enttäuscht, sondern auch das Vertrauen in die eigene Transformationsstrategie geschwächt.

Damit ist Klarna kein Einzelfall. Verschiedene Studien zeigen: Dort, wo Jobs »verschwinden«, liegt das seltener an technologischer Notwendigkeit, sondern an organisatorischen Entscheidungen [Montealegre & Cascio 2017]. Typisch sind drei Muster:

- Nicht-Nachbesetzung: Statt aktive Kündigungen zu vollziehen, werden Stellen einfach nicht mehr neu besetzt.
- Restrukturierung: KI übernimmt Teilaufgaben – die Rollen verändern sich, verschwinden aber nicht vollständig.
- Verlagerung von Kompetenzen: Mitarbeitende müssen andere Schwerpunkte setzen – weg von Ausführung, hin zu Steuerung, Bewertung und Dialog.

In vielen Fällen geht es also nicht um Substitution, sondern um *Transformation*: Tätigkeiten verändern sich, neue Fähigkeiten werden notwendig und bestehende Rollen entwickeln sich weiter. Es ist nicht die KI, die Menschen überflüssig macht. Es sind die Entscheidungen, wie KI eingeführt und in Strukturen eingebettet wird. Die zentrale Frage lautet daher nicht »Welche Jobs werden durch KI ersetzt?«, sondern »Wie gestalten Unternehmen die Arbeit mit KI so – dass Menschen wirksam bleiben?«.

Ein häufig genutzter strategischer Ansatz in diesem Zusammenhang ist das Prinzip *Grow without growing Headcount* – also: Wachstum ermöglichen, ohne die Zahl der Mitarbeitenden zu erhöhen. Statt neue Stellen zu schaffen, wird Bestehendes automatisiert, verdichtet oder durch KI skaliert.

Für Unternehmen wirkt das attraktiv: geringere Fixkosten, höhere Skalierbarkeit, weniger Onboarding-Aufwand. Doch für Organisationen hat dieser Ansatz Folgen: Karrierepfade verengen sich, Juniorrollen entfallen, Erfahrungsräume schrumpfen – genau jene Mechanismen, die früher Personalentwicklung ermöglichten.

Es ist dieses Spannungsfeld, was den Unterschied macht zwischen Produktivitätsgewinn und kulturellem Erosionsrisiko: Wenn Unternehmen sich Wachstum erkaufen, indem sie Erfahrungsräume abbauen, verlieren sie mittelfristig nicht nur Know-how, sondern auch die Fähigkeit zur Weiterentwicklung.

KI ersetzt keine Jobs – sie ersetzt nur dort Menschen, wo Unternehmen aufhören, in Menschen zu investieren.

14.6 Handlungsempfehlungen für Führungskräfte

Am Ende dieses Kapitels noch fünf Handlungsempfehlungen als Leitfaden und Kompass:

1. **Augmentierung vor Automatisierung**
   Fragen Sie bei jedem neuen KI-Projekt: Wem hilft das wirklich? Und gestalten Sie den Einsatz so, dass Mitarbeitende gestärkt statt verdrängt werden.
2. **Modelle nutzen – aber nicht dogmatisch**
   Centaur oder Cyborg? Entscheiden Sie je nach Aufgabe, Team und Reifegrad und kombinieren Sie, wo es sinnvoll ist.
3. **TRICUS als Richtschnur etablieren**
   Verwenden Sie die sechs Prinzipien als Qualitätsfilter für Tools und Prozesse und fragen Sie: Ist das wirklich relevant, hilfreich, glaubwürdig?
4. **Erfahrungsräume sichern – besonders für Nachwuchs**
   Schaffen Sie Gelegenheiten, in denen junge Talente selbst denken, bewerten und gestalten dürfen – auch (oder gerade) mit KI.
5. **Führung neu denken**
   In einer augmentierten Arbeitswelt braucht es nicht weniger Führung, sondern eine andere: weniger kontrollierend, mehr begleitend. Weg von Anweisung, hin zu Enablement.

Wer KI als Kollegen etablieren will, muss vorangehen, und das nicht als Technologietreiber, sondern als Kulturbotschafter. Denn der wahre Wandel beginnt nicht mit Algorithmen. Er beginnt mit Haltung.

14.7 Fazit: KI als Kollege – wenn wir sie dazu machen

Die zentrale Frage dieses Kapitels lautete: »Arbeiten mit KI – Kollege oder Konkurrent?« Die Antwort fällt differenziert aus. Denn ob KI zur Unterstützung oder zur Bedrohung wird, entscheidet sich nicht in der Technologie, sondern in der Art, wie Unternehmen sie einführen, einsetzen und einbetten.

Wir haben gesehen:

- Die Zusammenarbeit zwischen Mensch und KI kann produktiv, entlastend und kreativ sein, wenn sie entlang klarer Modelle wie Centaur und Cyborg gedacht wird.
- Gute Augmentierung braucht Prinzipien: TRICUS zeigt, worauf es ankommt, damit KI nicht nur funktioniert, sondern im Alltag wirkt.
- Doch all das bleibt Theorie, wenn Organisationen nicht den Mut haben, ihre Strukturen und Lernräume aktiv weiterzuentwickeln – vor allem für jene, die am Anfang ihrer Laufbahn stehen.

KI verändert Aufgaben und sie verschiebt Verantwortung. Dort, wo Unternehmen Transformation gestalten, entstehen neue Chancen. Dort, wo sie nur rationalisieren, entstehen Lücken – im Vertrauen, in der Entwicklung und im Zusammenhalt.

Teil III

Anwendungsfälle aus der Praxis

15 Einführung einer Enterprise-GPT-Plattform bei der Provinzial Versicherung

Roman Kolbe · Marco Niemann

Dieses Fallbeispiel beschreibt die Einführung einer Enterprise-GPT-Plattform bei der Provinzial Versicherung. Die Provinzial stand vor verschiedenen Herausforderungen: die schnelle technologische Entwicklung von Large Language Models (LLMs), regulatorische Anforderungen wie DORA und der EU AI Act sowie interne Ressourcenengpässe aufgrund der Fusion der Provinzial-Gesellschaften. Ungeachtet dieser Hindernisse entschied sich das KI-Team für eine modell- und plattformagnostische Eigenentwicklung. Die flexible, herstellerunabhängige Architektur ermöglicht es, diverse Anwendungsfälle abzudecken und die Technologie stetig weiterzuentwickeln. Durch die Kombination aus technologischer Innovation, gezielten Schulungs- und Change-Management-Maßnahmen, strategischen Partnerschaften und einem engagierten Team macht die Provinzial einen wegweisenden Schritt in der Nutzung künstlicher Intelligenz im deutschen Versicherungssektor.

15.1 ChatGPT als Disruption oder das Henne-AI-Problem

Am 30. November 2022 markierte die Einführung von ChatGPT durch OpenAI einen Wendepunkt in der Entwicklung künstlicher Intelligenz. Die Kombination mehrerer technologischer Durchbrüche mit einem benutzerfreundlichen Chat-Frontend, die kostenfrei für alle Internetnutzer zugänglich war, machte diese Disruption möglich und erregte erhebliche Aufmerksamkeit in der Öffentlichkeit.

Das enorme Potenzial für bestehende Geschäftsmodelle wurde schnell von vielen Unternehmen erkannt, darunter auch von der Provinzial Versicherung. Bereits am 6. Dezember 2022 erfolgte eine Vorstellung von ChatGPT in einem Bereichsmeeting. Ende Januar 2023 wurden erste Gespräche mit dem lokalen Betriebsrat geführt, und im März formierte sich ein erstes kleines »GPTeam«, um die Möglichkeiten von ChatGPT auch für den Unternehmenseinsatz zu erschließen.

Das Kernteam profitierte von der Start-up-Erfahrung eines Teammitglieds. In Analogie zur Start-up-Philosophie – ein Produkt möglichst attraktiv und zeitnah für eine breite Zielgruppe zu gestalten – stand das Team vor ähnlichen Herausforderungen. Die Implementierung einer neuen Technologie im Konzernumfeld erforderte, ähnlich wie in einem Start-up, die Bewältigung einer beträchtlichen Aufgabenvielfalt:

von datenschutzrechtlichen Belangen bis hin zum Key-Account-Management, von der Durchführung einer Datenschutz-Folgenabschätzung über Unit Tests und Intranetkommunikation bis zur Organisation von Workshops auf Managementkonferenzen – all diese Aspekte mussten koordiniert und umgesetzt werden.

Um das Thema greifbar zu machen, wurde in einer Informationsveranstaltung für die Belegschaft ein plakativer Slogan gewählt: »Henne oder AI«. Parallel entstand dabei die Idee, ein KI-Maskottchen zu kreieren, um eine Wiedererkennbarkeit für das vermeintlich neuartige Thema zu schaffen. Dies führte zur Konzeptidee einer Roboterhenne. Bei der Suche nach einem passenden Namen kam dieser Vorschlag von einer Kollegin: »Na klar, das ist Henriette!« Seitdem begleitet Henriette die Provinzial Versicherung in allen Belangen rund um das Thema künstliche Intelligenz. Obwohl eher zufällig geboren, hilft ein solches Maskottchen ungemein dabei, ein so gewichtiges Thema wie künstliche Intelligenz in die Belegschaft zu transportieren. Henriette ist in Abbildung 15.1 dargestellt.

Abb. 15.1 *Henriette: das KI-Maskottchen der Provinzial*

15.2 Herausforderungen bei der Einführung von ChatGPT

»Nichts ist so beständig wie der Wandel« – dieses Zitat von Heraklit von Ephesus dürfte sowohl Technikern als auch Managern wohlvertraut sein, definiert es doch oftmals wesentlich ihren Berufsalltag. Doch auch wenn Wandel gewissermaßen Alltag ist, ergeben sich durch neue, disruptive Technologien immer wieder spannende Herausforderungen. Dies gilt auch für künstliche Intelligenz und insbesondere generative KI. Ziel dieses Kapitels ist es, aufzuzeigen, dass weniger die technischen als vielmehr die organisatorischen Herausforderungen kritisch zu adressieren sind, wenn eine GPT-Initiative Erfolg haben soll.

15.2.1 Neue dynamische Technologie

Bei seinem Erscheinen im November 2022 [OpenAI 2022] stellte ChatGPT eine disruptive, neue Technologie dar und wird heute vielfach als Archetyp der sogenannten Large Language Models (LLMs) wahrgenommen. Einschränkend sei erwähnt, dass bereits in den Jahren und Jahrzehnten zuvor Sprachmodelle wie etwa BERT [Devlin et al. 2019] oder ELMo [Peters et al. 2018] veröffentlicht wurden und in Forschungs- und Industriekreisen Einzug gehalten hatten.

In der Zwischenzeit (2022–2025) hat sich eine enorme Dynamik[1] und ein massiver Wettbewerb rund um LLMs entwickelt – sowohl hinsichtlich der sprachlichen und »kognitiven« Fähigkeiten der Modelle als auch bezüglich zusätzlicher Funktionalitäten (u. a. Multimodalität). OpenAI steht heute einer Vielzahl von Marktbegleitern gegenüber, von etablierten Technologiekonzernen wie Meta (Anbieter der Llama-Modelle) oder Alphabet (Mutterkonzern von Google, Anbieter der Gemini-Modelle) bis hin zu spezialisierten Anbietern wie Anthropic, die mit den Claude-Modellen vorwiegend Entwickler adressieren. Im Unterschied zu vielen anderen kommerziellen Technologien sind viele State-of-the-Art-LLMs (auch von kommerziellen Anbietern) als Open Weight bzw. Open Source[2] verfügbar. Während dies aus Wettbewerbssicht grundsätzlich positiv ist, kann doch aktuell keine Einzellösung ausgewählt werden, da sich bisher kein sicher dominantes Modell abzeichnet. Um einen ungünstigen Vendor Lock-in zu vermeiden und gleichzeitig ein breites Funktionsspektrum bereitzustellen, erfordert dies die Integration mehrerer Anbieter.

Die enorme und schnell wachsende Vielfalt sowie die Verfügbarkeit für Nutzer im privaten Kontext führen zu hohen Erwartungen an Unternehmens-GPT-Lösungen. So erfreuen sich KI-basierte Suchfunktionen (bspw. via Perplexity oder ChatGPT Search) großer Beliebtheit [crunchbase 2025; Singh & Sriram 2025], ebenso wie medial präsentierte neuartige Modelle wie DeepSeek [Chen 2025; DeepSeek-AI et al. 2025; Field 2025]. Die Herkunft bzw. der Hosting-Standort der Modelle sowie deren Funktionsweise (Generierung von Webabfragen, teilweise ohne Kontrolle durch den Nutzer) machen diese für Unternehmen schwer bis gar nicht nutzbar – während jedoch viele die Nutzung aus dem privaten Raum schätzen gelernt haben und ungern zu »traditionellen« Ansätzen zurückkehren möchten.

Ein weiteres Resultat der schnellen Entwicklung und der Menge involvierter Akteure ist eine Fülle konkurrierender Standards, APIs und Bibliotheken. Durch

1. Am 30. März 2025 befinden sich im bekannten Chatbot Arena LLM Leaderboard [Chiang et al. 2024] 220 LLMs, von denen viele (Gemini-2.5-Pro-Exp-03-25, ChatGPT-4o-latest (2025-03-26) oder Hunyuan-TurboS-20250226) erkennbar erst im Februar oder März 2025 eingeführt wurden.
2. In vielen Fällen werden beide Arten – Open-Weight- und Open-Source-Modelle – gleichermaßen als Open Source angepriesen. Insbesondere Forscher sehen dies jedoch kritisch, da wesentliche Elemente dieser Modelle nicht frei nachvollziehbar sind (vgl. auch [Liesenfeld & Dingemanse 2024]).

den First-Mover-Vorteil und die große Verbreitung von ChatGPT hat sich hier der Standard *OpenAI Chat Completions*[3] verbreitet und bietet zumindest einen relativ stabilen Ankerpunkt. Allerdings wird auch hier die allgemeine Dynamik des Marktes ersichtlich, da auch dieser Standard mittelfristig durch die *Responses API*[4] abgelöst werden soll [OpenAI 2025].

Für die Anbindung externer Systeme konkurrieren Stand April 2025 noch der MCP-Standard von Anthropic [Anthropic 2024], ebenso wie Function-Calling von OpenAI [OpenAI 2023]. Selbst für große Unternehmen ist die Auswahl der »richtigen« Standards entscheidend, da nur durch Open-Source-Komponenten oder zukaufbare Bausteine schnell und flächendeckend Systeme angebunden werden können, ohne die Wartbarkeit zu vernachlässigen.

15.2.2 Make or Buy

Aus der Perspektive eines Entscheiders im Jahre 2025 mag dieses Kapitel befremdlich wirken. So gibt es mittlerweile mit *Microsoft Copilot*, der *Azure AI Foundry* oder *Amazon Bedrock* ausgereifte Plattformen für das Hosting von KI-Modellen, aber auch die Erstellung eigener KI-Anwendungen. Auch im Open-Source-Bereich gibt es mit *Open Web UI* und *LibreChat* mittlerweile funktionsreiche, akzeptierte und verbreitete Lösungen.

Zu Beginn der Entstehung von Provinzial GPT gab es diese Vielfalt nicht. Paradoxerweise stellte die Eigenentwicklung somit den schnellsten Weg zu einer konzern- und regulatorikkonformen Lösung dar. Aufgrund der in Abschnitt 15.2.1 »Neue dynamische Technologie« beschriebenen Gegebenheiten wird bei der Provinzial Versicherung seither regelmäßig geprüft, ob verfügbare Buy-Optionen mittlerweile den bestehenden Anforderungen gerecht werden können. Diese Prüfung wird auch zukünftig regelmäßig notwendig sein und kann – je nach Entwicklung des Marktes – perspektivisch auch zugunsten einer »Buy«-Entscheidung ausfallen.

Dennoch bleibt die Frage »Make or Buy« nicht abschließend beantwortet bzw. nicht allgemein beantwortbar. Zwar sind Buy-Lösungen für Standardfunktionen zunehmend verfügbar, jedoch variieren Branchen und Unternehmen in ihren spezifischen Bedürfnissen: So spielt insbesondere für Finanzdienstleister in der EU das Thema Datenschutz und Sicherheit eine wesentlich bedeutendere Rolle als in anderen Branchen. Auch die IT-Landschaften verschiedenster Unternehmen sind erfahrungsgemäß unterschiedlich gut auf die Integration von Standardsoftware vorbereitet bzw. benötigen unterschiedlich umfangreiches Customizing.

---

3. Die Schnittstellendefinition des OpenAI-Chat-Completions-Standard kann unter *https://platform.openai.com/docs/api-reference/chat* eingesehen werden und gilt als De-facto-Industriestandard für die Interaktion mit Sprachmodellen.
4. Die Schnittstellendefinition des OpenAI-Responses-Standards kann unter *https://platform.openai.com/docs/api-reference/responses* eingesehen werden und gilt als neuere und mächtigere Alternative zum Chat-Completions-Standard.

Auch das Thema Vendor Lock-in darf insbesondere bei kommerziellen Lösungen nicht unbeachtet bleiben [Zhu & Zhou 2012; Opara-Martins et al. 2016]. Sollte es beim reinen Chat-Interface bleiben, ist dieses weitestgehend austauschbar. Sobald jedoch Integrationen und Anbindungen an Applikationen aufgebaut werden, sind Veränderungen mit zunehmendem Aufwand verbunden. Dies in Kombination mit den immensen Investitionen in KI seitens der Anbieter [OpenAI & Softbank 2025; Smith 2025] erhöht das Risiko zukünftiger Lock-in-Effekte.[5]

15.2.3 Versicherungsbranche

Die Versicherungsbranche gilt gemeinhin nicht als First Mover bei neuen Technologien oder als Innovator im Allgemeinen [statista 2023]. So arbeiten viele Versicherer etwa bis heute mit (sehr) alten, COBOL-basierten Legacy-Systemen und schaffen es bisher nicht, sich davon abschließend zu lösen [Medkouri et al. 2024]. Dass die Branche zudem demografische Herausforderungen bei ihren Beschäftigten – insbesondere auch im IT-Bereich – bewältigen muss, verschärft die Situation zusätzlich [Fiedler 2011; Schulte-Wieschen 2024]. Neben diesen intrinsischen Faktoren gibt es seit einigen Jahren zudem auch Druck von außen: Sogenannte *Insurtechs* – Start-ups mit Fokus auf das Versicherungsgeschäft – hinterfragen bestehende Prozesse und Strukturen und bedrohen die etablierten Geschäftsmodelle. Auch wenn die etablierten Versicherer nicht verdrängt wurden [Theis 2023; Versicherungsbote.de 2024], hat sich ein mittlerweile beeindruckendes Insurtech-Ökosystem entwickelt [New Players Network 2024].

Entsprechend besteht ein grundsätzlicher Druck, Arbeitsweisen und Entscheidungen zu hinterfragen und neu zu strukturieren. Während KI für viele Bereiche neue Lösungsansätze bietet (u. a. für die Übersetzung des Quellcodes von Legacy-Systemen), ist ein Wille zur Veränderung erforderlich. Alternativ drohen den Versicherern ähnliche Verdrängungsprozesse, wie sie Banken durch Neobanken und Neobroker erfahren haben. Eine agilere Konkurrenz steht bereit.

15.2.4 Vorbereitung der Organisation: Vorträge, Schulungen und Change

Analog zu allen technologischen und prozessualen Veränderungen ist neben der eigentlichen Veränderung ein intensives *Change Management* essenziell. Die Einführung von Tools und Plattformen rund um künstliche Intelligenz – insbesondere auch Sprachmodelle mit ihrer Fähigkeit zu menschenähnlicher Kommunikation – bildet keine Ausnahme. Im Gegenteil ist der Bedarf und die Bedeutung von Change Management für diese Technologie sogar noch größer [Mikalef & Gupta 2021; Enholm et al. 2022; Zhang et al. 2023].

---

5. Open-Source-Lösungen sind von dieser Gefahr nicht direkt betroffen. Allerdings besteht auch hier das Risiko, dass ein Projekt aufgegeben oder kommerzialisiert wird. In diesem Fall kann an bestehende Sourcecode-Stände angeknüpft werden. Wurde die Entscheidung jedoch getroffen, um beispielsweise Entwicklungsressourcen zu sparen (kein »Make« zu haben), können die Auswirkungen vergleichbar sein.

Wie unter anderem Abschnitt 15.2.1 und Abschnitt 15.2.2 zeigen, betrifft dies offensichtlich die notwendigen technischen Kompetenzen, u. a. durch den erhöhten Bedarf an statistischen Kenntnissen [Mikalef & Gupta 2021]. Eine reine Implementierung von KI-/GPT-Systemen ist jedoch nicht ausreichend; über den Erfolg entscheidet maßgeblich auch die Nutzung. Entsprechend sind alle Anwender und Entscheider kritische Zielgruppen des Change Management und müssen befähigt werden, die neue Technologie hinsichtlich Chancen und Risiken zu verstehen und gewinnbringend einzusetzen [Ransbotham et al. 2018; Fountaine et al. 2019].

Zusammengefasst lässt sich konstatieren, dass künstliche Intelligenz bzw. ihre produktive Nutzung weniger eine inkrementelle Verbesserung technischer Unterstützung darstellt, sondern eher eine revolutionäre Veränderung. Dies impliziert – wie bereits erwähnt – insbesondere für Organisationen mit vielen diversen und vor allem lang etablierten Beschäftigten die Notwendigkeit eines rigorosen Up- bzw. Reskillings. Wo sie umgesetzt werden, zeigen die benötigten, umfangreichen Informations- und Bildungsinitiativen aber Wirkung, wie erste Studienergebnisse belegen [Bitkom 2025b].

15.2.5 Regulatorik

Alle IT-Projekte in Unternehmen der Versicherungsbranche unterliegen hohen regulatorischen Anforderungen. In den letzten Jahren haben insbesondere die Versicherungsaufsichtlichen Anforderungen an die IT (*VAIT*) [BaFin 2022] und der Digital Operational Resilience Act (*DORA*) [EU 2022] für einigen Wirbel gesorgt und die Erfordernisse an IT-Landschaften und die zugehörige Dokumentation weiter verschärft. Während diese Verordnungen bereits erhöhte Aufwände für Dokumentation und Betrieb mit sich bringen, trat darüber hinaus im August 2024 der *EU AI Act* [EU AI Act 2024] in Kraft – auch wenn viele Komponenten erst ab dem Jahre 2025 (oder später) anwendbar sind. Dennoch ist zu beachten, dass aus der Verordnung unter anderem Verpflichtungen zur Bereitstellung von Schulungen entstehen. Ebenso erweitert sich der Prüfkatalog für IT-Anwendungen, falls KI enthalten ist – so muss unter anderem die Risikoklasse geprüft und die Rolle des eigenen Unternehmens im Betrieb der KI definiert werden.

Auch die Komplexität der Betrachtungen für IT-Sicherheit und Datenschutz sollten nicht unterschätzt werden – insbesondere in Kontexten mit personen-/ kundenbezogenen Daten. Hier muss für Data at Rest sowie Data in Transit eine adäquate Verschlüsselung und Zugriffsbeschränkung sichergestellt sein. Insbesondere im Falle der Nutzung von Cloud-Dienstleistern muss die konforme Verarbeitung auch dort technisch und/oder vertraglich geregelt sein. Aufgrund der Funktionsweise generativer Sprachmodelle (Verarbeitung und Generierung beliebiger Text-/ Bild-/Dokumenteninhalte) entstehen zudem zusätzliche Risiken (Remote-Code-Execution, Prompt Injections, Data Poisoning usw.) [Yao et al. 2024; BSI 2025]. Diese sind in klassischen Entwicklungskontexten unüblich und somit oftmals schwerer technisch abzufangen und auch von ihrer organisatorischen Risikobewertung komplexer.

Alle Unternehmen mit einer bestehenden Arbeitnehmervertretung (oder Betriebsrat) stehen vor der zusätzlichen Herausforderung, diese einzubinden. Denn auch wenn die Anwendungspotenziale vielfältig sind, ist doch der Einsatz von KI unmittelbar mit der Automatisierung von Arbeit und der massiven Veränderung von Arbeitsabläufen verbunden [Bitkom 2025b] und somit mitbestimmungspflichtig. Eine frühzeitige Einbindung des Betriebsrates ist daher sowohl notwendig als auch ratsam. Da die Nutzung von KI für Mitarbeitende ebenso vorteilhaft sein kann wie für das Unternehmen (u. a. zum Abfedern demografischer Effekte), lässt sich durch eine frühzeitige und offene Zusammenarbeit mit den Arbeitnehmervertretungen oft eine pragmatische Lösung erzielen [Grasy et al. 2024; Provinzial Holding 2024]. Längere Verzögerungen oder Konflikte in der Transformationsphase können so vermieden werden.

15.2.6 Besondere Herausforderung bei der Provinzial: #uP-IT-Programm

Während die bisherigen Herausforderungen branchenübergreifend relevant sind, muss die Provinzial aufgrund der 2020 rechtlich erfolgten Fusion auch individuelle Herausforderungen bewältigen: Dazu gehören u. a. die Zusammenlegung der bisher getrennten Produktportfolios sowie die Konsolidierung der IT-Landschaften der ehemals selbstständigen Provinzial Rheinland und Provinzial NordWest. Mit dem Bestreben, den Kunden schnellstmöglich ein vereinheitlichtes und verbessertes Produktportfolio bieten zu können, liegt der Schwerpunkt aller Aufwände – insbesondere auch der IT – auf den entsprechenden Programmen, darunter auch auf *#uP-IT*.

Vor allem Themen wie KI sind hiervon betroffen, da sie weder zum Kernprodukt gehören noch unmittelbaren Wert für Konzern oder Kunde generieren. Angesichts der zahlreichen fusionsbedingten Pflichtaufgaben bleibt für Innovationen wie KI wenig bis kein Spielraum – trotz immenser Bedeutung, die jedoch mit erheblichen Herausforderungen verbunden ist.

In der Summe bedeutet dies, bei hoher Selbstwirksamkeit weitgehend ohne offizielle IT-Unterstützung Fortschritte zu erzielen und durch gezielte Angebote und persönliche Netzwerke dort Hilfe zu gewinnen, wo sie am dringendsten benötigt wird.

15.3 Strategische Vorgehensweise bei der Umsetzung

Durch die flächendeckende Einführung von Provinzial GPT wurde in der Belegschaft neue Begeisterung geweckt. Gleichzeitig wurde der Change-Aspekt erfolgreich in die digitale Transformation eingebunden, indem die Mitarbeitenden aktiv in den Veränderungsprozess einbezogen, kontinuierlich geschult und durch gezielte Kommunikationsmaßnahmen unterstützt wurden.

Die flexible, herstellerunabhängige Architektur unterstützt dabei technologische Integrationen – sowohl On-Premises als auch in der Cloud.

15.3.1 Flächendeckende Implementierung

Die Strategie bei der Einführung von Provinzial GPT zielte darauf ab, eine breite Nutzerbasis aus Innen- und Außendienst zu etablieren. Ein zentrales Element war dabei der niedrigschwellige Zugang ohne komplizierte Herausforderungen bei der Dateneingabe. Deshalb dürfen Daten aller Schutzbedarfsstufen (S1 bis S4) sowie personenbezogene Informationen eingegeben werden, basierend auf einer umfassenden IT-Sicherheits- und Datenschutz-Risikoanalyse. Wichtige Ausnahmen bilden Passwörter oder API-Schlüssel sowie die Verarbeitung von Mitarbeiterdaten, es sei denn, der Betriebsrat stimmt explizit zu. Ein Single Sign-on vereinfacht den Zugriff, während das Identity Management die Berechtigungen regelt – ein im Konzern bewährter und bekannter Prozess.

Anfänglich führte das KI-Team Schulungen und Vorträge durch, um das Grundverständnis in der Belegschaft zu fördern. Inzwischen wurde der Schwerpunkt auf webbasierte Trainings und Schulungsvideos im Provinzial-Lernportal verlagert, inklusive Prompt Engineering. Diese Bildungsressourcen sind asynchron verfügbar und ermöglichen ein selbstständiges Lernen, mit Zertifizierung nach erfolgreicher Teilnahme. Unsere Strategie umfasst auch die Bereitstellung von Lernvideos für neue Funktionen, um die Community effizient informiert zu halten.

15.3.2 Unternehmen im Unternehmen

Es gab (und gibt) für Unternehmen keine Option, sich dem Thema generative KI zu entziehen. Doch wo wird ein solches neue Thema in der Organisation verortet? Wo finden sich Menschen, die das Potenzial schnell erkennen und für das Unternehmen nutzbar machen können? Und erhalten diese Menschen auch die notwendigen Freiräume und Ressourcen? Bei der Provinzial formierte sich kurz nach der Veröffentlichung von ChatGPT eine kleine Gruppe, die sich in einer Art »Guerilla-Taktik« dem Thema widmete. Sie agierte in einem für ein traditionsreiches Versicherungsunternehmen ungewöhnlichen Modus – als Unternehmen im Unternehmen mit Start-up-Mentalität. Dieser Ansatz zielte darauf ab, eigenständig, innovationsgetrieben, proaktiv und partizipativ den wirtschaftlichen Mehrwert von KI-Technologien zu demonstrieren.

15.3.3 Agnostische Umsetzung

Die Provinzial entschied frühzeitig, ihre architektonischen Konzepte bei der Umsetzung von Provinzial GPT möglichst agnostisch zu gestalten, um einen Vendor Lock-in zu vermeiden. Die Architektur ist sowohl modellagnostisch als auch Cloud- und On-Premises-fähig. Dies ermöglicht es, verschiedene Modelle und Technologien flexibel zu integrieren und auf die spezifischen Anforderungen verschiedener Konzerntöchter mit unterschiedlichen Cloud-Strategien einzugehen.

15.3.4 Strategische Partnerschaften

Angesichts der rasanten Fortschritte in der Entwicklung von LLMs und multimodalen Modellen wird es für kleinere und mittlere Unternehmen zunehmend schwierig, eigenständig Schritt zu halten. Daher setzt die Provinzial auf eine strategische Partnerschaft mit der Versicherungskammer Bayern und der gemeinsamen IT-Tochter »Inverso Gesellschaft für innovative Versicherungssoftware mbH«, um Kräfte zu bündeln, Synergien zu nutzen und die Geschwindigkeit in der Entwicklung zu erhöhen. Diese Zusammenarbeit ermöglicht es, auf einer gemeinsamen Codebasis zu arbeiten und spezifische Anforderungen pro Unternehmen oder Branche effizient umzusetzen, wodurch die Wettbewerbsfähigkeit erhalten bleibt.

15.4 Vorgehen bei der technologischen Umsetzung

Bei der technischen Umsetzung begegnen uns viele der in Abschnitt 15.2 genannten Herausforderungen wieder. Ziel dieses Abschnitts ist es, einen groben architektonischen Überblick über Provinzial GPT zu liefern. Hierbei liegt der Fokus eher auf grundsätzlichen Ideen und weniger auf technischen Feinheiten.

Zum Hintergrund dieses Vorgehens sei angemerkt – oder besser prognostiziert –, dass vermutlich bereits zum Veröffentlichungszeitpunkt dieses Buches einige der beschriebenen Umsetzungen antiquiert erscheinen könnten. Zeitlos bleiben jedoch viele der Entwurfs- und Entscheidungsmuster, die hoffentlich einige Leser zum Experimentieren und strukturierten Überarbeiten ihrer Lösungen motivieren.

15.4.1 Provinzial GPT (Basis)

Die erste Anwendung war das im Oktober 2023 erstmals für interne Tester verfügbare Provinzial GPT – in Design und Funktionalität weitestgehend an ChatGPT orientiert (siehe Abb. 15.2). Während sich an dieser Benutzeroberfläche bis heute optisch wenig geändert hat, ist aus dem Demonstrator eine integrierte und zunehmend komplexe Enterprise-Lösung entstanden (siehe auch Abb. 15.3 und Abb. 15.4).

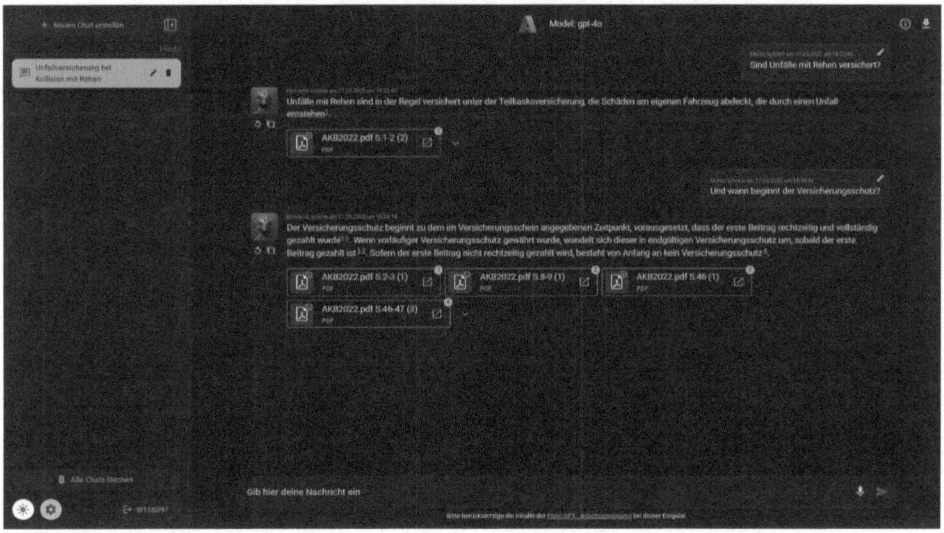

Abb. 15.2 *Chat-Frontends von Provinzial GPT (dem sichtbarsten, aber kleinsten Teil der Lösung)*

Während viele unabhängige GPT-Tool-Entwickler auf moderne und innovative Stacks setzen[6], wurde für Provinzial GPT ein für Versicherer typischer, aber dennoch moderner Tech-Stack gewählt: ein Java-Spring-Boot-basiertes Backend und ein Angular-basiertes Frontend (siehe Abb. 15.3 und Abb. 15.4). Auch wenn das Ziel keine klassische Enterprise-Anwendung war, ist Provinzial GPT doch im Kern eine Webanwendung und somit gut mit Java und Angular realisierbar. Im Enterprise-/Versicherungs-Umfeld sind statt State-of-the-Art-Technologien vor allem Stabilität, Konsistenz und auch die Wartbarkeit entscheidende Faktoren, die auch vom Gesetzgeber zunehmend eingefordert werden [EU 2022]. Die gute interne (wie externe) Verfügbarkeit von Java- und Angular-Entwicklern sowie ausgereifte Werkzeuge für Entwicklung und Deployment ermöglichte die Erfüllung dieser Anforderungen.

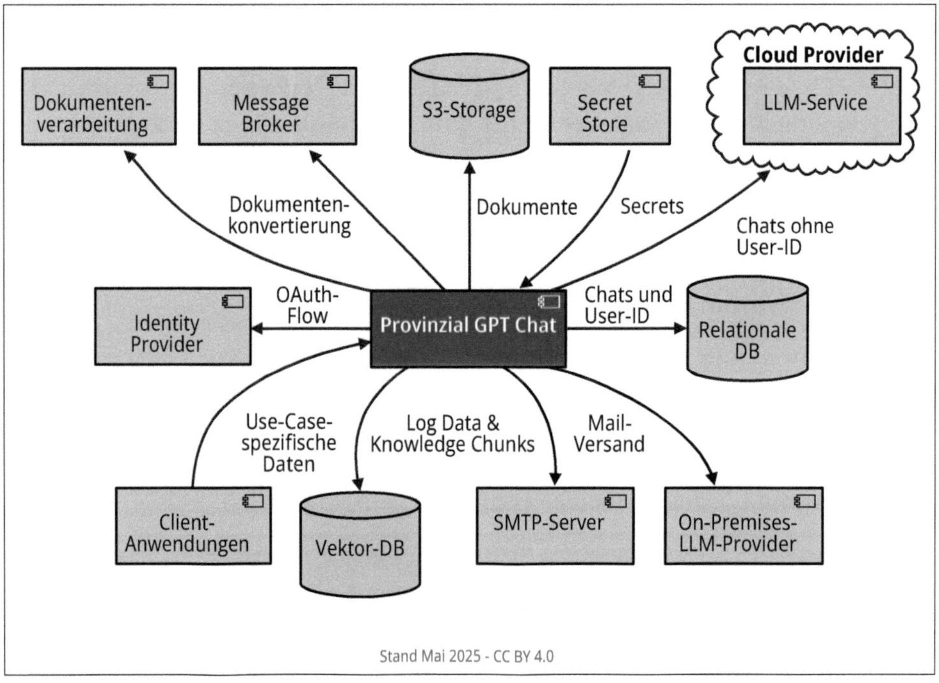

Abb. 15.3 *Kontextabgrenzung – abstrakt*

Zugleich war es wichtig, Provinzial GPT konform zu allen Unternehmensvorgaben zu gestalten, um es offiziell und nahtlos in die bestehende Anwendungslandschaft zu integrieren. Dies förderte die (technische) Akzeptanz und vermied Aufwände für Workarounds oder die Einführung und Betreuung neuer Technologien. Wie in Abbildung 15.3 und Abbildung 15.4 skizziert, existieren insbesondere in großen Unternehmen bereits viele notwendige Bestandteile für ein Unternehmens-GPT, die integriert werden sollten.

6. Etwa das Open-WebUI-Projekt [Anonymous Authors 2024], das auf Python und JavaScript (insb. Svelte) aufsetzt, oder LibreChat [LibreChat 2025], das komplett auf TypeScript und JavaScript basiert.

Abschließend wird insbesondere in der Finanzbranche häufig die Frage nach der Art der genutzten Modelle gestellt. Aufgrund der technischen Komplexität und der erheblichen Kosten des skalierbaren On-Premises-Betriebs von LLMs werden, wie in Abbildung 15.3 und Abbildung 15.4 dargestellt, aktuell LLM-Funktionalitäten über Microsoft Azure bezogen. Unter Berücksichtigung der in Abschnitt 15.2.1 dargestellten Dynamik sowie der auch regulatorisch geforderten Ausfallsicherheit sind jedoch auch andere Cloud-Anbieter (Amazon AWS, Anthropic etc.) und lokale Modelle anbindbar.

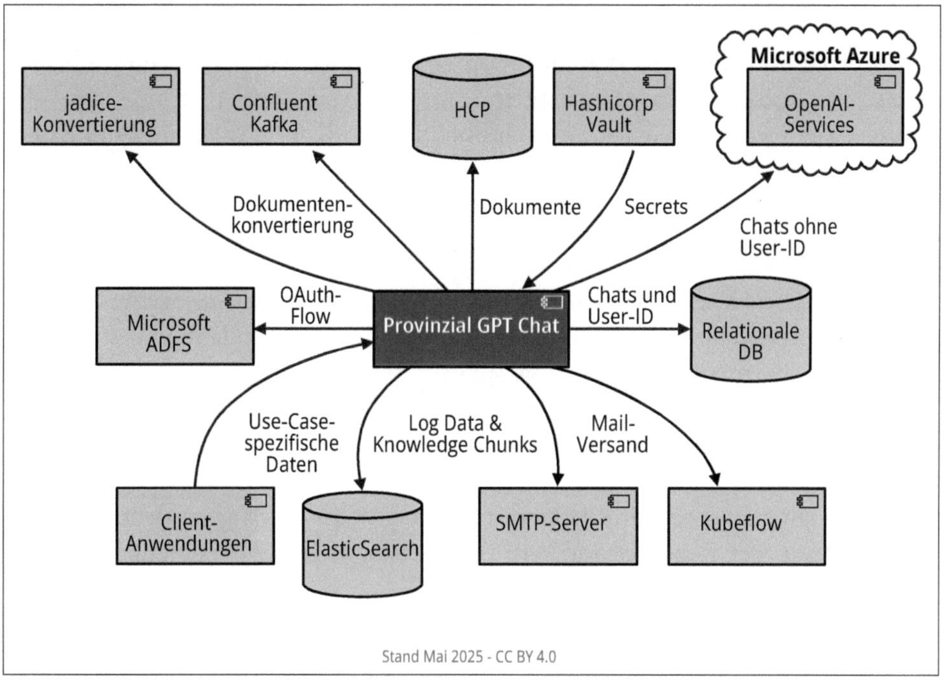

Abb. 15.4 *Kontextabgrenzung – mit Anwendungen*

15.4.2 Dokumentenchat

Viele Nutzenpotenziale von Sprachmodellen beruhen darauf, Dokumente oder deren Inhalte besser erschließen oder verarbeiten zu können.

Ein initialer Vergleich verschiedener Frameworks zur Verarbeitung von Dokumenten sowie das Beobachten diverser Publikationen zur Dokumentenverarbeitung für KI-/Sprachmodelle zeigte schnell, dass an dieser Stelle eine Erweiterung über die reine Java-Welt hinaus sinnvoll war. Entsprechend wurde ein neuer Python-basierter Service konzipiert. Dieser baut auf State-of-the-Art-Bibliotheken wie *docling* [Auer et al. 2024] auf. Durch den modularen Aufbau und die Möglichkeit zur Anbindung weiterer Services können zusätzliche Funktionalitäten – etwa OCR[7] oder Tabellenverarbeitung – bedarfsgerecht ergänzt werden.

Eine frühzeitige Erkenntnis war, dass für die Verarbeitung weitestgehend generischer (und langer) Dokumente für Tausende Mitarbeiter eine synchrone Verarbeitung nicht sinnvoll ist. Daher sind Dokumentenservice und Backend nun über einen Message Broker (konkret *Confluent Kafka*) nahezu vollständig entkoppelt. Somit sind auch komplexere Dokumentenanalysen (u. a. für Tabellen oder komplexe Grafiken) in großem Maßstab möglich und auch erweiterte Scans von Dateien auf Schadcode[8] können so für die Nutzer im Wesentlichen unbemerkt integriert werden.

Wichtig zu beachten ist, dass durch den Dokumentenchat Dokumente zunächst dem Sprachmodell vollständig zugänglich gemacht werden. Dies ermöglicht beispielsweise Zusammenfassungen oder komplexe Analysen. Allerdings wird der Kontext des jeweiligen Chats auch stark befüllt, was Kosten treibt und das Risiko birgt, dass relevante Infos im Kontext »verloren gehen«.

15.4.3 Retrieval-Augmented Generation

Gerade in wissensintensiven Branchen wie auch dem Versicherungswesen ist neben der Verarbeitung einzelner Dokumente die strukturierte Erschließung bestehenden Wissens – in Form weitestgehend unstrukturierter Dokumente – von enormem Interesse. In Forschung und Praxis hat sich für die Zugänglichmachung von Wissen für Sprachmodelle der Terminus *Retrieval-Augmented Generation* (RAG) etabliert [Lewis et al. 2020].

Der mögliche Effekt wird dadurch begünstigt, dass derartige auswertbare Wissensquellen in der Regel für mehrere Personen bzw. große Personengruppen genutzt werden können.

Die technische Realisierung baut – wie in Abbildung 15.5 ersichtlich – auf dem Dokumentenservice auf. Um die Dokumente abzulegen und durchsuchbar zu machen, werden die vektorisierten Daten (inklusive der Rohtexte) in einer Vektor-Datenbank abgelegt.

Da es bisher keinen etablierten Standard bezüglich der Vektorisierung oder auch des Rerankings der Ergebnisse gibt, ist es umso wichtiger, die Quelldokumente vorzuhalten. Dies ermöglicht die bedarfsgerechte Reindexierung sowie das Ausspielen der vollständigen Quelldateien zur Validierung der Ergebnisse. Zugleich hat es sich bewährt, neben den für das Ergebnis verwendeten auch die verworfenen Suchergebnisse auszugeben. Dies ermöglicht Anwendern eine bessere Kontextualisierung und erlaubt Rückschlüsse auf mögliche Verbesserungspotenziale des RAG-Systems.

---

7. Spätestens an dieser Stelle empfiehlt sich das Gespräch mit dem hauseigenen Input- oder Dokumentenmanagement, falls eine solche Einheit existiert. Auch wenn ggf. zunächst distinkte und disjunkte Lösungen geschaffen werden, sollten frühzeitig Integrations- und Kollaborationspunkte mit anderen Teams gesucht werden.
8. Perspektivisch können so auch Scans auf Prompt Injections und andere Angriffe auf KI-/LLM-basierte Systeme abgebildet werden.

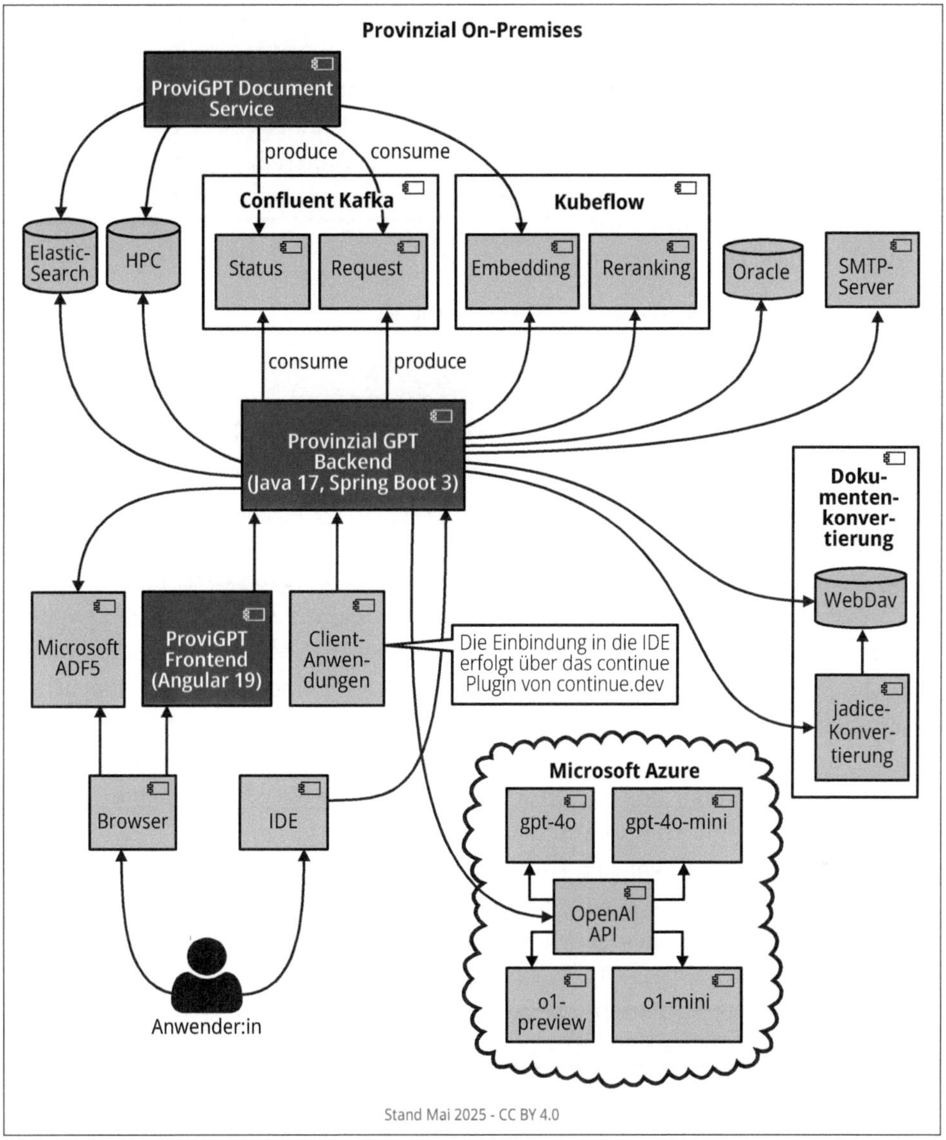

Abb. 15.5 *Gesamtüberblick der Architektur von Provinzial GPT*

Wird RAG im Konzernkontext – und insbesondere im Kontext hochvertraulicher Daten – dergestalt gedacht, bedeutet dies allerdings auch die Ergänzung diverser Sicherheitsmechanismen. So sind etwa Daten im RAG-Kontext mit Sensitivitätsklassen zu kennzeichnen, regelmäßige Rezertifizierungen der Berechtigten durchzuführen und auch alte Datenstände abzuräumen.[9] Letzteres gilt zumindest für alle

9. Provinzial GPT ist hierbei als unterstützendes, jedoch explizit nicht als daten- oder bestandsführendes System konzipiert. Daher erfolgt eine vergleichsweise rigorose Löschung anstelle eines Anschlusses an ein bestehendes CoC-System [GDV 2020].

Datenbestände der Klassen »vertraulich« und »streng vertraulich«. Parallel muss das Wissen in zentralen Beständen – etwa Bedingungswerke – stetig kuratiert und auf einem aktuellen und konfliktfreien Stand gehalten werden. Denn während bis heute Wissen bei der Suche und Interpretation von gut ausgebildeten Sachbearbeitern bewertet und kontextualisiert werden konnte, können dies KI-basierte Systeme nur bedingt und sind insbesondere für (semi-)automatische Verarbeitungen auf aufbereitete Daten (inklusive Metadaten) angewiesen.

15.4.4 APIs und API-basierte Erweiterungen

Während die Bereitstellung eines interaktiv nutzbaren Frontends insbesondere für die Einbindung aller Beschäftigten und das »Erlebbarmachen« generativer künstlicher Intelligenz zentral war, ist es doch nur der erste Schritt. Um die Potenziale optimal zu nutzen, ist es unerlässlich, »die KI zum Problem zu bringen, nicht das Problem zur KI«. Technisch bedeutet dies, definierte API-Endpunkte anzubieten, um Sprachmodell-Funktionalitäten in bestehenden Softwaresystemen integrieren zu können.

Die Bereitstellung einer Funktionalität als programmatisch konsumierbaren Service ist an sich nicht außergewöhnlich. Durch die enorme Diversität und Dynamik im Bereich der generativen KI und die regulatorischen Anforderungen der Finanzbranche gewinnt das Konzept einer zentralen Fassade jedoch erneut an Bedeutung. Es ermöglicht die zentrale Bündelung verschiedenster Modelle und Anbieter und erlaubt zudem, kritische regulatorische Aspekte wie Datenschutz- und Informationssicherheitsbetrachtungen – einschließlich notwendiger Maßnahmen – zentralisiert zu implementieren und weiterzugeben.

In der Zwischenzeit hat sich für die Bereitstellung einer solchen zentralen API der Begriff *LLM-Gateways* ausgeprägt. Technisch überführt Provinzial GPT als Gateway Modelle von OpenAI, Microsoft Azure, Anthropic und Amazon Bedrock auf Nachrichten im Open-AI-Chat-Completions-Format. Dieses hat sich vielfach als dominanter Standard durchgesetzt; weitere Formate sind denkbar, insbesondere im Falle emergenter neuer Standards wie dem Responses-Format.

Die bereitgestellte API (inklusive Gateway) findet unter anderem über das Plugin *continue* [Continue Inc. 2025] Anwendung, das Entwickler und Data Scientists in ihre integrierten Entwicklungsumgebungen einbinden, um KI-gestützt Code generieren oder erläutern zu lassen. Darüber hinaus bestehen bereits Anbindungen an die SAP-Welt, um beim Import verschieden strukturierter Excel-Abrechnungen zu unterstützen. Auch im internen CRM ist Provinzial GPT bereits angebunden und unterstützt Sachbearbeiter etwa bei der Aufbereitung komplexer Fallakten.

15.4.5 ProHub

Mit der Bereitstellung der Chat-Oberfläche und den Integrationsendpunkten kann bereits eine Vielzahl der möglichen Szenarien ausreichend abgedeckt werden. Dennoch gibt es – insbesondere im Konzernumfeld – regelmäßig folgende Situation:

Für bestimmte Herausforderungen ist ein Chat das falsche Interface, während komplexere Integration oder Zukauf nicht als Alternative zur Verfügung stehen.

Beispielhafte Szenarien sind unter anderem die Erstellung von Arbeitszeugnissen oder Interaktionen mit Personas. Während der erste Fall etwa auf einer strukturierten Noteneingabe aufsetzen und einen Freitext generieren kann, ist im zweiten Fall ein händisches Hinterlegen und Wechseln der entsprechenden Kontexte (bzw. Persönlichkeiten) nicht wünschenswert.

Durch die Kapselung der Funktionalitäten in kleine Mini-Applikationen ist zudem ein weiterer »Kunstgriff« möglich: das einfache Skalieren der Entwicklung. Interessierte Teams und Abteilungen müssen keine vollständige Anwendung aufsetzen und betreuen[10], gleichzeitig erfolgt die Entwicklung verteilt und betrifft kaum überlappende Teile einer Codebasis, was die laufende Integration vereinfacht.

Damit positioniert sich die Idee von *ProHub* als Ergänzung zu den etablierten Ansätzen für agentische Systeme und einfache Prompt-Flows. Zudem bietet ProHub die Möglichkeit, grundsätzlichere Probleme (z. B. Ressourcenknappheit, Digitalisierungsrückstand) zu adressieren und parallel in die Zukunft zu investieren.

15.5 Organisatorische Umsetzung

Die strategische Vorgehensweise und die technologische Umsetzung können nur erfolgreich sein, wenn auch eine organisatorische Einbettung ins Unternehmen erfolgt. In den folgenden Abschnitten wird dieser Themenkomplex kurz erörtert, wobei der Fokus auf der Regulatorik und dem KI- Lösungsteam liegt.

15.5.1 KI-Regulativ: Prozesse für die Klassifizierung des Risikos nach EU AI Act und der Mitbestimmungsrelevanz

Bereits früh im Prozess haben Vorstand und Konzernbetriebsrat der Provinzial gemeinsam eine Regelungsabrede zum Thema künstliche Intelligenz initiiert. Beide Parteien einigten sich auf einen externen Sachverständigen, ausgestattet mit einem beidseitigen Mandat. Innerhalb von drei Monaten wurde ein gemeinsames Regulativdokument erarbeitet und verabschiedet. Dieses Dokument wurde anschließend konzernweit umfassend kommuniziert, unter anderem durch eine Informationsveranstaltung für alle Führungskräfte und zusätzliche Intranetartikel zur Information der Belegschaft.

Kern dieser Regelungsabrede ist die gemeinsame Definition von Prozessen mit dem Betriebsrat. Jedes System wird hinsichtlich seiner Mitbestimmungsrelevanz klassifiziert. Zu diesem Zweck wurde eine Standardisierungsgruppe gebildet, bestehend aus jeweils zwei Mitgliedern des Betriebsrats, des Personal-/Arbeitsrechts und des KI-Teams. Diese Gruppe definiert Standards, Kriterien und Prozesse, um neue

10. Was grundsätzlich einfach erscheint, ist in regulierten Bereichen angesichts von Regularien wie VAIT [BaFin 2022] und DORA [EU 2022] oftmals mit erheblichem bürokratischem Aufwand verbunden. Unserer Erfahrung nach wird dieser besonders von traditionell nicht technischen Teams vermieden.

KI-Systeme oder Updates zu bestehenden Systemen in Mitbestimmungskategorien einzuordnen.

Dabei werden drei Mitbestimmungspfade unterschieden:

- Bei geringer Relevanz besteht eine Informationspflicht gegenüber dem Betriebsrat.
- Bei mittlerer Relevanz ist eine Beratung mit einem Expertengremium und dem Betriebsrat erforderlich.
- Bei hoher Relevanz führt der Prozess zu einer Mitbestimmungsbefassung, etwa mit der Erarbeitung einer Betriebsvereinbarung.

Dieser Prozess wurde bereits mehrfach durchlaufen. Die Mehrheit der Fälle ist dabei rein informativ, was den Prozess sehr effizient gestaltet: Der Betriebsrat wird informiert; eskaliert er nicht, gilt das KI-System als freigegeben. Das erleichtert den Mitarbeitenden die Einführung neuer KI-Systeme erheblich.

Sobald die Standards und Prozesse vollständig beschrieben, aufgebaut und praxiserprobt sind, wird eine weitere Verschlankung geplant: eine Zuordnungsgruppe mit nur noch zwei Personen – einem Delegierten des Betriebsrats und einem des KI-Teams – wird dann die Klassifizierung übernehmen und die Informationen in die Mitbestimmungspfade einspeisen. Die Risikoklassifizierung nach dem EU AI Act erfolgt dabei parallel, wodurch wir zwei Aspekte gleichzeitig adressieren und die Effizienz weiter steigern.

15.5.2 KI-Lösungsteam

Eine zentrale Herausforderung in der digitalen Transformation ist die Entwicklung eines geeigneten Betriebsmodells (engl. *Target Operating Model*), das die Teamstrukturen und Zusammenarbeit – also die Aufbau- und Ablauforganisation – sowohl der Plattform- als auch der Produktteams beschreibt. Besonders im Bereich der künstlichen Intelligenz sollten diese Betriebsmodelle anpassungsfähig aufgesetzt werden, da sich die Technologien und Anforderungen ebenso wie die Teamgrößen dynamisch und schnell entwickeln. Es besteht ansonsten das Risiko, sich in stetigen Umorganisationsmaßnahmen zu verlieren.

Um diesen Anforderungen gerecht zu werden, hat die Provinzial ein *KI-Lösungsteam* (KILT) mit agiler Arbeitsweise etabliert, angelehnt an Scrum, inklusive der Rollen von Product Owner und Scrum Master.

In dem KI-Lösungsteam werden Plattformen für Machine Learning und GPT aufgebaut und betreut. Gleichzeitig werden dort alle konzernweiten Anfragen zu diesen Themen gebündelt und bearbeitet. Weitere Skalierungsschritte – insbesondere auch die Zusammenarbeit in cross-funktionalen Produktteams – werden aktuell geplant.

15.6 Ausblick

Stand heute sind bei der Provinzial Versicherung viele wichtige Schritte – technischer, organisatorischer wie auch regulatorischer Natur – bereits umgesetzt. Die Nutzung von KI und LLMs in Form eines Enterprise GPT ist für mehrere Tausend Mitarbeitende zur gelebten Realität geworden.

Der grundsätzliche Nutzen muss somit nicht mehr demonstriert werden. Spannend und Kernthema der nächsten Monate wird nun die Transformation individueller Nutzung zu konkreten, skalierbaren Anwendungsfällen sein, die Effektivitäts- und Effizienzsteigerungen der ganzen Organisation zugänglich machen. Idealerweise können in diesen Fällen durch die Integration von KI-/GPT-Funktionalitäten in den entsprechenden Prozessen oder Bestandssystemen bestehende Herausforderungen bewältigt (Umgang mit großen, unstrukturierten Datenmengen usw.) und sogar neue Möglichkeiten erschlossen werden.

Mit diesen Maßnahmen entwickelt sich KI hoffentlich zu einem zukunftsträchtigen und wertvollen Baustein im Automatisierungs- und Optimierungsbaukasten der Provinzial. So ausgestattet arbeiten wir daran, allen technologischen, wirtschaftlichen und demografischen Herausforderungen zum Trotz unseren Kundinnen und Kunden auch weiterhin den exzellenten Versicherungsschutz zu bieten, den sie von uns als traditionsreichem Service-Versicherer[11] erwarten. Ganz gemäß unserem Credo: »Provinzial – Immer da, immer nah!«

Es soll nicht unerwähnt bleiben, dass angesichts der immensen Dynamik der KI/GPT-Technologie (siehe Abschnitt 15.2.1) und der hochgradig volatilen politischen und wirtschaftlichen Gegebenheiten im Oktober 2025 ein hohes Maß an Unsicherheit bestehen bleibt. Darin liegt jedoch zugleich ein enormes Potenzial für Veränderungen.

---

11. Mit der Hamburger Feuerkasse gehört Deutschlands ältester Versicherer (Gründung 1676) zur Provinzial Holding.

16 KI-gestützte Analyse geldpolitischer Kommunikation bei der Bundesbank

Felix Geiger · Dimitrios Kanelis · Philipp Lieberknecht · Diana Sola

In den vergangenen Jahren hat sich die geldpolitische Kommunikation zu einem zentralen Steuerungsinstrument von Zentralbanken entwickelt. Mit dem Aufkommen großer Sprachmodelle eröffnen sich neue Möglichkeiten, diese Kommunikation automatisiert zu analysieren. Dieses Kapitel stellt den in der Bundesbank entwickelten Monetary-Intelligent Language Agent (MILA) vor – ein KI-gestütztes Analysewerkzeug, das mithilfe von großen Sprachmodellen geldpolitische Texte auf Ebene einzelner Textsegmente klassifiziert und die Ergebnisse zu quantitativen Indikatoren aggregiert. MILA erfüllt dabei zentrale Anforderungen an Kontextverständnis, Nachvollziehbarkeit und Konsistenz. Die überzeugenden Ergebnisse führen allerdings auch zu neuen Herausforderungen, die die Notwendigkeit einer kritischen Reflexion beim Einsatz von KI in der Analyse geldpolitischer Kommunikation verdeutlichen.[1]

16.1 Geldpolitische Kommunikation: von manueller zur KI-gestützten Analyse

Kommunikation erfüllt in der Geldpolitik längst nicht mehr nur eine reine Informationsfunktion. In den vergangenen Jahrzehnten hat sie sich zu einem zentralen Instrument der geldpolitischen Steuerung entwickelt [Blinder et al. 2008]. Zentralbanken wie die Bundesbank nutzen öffentliche Äußerungen, etwa in Form von Pressekonferenzen oder Reden, nicht nur zur Erläuterung geldpolitischer Entscheidungen, sondern auch, um gezielt Erwartungen von Marktteilnehmenden zu beeinflussen. Einige Fachleute der Ökonomie betrachten Kommunikation inzwischen sogar als das wichtigste Instrument der Geldpolitik [Woodford 2005; Bernanke 2022]. Denn durch gezielte Kommunikation können Zentralbanken Einfluss auf Zinserwartungen nehmen und das ganz ohne unmittelbare Anpassung der Leitzinssätze. Solche Erwartungen sind entscheidend für die Finanzierungsbedingungen und die geldpolitische Transmission. Prominente Beispiele wie die »Whatever it takes«-Rede des EZB-Präsidenten Mario Draghi im Jahr 2012 zeigen eindrücklich, dass Kommunikation von Zentralbanken tiefgreifende und nachhaltige Auswirkungen auf die Finanzmärkte haben kann.

1. Dieser Beitrag gibt die persönlichen Ansichten der Autoren und der Autorin wieder und spiegelt nicht notwendigerweise die Ansichten der Deutschen Bundesbank oder des Eurosystems wider.

In der Analyse geldpolitischer Kommunikation wird typischerweise bewertet, ob Aussagen auf eine falkenhafte (engl. *hawkish*) oder taubenhafte (engl. *dovish*) geldpolitische Ausrichtung hindeuten.

- Eine falkenhafte Ausrichtung steht für eine restriktive Geldpolitik mit dem Ziel, Inflation durch Zinserhöhungen einzudämmen.
- Eine taubenhafte Ausrichtung hingegen steht für eine expansive Geldpolitik, die über niedrige oder sinkende Zinsen die gesamtwirtschaftliche Nachfrage stärken und niedrige Inflationsraten anheben soll.

Unerwartete falken- oder taubenhafte Kommunikation kann bei Marktteilnehmenden zu einer Anpassung der Zinserwartungen führen und somit geldpolitische Schocks mit Auswirkungen auf Wachstum und Inflation auslösen [Gürkaynak et al. 2005; Gertler & Karadi 2015].

Neben der geldpolitischen Ausrichtung spielt auch das Sentiment der Kommunikation eine zentrale Rolle:

- Ein positives Sentiment, etwa durch optimistische Aussagen zur konjunkturellen Lage oder zur Inflationsentwicklung, kann das Vertrauen der Märkte stärken.
- Ein negatives Sentiment kann umgekehrt, beispielsweise durch Hinweise auf wirtschaftliche Risiken oder Unsicherheiten, zu Pessimismus führen [Jarociński & Karadi 2020].

Daher prägt auch das Sentiment die Erwartungen von Marktteilnehmenden hinsichtlich zukünftiger geldpolitischer Maßnahmen und der wirtschaftlichen Entwicklung, was Konsum- und Investitionsentscheidungen beeinflussen kann.

Zur Analyse geldpolitischer Kommunikation wurde in der ökonomischen Forschung lange auf menschliche Expertise zurückgegriffen (vgl. [Jansen & De Haan 2005; Ehrmann & Fratzscher 2007]). Fachleute der Ökonomie bewerten dabei Texte oder einzelne Passagen manuell und ordnen ihnen auf Basis ihres ökonomischen Kontextwissens numerische Werte zu, typischerweise -1 für taubenhafte, 0 für neutrale und +1 für falkenhafte Aussagen bzw. -1 für negatives, 0 für neutrales und +1 für positives Sentiment. Diese manuelle Klassifikation erlaubt eine kontextbezogene Interpretation und die Berücksichtigung sprachlicher Feinheiten. Allerdings ist sie zeitaufwendig, subjektiv und anfällig für Inkonsistenzen im Zeitverlauf.

Um die Schwächen manueller Analysen zu überwinden, wurden automatisierte Ansätze entwickelt, die auf Wortfrequenzen basieren. Grundlage solcher Ansätze sind Lexika, die typischen Begriffen oder Formulierungen in geldpolitischen Texten eine spezifische Klassifikation zuordnen [Apel & Blix Grimaldi 2014; Hansen & McMahon 2016; Picault & Renault 2017]. So kann etwa die Kombination aus »Inflation« und »steigt« als falkenhaft, »Wachstum« in Verbindung mit »sinkt« als taubenhaft interpretiert werden. Auf Basis der Häufigkeit solcher Wortkombinationen lässt sich ein Indikator für die geldpolitische Ausrichtung oder das Sentiment des Gesamttexts auf einer Skala von -1 bis +1 berechnen. Für das Sentiment wird in der Regel das Verhältnis von positiven zu negativen Aussagen bestimmt:

$$Sentiment = \frac{\#\,positiv - \#\,negativ}{\#\,positiv + \#\,negativ}$$

Ein Indikator für die geldpolitische Ausrichtung lässt sich in ähnlicher Weise berechnen.

Die auf Wortfrequenzen basierende Analyse überzeugt durch ihre Transparenz sowie die konsistente und vergleichsweise schnelle Analyse. Dennoch bleibt sie auf die bloße Zählung von Schlüsselbegriffen beschränkt und reagiert nicht sensitiv auf sprachliche Nuancen, Ironie oder kontextabhängige Bedeutungen.

Mit dem Aufkommen leistungsfähiger Sprachmodelle hat sich die Analyse geldpolitischer Kommunikation zu KI-gestützten Ansätzen weiterentwickelt. Zunächst wurden spezialisierte Modelle durch Fine-Tuning, beispielweise von BERT-Modellen, auf annotierten Finanztexten trainiert [Gorodnichenko et al. 2023; Pfeifer & Marohl 2023; Kanelis & Siklos 2025]. Im Vergleich zum Wortfrequenzansatz können diese Modelle den unmittelbaren Textkontext zwar besser erfassen, ihre Analyse bleibt jedoch weniger transparent und vernachlässigt weiterhin Informationen, die über den Text hinausgehen.

Der Paradigmenwechsel vom Fine-Tuning zum Prompt Engineering findet sich schließlich auch in der Analyse geldpolitischer Kommunikation wieder, wo nun auch Large Language Models (LLMs) wie GPT-4 zum Einsatz kommen [Hansen & Kazinnik 2024]. Diese sind in der Lage, Kontext innerhalb und außerhalb des Dokuments zu berücksichtigen. Damit verbinden sie die Flexibilität menschlicher Interpretation mit der Effizienz und Skalierbarkeit automatisierter Ansätze. Eine zentrale Herausforderung im Einsatz von LLMs liegt allerdings in der Sicherstellung einer nachvollziehbaren und konsistenten Analyse.

16.2 Von Kontext bis Konsistenz: Anforderungen an KI in der geldpolitischen Analyse

Der Einsatz von KI, insbesondere LLMs, zur Analyse geldpolitischer Kommunikation eröffnet neue Möglichkeiten, bringt jedoch auch spezifische Anforderungen mit sich. Erste Ansätze KI-gestützter geldpolitischer Analyse liefern zwar vielversprechende Ergebnisse, doch bei näherer Betrachtung werden zentrale Herausforderungen deutlich, insbesondere in den Bereichen Kontextverständnis sowie Nachvollziehbarkeit und Konsistenz der Resultate.

16.2.1 Kontextverständnis

Ein zentrales Merkmal geldpolitischer Kommunikation ist ihre starke Kontextabhängigkeit. Die Interpretation einer Aussage ergibt sich nicht allein aus ihrer sprachlichen Formulierung, sondern variiert je nach makroökonomischer Lage, Inflationsumfeld oder Markterwartung. Ein Hinweis auf »steigende Inflation« ist beispielsweise im Umfeld von einer Inflationsrate von 0,5 % anders zu bewerten als bei einer Inflationsrate von 5 %. Ein KI-gestützter Analyseansatz muss daher in der Lage sein, Aussagen nicht isoliert, sondern im Zusammenhang mit dem wirtschaftlichen Gesamtbild zu interpretieren, idealerweise auch unter verschiedenen hypothetischen Annahmen. In der praktischen Anwendung von LLMs stellt dies besondere Anforderungen an das Prompt-Design, etwa die gezielte Einbettung kontextueller Informationen.

16.2.2 Nachvollziehbarkeit

Auch die Nachvollziehbarkeit der Ergebnisse stellt eine Anforderung an KI-Systeme im geldpolitischen Umfeld dar. Analystinnen und Analysten müssen nachvollziehen können, auf welcher Grundlage eine Klassifikation erfolgt ist. Wird eine Aussage beispielsweise als »falkenhaft« eingestuft, sollte klar erkennbar sein, welche Formulierungen oder inhaltlichen Hinweise zu diesem Ergebnis geführt haben. Bei klassischen Wortfrequenzansätzen ist das vergleichsweise einfach: Die zugrunde liegenden Begriffe und Regeln sind transparent und leicht nachvollziehbar. Bei LLMs hingegen gestaltet sich dies schwieriger. Oft bleibt unklar, welche Textstellen oder Argumentationsmuster zur Bewertung geführt haben. Um diese »Blackbox« zu öffnen, braucht es Ansätze, die für mehr Transparenz sorgen, etwa durch explizite Begründungen durch das Modell selbst oder den Einsatz von Zwischenschritten.

16.2.3 Konsistenz

Ein weiterer kritischer Aspekt beim Einsatz von LLMs ist die Konsistenz der Ergebnisse. Aufgrund der stochastischen Natur dieser Modelle können identische Eingaben bei mehrfacher Ausführung zu unterschiedlichen Ausgaben führen, insbesondere bei offenen, kontextabhängigen Fragestellungen. Diese Eigenschaft unterscheidet sie von deterministischen Wortfrequenz- oder BERT-basierten Klassifikationsansätzen. Für eine empirische geldpolitische Analyse, die auf Reproduzierbarkeit angewiesen ist, stellt dies eine erhebliche Herausforderung dar. Die Ergebnisse sollten unter gleichen Bedingungen möglichst konsistent bleiben und auch gegenüber kleineren Änderungen im Prompt-Design robust sein. Zwar lässt sich das Spannungsverhältnis zwischen Modellflexibilität und Ergebniskonsistenz nicht vollständig auflösen, doch sollten Analyseansätze die Variabilität der Modellausgaben möglichst reduzieren, beispielsweise durch kleinere, klar umrissene Aufgabenstellungen.

Unter Berücksichtigung der beschriebenen Anforderungen haben wir in der Bundesbank einen LLM-basierten Klassifikationsansatz entwickelt, auf den wir in den nächsten beiden Abschnitten eingehen.

16.3 Monetary-Intelligent Language Agent

Im Folgenden stellen wir den in der Bundesbank entwickelten *Monetary-Intelligent Language Agent* (MILA) vor. Zunächst erläutern wir die zentralen Vorteile des Ansatzes und geben anschließend einen Einblick in die Funktionsweise von MILA.

16.3.1 Vorteile

Um den beschriebenen Anforderungen für eine KI-gestützte Analyse geldpolitischer Kommunikation gerecht zu werden, haben wir MILA entwickelt [Geiger et al. 2025]. MILA führt zunächst Klassifikationen auf Ebene einzelner Textsegmente oder thematischer Kategorien durch. Für diese granulare Klassifikation kommt ein LLM in Kombination mit einer mehrstufigen und differenzierten Prompting-Strategie zum Einsatz, um eine präzise und graduelle Analyse zu gewährleisten. Zusätzlich wird dabei sowohl der makroökonomische Hintergrund als auch der jeweilige Dokumentenkontext berücksichtigt. Neben der kontextabhängigen Klassifikation liefert das LLM jeweils eine Begründung. Anschließend werden die Klassifikationen mittels mathematischer Verfahren zu einem Gesamtindikator für den jeweiligen Text aggregiert, wobei beispielweise +1 für eine falkenhafte geldpolitische Ausrichtung steht.

Das Kontextverständnis von MILA basiert somit unmittelbar auf der Verknüpfung des Dokumentenkontexts mit einem aus externen Daten abgeleiteten Inflationskontext, die gemeinsam in das Prompting einfließen. Die Kombination der granularen Analyse mit mathematischen Verfahren zur Aggregation der Einzelklassifikationen bringt verschiedene Vorteile – auch im Hinblick auf die Anforderungen an Nachvollziehbarkeit und Konsistenz der Ergebnisse von MILA.

So erhöht die granulare Analyse auf Ebene einzelner Textsegmente, etwa Sätze oder Absätze, die Transparenz der Klassifikationsergebnisse. Durch die Zerlegung von Texten in kleinere, interpretierbare Einheiten können Nutzende nachvollziehen, wie einzelne Textsegmente zum Gesamtindikator beitragen. Die ergänzende Erklärung des LLMs zu jeder Einzelklassifikation verbessert die Nachvollziehbarkeit zusätzlich. Auch wenn dieser Ansatz nicht der klassischen Definition von »Explainable AI« entspricht, ermöglicht er dennoch eine effektive Überprüfung und Plausibilitätsbewertung der Ergebnisse.

Die Aggregation der Einzelergebnisse durch mathematische Verfahren, etwa durch das Verhältnis von positiven zu negativen Aussagen, orientiert sich an etablierten Konzepten wie sie unter anderem aus der Wortfrequenzanalyse bekannt sind. Auf diese Weise wird sichergestellt, dass der Indikator auf einer fundierten, nachvollziehbaren Berechnung beruht, anstatt auf Wahrscheinlichkeiten der nächsten Wortvorhersage eines LLMs.

Darüber hinaus erleichtert die granulare Analyse sowohl die gezielte Einbindung von Fachwissen als auch die Durchführung kontrafaktischer Analysen, etwa zur Frage, wie Kommunikation unter veränderten makroökonomischen Rahmenbedingungen wahrgenommen würde. Dies ist ein zentraler Faktor für die Flexibilität und Anpassungsfähigkeit von MILA.

Wie wir in Abschnitt 16.4 näher ausführen werden, leistet die granulare Herangehensweise zudem einen wesentlichen Beitrag zur Reproduzierbarkeit und Konsistenz der Ergebnisse.

16.3.2 Funktionsweise

Wir haben MILA zunächst mit einem Fokus auf die Analyse der EZB-Pressekonferenzen konzipiert. Die Inhalte dieser Pressekonferenzen lassen sich grundsätzlich in zwei Abschnitte[2] gliedern:

- Im ersten Teil werden die geldpolitischen Entscheidungen des EZB-Rats dargelegt, ergänzt durch entsprechende Begründungen und Erläuterungen zur beabsichtigten zukünftigen geldpolitischen Ausrichtung.
- Der zweite Teil widmet sich dem wirtschaftlichen Narrativ, in dem die aktuelle konjunkturelle Lage sowie die zugrunde liegenden makroökonomischen Einschätzungen ausführlich dargestellt werden.

Sentimentanalyse

Die Funktionsweise von MILA für die Sentimentanalyse der EZB-Pressekonferenz ist in Abbildung 16.1 veranschaulicht. Zunächst wird aus den Metadaten des Dokuments, dem Transkript der Pressekonferenz, das Datum extrahiert. Dieses Datum bildet die Grundlage für die anschließende Extraktion des relevanten Inflationskontexts aus denjenigen Pressestatements, bei denen neue makroökonomische Projektionen von Fachleuten der EZB bzw. des Eurosystems vorliegen (März, Juni, September, Dezember). Daraus ergibt sich ein spezifischer Inflationskontext, der die geldpolitische Lage zum Zeitpunkt der Kommunikation abbildet.

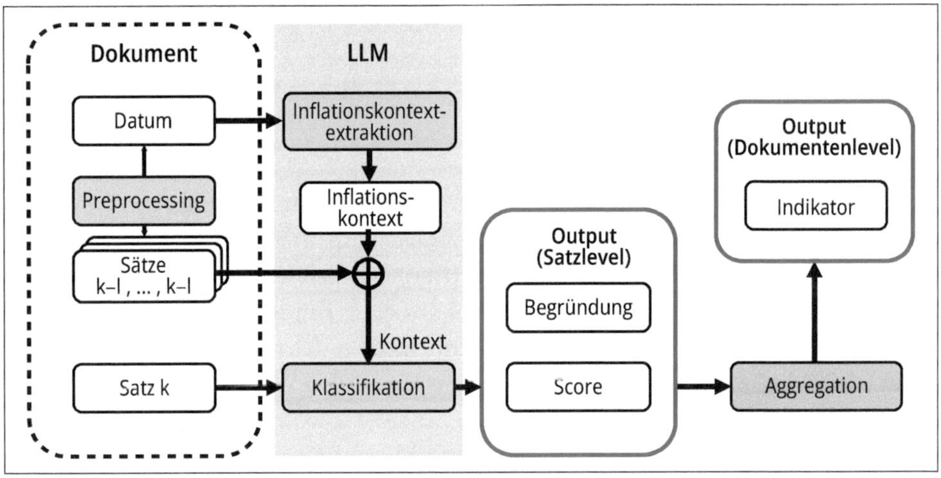

Abb. 16.1 *Funktionsweise von MILA für die Sentimentanalyse*

Parallel dazu erfolgt die Segmentierung des Dokuments in einzelne Sätze. Für jeden zu analysierenden Satz k wird ein lokaler Kontext gebildet, der sich aus den l vorangegangenen Sätzen $k-l,\ldots,k-1$ zusammensetzt. Dieser Dokumentenkontext wird

2. Von einem dritten Teil, in dem Fragen von Journalistinnen und Journalisten beantwortet werden, wird abstrahiert.

anschließend mit dem extrahierten Inflationskontext kombiniert. Auf diese Weise entsteht ein umfassender Gesamtkontext, der sowohl die interne Logik des Dokuments als auch den externen makroökonomischen Bezugsrahmen berücksichtigt.

Der kombinierte Kontext bildet die Grundlage für das Prompting des Sprachmodells. Dabei wird ein speziell gestalteter Prompt an das LLM übergeben, das auf dieser Basis eine Klassifikation des Satzes hinsichtlich seines ökonomischen Sentiments vornimmt. Zusätzlich zur Klassifikation liefert das LLM eine Begründung, die erläutert, warum es zu dieser Einschätzung gelangt ist.

Für das Prompting ist besonders hervorzuheben, dass es sich beim zu erfassenden Sentiment nicht um ein allgemeines Stimmungssentiment handelt, wie es etwa bei Filmkritiken relevant wäre, sondern um ein ökonomisches Sentiment. Um dieser fachlichen Anforderung gerecht zu werden, kommen zwei zentrale Techniken des Prompt Engineering zum Einsatz:

- **Role-based Prompting**
  Hierbei wird dem LLM explizit die Rolle einer Fachperson im Bereich des Zentralbankwesens zugewiesen.
- **Few-Shot Prompting**
  Hier wird die Aufgabe durch manuell erstellte Beispiele mit aus fachlicher Sicht korrekt bewerteten Klassifikationen unterlegt [Brown et al. 2020].

Die Ergebnisse, also sowohl die Begründung als auch ein numerischer Score, werden anschließend als Output ausgegeben.

Nachdem MILA eine Klassifikation auf Satzebene vorgenommen hat, können verschiedene Berechnungen oder statistische Analysen durchgeführt werden, ohne dass eine weitere Nutzung von Sprachmodellen erforderlich ist. Für den *Sentimentindikator* des gesamten Dokuments kann beispielsweise das Verhältnis von positiven zu negativen Aussagen, wie in Abschnitt 16.1 beschrieben, als Aggregation berechnet werden.

Die beschriebene Vorgehensweise der Sentimentanalyse durch MILA gewährleistet eine inhaltlich fundierte Analyse, die zugleich den Anforderungen an Kontextverständnis, Nachvollziehbarkeit und Konsistenz gerecht wird. Um diesen Ansprüchen auch bei der Analyse der geldpolitischen Ausrichtung – dem sogenannten Hawk-O-Meter – zu genügen, unterscheidet sich die Klassifikationsmethode von MILA zwischen dem ersten und dem zweiten Teil der Pressekonferenz.

Hawk-O-Meter

Im zweiten Teil, dem wirtschaftlichen Narrativ, orientiert sich die Analyse der Ausrichtung grundsätzlich an der Vorgehensweise der Sentimentanalyse. Unterschiede bestehen lediglich in der Gestaltung des Kontexts und im Prompting. Neben dem Inflationskontext und den vorangegangenen Sätzen wird hier zusätzlich auch der erste Teil der Pressekonferenz berücksichtigt, da die geldpolitischen Entscheidungen eine zentrale Grundlage für das nachfolgende wirtschaftliche Narrativ bilden.

Für das Prompting im Rahmen des *Hawk-O-Meters* ist eine feinere Klassifikation der Sätze – differenziert nach falkenhaft, moderat falkenhaft, neutral, moderat taubenhaft und taubenhaft – entscheidend. Um diese Nuancen zuverlässig abzubilden, nutzt MILA einen Prompt-Chaining-Ansatz [Wu et al. 2022], bei dem die Klassifikation in zwei Schritten erfolgt. Zunächst werden die Sätze grob in die drei Kategorien falkenhaft, neutral und taubenhaft eingeordnet. In einem zweiten Schritt wird dann, sofern das Ergebnis nicht neutral lautet, eine Verfeinerung vorgenommen. Im Falle einer falkenhaften Klassifikation erfolgt die Unterscheidung zwischen moderat falkenhaft und falkenhaft, bei einer taubenhaften Einstufung zwischen moderat taubenhaft und taubenhaft. Dieser zweistufige Ansatz erleichtert die anspruchsvolle qualitative Abgrenzung zwischen moderaten und starken Ausprägungen geldpolitischer Kommunikation.

Im ersten Teil der Pressekonferenz, in dem die geldpolitischen Entscheidungen kommuniziert werden, fokussiert sich MILA nicht auf einzelne Sätze, sondern auf vier thematische Kategorien:

- Zinsentscheidung
- Zinsausblick
- Inflation
- Allgemeiner Ton

Diese Kategorien dienen der systematischen und strukturierten Einordnung der geldpolitischen Entscheidungen. Im Unterschied zu den zuvor beschriebenen Analysen erfolgt die Auswertung in diesem Teil auf Absatzebene, um dem LLM eine fundierte Einschätzung zu jeder der vier Kategorien zu ermöglichen. Für jede Kategorie wird ein separater LLM-Aufruf mit einem speziell abgestimmten Prompt durchgeführt, um eine gezielte Bewertung zu ermöglichen. Die einzelnen Scores der vier Kategorien werden anschließend durch Addition zu einem Gesamtscore pro Absatz zusammengeführt, der die geldpolitische Ausrichtung des jeweiligen Abschnitts quantifiziert. So würde etwa eine deutliche Zinserhöhung von 50 Basispunkten mit zukünftig weiterhin steigenden Zinsen, hohen Inflationserwartungen und restriktiven Signalen von MILA als falkenhaft eingestuft werden. Das Hawk-O-Meter würde dann einen Indikator nahe 1 erhalten, da alle Kategorien auf eine stark restriktive Geldpolitik hinweisen.

Im Rahmen des Hawk-O-Meters der Pressekonferenz gibt MILA jeweils einen separaten Indikator für den ersten und den zweiten Teil der Pressekonferenz aus. Diese Indikatoren werden wie zuvor durch mathematische Verfahren auf Basis der jeweils ermittelten Einzelbewertungen je Satz bzw. Absatz berechnet.

Mit der Sentimentanalyse und dem Hawk-O-Meter bietet MILA nicht nur eine differenzierte Analyse der EZB-Pressekonferenzen. Die Methodik ist unter Berücksichtigung der spezifischen Texteigenschaften auch auf weitere geldpolitische Kommunikation anwendbar, beispielsweise für Reden oder Interviews von Mitgliedern des EZB-Rats. Auch hier stellt MILA eine vielversprechende Alternative zu etablierten Methoden dar, da LLMs im Vergleich zu früheren Ansätzen besser mit der potenziell erratischeren und umgangssprachlicheren Kommunikation, wie sie etwa bei Interviews vorherrscht, umgehen können.

16.4 MILA in der Praxis

Nach der konzeptionellen Darstellung von MILA folgt nun der Blick auf die praktische Anwendung. Zunächst präsentieren wir anhand eines ausgewählten Beispiels Analyseergebnisse von MILA, bevor wir auf die Implementierung sowie die Evaluation eingehen.

16.4.1 Ergebnisse

In der Praxis kann MILA beispielsweise eingesetzt werden, um das Sentiment in EZB-Pressekonferenzen im Verlauf der Zeit zu analysieren. Laut MILA war das Sentiment seit 2011 überwiegend positiv (siehe Abb. 16.2). Nach der Senkung des Einlagesatzes auf 0 % im Juli 2012 zeigte sich jedoch eine Phase negativen Sentiments, die bis Ende 2013 anhielt – geprägt von einem pessimistischen Narrativ im Kontext der europäischen Staatsschuldenkrise. Von 2014 bis zum Ende von Mario Draghis Amtszeit als EZB-Präsident im November 2019 dominierte ein optimistisches Sentiment. In Christine Lagardes Amtszeit führte die Coronapandemie zunächst zu negativen Bewertungen (Frühjahr 2020, Winter 2020/21), gefolgt von Optimismus im Zuge der Impfkampagne und wirtschaftlichen Öffnung 2021. Eine erneute negative Phase zeigte sich ab Anfang 2022 im Kontext der Ukraine-Invasion und stark steigender Inflation. Seit der letzten Zinserhöhung im September 2023 schwächt sich das negative Sentiment sukzessive ab.

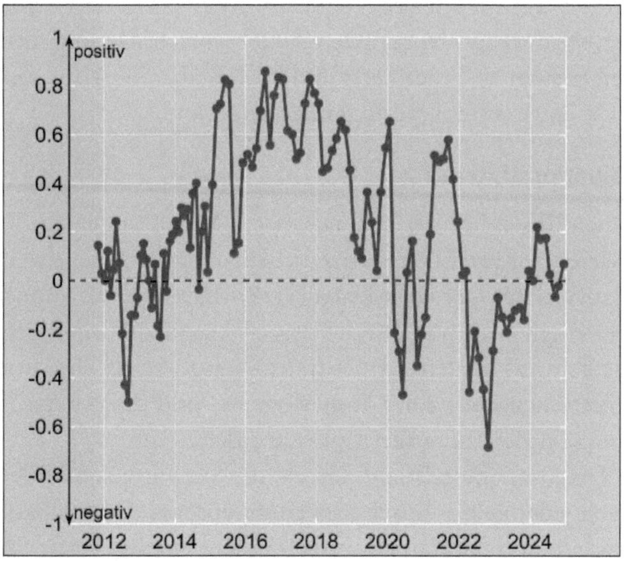

Abb. 16.2 *Ergebnisse von MILA für das Sentiment des ökonomischen Narrativs in EZB-Pressekonferenzen [Deutsche Bundesbank 2025; Geiger et al. 2025]*

16.4.2 Implementierung

Für diese und weitere Analysen [Deutsche Bundesbank 2025] wurde Llama 3.1 [Grattafiori et al. 2024] als Sprachmodell innerhalb von MILA eingesetzt – gehostet on-Premises in einer privaten Cloud der Bundesbank. Ausschlaggebend für diese Entscheidung war insbesondere der Kostenfaktor: Da das Modell auf diese Weise intern für experimentelle Zwecke bereitgestellt wird, fallen für die zahlreichen Modellaufrufe, die durch die granulare Klassifikation entstehen, geringere variable Kosten an als bei der Nutzung eines externen Cloud-Dienstes. Grundsätzlich kann allerdings jedes beliebige LLM eingesetzt werden, wobei ggf. die Prompts gezielt auf das ausgewählte LLM angepasst werden müssen.

Zum Zeitpunkt der Erstellung dieses Beitrags ist MILA als funktionsfähiger Prototyp vollständig in Python implementiert. Ergänzend wird eine experimentelle App auf Basis von Streamlit eingesetzt, um die Benutzeroberfläche sowie die Interaktion mit dem System zu erproben und weiterzuentwickeln.

16.4.3 Evaluation

Bei der Evaluation von MILA sind wir einem grundlegenden Problem beim Einsatz von Sprachmodellen in ökonomischen Anwendungen begegnet – dem Mangel an geeigneten annotierten Datensätzen. Zwar liegen geldpolitische Texte wie Reden und Pressemitteilungen in großer Zahl vor, doch wurden sie bis zum Zeitpunkt der Erstellung dieses Beitrags kaum systematisch mit Labels für geldpolitische Ausrichtung oder ökonomisches Sentiment versehen. Das erschwert die skalierte Evaluation von LLM-Anwendungen sehr, denn ohne eine verlässliche Datenbasis lassen sich die Modelloutputs nur schwer evaluieren. Auch ein gezieltes Fine-Tuning von Sprachmodellen wird dadurch erschwert. Die Herausforderung des Einsatzes von Sprachmodellen besteht also nicht erst in der Modellarchitektur, sondern schon in der fehlenden Datenbasis für Training und Evaluation.

16.4.3.1 Evaluationsdatensätze

Daher mussten wir uns in unserer Evaluation von MILA mit einem Vergleich zu bestehenden Ansätzen auf zwei Datensätzen zufriedengeben, die jeweils gewisse Einschränkungen aufweisen. Der erste Datensatz enthält einzelne annotierte Sätze aus EZB-Reden, die lediglich als positiv oder negativ klassifiziert sind. Problematisch ist hierbei insbesondere das Fehlen der neutralen Kategorie, da diese entscheidend ist, um Fehlklassifikationen der häufig ausgewogenen und diplomatisch formulierten Kommunikation von Zentralbankern zu vermeiden.

Der zweite Datensatz besteht aus Sätzen, die Sitzungsprotokollen entnommen wurden, die nach jeder geldpolitischen Sitzung von den Zentralbanken Tschechiens, Ungarns, Polens und Rumäniens veröffentlicht werden. Diese Sätze sind als falkenhaft, taubenhaft oder neutral kategorisiert. Eine offensichtliche Einschränkung für unsere Analyse besteht jedoch darin, dass diese Textdaten aus Ländern stammen, die nicht Mitglieder des Euro-Währungsgebiets sind.

Um MILA auf diesen beiden Datensätzen evaluieren zu können, waren zudem entsprechende Anpassungen erforderlich. So war es beispielsweise nicht möglich, den Dokumentenkontext in die Analyse einzubeziehen, da nur einzelne Sätze und keine vollständigen Dokumente in den Datensätzen vorhanden sind.

16.4.3.2 Evaluation der Klassifikationsleistung

In unserer Evaluation zeigt sich, dass MILA auf dem ersten Datensatz bessere Ergebnisse erzielt als eine Wortfrequenzanalyse auf Basis des Lexikons von Loughran und McDonald [Loughran & McDonald 2011]. Auf dem zweiten Datensatz schneidet ein speziell darauf fine-getuntes BERT-Modell von Nitoi et al. [Nitoi et al. 2023] hinsichtlich der Accuracy mit 88 % um 4 Prozentpunkte besser ab als MILA. Eine detaillierte Analyse dieses Ergebnisses ergibt jedoch, dass in 64 von 328 Testfällen die Abweichungen auf institutionelle Unterschiede (z. B. unterschiedliche Höhe des Inflationsziels) zwischen den jeweils betrachteten Zentralbanken zurückzuführen sind. In weiteren 67 Fällen resultieren die Abweichungen aus dem Fehlen zusätzlicher Kontextinformationen, die im jeweiligen Satz nicht explizit enthalten sind. Wird die Evaluation um diese Sätze bereinigt, erreicht MILA eine Accuracy von rund 90 %. Wir gehen davon aus, dass Nitoi et al. diese Sätze korrekt annotiert haben, da ihre Analyse auf einer vertieften Kenntnis der osteuropäischen Zentralbanken basiert, auf die sich ihre Studie konzentriert. Allerdings würde derselbe Satz unter Umständen eine andere Klassifikation erfordern, wenn er im Kontext einer Zentralbank des Euro-Währungsgebiets geäußert worden wäre. Beispielsweise ist eine Inflationsrate von 4 % im Euroraum verhältnismäßig stark über dem 2 %-Ziel der EZB und würde entsprechend von MILA als klares Signal für eine restriktivere Geldpolitik gewertet werden. Für die Analyse osteuropäischer Zentralbanken wäre diese Einschätzung allerdings nicht adäquat, da Osteuropa typischerweise nicht nur durchschnittlich höheren Inflationsraten gegenübersteht, sondern diese auch tendenziell toleriert.

Insgesamt verdeutlichen unsere Beobachtungen, dass Datensätze anderer Zentralbanken mit Vorsicht eingesetzt werden sollten, wenn es um die Bewertung der Kommunikation innerhalb des Eurosystems geht. Dennoch zeigt sich, dass MILA bei sorgfältigem Umgang mit den Daten und manueller Validierung der Klassifikationen präzise und belastbare Ergebnisse liefert. Zudem steht einer Anpassung des Modells an die unterschiedlichen institutionellen und ökonomischen Rahmenbedingungen anderer Länder, wie im Falle Osteuropas, nichts im Wege.

16.4.3.3 Evaluation der Konsistenz der Ergebnisse

Neben der Klassifikationsleistung ist für uns besonders die Konsistenz der Ergebnisse von zentraler Bedeutung. Da stark schwankende Ausgaben generativer Sprachmodelle für die geldpolitische Analyse der Bundesbank problematisch sind, haben wir in ersten Experimenten versucht, durch Setzen des Temperature-Parameters auf 0 einen deterministischeren Output zu erzielen. Dies führte in unseren Tests mit Llama 3.1 jedoch zu einer Zunahme von Fehlklassifikationen.

		MILA			Dokumentenbasiert		
		1	2	3	1	2	3
Draghi	1	1.000			1.000		
	2	0.982	1.000		0.595	1.000	
	3	0.979	0.980	1.000	0.705	0.827	1.000
Lagarde	1	1.000			1.000		
	2	0.985	1.000		0.778	1.000	
	3	0.984	0.988	1.000	0.780	0.892	1.000

Tab. 16.1 *Korrelationswerte der Ergebnisse von MILA (satzweise Analyse) im Vergleich zu einer dokumentenbasierten Analyse in Bezug auf das Sentiment*

In einer auf Reproduzierbarkeit ausgerichteten Evaluation konnten wir allerdings feststellen, dass MILAs satzbasierte Analyse mit anschließender Aggregation deutlich konsistentere Ergebnisse liefert als die direkte Analyse vollständiger Dokumente. In einer dreifachen Berechnung des Sentimentindikators für die Pressekonferenzen unter den EZB-Präsidentschaften von Mario Draghi und Christine Lagarde erzielten MILAs Ergebnisse eine hohe Korrelation von über 97,9 % – ein klarer Hinweis auf Robustheit (siehe Tab. 16.1). Geringfügige Abweichungen lassen sich dabei als Hinweis auf kommunikative Unschärfen interpretieren. Zwar zeigte sich die dokumentenbasierte Analyse während Lagardes Amtszeit etwas stabiler (Korrelationswerte zwischen 77,8 % und 89,2 %) als unter Draghi (Werte zwischen 59,5 % und 82,7 %) – vermutlich aufgrund klarerer Formulierungen –, insgesamt blieb sie jedoch hinter der Robustheit der satzweisen Analyse zurück. Eine analoge Untersuchung der Korrelationswerte für die Ergebnisse des Hawk-O-Meters lieferte die gleichen Erkenntnisse.

Unsere Evaluation stützt daher die zentrale Annahme, dass eine Klassifikation auf Satzebene mit anschließender Aggregation in Bezug auf Reproduzierbarkeit und Konsistenz der Ergebnisse der direkten Dokumentenanalyse überlegen ist.

16.5 Zusammenfassung

KI bietet große Chancen, die Analyse geldpolitischer Kommunikation zu verbessern. Mithilfe von LLMs lassen sich Zentralbanktexte effizient und regelgeleitet auswerten. Ansätze wie MILA ermöglichen dabei eine kontextuelle, nachvollziehbare und konsistente Analyse. Trotz dieser Fortschritte bleibt die Interpretation geldpolitischer Aussagen komplex. Eine rein automatisierte Bewertung birgt Risiken, weshalb eine fachliche Überprüfung durch Menschen erforderlich bleibt.

Aus Sicht von Zentralbanken eröffnet KI das Potenzial, die Wirksamkeit geldpolitischer Kommunikation zu steigern, etwa durch ein besseres Verständnis ihrer Wahrnehmung am Markt. Dies könnte zur Stärkung des öffentlichen Vertrauens, zur Verankerung von Inflationserwartungen und damit zur Erfüllung des Preisstabilitätsziels beitragen.

Gleichzeitig ergeben sich neue Herausforderungen: Wenn Finanzmarktakteure verstärkt KI zur Analyse nutzen, droht eine homogenere Interpretation von Zentralbankkommunikation. Dies kann bei unerwarteten Entscheidungen die Marktvolatilität erhöhen [Deutsche Bundesbank 2025]. Eine kritische Reflexion über Rückkopplungseffekte und potenzielle Selbstverstärkung durch KI bleibt daher unerlässlich – sowohl für Marktteilnehmende als auch für Zentralbanken.

17 KI für das Wissensmanagement in der Energiewirtschaft

Christian Meder · Robert Pesch · Sebastian Blank · Immanuel Weber

Die Energiewende stellt die Energiewirtschaft vor komplexe Aufgaben. Große Sprachmodelle kombiniert mit Retrieval-Augmented Generation (RAG) eröffnen einen neuen, dialogorientierten Zugang zum Unternehmenswissen. Dieses Kapitel zeigt anhand von zwei Projekten von Open Grid Europe und inovex, wie KI-Agenten-gestützte Chatbots auf Live-Daten zugreifen und wie Sprachmodelle regulatorische Änderungen analysieren können. Zudem wird eine Referenzarchitektur für RAG-Systeme vorgestellt und die spezifischen Herausforderungen für kritische Infrastrukturen erörtert.

17.1 Einleitung

Die Energiewende stellt die Energiewirtschaft vor tiefgreifende Herausforderungen, insbesondere durch den Ausbau der erneuerbaren Energien, die Dekarbonisierung, die dezentrale Stromerzeugung und -speicherung sowie die Entwicklung intelligenter Energieinfrastrukturen (sogenannte *Smart Grids*). Eine wesentliche Herausforderung, vor der zahlreiche Unternehmen in diesem Sektor stehen, ist das effektive Management von Wissen, Prozessen und Daten.

Nahezu jährlich werden Gesetze, Verordnungen und Richtlinien angepasst, deren Missachtung oder Fehlinterpretation erhebliche finanzielle und rechtliche Konsequenzen nach sich ziehen kann. Zusätzlich erschwert das Ausscheiden erfahrener Mitarbeitenden aus dem Berufsleben die Situation im Energiesektor, wie auch in vielen anderen Branchen. Daher ist es entscheidend, schnell auf Veränderungen zu reagieren, das Unternehmenswissen kontinuierlich zu aktualisieren und es zugänglich, benutzerfreundlich und auf die spezifischen Bedürfnisse der Zielgruppen aufbereitet bereitzustellen.

Ein weiteres Problem stellen Datensilos und unstrukturierte Informationen dar, die in verschiedenen Formaten wie PDFs, Excel-Tabellen, E-Mails, Präsentationen oder Word-Dateien vorliegen und in unterschiedlichen Systemen gespeichert sind. Dies erschwert es Mitarbeitenden, relevante Informationen zu finden und zu nutzen. Dadurch bleibt wertvolles Wissen ungenutzt, was die Effizienz von Unternehmen erheblich beeinträchtigt und letztlich auch zu Fehlentscheidungen führen kann.

17.2 Traditionelle Wissensmanagementansätze und ihre Grenzen

Die Idee, Wissen systematisch zu erfassen und für die Mitarbeitenden nutzbar zu machen, ist keineswegs neu: Traditionelle Ansätze des *Wissensmanagements* haben sich seit den 1990er-Jahren in Forschung und Praxis etabliert. *Dokumentenmanagementsysteme* ermöglichen die zentrale Speicherung und den Zugriff auf große Mengen von Dateien wie Word-Dokumente, PDF-Berichte oder Excel-Tabellen. Darüber hinaus erlauben Wiki- und Knowledge-Base-Systeme die kollaborative Erstellung und Bearbeitung von Informationsseiten.

Dennoch stellte die Informationsrecherche in diesen Systemen bislang eine erhebliche Hürde dar. Einfache Keyword-basierte Suchsysteme sind nicht in der Lage, komplexe Fragestellungen zu beantworten oder Informationen sinnvoll zu verknüpfen. Weiterführende Ansätze, wie Knowledge-Graphen, stellen Wissen als Netzwerk dar, wobei Knoten Objekte oder Konzepte repräsentieren und Kanten die Verbindungen oder Abhängigkeiten zwischen ihnen beschreiben. Dies ermöglicht es, Mehrdeutigkeiten aufzulösen, Wissensquellen zu kombinieren und Beziehungen zwischen Objekten herzustellen. Dennoch haben sich auch diese Ansätze aufgrund des hohen Modellierungsaufwands, der unzureichenden Datenqualität und mangelnden Werkzeugreife im Unternehmenskontext häufig nicht durchsetzen können.

Sprachmodelle (siehe Abschnitt 3.7 »Large Language Models«) für das Verstehen und Verarbeiten von Sprache repräsentieren einen weiteren Ansatz zur niedrigschwelligen Informationsextraktion. Die ersten Sprachmodelle wurden zunächst für spezielle Aufgaben wie die Erkennung von Entitäten und die automatische Übersetzung von Texten erfolgreich eingesetzt. Mittlerweile verfügen große Sprachmodelle, Large Language Models (LLMs), wie GPT-5, Claude oder Llama 4 über ein tiefes Sprachverständnis und können semantische Zusammenhänge erfassen. Dadurch sind sie in der Lage, Texte zu generieren, zusammenzufassen und komplexe Fragen in natürlicher Sprache zu beantworten. Eingebettet in Chatbots bieten LLMs somit einen einfachen, dialogorientierten Zugang zu umfangreichem Unternehmenswissen.

17.3 Retrieval-Augmented Generation für den niederschwelligen Zugang zu Unternehmensinformationen

Large Language Models (LLMs) werden auf der Basis sehr großer Textdatenmengen trainiert. Der im Training verwendete Textkorpus bestimmt dabei das in den Modellparametern codierte Wissen. Für die Integration von domänenspezifischem und unternehmensinternem Wissen – etwa technischen Dokumentationen, gesetzlichen Vorgaben oder aktuellen Projektdaten – können verschiedene Ansätze verwendet werden:

- **Prompting:** Unternehmensinformationen werden dem Large Language Model als Kontext mitgegeben.
- **Modell-Fine-Tuning:** Das Modell wird mit zusätzlichen Dokumenten weiter trainiert.

- **Retrieval-Augmented Generation (RAG):** RAG-Systeme erweitern die Fähigkeiten von LLMs, indem sie dynamisch auf externe Wissensquellen zugreifen und den Kontext, d. h. die Prompts, die mit einer Anfrage an das Sprachmodell übergeben werden, dynamisch mit relevanten Kontextinformationen erweitern.

RAG-Systeme haben sich als sehr leistungsfähige Methode zur Anreicherung von Chatbots mit Unternehmenswissen etabliert. Sie kombinieren die semantische Suche nach relevanten Dokumentenausschnitten (*Retrieval*) und die Generierung von Antworten auf Basis dieser Dokumentenausschnitte durch ein LLM (*Generation*).

Dazu wird eine weniger im Vordergrund stehende, aber sehr mächtige Fähigkeit von LLMs genutzt: die Erzeugung semantischer Vektoren. Bei der Verarbeitung von Texten oder Benutzeranfragen erzeugen LLMs kompakte numerische Repräsentationen, die die semantische Bedeutung des Inhalts erfassen. Die Vektoren selbst existieren in einem mathematischen Vektorraum, der eine entscheidende Eigenschaft aufweist: Thematisch verwandte Textpassagen werden durch Vektoren repräsentiert, die im Vektorraum nahe beieinander liegen, während themenfremde Passagen durch weiter entfernte Vektoren dargestellt werden. In einem RAG-System wird diese Eigenschaft genutzt, um sowohl Benutzeranfragen als auch Unternehmensdaten in solche semantischen Vektoren zu überführen.

In Abbildung 17.1 ist ein RAG-System schematisch dargestellt. Die Initialisierung der Vektordatenbank erfolgt nicht zur Laufzeit, sondern vor der eigentlichen Interaktion mit dem Benutzer.

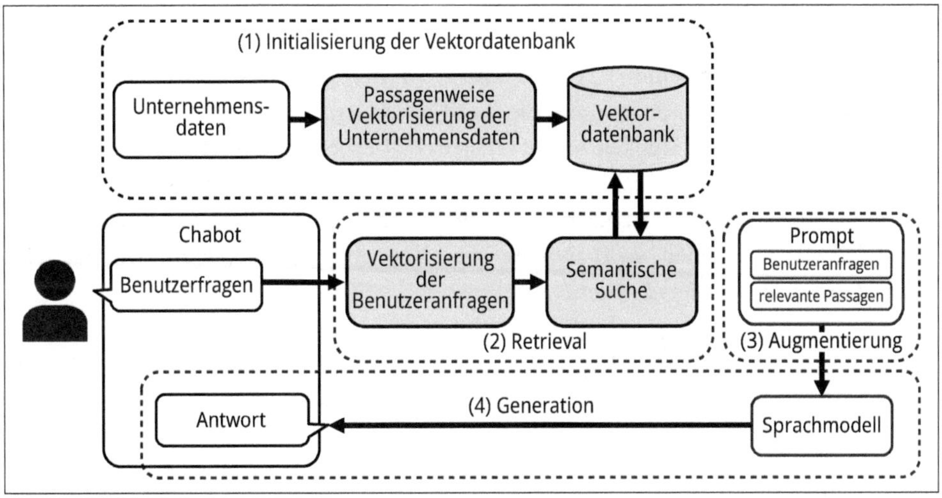

Abb. 17.1 *Systematische Darstellung eines RAG-Systems*

Konkret wird eine Anfrage zunächst in einen solchen semantischen Vektor übersetzt, der im Retrieval-Schritt mit den Vektoren der Unternehmensdaten verglichen wird. Die am besten passenden Unternehmensdaten werden anschließend durch ein weiteres Modell neu bewertet und sortiert. Die relevantesten Textausschnitte gelangen schließlich in den Prompt des Sprachmodells, das daraus eine fundierte Antwort generiert.

Durch diese Kontexterweiterung zur Laufzeit kann das Sprachmodell auf Informationen zugreifen, die nicht in seinen Modellparametern enthalten sind – etwa aktuelle Richtlinien, interne Prozesse oder spezifisches Fachwissen. Dies ermöglicht nicht nur eine stärkere Personalisierung und Domänenspezialisierung, sondern reduziert auch die Gefahr, dass Sprachmodelle nicht vorhandenes Wissen erfinden (halluzinieren), da die Modelle auf konkrete und nachvollziehbare Quellen zurückgreifen können.

17.3.1 Von Unternehmensdokumenten zum RAG-System

Ausgangspunkt für ein RAG-System sind heterogene Unternehmensdokumente aus unterschiedlichen Quellen wie SharePoint oder Confluence-Wikis. Die Integration dieser Dokumente beginnt mit der Zerlegung der Dokumente in sinnvolle Textabschnitte. Aus jedem dieser Textabschnitte wird anschließend ein semantischer Vektor erzeugt und in einer speziellen Vektordatenbank persistiert. Die Unternehmensdaten müssen nur einmalig – oder bei Aktualisierungen – in diesen Vektor überführt werden. Zur Laufzeit stehen sie dann als statische Repräsentationen über die Vektordatenbank zur Verfügung.

Für die effiziente Suche in diesem hochdimensionalen Vektorraum sorgen *Approximate-Nearest-Neighbor-Algorithmen* (ANN-Algorithmen), die den Retrieval-Prozess beschleunigen. Diese Aufbereitung der Unternehmensdaten bildet die Grundlage für den späteren Retrieval-Schritt, in dem die Benutzeranfragen mit den gespeicherten Dokumentvektoren verglichen werden.

17.3.2 Referenzarchitektur eines RAG-Systems

Die Implementierung eines RAG-Systems im Unternehmenskontext erfordert ein modulares Architekturkonzept, das die spezifischen Anforderungen an Datenschutz, Skalierbarkeit, Updatefähigkeit und Transparenz berücksichtigt. In der Praxis haben sich mehrschichtige Architekturen etabliert, die klar zwischen Sprachverarbeitung, Retrieval-Mechanismen, Orchestrierung und Benutzerinteraktion unterscheiden. Wie Sie in Tabelle 17.1 sehen, wird zwischen vier Ebenen (engl. *Layer*) mit unterschiedlichen Funktionen unterschieden.

Ebene	Hauptfunktion	Typische Technologien
LLM-Layer	Sprachverständnis und Antwortgenerierung	GPT-5, Claude, Llama 4
Vektordatenbank-Layer	Speicherung und Ähnlichkeitssuche von Embeddings	Chroma, Weaviate, Elasticsearch, Cloud-Dienste wie Azure AI Search und zunehmend auch klassische Datenbanken mit Vektorerweiterungen
Orchestration-Layer	Steuerung des Zusammenspiels der Komponenten	LangChain, LlamaIndex, Haystack
Applikations-Layer	Chat-Frontend, Benutzer-Feedback, Zugriffskontrolle, Audit-Logging, Monitoring	Chainlit, eigene Entwicklungen oder Integration in Enterprise-Anwendungen wie Microsoft Teams

Tab. 17.1 *Vier Ebenen eines RAG-Systems*

Der *LLM-Layer* ist das zentrale Element eines RAG-Systems. Über das LLM wird die semantische Analyse der Benutzereingabe verarbeitet. Die großen Hyperscaler bieten leicht zu integrierende Schnittstellen zu leistungsfähigen LLMs. Für die Bereitstellung von LLMs auf eigener Hardware stehen Inferenz-Engines und Modell-Serving-Systeme wie vLLM (Very Fast LLM Inference Engine), llama.cpp und TGI (Text Generation Inference) von HuggingFace zur Verfügung. Diese Systeme gehen über die für Forschungs- und Entwicklungszwecke konzipierten Frameworks wie PyTorch oder Transformers hinaus und bieten nicht nur Performance-Vorteile, sondern auch produktionsreife Features wie API-Kompatibilität, Sessionmanagement, Streaming-Ausgabe und GPU-Batching. Damit ermöglichen sie den skalierbaren, kostengünstigen und latenzarmen Einsatz großer Sprachmodelle in Unternehmensanwendungen.

17.3.2.1 Vektordatenbank-Layer

In einer Vektordatenbank wird das zusätzliche Unternehmenswissen in Form von semantischen Vektordarstellungen persistiert. Hierfür können spezialisierte Vektordatenbanken wie Chroma, Weaviate oder Elasticsearch oder auch Cloud-Dienste wie Azure AI Search eingesetzt werden. Zunehmend erlauben auch klassische relationale Datenbanken wie PostgreSQL in Verbindung mit Erweiterungen wie pgvector eine effiziente Speicherung und Abfrage dieser Vektoren. Wichtige Anforderungen an diese Schicht sind geringe Antwortzeiten, Filtermöglichkeiten nach Metadaten (z. B. Benutzerrollen) und die Fähigkeit, ähnliche Vektoren zu einer Suchanfrage performant zu identifizieren.

17.3.2.2 Orchestration-Layer

Der Orchestration-Layer steuert die Verarbeitung der Benutzeranfragen und orchestriert das Zusammenspiel der einzelnen Systemkomponenten. Technologien wie LangChain, LlamaIndex oder Haystack bieten hier umfangreiche Frameworks für die Modellierung verschiedener Abläufe. Dazu gehören Chains, die sequenzielle Verarbeitungsschritte verbinden und die Ausgabe eines Schritts als Eingabe für den nächsten nutzen, Agents, die autonom Entscheidungen treffen und geeignete Tools für Nutzeranfragen auswählen können sowie Memory-Mechanismen zum Speichern und Abrufen von Konversationsverläufen für konsistente Interaktionen. Der Orchestration-Layer ermöglicht damit nicht nur einfache Fragestellungen, sondern auch komplexe Mehrschrittprozesse, Workflows und dynamische Interaktionen mit externen APIs.

17.3.2.3 Applikations-Layer

Der Applikations-Layer stellt die Schnittstelle zwischen dem Benutzer und dem RAG-System dar. Häufig werden dafür Technologien wie Chainlit oder individuell entwickelte Frontends eingesetzt. Zunehmend erfolgt auch die Integration in bestehende Enterprise-Anwendungen wie Microsoft Teams oder Slack. Der Applikations-Layer ist entscheidend für die Benutzererfahrung und die Akzeptanz des Systems – eine intuitive Bedienung, transparente Quellenangaben und eine hohe Antwortgeschwindigkeit sind hier zentrale Erfolgsfaktoren.

17.3.3 Integration von strukturierten Informationen und Live-Daten

Large Language Models und die beschriebenen RAG-Systeme bilden ein mächtiges Werkzeug für den Zugriff auf unstrukturierte Textdaten. Sie stoßen jedoch an ihre Grenzen, wenn aktuelle, strukturierte oder prozessbezogene Unternehmensdaten abgefragt werden sollen. Fragen wie »Welche Kompressoranlage läuft gerade in Krummhörn?« oder »Welche Kosten wurden für das Projekt XY in diesem Jahr verursacht?« können oft nur unzureichend auf Basis statischer Dokumente beantwortet werden, da RAG-Systeme keinen direkten Zugriff auf veränderliche Unternehmensdaten und Live-Systeme haben.

Um diese Lücke zu schließen, wird zunehmend auf das Konzept von *Agenten* gesetzt. Agenten erweitern die Funktionalität eines LLM-basierten Systems, indem sie gezielt externe Tools, Datenbanken oder APIs ansteuern, Informationen abrufen und diese dynamisch in den Antwortprozess einfließen lassen. Agenten integrieren sich in den bestehenden Orchestration-Layer der Architektur. Im Unterschied zu klassischen Retrieval-Aufrufen greifen Agenten aktiv auf externe Systeme zu und führen gezielt Aufgaben aus, bevor sie die Ergebnisse in den Antwortkontext des LLM einbringen. Der Applikations-Layer bleibt dabei weitgehend unverändert – die zusätzliche Komplexität wird im Orchestration-Layer gekapselt.

17.4 Herausforderungen von RAG-Systemen in der Energiewirtschaft: Sicherheit und Compliance im KRITIS-Kontext

RAG-Systeme eröffnen zwar erhebliche Potenziale zur Wissenserschließung und Prozessoptimierung in der Energiewirtschaft, ihre Implementierung in Deutschland steht jedoch, insbesondere bei Betreibern kritischer Infrastrukturen (KRITIS), vor erheblichen Hürden. Diese Unternehmen unterliegen strengen regulatorischen Anforderungen, was spezifische Herausforderungen hinsichtlich Sicherheit und Compliance für den Einsatz von RAG-Systemen mit sich bringt. Im Folgenden werden die wesentlichen Hürden beleuchtet, die bei Konzeption, Implementierung und Betrieb von RAG-Systemen im KRITIS-Umfeld der deutschen Energieversorgung zu berücksichtigen sind.

Ein zentraler Aspekt sind die regulatorischen Rahmenbedingungen, da die deutsche Energiewirtschaft in weiten Teilen als kritische Infrastruktur eingestuft ist. Unternehmen müssen daher die Vorgaben des BSI-Gesetzes (BSIG) und der KRITIS-Verordnung erfüllen. Für RAG-Systeme, die potenziell auf sensible Betriebsdaten zugreifen oder in kritische Prozesse eingebunden werden, ergeben sich daraus konkrete KRITIS-Anforderungen. Betreiber müssen beispielsweise nachweisen, dass sie angemessene technische und organisatorische Maßnahmen (TOMs) zum Schutz ihrer IT-Systeme getroffen haben, was RAG-Systeme explizit einschließt. Dies umfasst den Schutz vor Ausfällen sowie die Sicherstellung von Integrität und Vertraulichkeit der verarbeiteten Daten. Zudem bestehen Meldepflichten: Sicherheitsvorfälle, die die Verfügbarkeit, Integrität, Authentizität oder Vertraulichkeit informationstechnischer Systeme beeinträchtigen könnten, müssen dem

BSI unverzüglich gemeldet werden. Darüber hinaus müssen branchenspezifische Sicherheitsstandards (B3S) oder äquivalente, gesetzlich verankerte Vorgaben eingehalten werden. Ein prominentes Beispiel im Energiesektor ist der IT-Sicherheitskatalog gemäß § 11 Absatz 1a und 1b des Energiewirtschaftsgesetzes (EnWG), herausgegeben von der Bundesnetzagentur (BNetzA) in Abstimmung mit dem BSI. Dieser Katalog fordert von Netzbetreibern unter anderem die Implementierung eines Informationssicherheits-Managementsystems (ISMS) und dessen Zertifizierung nach ISO 27001, oft unter Berücksichtigung der branchenspezifischen Norm ISO/IEC 27019. Diese gesetzlichen Vorgaben für kritische Infrastrukturen schaffen einen strengen Rahmen, der die Einführung neuer Technologien wie RAG-Systeme maßgeblich beeinflusst.

Diese regulatorischen Vorgaben haben unmittelbare Auswirkungen auf die Systemarchitektur und das Betriebskonzept von RAG-Systemen. Sicherheitsaspekte müssen von Beginn an in der Architektur verankert sein (*Security by Design*), was beispielsweise Netzwerksegmentierung, gehärtete Systemkomponenten, redundante Auslegung und strenge Schnittstellenkontrollen bedeuten kann. Eine besondere Herausforderung stellt dabei die Integration des RAG-Systems in bestehende, oft historisch gewachsene und hochsichere IT/OT-Landschaften dar. Das Betriebskonzept muss detailliert beschreiben, wie der sichere und konforme Betrieb gewährleistet wird, einschließlich Patch- und Konfigurationsmanagement, Backup-Strategien sowie Prozessen zur kontinuierlichen Überwachung und Verbesserung der Sicherheit. Eng damit verbunden ist die Frage nach dem Deployment-Modell – On-Premises vs. Cloud – aus Compliance-Sicht. Ein On-Premises-Betrieb bietet potenziell mehr Kontrolle über physische und logische Sicherheit sowie den Datenstandort, erfordert jedoch hohe Investitionen und spezifisches Know-how für den KRITIS-konformen Betrieb. Cloud-Lösungen bieten Skalierbarkeit und Flexibilität, werfen jedoch Fragen bezüglich Datenkontrolle, Zugriff durch Dritte und der Einhaltung spezifischer KRITIS-Anforderungen auf. Zertifizierungen wie C5 des BSI können zwar helfen, ersetzen aber nicht die eigene Risikobewertung des Betreibers. Oft sind hybride Modelle oder speziell zertifizierte (Sovereign) Cloud-Umgebungen gangbare Kompromisse.

Eine weitere zentrale Herausforderung ergibt sich aus dem Datenzugriff, da RAG-Systeme umfangreiche Datenbestände zur Antwortgenerierung nutzen. Hierbei sind Datenschutz und Zugriffskontrolle essenziell. Die Verarbeitung personenbezogener Daten muss stets gesetzeskonform gemäß der DSGVO erfolgen, was Zweckbindung, Datenminimierung, Transparenz und die Gewährleistung von Betroffenenrechten umfasst. Gleichzeitig muss durch Zugriffsbeschränkungen und feingranulare Rollenmodelle sichergestellt werden, dass sowohl Benutzer als auch das RAG-System selbst nur auf autorisierte Daten zugreifen können – ein Aspekt, der bereits bei der Indexierung der Datenquellen berücksichtigt werden muss. Sensible Daten erfordern zudem durchgängig eine starke Verschlüsselung, sowohl bei der Übertragung als auch im Ruhezustand.

Schließlich erfordert der KRITIS-konforme Betrieb ein robustes, proaktives Sicherheitsmanagement und eine adäquate Incident Response. Dazu gehört einerseits das kontinuierliche Monitoring der RAG-Systemkomponenten und Datenzugriffe, um Anomalien und potenzielle Sicherheitslücken frühzeitig durch Werkzeuge wie SIEM-Systeme, Loganalysen und Schwachstellenscans zu erkennen. Dabei müssen auch spezifische Risiken von Large Language Models, wie Prompt Injection oder Data Leakage, adressiert werden. Andererseits müssen klare Pläne und Prozeduren für den Umgang mit Sicherheitsvorfällen existieren (Incident Response), die eine Identifikation, Eindämmung, Beseitigung, Wiederherstellung und Analyse des Vorfalls sowie die fristgerechte Meldung an das BSI beinhalten. Umfassende Notfallpläne und -prozeduren sind ebenfalls unerlässlich, um bei einem Ausfall oder einer Kompromittierung des RAG-Systems die kritischen Energieversorgungsprozesse aufrechtzuerhalten und eine sichere Wiederherstellung zu gewährleisten (Business Continuity Management/Disaster Recovery).

Zusammenfassend lässt sich sagen, dass die Implementierung von RAG-Systemen in der deutschen Energiewirtschaft zwar Chancen bietet, aber untrennbar mit der Bewältigung komplexer Sicherheits- und Compliance-Herausforderungen verbunden ist, die sich maßgeblich aus dem KRITIS-Status vieler Unternehmen ergeben. Eine sorgfältige Planung unter Einbeziehung von Security-by-Design-Prinzipien und ein kontinuierliches Risikomanagement sind daher erfolgskritische Faktoren.

17.5 Anwendungsfall für die Energiewirtschaft

Die konkreten Anforderungen und möglichen Anwendungsfälle für RAG-Systeme variieren zwischen verschiedenen Unternehmen. Dieser Abschnitt veranschaulicht das Potenzial von LLMs, Chatbots und RAG-Systemen anhand zweier erfolgreicher Projekte bei Open Grid Europe, dem größten Ferngasnetzbetreiber in Deutschland. Beide Lösungen wurden in Kooperation mit dem Technologiedienstleister inovex entwickelt und adressieren unterschiedliche, aber komplementäre Informationsbedürfnisse: den niederschwelligen Zugriff auf Live-Prozessdaten durch einen KI-Agenten in einem Chatbot und die automatisierte Analyse von Rechtstexten.

17.5.1 Chatbot-Zugriff auf Unternehmens- und Sensordaten

In Unternehmen liegen vertriebs-, produktions- und prozessrelevante Daten in einer Vielzahl unterschiedlicher Systeme und sind verschiedenen Verantwortungsbereichen zugeordnet. Das gezielte Auffinden spezifischer Informationen erfordert in der Regel detailliertes Wissen über die jeweiligen Fachbereiche, Datenquellen, deren Strukturen sowie die richtige Formulierung von Abfragen. Diese Hürde führt dazu, dass die Informationsbereitstellung zeitaufwendig ist und häufig spezialisierte Fachkräfte eingebunden werden müssen.

Während klassische RAG-basierte Chatbots eine effiziente Möglichkeit bieten, unstrukturierte Textinformationen zugänglich zu machen, stoßen sie an ihre Grenzen, wenn es darum geht, dynamische, strukturierte oder veränderliche Unternehmensdaten zu verarbeiten. Fragen wie »Wie hoch war der Unternehmensumsatz im November 2023?« oder »Wie hoch ist der aktuelle Druck in der Verdichterstation Krummhörn?« können ohne direkten Zugriff auf operative Systeme nicht beantwortet werden.

Um dieses Defizit zu adressieren, hat inovex gemeinsam mit Open Grid Europe ein System entwickelt, das in der Lage ist, auf Unternehmens- und Sensordaten in Echtzeit zuzugreifen. Zentrales technisches Prinzip hierbei ist der Einsatz von KI-Agenten. Die Agenten erweitern die Fähigkeiten von Chatbots, indem sie externe Systeme aktiv ansteuern, aktuelle Informationen abrufen und diese dynamisch in die Antwortgenerierung einbinden.

Die entwickelte Lösung fügt sich in die zuvor beschriebene Referenzarchitektur eines RAG-Systems ein, indem sie gezielt den Orchestration-Layer erweitert. Konkret wurde der Orchestration-Layer auf Basis von LangChain entwickelt und mit zwei zusätzlichen Kernkomponenten erweitert:

- **Schnittstelle zu den Sensordaten:** Eine leichtgewichtige API, implementiert mit FastAPI, stellt den Zugriff auf die aktuellen Betriebsinformationen der Verdichterstationen zur Verfügung.
- **Orchestrierung und Agenten-Logik:** Im Orchestration-Layer wurde ein KI-Agent für diese Schnittstelle auf Basis von LangChain entwickelt. Der entwickelte KI-Agent besteht dabei aus zwei Komponenten:
  - dem Planer, der die API-Endpunkte und deren Spezifikation kennt und einen Plan zur Beantwortung der Anfrage entwirft, und
  - dem Controller, der die einzelnen Schritte des Plans ausführt, die Endpunkte aufruft und die Ergebnisse interpretiert.

17.5.2 Automatisierte Inhaltsanalyse von Rechtstexten

In stark regulierten Branchen wie der Energiewirtschaft ist die kontinuierliche Überwachung und Interpretation von Gesetzestexten und Richtlinien und ihre Überführung in Prozesse essenziell. Die Vielzahl an nationalen, europäischen und internationalen Regularien – beispielsweise das Energiewirtschaftsgesetz (EnWG), die Kooperationsvereinbarung Gas (KOV) oder die ANIKA-Richtlinie – macht diesen Prozess jedoch komplex und zeitaufwendig.

Um diesen Herausforderungen zu begegnen, haben Open Grid Europe und inovex ein System zur semantischen Analyse von Gesetzestexten mittels Large Language Models entwickelt. Dieses System identifiziert relevante Änderungen in Rechtstexten und schlägt vor, welche Unternehmensprozesse davon betroffen sein könnten. Dadurch wird der manuelle Aufwand reduziert und die Compliance durch automatische Identifizierung von regulatorischen Änderungen verbessert.

Das entwickelte System basiert auf einem *Human-in-the-Loop-Ansatz* und umfasst folgende Schritte:

- **Dokumentenvergleich:** Zwei Versionen eines Rechtstextes werden miteinander verglichen, wobei sowohl syntaktische als auch semantische Unterschiede identifiziert werden.
- **Prozesszuordnung:** Die erkannten Änderungen werden analysiert, auf Relevanz für Open Grid Europe klassifiziert und den entsprechenden Unternehmensprozessen zugeordnet, basierend auf der vorhandenen Unternehmensprozessmodellierung.
- **Benutzeroberfläche:** Eine eigenentwickelte Streamlit-Anwendung ermöglicht es den Benutzern, die identifizierten Änderungen zu überprüfen und deren Relevanz für Open Grid Europe zu bewerten.

Technologisch kommt dabei eine Kombination aus klassischer Textverarbeitung, Machine Learning und LLMs zum Einsatz. Da die Dokumente typischerweise im Portable Document Format (PDF) vorliegen, besteht der erste Schritt darin, die Texte aus den Dokumenten zu extrahieren und in logische Einheiten wie Kapitel und Abschnitte zu zerlegen. Basierend auf dieser Zerlegung werden klassische Textalgorithmen verwendet, um eine genaue Zuordnung der Textteile aus dem Originaldokument und der aktualisierten Fassung zu ermöglichen. Gestützt auf diese Zuordnung wird mit Azure OpenAI ein leistungsfähiges LLM verwendet, das die Änderungen semantisch interpretiert und eine Zusammenfassung der Änderungen generiert.

Wenn das System semantische Änderungen erkennt, verwendet es eine Kombination aus klassischem maschinellem Lernen und dem Azure-OpenAI-Modell, um die erkannten Änderungen den entsprechenden Unternehmensprozessen zuzuordnen. Für Endanwender wird es in einer benutzerfreundlichen Streamlit-Anwendung über Microsoft Azure zur Verfügung gestellt.

Abbildung 17.2 zeigt einen Screenshot der entwickelten Anwendung für den Vergleich von Rechtstexten anhand der Kooperationsvereinbarung Gas (KOV). Die alte und die neue Version entsprechen unterschiedlichen Fassungen der KOV. Die Beschreibung der Änderung wird vom LLM bereitgestellt.

Die entwickelte Lösung zeigt, wie Sprachmodelle bei Aufgaben unterstützen können, die bisher ausschließlich manuell durchgeführt wurden. Anstatt komplexe und lange Dokumente Wort für Wort auf mögliche Änderungen zu vergleichen und Unterschiede zu erkennen, ermöglicht das System einen strukturierten Vergleich und lenkt die Aufmerksamkeit der Experten nur auf die relevanten Änderungen. Damit leistet es einen erheblichen Beitrag zur Effizienzsteigerung interner Arbeitsprozesse. Die Lösung bietet ein hohes Potenzial für den Einsatz in anderen stark regulierten Branchen wie der Finanzindustrie oder dem Gesundheitswesen, in denen die effiziente Erkennung semantischer Änderungen in komplexen Dokumenten von großer Bedeutung ist.

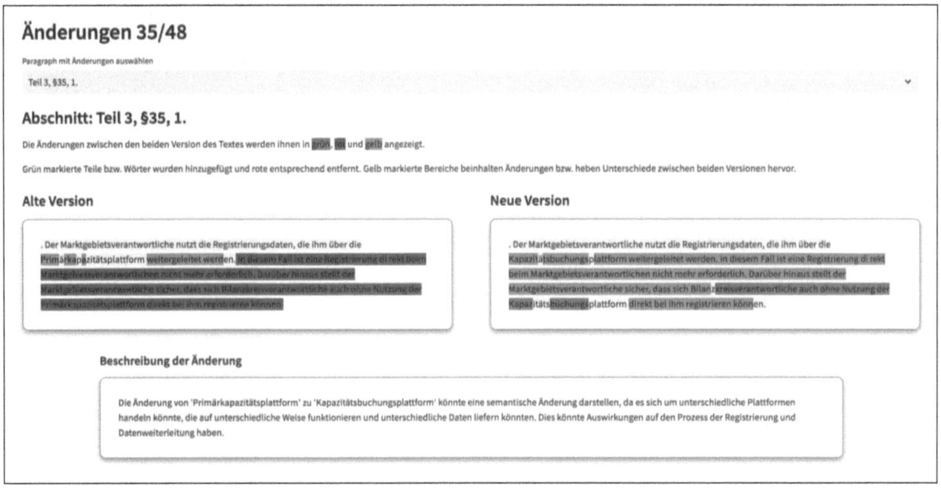

Abb. 17.2 *Entwickelte Anwendung zur Inhaltsanalyse von Rechtstexten*

17.6 Zusammenfassung und Ausblick

Große Sprachmodelle in Kombination mit Retrieval-Augmented-Generation-Ansätzen eröffnen einen niederschwelligen Zugang zu verstreutem Unternehmenswissen. Anhand von zwei Praxisprojekten von inovex und Open Grid Europe wurde gezeigt, wie LLMs, Chatbots und KI-Agenten sowohl operative Kennzahlen in Echtzeit bereitstellen als auch regulatorische Änderungen automatisiert auf Geschäftsprozesse abbilden und so Mehrwerte liefern können.

Mittlerweile gewinnen KI-Agenten und KI-Workflows zunehmend an Bedeutung, da sie dynamische Entscheidungen mit Echtzeitdaten verknüpfen. Komplexe Use Cases mit solcher KI-Unterstützung können auf Proof-of-Concept-Basis in kurzer Zeit umgesetzt werden. In der Praxis zeigt sich jedoch, dass die systematische Evaluierung solcher Systeme, die nahtlose Integration in eine produktive Unternehmenslandschaft und die notwendige Schulung der Mitarbeitenden in der Benutzung solcher Systeme noch eine Vielzahl von Herausforderungen darstellen. Gleichzeitig machen KRITIS-Vorgaben, DSGVO und branchenspezifische Sicherheitskataloge deutlich, dass die Implementierung solcher Systeme mit komplexen Sicherheits- und Compliance-Herausforderungen verbunden ist.

Daher werden hybride Betriebsmodelle, souveräne Cloud-Umgebungen und granulare Rechte- und Rollensysteme zu integralen Bestandteilen zukunftssicherer und robuster Enterprise-Architekturen, die den sicheren und effizienten Einsatz von KI-Technologien ermöglichen.

18 KI-Bohrer: KI-gesteuerte Lärmreduzierung für urbane Geothermiebohrungen

Daniel Ladwig · Martin Spitznagel · Jan Vaillant · Klaus Dorer · Janis Keuper

Dieses Kapitel beschreibt das Projekt, Geothermiebohrungen mithilfe von künstlicher Intelligenz zu unterstützen. Das Ziel ist die Reduzierung der Lärmemissionen und Steigerung der Betriebseffizienz, um die Wirtschaftlichkeit zu fördern und eine größere Akzeptanz von Geothermieprojekten in Städten zu erreichen. Hierzu werden generative Modelle mit Deep Reinforcement Learning kombiniert, um den Bohrprozess durch Vorhersagen und Vorschläge zu verbessern.

18.1 Einleitung

Die urbane geothermische Energieerzeugung wird zunehmend als zentraler Bestandteil zur Erreichung der globalen Klimaziele anerkannt. Der Einsatz der Geothermie-Technologie in städtischen Gebieten ist jedoch nicht unproblematisch, insbesondere wegen der erheblichen Lärmbelästigung, die bei den Bohrarbeiten entsteht. Die derzeitigen Methoden zur Minderung dieses Problems sind weitgehend manuell und oft ungeeignet, um den Lärmpegel innerhalb der gesetzlichen städtischen Grenzen zu halten. In dicht besiedelten Gebieten können kontinuierliche Tiefbohrungen, die für die Gewinnung geothermischer Energie erforderlich sind, die örtliche Bevölkerung erheblich beeinträchtigen. Gesetzliche Vorschriften begrenzen den Lärmpegel in der Nacht oft auf 35 dB, was angesichts des 24/7-Betriebs dieser Projekte eine große Herausforderung darstellt. Derzeitige Lösungen, wie die zeitliche Verlagerung des Betriebs und physische Barrieren, bieten nur begrenzte Abhilfe.

Im Rahmen dieses Kapitels wird eine Anwendung der künstlichen Intelligenz vorgestellt, um die Beschränkungen traditioneller Techniken zur Geräuschreduzierung bei Geothermiebohrungen zu überwinden. Durch die Integration von *Deep Reinforcement Learning* (DRL) mit generativen neuronalen Netzwerkmodellen werden dynamisch Bohrparameter auf der Grundlage von kontinuierlichem Feedback vorgeschlagen. Das System verwendet zwei Modelle, die anhand von realen Daten trainiert wurden: eines zur Vorhersage von Lärmemissionen und das andere zur Vorhersage von Bohrszenarien. Ein DRL-Modell nutzt diese Simulationen, um optimale Bohrstrategien zu erlernen, die den Lärm minimieren und gleichzeitig die Bohreffizienz erhalten. Die Leistung des Systems soll durch die Anwendung in der

Praxis weiter verfeinert werden, um seine Effektivität an verschiedenen städtischen Geothermie-Standorten zu gewährleisten.

Das Projekt ist in drei verschiedene Phasen gegliedert, die in Abbildung 18.1 dargestellt sind:

- Testmodus
- Simulation
- Live-Betrieb

Im *Testmodus* simulieren generative Modelle die Schallausbreitung, das Verhalten der Bohranlage und sagen den Bohrfortschritt anhand bestimmter Zustände und Befehle voraus. In der *Simulationsphase* nutzt ein DRL-Modell die Eingaben der generativen Modelle, um die Steuerung der simulierten Bohranlage durch Wiederholungen zu erlernen und Betriebsempfehlungen zu geben, die dann anhand realer Szenarien überprüft werden. Im *Live-Betrieb* schließlich fungiert das DRL-System als Assistent, der während des Bohrvorgangs strategische Steuerungsänderungen empfiehlt. Das Bedienpersonal behält dabei die Kontrolle, überwacht den Prozess und bewertet die von der KI empfohlenen Befehle. Das System wird kontinuierlich verbessert, indem es aus aktuellen Daten und menschlichem Feedback lernt.

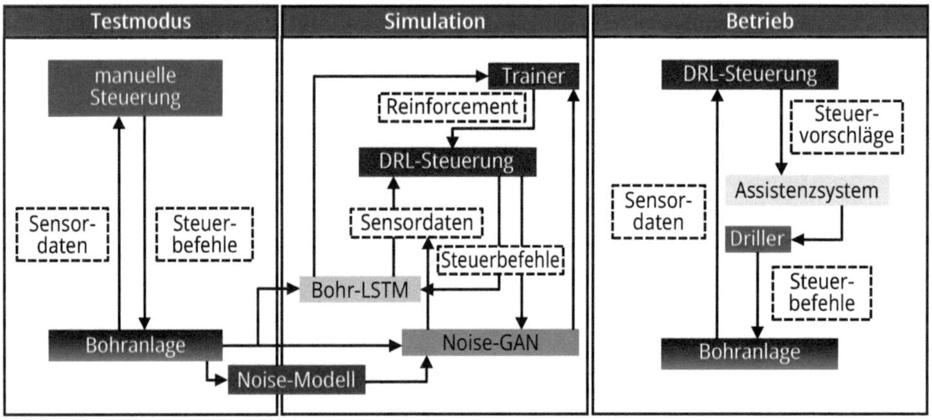

Abb. 18.1 *Architektur der KI-Modelle während der Entwicklungsphasen: Testmodus, Simulation und Live-Betrieb*

18.2 Forschungsstand: generative Modelle und Deep Reinforcement Learning

Dieser Abschnitt bündelt Beiträge zu generativen Modellen mit Physikbezug und deren Einsatz für DRL-Policies sowie realitätsnahe Simulationen. Die Integration physikalischer Prinzipien in generative Modelle ist ein schnell voranschreitendes Feld. Modelle wie PUGAN [Cong et al. 2023] und FEM-GAN [Argilaga 2023] haben erfolgreich Generative Adversarial Networks (GANs) mit physikalischer Modellierung kombiniert und so die Leistung in Umgebungen mit komplexen physikalischen Gesetzen verbessert. Physikalisch geführte GANs haben die Effizienz und Präzision in Bereichen wie der Fluiddynamik und der Identifizierung von Struktursystemen durch die Einbeziehung physikbasierter Verlustfunktionen und Simulationen deutlich verbessert [Kim et al. 2018; Yu & Liu 2024]. Darüber hinaus hat das maschinelle Lernen erhebliche Fortschritte beim Verstehen und Vorhersagen physikalischer Interaktionen gemacht. Dies zeigen z. B. Modelle, die die Dynamik von Blocktürmen über das einfache Auswendiglernen hinaus erfassen [Lerer et al. 2016], oder Anwendungen wie die Sturzerkennung durch Verfolgung von Körperteilen [Li et al. 2016] und die Erzeugung physikalisch plausibler menschlicher Animationen [Yuan et al. 2023]. Darüber hinaus haben physikgesteuerte KI-Ansätze, einschließlich Grey-Box-Modelle, physikalische Gesetze effektiv in das Modelltraining integriert und so die Leistung und Zuverlässigkeit verbessert [Daw et al. 2021; Gao et al. 2023].

Die Integration von generativen Modellen mit Deep Reinforcement Learning wurde erstmals von Sun et al. [Sun et al. 2024] anhand einer Fallstudie im Bereich der Nah-/Fernfeldkommunikation untersucht. In dieser Arbeit wird erwähnt, wie generative KI das Deep Reinforcement Learning verbessern könnte. Die Simulation von DRL-Umgebungen mit generativen Modellen anhand realer Szenarien könnte weitere Anwendungen für DRL erschließen.

18.3 Assistenzsystem

Die Vorhersagen, Prognosen und Empfehlungen der entwickelten Modelle werden dem Bohrpersonal in einer ständig aktualisierten Benutzeroberfläche des Assistenzsystems präsentiert. Abbildung 18.2 zeigt eine Visualisierung der Anwendung. Die Schnittstelle ist in drei Bereiche unterteilt:

- Statusbereich (oben)
- Analysebereich (Mitte)
- Empfehlungsbereich (unten)

Im Statusbereich werden die beiden wichtigsten Indikatoren angezeigt: die Durchdringungsrate (Rate of Penetration, ROP) und der Schallpegel. Dies ermöglicht einen schnellen Überblick über den aktuellen Zustand. Der Analysebereich zeigt die historischen, die aktuellen und die prognostizierten Trends der Überwachungsvariablen an. Diese Datendiagramme helfen bei der Erklärung einer gegebenen Empfehlung zur Anpassung der aktuellen Maschinensteuerungsparameter und unterstützen den Maschinenbediener bei der Entscheidung, die Empfehlung anzuwenden oder abzulehnen. Insbesondere zeigt es die Prognose des Maschinenverhaltens mit und ohne Annahme der Empfehlung. Der Empfehlungsbereich zeigt neue Steuerungsempfehlungen des DRL-Agenten an und ermöglicht auch die Abgabe von Feedback zu deren Qualität. Eine zentrale Middleware ruft die Maschinendaten ab, bereitet sie für die verschiedenen Modelle auf, wartet die Ergebnisse ab und sendet synchron Updates an die Benutzeroberfläche.

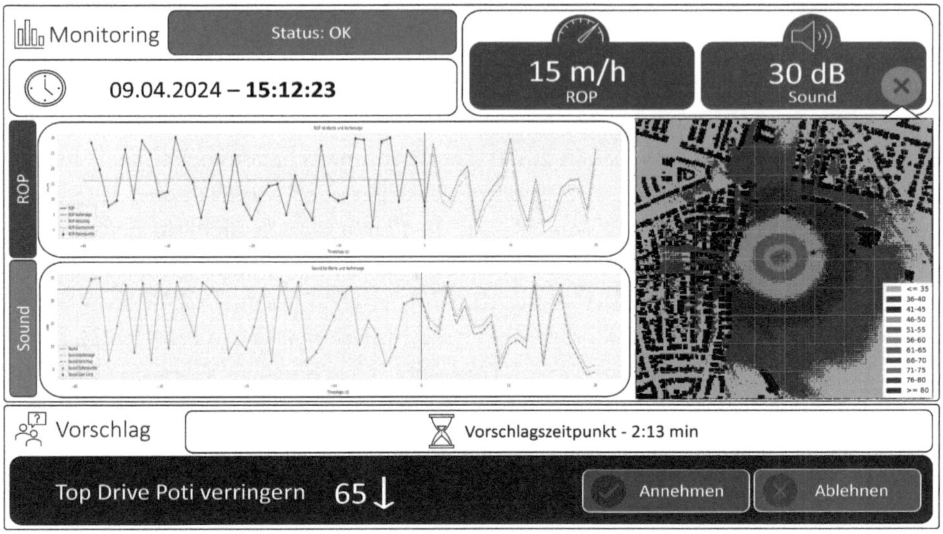

Abb. 18.2 *Benutzeroberfläche des Assistenzsystems*

18.4 Drill-LSTM-Modell: Vorhersage von Maschinenzuständen für optimierte Bohrprozesse

Die präzise Vorhersage von Maschinenzuständen ist für eine fundierte Entscheidungsfindung bei Bohrungen unerlässlich. Das Drill-LSTM-Modell dient als grundlegende Komponente für die Simulation des Maschinenverhaltens und ermöglicht es dem DRL-Agenten, die Ergebnisse verschiedener Steuerungsmaßnahmen zu verstehen und vorherzusehen. In diesem Projekt wurde ein Sequenz-zu-Sequenz-Long-Shortterm-Memory-(LSTM-)Netzwerk verwendet, um zukünftige Maschinenzustände auf der Grundlage von definierten Aktionsmerkmalen vorherzusagen. Der Datensatz enthält etwa 700 Merkmale, die während des gesamten Bohrvorgangs gesammelt wurden. Der Trainingsdatensatz umfasst Bohrvorgänge über einen Monat, während der Testdatensatz eine Woche abdeckt. Im Rahmen der Datenvorverarbeitung wurde das Aufzeichnungsintervall auf ein einheitliches 60-Sekunden-Intervall standardisiert und sämtliche Merkmale wurden normalisiert. Für die Vorhersageaufgabe wurde das Modell so trainiert, dass es den nächsten Zeitschritt auf der Grundlage eines definierten Verlaufsfensters vorhersagt, wobei sich die aktuellen Experimente auf die Vorhersage von einem Schritt konzentrieren. Das Modell wurde für 50 Epochen mit der Verlustfunktion des mittleren quadratischen Fehlers (engl. *Mean Squared Error*, MSE) trainiert.

Abbildung 18.3 veranschaulicht die Vorhersageleistung des Drill-LSTM-Modells anhand von vier anonymisierten Maschinenmerkmalen. Das Modell erfasst erfolgreich allgemeine Trends. Diese Ergebnisse bilden eine Grundlage für künftige mehrstufige Vorhersagen, die architektonische Verbesserungen erfordern, um die Vorhersagegenauigkeit über längere Zeiträume aufrechtzuerhalten. Der Hauptzweck des Vorhersagemodells besteht darin, als Maschinenmodell für das Assistenzsystem zu dienen, das die Vorhersage zukünftiger Maschinenzustände auf der Grundlage potenzieller Benutzeraktionen ermöglicht. Die wahren Maschinenparameterwerte (Linien) werden mit den vorhergesagten Werten (Strichlinien) über den Testdatensatz verglichen.

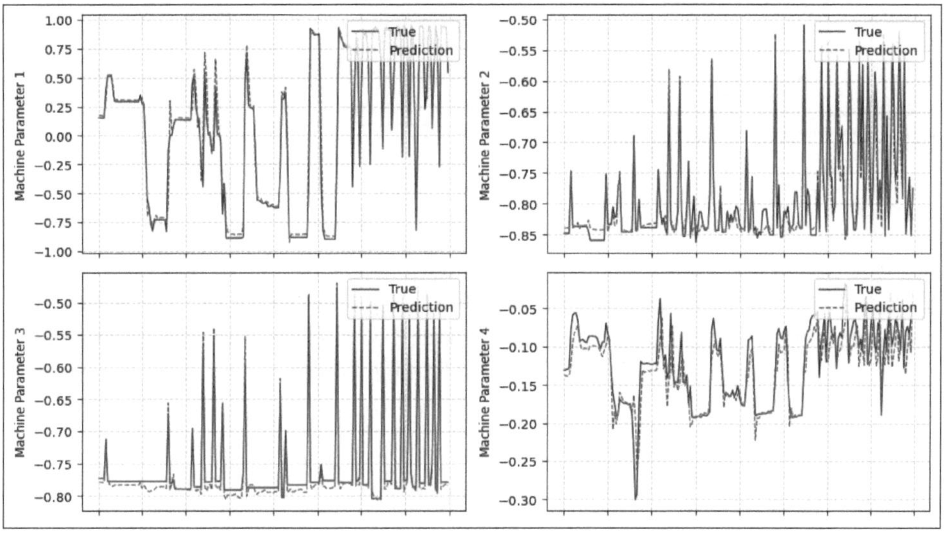

Abb. 18.3 *Vorhersageleistung des Sequenz-zu-Sequenz-LSTM-Modells für vier Maschinenmerkmale*

18.5 Sound-GAN: Echtzeitprognose der Schallausbreitung für Lärmminimierung

Das Verständnis und die Vorhersage der Schallausbreitung sind für die Minderung der Lärmbelästigung bei Bohrarbeiten von entscheidender Bedeutung. Das Sound-GAN-Framework nutzt generative Modelle, um die Schallverteilung effizient zu simulieren, und liefert Echtzeit-Feedback, das der DRL-Agent nutzen kann, um dem menschlichen Bedienpersonal lärmmindernde Maßnahmen zu empfehlen.

Ein Vergleich der Leistungsfähigkeit dieses modellbasierten Ansatzes gegenüber einer Simulation bei der Verarbeitung eines einzelnen Daten-Samples wird in Tabelle 18.1 dargestellt. Die Tabelle verdeutlicht insbesondere, wie die benötigte Rechenzeit bei komplexeren Schallquellen erheblich zunehmen kann.

Model Condition	Mean Runtime (s)	Std. Dev. (s)
UNet	0.0126	0.0012
GAN	0.0095	0.0012
Diffusion	4.1560	0.0061
Simulation Single Source - 3rd Order Reflections	186.2295	16.8491
Simulation Machine Setup - Complex Source	540.0000	-

Tab. 18.1 *Leistungsvergleich in Sekunden für die Verarbeitung eines Standortes durch generative Modelle (UNet, GAN, Diffusion) im Vergleich zur Simulationsmethode mit einfacher und komplexerer Schallquelle*

Als Beispiel dient ein Testaufbau für eine komplexe Quelle mit 28 beschreibenden Schallquellen, bei dem die Simulationszeit deutlich ansteigt. Es ist jedoch wichtig anzumerken, dass dieser Vergleich aus theoretischer Sicht möglicherweise keine gänzlich faire Bewertung liefert, da bei der Erstellung der Analyse keine zusätzlichen Anstrengungen unternommen wurden, um die herkömmlichen Simulationscodes speziell für eine schnellere GPU-Ausführung zu optimieren, was die gemessenen Leistungsunterschiede beeinflussen könnte.

Simulation vs. Generative AI

Aufbauend auf früheren Arbeiten, in denen die Effektivität generativer Modelle zur Vorhersage der Schallausbreitung evaluiert wurde [Spitznagel & Keuper 2024], wurden über 15.000 Datenproben mit dem Noise Modelling v4 Framework [Bocher et al. 2019] generiert, das den CNOSSOS-EU-Standards entspricht [Kephalopoulos et al. 2012]. Jede Probe wurde durch eindeutige Bohrungsparameter definiert. Diese Simulationsdaten dienen als Grundlage für drei verschiedene generative Bild-zu-Bild-Modelle: GANs (auf Basis von [Isola et al. 2016]), UNets [Ronneberger et al. 2015] und DDPM-Diffusionsmodelle (Denoising Diffusion Probabilistic Models, [Ho et al. 2020]). Generative Modelle übertreffen herkömmliche Schallausbreitungssimulationen hinsichtlich der Verarbeitungsgeschwindigkeit erheblich und erreichen eine bis zu 50.000-fache Verbesserung der Laufzeit bei einem mittleren absoluten Fehler von 0,55 dB in ihren Vorhersagen.

Simulationsaufbau

Der Datensatz für dieses Projekt wurde mit dem Noise Modelling Framework v4 [Bocher et al. 2019] erstellt. Es wurden systematisch fünf wichtige Maschinenparameter geändert, die jeweils verschiedene Komponenten repräsentieren, die die Lärmverteilung um eine stationäre Bohrmaschine beeinflussen. Die Parameter wurden anonymisiert, wobei die Belastungswerte von 1,0, der maximalen dB-Leistung einer Komponente, bis 0,5 reichten, was eine lineare Dämpfung von -20 dB anzeigt. Jede Simulation basierte auf dem festen Standort der Bohrmaschine und den anfänglichen Lärmmessungen.

Der endgültige Datensatz umfasst über 15.000 Datenpunkte, von denen jeder eine einzigartige Kombination von Maschineneinstellungen darstellt. Dabei bleibt die Geräuschquelle über alle Simulationen hinweg stationär. Abbildung 18.4 zeigt einen Vergleich der Schallausbreitungskarten unter verschiedenen Betriebszuständen. Die linke Karte (a) stellt niedrige und die rechte Karte (b) hohe Lasteinstellungen dar, die beide farblich nach dB-Pegeln codiert sind. Mithilfe dieses Simulationsaufbaus kann das Modell erfassen, wie sich unterschiedliche Maschinenlasten auf die räumliche Verteilung des Lärms auswirken.

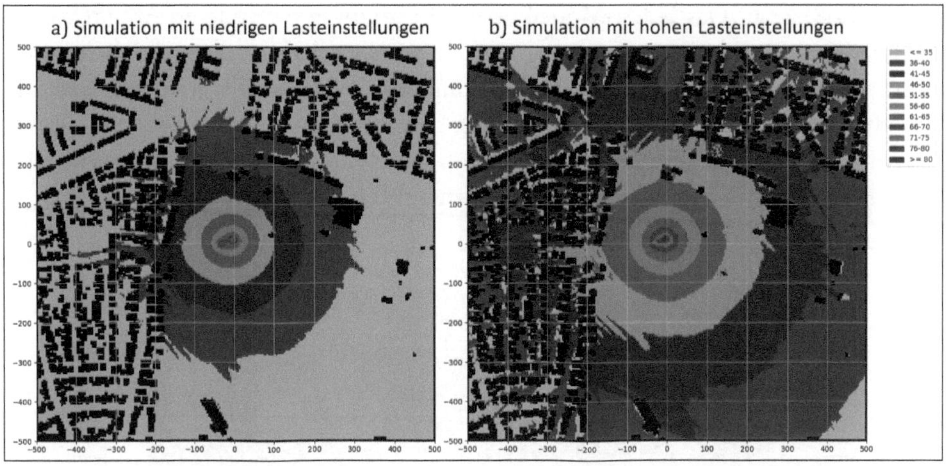

Abb. 18.4 *Vergleich der simulierten Schallausbreitungskarten bei verschiedenen Maschineneinstellungen*

Ergebnisse der Soundvorhersage

Basierend auf diesem Simulationsaufbau wurde die Vorhersage der Schallausbreitung anhand einer festen Graustufen-OpenStreetMap (OSM) untersucht, bei der Gebäude durch schwarze Pixel und Freiflächen durch weiße Pixel dargestellt werden. Die Aufgabe wurde als eine bedingte Bild-zu-Bild-Übersetzung formuliert, bei der jedes Modell das gleiche OSM-Bild als Eingabe erhielt und das Ziel darin bestand, die interpolierte Schallverteilungskarte auf der Grundlage der eingestellten Maschinenparameter vorherzusagen.

Jede Modellarchitektur wurde für 50 Epochen trainiert, wobei 20 % des Datensatzes zum Testen zurückgehalten wurden. Die UNet- und Diffusionsmodelle wurden mit der Verlustfunktion des mittleren quadratischen Fehlers (MSE) trainiert, während das GAN eine Kombination aus Binary-Cross-Entropy-(BCE-)Loss und L1-Loss verwendete. Die Bewertung der Modelle basierte auf zwei Schlüsselmetriken: Mean Absolute Error (MAE), der die durchschnittliche Größe der Vorhersagefehler quantifiziert, und Weighted Mean Absolute Percentage Error (wMAPE), der falsche Vorhersagen hinter und innerhalb von Gebäuden bestraft.

Model	MAE	wMAPE	LoS MAE	NLoS MAE	LoS wMAPE	NLoS wMAPE
UNet	0.70	12.78	0.58	0.85	5.32	21.87
GAN	0.48	3.42	0.32	0.68	1.93	5.24
DDPM	1.19	24.94	1.07	1.35	14.23	37.98

Tab. 18.2 *Bewertung aller Architekturen bei LoS- und NLoS-Aufgaben unter Verwendung von MAE- und wMAPE-Metriken*

Die Ergebnisse der Bewertung sind in Tabelle 18.2 zusammengefasst, die die Leistung jedes Modells sowohl für Line-of-Sight- (LoS) als auch für Non-Line-of-Sight-Regionen (NLoS) zeigt. Das GAN-Modell übertraf durchweg die anderen Architekturen und erzielte sowohl unter LoS- als auch unter NLoS-Bedingungen die niedrigsten MAE- und wMAPE-Werte. Um die Leistung des GAN-Modells weiter zu analysieren, wurde eine Heatmap des wMAPE über den gesamten Testdatensatz erstellt, wie in Abbildung 18.5 dargestellt. Diese Heatmap bietet eine pixelweise Visualisierung des Vorhersagefehlers. Die höchsten Fehler treten in NLoS-Bereichen auf.

Abb. 18.5 *Heatmap des mittleren absoluten prozentualen Fehlers (MAPE) über den gesamten Datensatz für die UNet-Vorhersage*

Zusätzlich zur quantitativen Analyse bietet Abbildung 18.6 einen visuellen Vergleich der von allen drei Modellen vorhergesagten Schallverteilungen für einen einzelnen Datenpunkt. Das GAN-Modell zeigt die genaueste räumliche Verteilung des Schalls. Im Gegensatz dazu weist das Diffusionsmodell größere Abweichungen mit einer sichtbaren Übervorhersage auf, insbesondere an Gebäudekanten und in verdeckten Räumen.

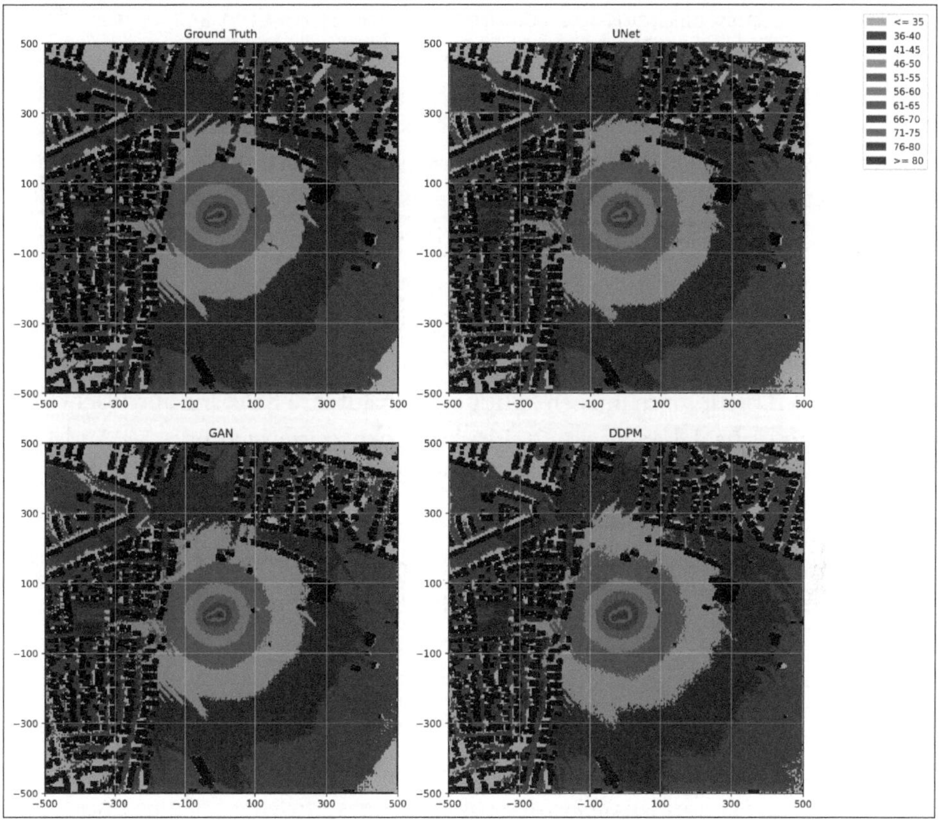

Abb. 18.6 *Vergleich der tatsächlichen mit der vorhergesagten Schallausbreitung für einen einzelnen Datenpunkt mit drei Modellen: UNet, GAN und DDPM*

18.6 DRL-Agent: intelligente Steuerungsempfehlung für lärmoptimierte Bohrprozesse

Die Empfehlung optimaler Steuerungsanpassungen für Geothermie-Bohranlagen erfordert eine effektive Steuerungsstrategie. In diesem Kontext wird Deep Reinforcement Learning eingesetzt, um einen Agenten zu trainieren, der diese Aufgabe erfüllt. Da das Training an der realen Bohrmaschine keine sinnvolle Option ist, wird eine Simulation der Maschine (DRILL-LSTM) entwickelt, um das notwendige Maschinenverhalten für das Training zu emulieren. Um den entstehenden Lärm eines Maschinenzustandes nach Steuerungsänderungen an der simulierten Maschine überwachen und darauf reagieren zu können, wird ein Modell namens NOISE-GAN erstellt. Diese beiden Modelle bilden die Voraussetzung für die Entwicklung eines DRL-Agenten. Die Kombination von generativen Modellen mit Deep Reinforcement Learning ist vielversprechend, insbesondere für Bereiche, in denen das Training eines Agenten an einer realen Maschine nicht möglich ist.

Die zweite entscheidende Herausforderung, die es zu lösen gilt, besteht darin, Steuerungsänderungen zu empfehlen, die von menschlichen Bedienern verarbeitet werden können. Ein DRL-Agent arbeitet typischerweise mit hoher Frequenz und hat direkten Zugang zur Umgebung, um bei Bedarf schnell auf Änderungen reagieren zu können. Da die Steuerung der Bohrmaschine immer noch vom menschlichen Bediener abhängt, der die endgültige Entscheidung trifft, müssen die Bohrempfehlungen besondere Anforderungen erfüllen:

- Die Empfehlungen müssen so prägnant wie möglich sein, um den Bohrer nicht zu stören oder abzulenken, aber mit der größtmöglichen Wirkung innerhalb eines vernünftigen Zeitrahmens.
- Aktuelle Empfehlungen müssen kontinuierlich auf ihre Relevanz überwacht werden, damit sie bei Überschreitung eines kritischen Zeitfensters oder bei Änderungen des Maschinenzustands, die sie obsolet machen würden, verworfen oder aktualisiert werden können.

Die Herausforderung besteht also darin, Empfehlungen für Menschen auf der Grundlage eines hochfrequent beobachtenden DRL-Agenten zu erstellen.

18.7 Zusammenfassung

In diesem Kapitel wurde gezeigt, dass durch den Einsatz generativer KI-Modelle die Vorhersage der Schallausbreitung um einen Faktor 50.000 beschleunigt werden kann. Diese signifikante Performanzsteigerung ermöglicht das effiziente Training eines Deep-Reinforcement-Learning-Modells, das Bohrprozesse in urbanen Gebieten hinsichtlich Geschwindigkeit und Lärmemission optimiert. Die so verringerten Schallemissionen von Geothermiebohrungen können die Toleranz und Akzeptanz in der Bevölkerung gegenüber solchen Projekten in Städten erhöhen. Dies trägt zur wirtschaftlichen Tragfähigkeit solcher Projekte bei und zu ihrem potenziellen Einfluss auf die Erreichung der Klimaziele. Die Integration von KI zur Lärmkontrolle bei Geothermiebohrungen stellt eine transformative Lösung für eine der dringendsten Herausforderungen bei städtischen Projekten für erneuerbare Energien dar. Dies verspricht nicht nur eine wirksame Reduzierung der Lärmbelästigung, sondern auch eine Optimierung der Bohrarbeiten. Die Fortschritte in der generativen KI eröffnen Wege zum Einsatz von Deep Reinforcement Learning für Anwendungsfelder, in denen ein direktes Training in der realen Umgebung nicht möglich ist.

Danksagung

Das Projekt »KI-Bohrer« wird durch Förderung des Bundesministeriums für Forschung, Technologie und Raumfahrt (BMFTR) im Programm »Forschung an Fachhochschulen in Kooperation mit Unternehmen (FH-Kooperativ)« finanziell unterstützt (Förderung 13FH525KX1).

19 Digitalisierung im Sozialwesen: KI-gestützte Vertragsprüfung

Uwe Haneke · Raphael Hettich · Benjamin Berger

In diesem Kapitel wird an einem Beispiel eines Projektes mit einem zuständigen Landesamt in Rheinland-Pfalz gezeigt, wie eine KI-basierte Lösung zu einer effizienteren Abwicklung von Verwaltungsprozessen führt. Das neu entwickelte KI-Modul für die Vertragsabwicklung lernt dabei kontinuierlich durch die im Rahmen der Prozesse erfassten Daten und generiert automatisch Auswertungen, die eine weitere Steuerung der Prozesse ermöglichen. Die automatische Analyse und Prüfung der Vertragsdokumente führen zu einer signifikanten Beschleunigung der Prozesse.

19.1 Einleitung

Angesichts einer überlasteten und häufig überregulierten Bürokratie gewinnen die Themen Digitalisierung, Prozessoptimierung und in diesem Zusammenhang auch die Unterstützung durch KI-basierte Werkzeuge zunehmend an Bedeutung. Dies gilt insbesondere für den öffentlichen Sektor, der zusätzlich seit Jahren unter Stellenkürzungen und Fachkräftemangel leidet. In der öffentlichen Verwaltung dominieren vielfach noch papierbasierte und von Medienbrüchen gekennzeichnete Geschäftsprozesse, in denen viele Arbeitsschritte nach wie vor manuell durchgeführt werden. Die Nutzung künstlicher Intelligenz zur effektiveren und effizienteren Gestaltung solcher Geschäftsprozesse begegnet dabei verschiedenen Herausforderung, da mit der Einführung von KI-Tools vielfach eine grundlegende Digitalisierung der jeweiligen Prozesse einhergeht. Dabei lässt sich in vielen Fällen ein disruptiver Charakter feststellen, denn die Prozessziele werden nun auf anderen Wegen als bisher erreicht. Neben der KI spielen demnach auch die Bereiche Digitalisierung und Change Management eine entscheidende Rolle für die erfolgreiche Projektumsetzung.

19.2 Legal Tech: eine kurze Einordnung

Das Vertragsmanagement ist per se eng mit juristischen Fragestellungen verknüpft. Die in diesem Kapitel vorgestellte Lösung bewegt sich daher auf dem Gebiet der sogenannten *Legal Tech*. Legal Tech, auch bekannt als Legal Technology, bezeichnet den Einsatz von Technologie und Software zur Bereitstellung von Rechtsdienstleistungen und zur Unterstützung der Rechtsbranche. Diese Technologien transformieren gegenwärtig die Art und Weise, wie rechtliche Dienstleistungen erbracht werden, indem sie Prozesse effizienter, zugänglicher und kostengünstiger gestalten. Zu den wichtigsten Anwendungsfeldern gehören die Automatisierung bei der Erstellung oder Verwaltung von rechtlichen Dokumenten, die Nutzung von Fallrecht-Datenbanken oder auch der Einsatz von künstlicher Intelligenz (KI) zur Durchsuchung und Analyse von Dokumenten sowie die Online-Rechtsberatung.

Die Prognosen zur Entwicklung des Legal-Tech-Marktes sind vielversprechend. Der Markt wird voraussichtlich weiterhin stark wachsen, und bis 2034 könnte der globale Markt auf ca. 63 Milliarden USD ansteigen, mit einer jährlichen Wachstumsrate von über 13,7%. Technologische Innovationen, insbesondere im Bereich der künstlichen Intelligenz und Automatisierung, werden weiterhin als zentrale Treiber fungieren. Bereits heute integrieren mehr als 80% der Anbieter KI in ihre Geschäftsmodelle. Ein besonders starkes Wachstum wird in Bereichen wie Cloud-basierten Lösungen, Dokumentenmanagementsystemen und Compliance-Anwendungen erwartet.

Legal Tech eröffnet viele Möglichkeiten für Innovation und Effizienzsteigerung in der Rechtsbranche. Dabei rücken zunehmend Projekte in den Fokus, bei denen KI-Anwendungen im Zentrum stehen. Laut einer Umfrage des *Commerce & Contract Management Institute* von Januar 2025 ist auch im Vertragsmanagement eine deutliche Steigerung der Nutzung von KI zu beobachten. 42% der befragten Organisationen geben an, KI im Vertragsmanagement bereits produktiv zu nutzen oder gerade zu implementieren [World Commerce & Contracting 2025]. Zwei Jahre zuvor lag die Quote bei lediglich 28%. Folgt man dem Legal-Tech-Monitor 2025 für Deutschland, wird der massive Einfluss der großen Sprachmodelle auf Legal Tech deutlich. Mit der Veröffentlichung von ChatGPT 3.5 im Jahr 2022 erhielt die Bedeutung von KI im Geschäftsmodell der Anbieter von Legal Tech einen massiven Schub [Hartung & Gerlach 2025].

Ein wesentlicher Treiber für die zunehmende Nutzung von Legal-Tech-Angeboten dürfte zudem der kontinuierliche Rückgang der praktizierenden Rechtsanwälte in Deutschland sein. Infolgedessen sehen Experten mittelfristig sogar den Zugang zum Recht in Gefahr [Lorenz 2023]. Legal-Tech-Werkzeuge könnten die Prozesse effizienter gestalten und damit zu einer Entlastung beitragen. Künstliche Intelligenz wird in diesem Transformationsprozess zweifelsohne eine große Rolle spielen.

19.3 Die Ausgangslage: analoge Prozesse und steigende Anforderungen

In der öffentlichen Verwaltung sind KI-Projekte aktuell noch unterrepräsentiert, obwohl hier angesichts der komplexen und oftmals noch stark papierbasierten Prozesse ein großes Potenzial für Effizienzsteigerungen zu vermuten ist. Im Folgenden wird anhand eines Projektes im Bereich des Vertragsmanagements, das in Kooperation mit einem großen Landesamt durchgeführt wird, gezeigt, wie eine Digitalisierung der Prozesse in Verbindung mit KI-Unterstützung zu kürzeren Durchlaufzeiten, reduzierten Kosten und einer Entlastung der Sachbearbeitenden führen kann.

Das zuständige Landesamt in Rheinland-Pfalz steht als Leistungsträger vor einer komplexen Herausforderung: Die gesetzliche Vorgabe nach § 125 Sozialgesetzbuch Neuntes Buch (SGB IX) verlangt individuelle Vereinbarungen für Leistungen zur Teilhabe. Dies bedeutet, dass jeder Leistungserbringer – von Solo-Selbstständigen bis hin zu großen Anbietern der Wohlfahrtspflege – eine Leistungsvereinbarung mit dem zuständigen Bundesland abschließen muss. Dieser Vertrag bildet die Rechtsgrundlage für das Erbringen der dort vereinbarten Leistungen zu den vorgesehenen Konditionen. Vor diesem Hintergrund müssen jährlich rund 2.500 Dokumente gesichtet, überarbeitet und am Ende ausgehandelt werden. Das Leistungsspektrum kategorisiert sich in vier Haupt- und 15 Untermodule, was eine Vielzahl an Permutationen und Varianten erzeugt. Die Bearbeitung erfolgt bislang überwiegend analog – vom Posteingang über mehrfache Prüfungen bis hin zur Verhandlung zwischen den Vertragspartnern. Die Dokumente erreichen das Amt dabei teilweise in physischer Form (auch in Form von Broschüren), teilweise elektronisch als Word- oder PDF-Dateien oder als (zum Teil schlecht) gescannte Bilder, gelegentlich sogar mit handschriftlichen Annotationen versehen. Personalmangel, hohe Mitarbeiterfluktuation und fehlende Digitalisierung erschweren die Prozesse zusätzlich.

Das Landesamt stellt dabei einen natürlichen Engpass dar, müssen doch die Vereinbarungen aller Anbieter (knapp 1.000 in Rheinland-Pfalz) von weniger als 15 Sachbearbeitenden geprüft werden. In der Folge kommt es zu langen Durchlaufzeiten, die mit hohen Bearbeitungskosten verbunden sind. Zudem treten immer wieder Inkonsistenzen in der Bearbeitung auf, wenn identische Vertragsformulierungen von einem Sachbearbeitenden genehmigt, in einem anderen Fall hingegen beanstandet werden.

19.4 Die Lösung: KI-gestützte Webapplikation zur Vertragsprüfung

Um den beschriebenen Herausforderungen zu begegnen, wurde eine KI-gestützte Webapplikation (*Kontrakte.AI*) entwickelt, die den Prüfprozess in zwei zentralen Bereichen unterstützt: der formellen und der inhaltlichen Prüfung. Dabei unterstützt die Lösung beide Vertragsparteien, sodass beide Seiten im Rahmen der Vertragsabwicklung von den zur Verfügung gestellten KI-Funktionalitäten profitieren.

19.4.1 Formelle Prüfung – strukturierte Analyse durch KI

Die formelle Prüfung ist in Abbildung 19.1 dargestellt. Sie beginnt mit der Extraktion und Zerlegung eingescannter oder digitaler Dokumente. Ein regelbasiertes System validiert die Inhalte anhand auditierter Regeln, die in diesem Fall vom Landesamt definiert wurden. Der Regelkatalog ist jedoch individuell anpassbar. Anschließend erfolgt eine Ähnlichkeitsanalyse mit früheren Bewertungen und Mustertexten. Das System schlägt Empfehlungen vor – von »Ist abzulehnen« bis »Ist akzeptabel«.

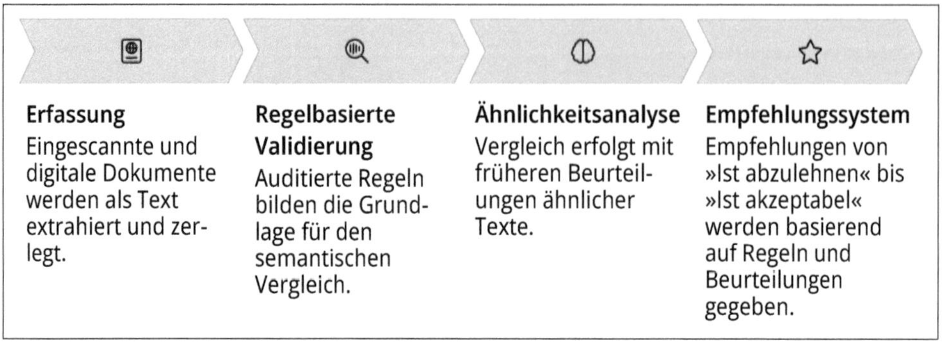

Abb. 19.1 *Ablauf der formellen Prüfung*

Ein zentrales Element ist der sogenannte *Bewertungshelfer*, der den Fokus auf relevante Textpassagen lenkt. Fehlerhafte Formulierungen, Platzhalter oder Begriffe aus einer »Negativliste«, die in den Vertragstexten nicht benutzt werden dürfen, werden automatisch erkannt. Akzeptable Passagen mit hoher Ähnlichkeit zu auditierten Texten sowie irrelevante Abschnitte wie Kopf- und Fußzeilen werden entsprechend kategorisiert. Dadurch reduziert sich der manuelle Aufwand der Bearbeitung durch die Mitarbeitenden des Landesamtes erheblich.

19.4.2 Inhaltliche Prüfung – intelligente Fragen und Compliance

Die inhaltliche Prüfung basiert auf einem Fragenkatalog mit individuellen Kriterien. Ein Überblick über den Ablauf der inhaltlichen Prüfung ist in Abbildung 19.2 zu sehen. Die KI generiert Antwortempfehlungen über die Nutzung eines LLM, die von Auditoren final bewertet werden. Welches LLM dabei genutzt wird, bleibt dem Landesamt überlassen. Ein späterer Wechsel zu einem anderen Modell ist ohne Weiteres möglich, sodass kein Lock-in für den Kunden droht. Dies ist angesichts der rasanten Entwicklung der Modelle unbedingt erforderlich. Eine lückenlose Dokumentation sorgt darüber hinaus für Transparenz und Nachvollziehbarkeit.

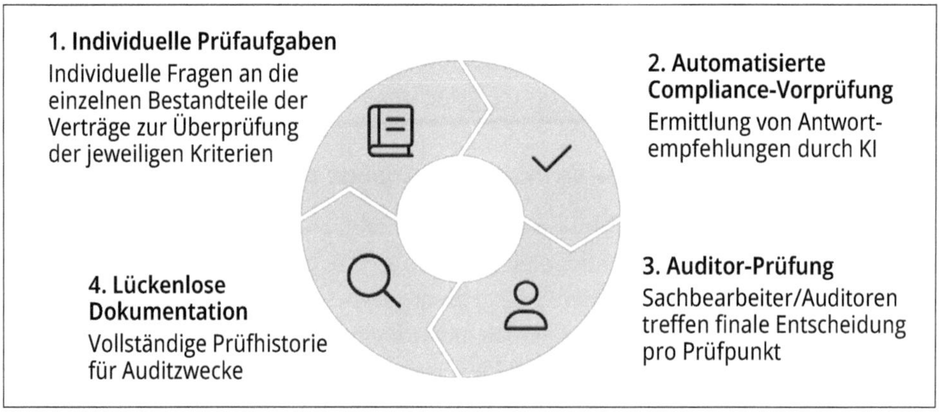

Abb. 19.2 *Ablauf der inhaltlichen Prüfung*

Der eigens entwickelte Frageneditor ermöglicht das Einpflegen gezielter Fragestellungen mit verschiedenen Antworttypen (Ja/Nein, Text, Zahlen, Datum) und Validierungsfunktionen. Die Interpretation der Antworten kann spezifiziert werden. Die Anbindung an interne Wissensdatenbanken wie Klausel- und Regelwerke per RAG sowie externe Server (z. B. über MCP) ermöglicht eine fundierte Prüfung nicht nur auf LLM-Trainingsdaten, sondern auch auf eigene Compliance-Kriterien. Auf diese Weise kann das System die Prüfung komplexer Sachverhalte signifikant beschleunigen.

19.4.3 Blick ins System: intuitive Bedienung und hohe Effizienz

Die Plattform bietet eine augmentierte Ansicht der Originaldatei mit Regel- und Bewertungsübersicht. Einzelne Textpassagen können kommentiert und beurteilt werden. Das System identifiziert selbstständig inhaltlich zusammenhängende Blöcke, analysiert diese und gibt Bewertungen ab. Gefundene Muster, nicht ersetzte Platzhalter oder Wörter aus Hinweis-, Ermessens- oder Negativlisten, ebenso wie Bewertungen ähnlicher Texte, werden direkt angezeigt.

Darüber hinaus ist die Lösung in der Lage, inhaltliche Analysen anhand des vorgefertigten Prüfungskatalogs zu erstellen. Ein Beispiel für die KI-basierte Ergebnisempfehlung mit referenzierten Quellen ist in Abbildung 19.3 zu sehen. Dies ist in einem ersten Schritt vor allem für Leistungserbringer von Vorteil, die ihre Angebote von der KI prüfen lassen können, bevor sie direkt in der Plattform beim Leistungsträger eingereicht werden. Damit erhält in einem zweiten Schritt das Landesamt ein bereits durch die KI vorgeprüftes und ggf. vom Leistungserbringer überarbeitetes Dokument. Dadurch können nicht nur unnötige Schleifen vermieden, sondern auch der Prozess bis zur Vertragsschließung beschleunigt werden. Auch die Arbeitsbelastung der zuständigen Mitarbeitenden beim Landesamt sinkt dadurch signifikant.

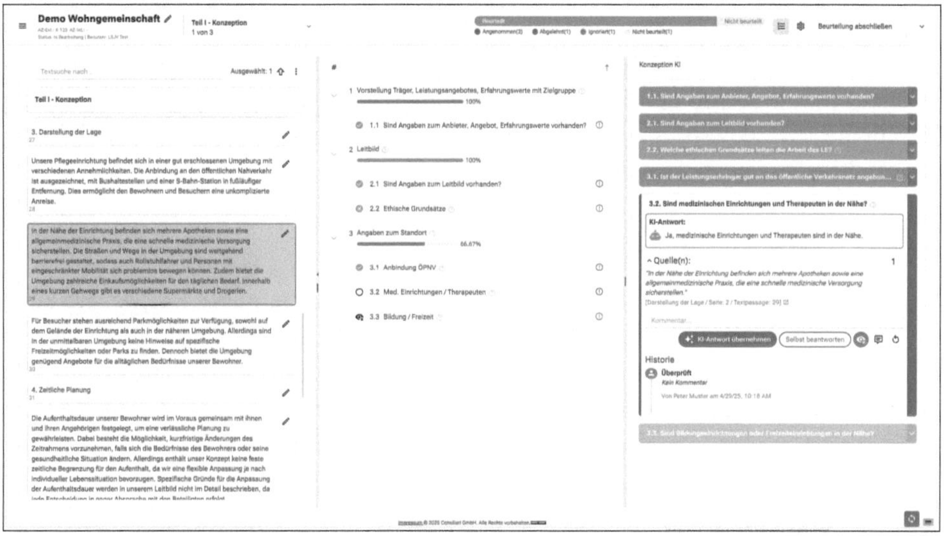

Abb. 19.3 *Augmentierte Ansicht der Originaldatei mit Regel- und Bewertungsübersicht*

Die KI-basierte Erstprüfung erfolgt ohne Personaleinsatz aufseiten des Landesamtes. Die Leistungserbringer erhalten innerhalb weniger Minuten ein direktes Feedback vom System, was eine sehr positive Resonanz aus dieser großen Zielgruppe erzeugt hat.

Die Validierung und Online-Verhandlung führen zu einem beschleunigten Vertragsabschluss, wobei eine Kostenersparnis von rund 45 bis 50 % realisiert werden kann.

19.4.4 Zahlen und Fakten

Seit dem Start im Januar 2025 wurden in den ersten 10 Monaten des Betriebs ca. 281.000 Textpassagen eingelesen. Dabei wurden gut 78.000 Bewertungen durch die Nutzer vorgenommen (11.000 durch die Leistungserbringer, 67.000 durch die Sachbearbeitenden), 80.000 Begriffsverstöße (Negativwörter) gefunden und 465.000 Verweise auf ähnliche Textstellen vom System ausgegeben (pro Textpassage können mehrere Verweise gefunden werden). Die Matching-Rate, die die Nutzung der ursprünglichen vom Landesamt zur Verfügung gestellten und damit per se akzeptierten Mustertexte in den Dokumenten repräsentiert, liegt bei etwa 57 %. Durch die Lerneffekte des Systems auf Basis der Bewertung ähnlicher Texte und Überführung derselben zu neuen Formulierungsregeln in einem regelmäßigen Auditprozess wird die Textbibliothek stetig erweitert. Auf diese Weise wird der Beurteilungsaufwand potenziell weiter reduziert.

Es konnte eine Zeitersparnis von rund 75 % im Vergleich zur analogen Bearbeitung festgestellt werden. Die Kosten konnten um nahezu die Hälfte reduziert werden.

Diese Zahlen beziehen sich nur auf das Landesamt. Welche zusätzlichen Nutzenpotenziale bei den einreichenden Leistungserbringern realisiert werden konnten, wurde bisher nicht ermittelt. Hier zeichnet sich aber ab, dass vor allem große Leistungserbringer, die überregional an verschiedenen Standorten tätig sind, davon profitieren. Diese sind nun in der Lage, ihre unterschiedlichen Angebote, für die sie jeweils getrennte Verträge mit dem Landesamt abschließen müssen, besser und übersichtlicher zu administrieren.

19.4.5 Erste Erfahrungen

Das gemeinsam mit dem zuständigen Landesamt implementierte Projekt hat zum einen das große Potenzial aufgezeigt, das in der Digitalisierung und der KI-unterstützten Bearbeitung von Verwaltungsprozessen liegt. In diesem Fall profitieren sämtliche am Vertragsabschluss beteiligten Parteien von der neuen Lösung, und die Wertschöpfung findet nicht nur singulär beim Landesamt statt.

Zum anderen hat das Projekt aber auch gezeigt, wie wichtig die Kommunikation mit dem Entwicklungspartner und die (frühzeitige) Berücksichtigung aller Stakeholder ist. Auch ist der Schulungsbedarf selbst bei moderner und optimierter Benutzeroberfläche nicht zu unterschätzen. Letztendlich ist nach wie vor das Thema Change Management, gerade wenn es um die Veränderung von Prozessen geht, nicht zu verkennen. KI und Digitalisierung führen teilweise zu grundlegend neuen Prozessabläufen, die durchaus disruptiv sein können. Der bisherige überwiegend analoge Ist-Prozess wird dabei nicht 1:1 in die digitale Welt überführt. In diesem Projekt kann durch die Vorprüfung der Dokumente über die KI ein Großteil der Arbeit durch das Portal abgefangen werden, bevor das Landesamt überhaupt das erste Mal aktiv werden muss. Darüber hinaus handelt es sich um ein lernendes System. Jede Beurteilung geht in die Datenbank ein und wird kontextsensitiv über semantische Ähnlichkeiten abgeglichen. Historische Beurteilungen gehen damit nicht wie bisher verloren, sondern können insgesamt zu einheitlicheren Bewertungen führen. Das Wissen darüber, wie Kollegen eine bestimmte Formulierung beurteilt haben, führt künftig zu einem konsistenteren Handeln des Landesamtes gegenüber den Leistungserbringern. Zudem kann diese Unterstützung zu kürzeren Einarbeitungszeiten bei Personalwechseln führen, da auf das Wissen der anderen Mitarbeitenden und ihre Einschätzungen zurückgegriffen werden kann. Manuell gepflegte Excel-Listen mit Wörtern und Begriffen, die in Leistungsvereinbarungen nicht verwendet werden sollen (Negativlisten), gehören ebenfalls der Vergangenheit an.

Es muss jedoch langfristig beobachtet werden, ob Mitarbeitende dazu tendieren könnten, Einschätzungen anderer oder auch Bewertungen durch die KI kritiklos zu übernehmen. Dies könnte am Ende zu schlechteren Bearbeitungsergebnissen führen. In solchen Szenarien ist die Entwicklung entsprechender Qualitätsmanagementmaßnahmen sehr zu empfehlen. Letztlich ist die Lösung ein unterstützendes Werkzeug, bei dem die Rolle als »Human in the Loop« verantwortungsbewusst ausgeübt werden muss.

Aus technischer Sicht ist festzuhalten, dass weder das einfache Anbinden eines generellen Sprachmodells wie etwa ChatGPT oder Claude noch die Nutzung eines speziell trainierten, auf Rechtsfragen ausgerichteten Sprachmodells allein zielführend ist. Der Grund hierfür liegt im Charakter des Projektes. Die zu verarbeitenden Dokumente sind, auch wenn das Ziel eine Vertragsschließung zwischen Leistungserbringer und Leistungsträger ist, nur zu einem gewissen Teil juristischer Natur. Oftmals finden sich darin Fachbegriffe aus der Sozialwirtschaft oder auch umgangssprachlich beschriebene Leistungen. Daher ist die Berücksichtigung des Domänenwissens im vorliegenden Projekt z. B. für ein Pre- und Postprocessing der verwendeten Embeddings sehr wichtig. Auch spielt das Context Engineering besonders bei der inhaltlichen Analyse der Dokumente eine große Rolle, um die Interpretation der internen Compliance-Kriterien durch das Sprachmodell zu optimieren.

19.5 Zusammenfassung und Ausblick

Ausgangspunkt für die Entwicklung des vorgestellten Portals mit KI-Unterstützung war ein Projekt mit dem zuständigen Landesamt in Rheinland-Pfalz. Ziel war es, die Vertragsabwicklung zwischen den unterschiedlichen Anbietern von Versorgungsleistungen (Leistungserbringern) und dem Land Rheinland-Pfalz als Leistungsträger zu beschleunigen, einhergehend mit einer geringeren Arbeitsbelastung für die Mitarbeitenden und sinkenden Kosten der Prozessabwicklung.

Das Landesamt hat durch den Einsatz der vorgestellten Lösung zahlreiche Vorteile: Die betrachteten Prozesse wurden insgesamt effizienter gestaltet, beschleunigt und können kostengünstiger abgewickelt werden. Darüber hinaus dient das System durch seine zahlreichen Prüfmechanismen auch der Fehlervermeidung, was ebenfalls zur Kostenreduzierung beiträgt. Durch die KI-Unterstützung und die Bereitstellung sofortiger Rückmeldungen an die Leistungserbringer durch die Plattform konnten die zu prüfenden Dokumente insgesamt qualitativ verbessert werden, wodurch neben der Effizienz auch die Prozesseffektivität gesteigert wurde. Nicht zuletzt kann das Landesamt auch als Arbeitgeber profitieren: Eine durchgängige digitale Prozessabwicklung mit KI-Unterstützung erhöht am Ende vielleicht auch die Attraktivität des Amtes als Arbeitgeber. Die papierbasierte Verwaltung und Prüfung mit Textmarkern kann ad acta gelegt werden.

Die vorgestellte Lösung lässt sich auch in anders gelagerten Kontexten einsetzen. Beispielhaft seien hier nur KI-basierte Smart Checks bzw. die Massenprüfung von vorhandenen Verträgen im Falle großer Immobilienunternehmen oder die Prüfung von Dokumenten im Rahmen eines Insolvenzverfahrens genannt. Über geeignete Schnittstellen lassen sich weitere Systeme, etwa Dokumentenmanagementsysteme, anschließen und zukünftig könnte auch die Interaktion mit der E-Akte möglich sein.

Die entwickelte Lösung erweist sich somit als vielseitig einsetzbar und ist nicht auf den Kontext des öffentlichen Dienstes beschränkt. Durch einen kontinuierlichen Ausbau der Kontrakte.AI-Plattform wird die Funktionalität sowohl in der Breite als auch in der Tiefe erweitert, wobei den KI-Komponenten eine immer größere Bedeutung zukommen dürfte.

20 KI für den Klimaschutz – ClimaClic als zukunftsweisendes Beispiel

Diana Kolbe · Andrea Müller · Sven Kliebenstein · Barbara Wörz

Dieses Kapitel beleuchtet, wie KI insbesondere im Marketing neue Potenziale eröffnet. Im Zentrum steht die Kooperation zwischen der Klimalotterie ClimaClic und der Hochschule Offenburg, in der KI-gestützten Strategien zur Neukundengewinnung und Content-Automatisierung entwickelt werden. Der Fokus liegt auf generativer KI zur Optimierung des Dialogmarketings. Der strukturierte KI-Implementierungsprozess umfasst technische, organisatorische und soziale Aspekte. System Prompts mit markenspezifischer »ClimaClic-DNA« sichern konsistente Inhalte. Praxisprojekte mit Studierenden der Hochschule Offenburg liefern Erkenntnisse, stärken Wissenstransfer und Akzeptanz im Unternehmen. Das Kapitel zeigt: KI kann gezielt als Hebel für nachhaltige Markenkommunikation und effiziente Kundenansprache genutzt werden – vorausgesetzt, sie wird strategisch durchdacht und partizipativ implementiert.

20.1 Einleitung

In den letzten Jahren hat KI die Wettbewerbsbedingungen ganzer Branchen grundlegend verändert und neue Perspektiven für datengetriebene Innovation eröffnet. KI gilt als einer der bedeutendsten Treiber zukünftiger Wertschöpfung und strategischer Wettbewerbsvorteile [Brock & von Wangenheim 2019]. Sie bietet das Potenzial, auf Basis von Daten, Analysen und Beobachtungen z. B. Rechercheaufgaben zu übernehmen, Entscheidungsprozesse zu automatisieren und dabei »menschenähnliche« Schlussfolgerungen zu ziehen [Plastino & Purdy 2018; Reim et al. 2020].

Im Marketing verändern die technologischen Fortschritte durch generative KI insbesondere die Ökonomie der Content-Erstellung in ihrer Grundstruktur und erweitern so die strategischen Handlungsoptionen [Heitmann 2024]. Unternehmen, die generative KI intelligent in ihre Marketingprozesse integrieren, können sich dadurch nicht nur produktiver, sondern auch wettbewerbsfähiger positionieren.

Auf den ersten Blick scheinen KI und Klimaschutz im Widerspruch zueinander zu stehen. Insbesondere der hohe Ressourcenverbrauch, der mit der Entwicklung, dem Training und dem Betrieb leistungsfähiger KI-Modelle einhergeht, weckt berechtigte Bedenken. Der immense Bedarf an Rechenleistung führt zu einem erheblichen Energieeinsatz, der wiederum direkte Auswirkungen auf CO_2-Emissionen und die Umweltbilanz digitaler Technologien hat [Luccioni et al. 2024]. So hat erst Anfang 2025 die Verwendung von KI zur Generierung von Bildern im Stil des Animationsstudios Ghibli eine Reihe von Problemen aufgeworfen, insbesondere im Hinblick auf den Klimaschutz.

In diesem Kapitel möchten wir die Kombination aus Klimaschutz und KI aus der Perspektive der User Experience (UX) im Dialogmarketing betrachten. Dies geschieht am konkreten Beispiel von ClimaClic, der ersten deutschen Klimalotterie in Deutschland, die ihr Dialogmarketing mithilfe von KI automatisieren und personalisieren möchte, um die Bereitschaft der potenziellen Kunden sich für Klimaschutzprojekte einzusetzen, durch den Kauf eines Klima-Loses zu erhöhen.

20.2 ClimaClic – innovative Klimalotterie mit digitalem Fokus

ClimaClic ist die erste deutsche Lotterie mit Fokus auf Klimaschutzprojekte, die unter die Kategorie der Soziallotterien fällt. Initiiert wurde ClimaClic im Jahr 2022 durch die Burda Direct GmbH und die gemeinnützige ClimaClic gGmbH.

Das Produktportfolio umfasst verschiedene Losmodelle, die auf unterschiedliche Zielgruppen und Gewinnkategorien zugeschnitten sind. Die Teilnehmenden haben die Möglichkeit, wöchentlich an einem Zwei-Millionen-Euro-Gewinn sowie täglich an zusätzlichen Gewinnchancen teilzunehmen – abhängig von der gewählten Loskategorie. Ein zentrales Alleinstellungsmerkmal ist die individuelle Auswahl des zu unterstützenden Klimaprojektes, die jeder Käufer im Rahmen des Loskaufs trifft.

ClimaClic ist als digital orientiertes Geschäftsmodell konzipiert; von der Registrierung über den Loskauf bis hin zur Projektwahl erfolgt der gesamte Prozess überwiegend online. Dies ermöglicht eine hohe Benutzerfreundlichkeit sowie Skalierbarkeit des Angebots.

Als junges Unternehmen mit bislang begrenzter Markenbekanntheit steht ClimaClic vor der strategischen Herausforderung, seine Marktpräsenz nachhaltig auszubauen. Hierbei spielt eine technologiegestützte Markenkommunikation eine zentrale Rolle – nicht nur zur Gewinnung neuer Kundensegmente, sondern auch zur langfristigen Bindung der bestehenden Zielgruppen im zunehmend kompetitiven Umfeld der Soziallotterien.

Der Einsatz von KI gewinnt im Marketing immer mehr an Bedeutung – sowohl in der operativen Umsetzung als auch in der strategischen Verwaltung von Marketingressourcen. Aktuelle Forschung betont die Notwendigkeit, Themen wie Content Marketing, Personalisierung sowie den Einsatz von KI und Machine Learning (ML) gemeinsam zu betrachten. Die Umsetzung in der Praxis wird jedoch vielfach durch Barrieren erschwert: Unternehmen beklagen fehlendes Know-how bei der Implementierung entsprechender Technologien, während Hochschulen mit begrenztem Zugang zu unternehmensrelevanten Daten und Anwendungsszenarien konfrontiert sind. Eine Lösung stellen gezielte Partnerschaften zwischen Wissenschaft und Wirtschaft dar.

20.3 Kooperation als Erfolgsfaktor

Ein beispielhaftes Projekt zum Austausch zwischen Wissenschaft und Wirtschaft ist die Kooperation zwischen der Hochschule Offenburg und der Klima-Soziallotterie ClimaClic. Im Rahmen eines Postdoc-Tandemprogramms wird hier ein UX-optimierter Prozess zur Neukundengewinnung durch automatisierte Content-Erstellung entwickelt. Ziel des Projektes ist es, das Potenzial von KI und ML zur automatisierten Generierung personalisierter Inhalte für die Akquisition, Bindung und Reaktivierung relevanter Kundengruppen zu analysieren.

Eine besondere Herausforderung stellen dabei sogenannte *kalte Leads* dar – Zielgruppen mit traditionell geringer Reaktionswahrscheinlichkeit und heterogener Interessenlage. Durch KI-gestützte Analyseverfahren sollen geeignete Kundenprofile identifiziert, segmentiert und im Anschluss mit individuell zugeschnittenen Inhalten angesprochen werden. Die damit einhergehende Automatisierung der Dialogkommunikation eröffnet neue Möglichkeiten für eine präzise, skalierbare und zugleich ressourcenschonende Kundenansprache.

Zwar existieren bereits Plattformlösungen (z. B. von Anbietern wie Google oder Meta), die Funktionen wie Zielgruppenselektion oder Content-Vorschläge integrieren. Diese Systeme sind jedoch meist an die jeweilige Plattform gebunden und nicht darauf ausgelegt, spezifische gesellschaftliche Themen wie den Klimaschutz mit KI-generierten Inhalten gezielt zu kommunizieren.

Die Kooperation zwischen der Hochschule Offenburg und ClimaClic zeigt das Potenzial, das in der Verbindung von wissenschaftlicher Expertise und praxisorientierter Umsetzung liegt. Unternehmen profitieren von qualifiziertem Forschungszugang, technologischem Know-how und wissenschaftlicher Infrastruktur, während Hochschulen durch den Zugang zu industrieller Ausstattung und Entwicklungspartnerschaften ihre Transferleistung stärken können. Nicht zuletzt sind solche Partnerschaften angesichts steigender Drittmittelrelevanz für den akademischen Forschungsbetrieb von zentraler Bedeutung.

20.4 Automatisierung im Dialogmarketing bei ClimaClic

Die Implementierung von KI konfrontiert Unternehmen mit komplexen Herausforderungen, die technologische, organisatorische und kulturelle Dimensionen umfassen. Zur Ausschöpfung von Potenzialen wie Effizienzsteigerung und Innovationsfähigkeit erweist sich ein methodisch fundiertes und strukturiertes Vorgehen als zentral. Am Beispiel von ClimaClic wird untersucht, wie sich der Implementierungsprozess konzeptionell ausgestalten lässt, von der strategischen Vorbereitung über die operative Umsetzung bis hin zur Integration spezifischer Methoden zur teilautomatisierten Content-Erstellung.

Prozess der KI-Implementierung

Führungskräfte in Unternehmen sehen sich bei der Integration künstlicher Intelligenz in bestehende Prozesse häufig mit einer unzureichenden wissenschaftlichen Begleitung konfrontiert. Dies erhöht das Risiko von Projektmisserfolgen sowie unerwünschten Ergebnissen [Reim et al. 2020]. Daher ist eine strukturierte, methodisch fundierte Vorgehensweise bei der KI-Implementierung essenziell.

Mohammad Merhi [Merhi 2021] unterteilt den Prozess der KI-Implementierung in drei zentrale Phasen:

- Vorbereitungsphase
- Implementierungsphase
- Nachbereitungsphase

In der *Vorbereitungsphase* entscheiden Unternehmen über die grundsätzliche Durchführung eines KI-Projekts. Diese Phase bildet das strategische Fundament: Es werden Ziele definiert, verfügbare Ressourcen und Budgets bewertet, Zeitpläne festgelegt sowie der Projektumfang, die einzusetzenden Systeme, potenzielle Anbieter und relevante Umsetzungsmethoden bestimmt.

Die zweite Phase, die *Implementierungsphase*, erfordert ein integratives Vorgehen entlang dreier zentraler Dimensionen:

- **Organisation**
  Der Erfolg hängt maßgeblich von der Unterstützung durch das Topmanagement, einer offenen Unternehmenskultur und anpassungsfähigen Strukturen ab. KI verändert Entscheidungsprozesse und stellt etablierte Denk- und Handlungsweisen infrage.
- **Prozesse**
  Mitarbeitende sind entscheidend für die erfolgreiche Anwendung. Widerstände gegenüber Veränderungen sowie Fragen der Verantwortlichkeit sollten aktiv adressiert werden.
- **Technologie**
  Hochwertige, sichere und integrierbare Daten sind die Grundlage jeder KI-Lösung. Eine skalierbare IT-Infrastruktur und verlässliche Daten-Governance sind dabei Schlüsselfaktoren.

Diese drei Dimensionen sind eng miteinander verknüpft und erfordern eine Projektleitung, die technische, organisatorische und zwischenmenschliche Kompetenzen vereint.

In der *Nachbereitungsphase* kann eine Entscheidungsfindung auf der KI-Grundlage stattfinden [Merhi 2021].

In einem alternativen Ansatz werden vier zentrale Handlungsschritte vorgeschlagen [Reim et al. 2020]:

- Verständnis für KI und erforderliche organisationale Fähigkeiten entwickeln
- Bestehendes Geschäftsmodell analysieren und Innovationspotenziale erkennen
- Benötigte Kompetenzen zur Implementierung gezielt aufbauen und weiterentwickeln
- Organisatorische Akzeptanz schaffen und interne Kompetenzentwicklung fördern

Bei ClimaClic wurde eine Kombination aus den vorgestellten Ansätzen zur KI-Implementierung gewählt (siehe Tab. 20.1). In der Vorbereitungsphase wurden im Rahmen der Vorbereitung und Planung des Postdoc-Tandemprogramms zwischen ClimaClic und der Hochschule Offenburg die Ziele, Ressourcen und Budgets, der Projektumfang inklusive Arbeitspakete und Meilensteinplan definiert.

Die Implementierungsphase umfasst die Erkennung von Implementierungspotenzialen, die Evaluierung und Priorisierung der Projekte, die Auswahl der einzusetzenden Systeme, die Entwicklung und Realisierung der ausgewählten Projekte den Ausbau der Mitarbeiterkompetenzen und die Steigerung der Akzeptanz zum Einsatz der KI in operativen Prozessen. In der Nachbereitungsphase findet eine Bewertung der Umsetzung statt hinsichtlich der Stärkung der Wettbewerbsfähigkeit oder der Realisierung der angestrebten Mehrwerte.

Phase	Handlungsschritte
Vorbereitungsphase	■ Zieldefinition ■ Ressourcen und Budgets ■ Projektumfang, Arbeitspakete und Meilensteinplan
Implementierungsphase	■ Implementierungspotenziale erkennen ■ Bewertung und Priorisierung ■ Auswahl einzusetzender Systeme, potenzielle Anbieter und relevante Umsetzungsmethoden ■ Entwicklung und Realisierung des KI-Einsatzes ■ Ausbau der Mitarbeiterkompetenzen ■ Akzeptanz und Nutzung
Nachbereitungsphase	■ Bewertung des Mehrwerts durch die KI ■ Pflege und Aktualisierung

Tab. 20.1 *KI-Implementierungsprozess bei ClimaClic*

Im Folgenden wird insbesondere die Implementierungsphase eines konkreten Praxisbeispiels dargestellt.

20.4.1 Generative KI als Produktivitätshebel im Dialogmarketing

Im Rahmen der Bewertung möglicher Implementierungspotenziale richtete sich das Augenmerk zunächst auf den Einsatz generativer KI, da diese aktuell besonders dynamische Entwicklungsmöglichkeiten im Dialogmarketing bietet [Noack 2023]. Ihr disruptives Potenzial zeigt sich insbesondere in der Neudefinition der bislang unvermeidlichen Zielkonflikte zwischen Qualität und Quantität in der Content-Erstellung.

Unternehmen stoßen im Rahmen klassischer Produktionsprozesse regelmäßig an natürliche Grenzen: Eine Erhöhung der Ausgabemenge von Inhalten führt häufig zu Einbußen in der inhaltlichen Tiefe oder Relevanz – umgekehrt begrenzt ein hoher Qualitätsanspruch oftmals die Produktionskapazität. Dies lässt sich analog auf den Funktionsbereich der Marketingkommunikation transferieren, wobei eine ungenaue Ausspielung von kommunikativen Inhalten zu nachhaltigen negativen Auswirkungen bei der Zielgruppe führen kann.

Mit dem Einsatz generativer KI beginnt sich dieses Spannungsverhältnis grundlegend zu verändern. Drei zentrale Entwicklungen lassen sich dabei beobachten. Erstens bietet generative KI das Potenzial einer bedeutenden Steigerung der Content-Produktion, ohne dabei qualitative Abstriche machen zu müssen. Zweitens erlaubt sie, die inhaltliche Qualität gezielt zu erhöhen, ohne die Produktionsmenge zu reduzieren. Und drittens eröffnet sich die Möglichkeit, sowohl Qualität als auch Quantität simultan zu maximieren [Heitmann 2024].

Die zuvor erklärte Problematik wurde auch bei ClimaClic identifiziert, weshalb man sich in einem ersten Schritt der KI-Implementierung auf die möglichen Quick Wins durch den Einsatz von generativer KI bei der Content-Erstellung konzentriert hat.

20.4.2 System Prompts als Schlüssel zum automatisierten Content

Im Zuge des zunehmenden Interesses an generativen KI-Technologien wie Text-to-Text-, Text-to-Image- und Text-to-Speech-Systemen hat ClimaClic verschiedene Optionen und Anbieter evaluiert. Parallel dazu wurden praxisorientierte Hochschulprojekte initiiert, um die Einsatzmöglichkeiten dieser Technologien im Kontext von Klimaschutzkommunikation und digitalem Dialogmarketing zu erforschen. Diese Kooperationen zielten darauf ab, innovative Anwendungen zu identifizieren und deren Potenziale für die strategische Markenkommunikation von ClimaClic zu nutzen (siehe Tab. 20.2).

Fokus	Projektbeschreibung
Newsletter/ E-Mail-Marketing	**Aufgabenstellung:** Optimierung von Newslettern durch den gezielten Einsatz von Text- und Bildgenerierungstools zur Steigerung von Relevanz und Engagement **Umsetzung:** Bewertung des KI-basierten Lösungsansatzes anhand qualitativer Tiefeninterviews mit relevanten Stakeholdern **Ergebnisse:** Entwicklung eines verbesserten Newsletter-Templates sowie Ableitung konkreter Handlungsempfehlungen
	Aufgabenstellung: Untersuchung der Akzeptanz von KI im E-Mail-Marketing zur Neukundengewinnung **Umsetzung:** Onlinebefragung mit 1.432 Antworten zur Analyse der Einflussfaktoren wie Akzeptanz, ethische Bedenken, Persönlichkeitsmerkmale und Vertrauen in KI **Ergebnisse:** Empfehlungen zu Transparenz, Kennzeichnungspflichten und vertrauensfördernder Kommunikation beim KI-Einsatz im E-Mail-Marketing
Social-Media-Marketing	**Aufgabenstellung:** Analyse des Einsatzpotenzials generativer KI zur Neukundengewinnung via Instagram **Umsetzung:** Durchführung einer Customer-Experience-Tracking-Untersuchung (CXT-Testing) anhand eines mit KI-generierten Instagram-Reels **Ergebnisse:** Handlungsempfehlungen zur Nutzung von Text-, Bild- und Audiogenerierungstools im Instagram-Marketing
	Aufgabenstellung: Potenzialanalyse von KI-gestütztem Content zur Neukundengewinnung auf Instagram **Umsetzung:** Anwendung und Bewertung von Bildgenerierungstools zur Entwicklung KI-basierter Werbeanzeigen. Veröffentlichung einer KI-generierten Anzeige durch ClimaClic auf Instagram mit anschließender Auswertung. **Ergebnisse:** Empfehlungen für den Content-Erstellungsprozess, insbesondere zur Kennzeichnung und Einbettung von KI-Inhalten in Kommunikationsstrategien
	Aufgabenstellung: Untersuchung der vertrauensbildenden Wirkung von KI-generierten Inhalten auf die Markenwahrnehmung von ClimaClic im Kontext von YouTube-Marketing **Umsetzung:** Nutzung von Bild-, Video- und Audiogenerierungstools zur Produktion eines KI-gestützten Markenauftritts **Ergebnisse:** Analyse der emotionalen Wirkung und des Potenzials zur Vertrauensstärkung durch KI-Content
Display-marketing	**Aufgabenstellung:** Entwicklung eines kreativen Kommunikationskonzepts für eine Nachhaltigkeitskampagne unter Einsatz generativer KI **Umsetzung:** Vergleichende Analyse menschlich entwickelter versus KI-generierter Konzepte im Hinblick auf Kreativität, Wirkung und Relevanz **Ergebnisse:** Beispielhafte Umsetzung einer Kampagne

Tab. 20.2 *Selektierte Projekte mit Fokus auf Automatisierung mithilfe von generativer KI*

Alle Projekte haben zum Aufbau von Wissen und zum tieferen Verständnis des Potenzials generativer KI im digitalen Marketing beigetragen. Während in den Projektphasen eine Vielzahl verschiedener Tools explorativ getestet wurde, fokussierte sich die eigentliche Implementierung im Rahmen einer teilautomatisierten Content-Erstellung auf die unternehmensweite Integration generativer KI-Lösungen für Text- und Bildgenerierung. Dieser Ansatz bot zwei zentrale Vorteile: Erstens konnte so die Einhaltung datenschutzrechtlicher Vorgaben innerhalb einer sicheren Systemumgebung gewährleistet werden. Zweitens ermöglichte die gewählte Plattform dic Nutzung unterschiedlicher KI-Dienste innerhalb einer einheitlichen Benutzeroberfläche, wodurch Effizienz und Skalierbarkeit deutlich erhöht wurden.

Nach Auswahl der geeigneten Plattform zur teilautomatisierten Content-Erstellung wurden spezifische Anwendungsfälle für ClimaClic entwickelt, um die kanalindividuellen Anforderungen gezielt adressieren zu können. Zur strukturierten Umsetzung wurden insgesamt sieben Use Cases identifiziert.

Bei der Umsetzung der Use Cases wurde auf das Verfahren mithilfe von System Prompts zurückgegriffen, der Prozess lehnte sich an die Best Practices für Prompt Engineering an [OpenAI 2024]. *System Prompts* stellen einen zentralen Steuerungsmechanismus bei der Nutzung von Large Language Models (LLMs) wie beispielsweise GPT-4 dar. Sie fungieren als initiale Anweisung, die dem Modell einen festen Handlungsrahmen vorgibt und die inhaltliche sowie stilistische Ausrichtung der generierten Antworten beeinflusst. Ein System Prompt wird bei jeder Benutzeranfrage automatisch übermittelt – unabhängig von der konkreten Formulierung der Eingabe. Für Endbenutzer ist dieser Prompt in der Regel nicht sichtbar, veränderbar oder löschbar [Hellstrom 2024].

Für ClimaClic wurden System Prompts definiert, die sich aus zwei Bestandteilen zusammensetzen:

- der ClimaClic-DNA und
- den Use-Case-spezifischen Anweisungen.

Die sogenannte ClimaClic-DNA ist eine Sammlung stilistischer Vorgaben, die als Grundlage für die KI-gestützte Content-Erstellung dient und im Sinne von Custom Instructions eine einheitliche, markenspezifische Tonalität und Bildsprache sicherstellt.

Die Anwendungsfälle beinhalten verschiedene Anweisungen wie z. B. die Rollenbeschreibung, Aufgabenbeschreibung, Festlegung der Antwortlänge, Beschränkung auf bestimmte Aufgaben und Themen oder Beispielantworten. Ein entscheidender Faktor ist die Abfrage wichtiger Daten zur Content-Erstellung über einen Dialog mit dem User, so helfen bei der Newsletter-Generierung beispielsweise folgende Fragen:

... Starte den Prozess mit folgendem Einstieg:

»Wir erstellen jetzt zwei hochperformante Newslettervarianten zur Neukundengewinnung bei ClimaClic. An wen ist der Beitrag gerichtet?«

Speichere die Antwort als <Zielgruppe>. Fahre dann fort mit:

»Zu welchem Thema soll der Newsletter verfasst werden?«

Speichere die Antwort als <Kampagnenthema>. Dann frage:

»Bitte ergänze die Eckdaten von <Kampagnenthema>, speichere sie als <Beschreibung>: Was, Wann, Wo, Wie lange?«

Sobald alle Eingaben erfolgt sind, fahre automatisch mit folgenden Schritten fort: ...

Um die Ergebnisse des System Prompts zu optimieren, wurden in einem iterativen Verfahren Verbesserungen vorgenommen. In diesem Prozessschritt waren insbesondere das Testen und die direkten Gespräche mit dem Marketingteam ausschlaggebend für die Qualität der Antworten.

Um die automatisierte Content-Erstellung erfolgreich im Unternehmen zu implementieren, ist es entscheidend, sowohl die Migration auf interne KI-Systeme als auch die Akzeptanz und Bereitschaft der Mitarbeitenden zu fördern. Die Akzeptanz der User ist ein zentraler Faktor für den Erfolg der KI-Implementierung. Um Vorbehalte abzubauen und die Bereitschaft zur Nutzung zu erhöhen, sollten Mitarbeitende über die Ziele, Vorteile und Funktionsweisen der neuen KI-Systeme informiert werden. Gezielte Schulungen fördern zudem das Verständnis und die Kompetenz im Umgang mit der Technologie. Eine aktive Partizipation in den Implementierungsprozess ist erfolgsentscheidend.

20.5 Zusammenfassung und Ausblick

Das Praxisbeispiel ClimaClic verdeutlicht, dass Klimaschutz und KI nicht im Widerspruch zueinanderstehen müssen. Vielmehr können sie sich sinnvoll ergänzen, sofern der Einsatz von KI bewusst, zielgerichtet und mit klarem Fokus auf den nachhaltigen Einsatz in Unternehmen erfolgt. Insbesondere im digitalen Dialogmarketing eröffnen sich durch generative KI neue Möglichkeiten, klimaschutzrelevante Themen wirksam zu kommunizieren.

Ein zentrales Erfolgsrezept liegt dabei im pragmatischen Vorgehen: Statt sich von ambitionierten Großprojekten überfordern zu lassen, setzt ClimaClic auf sogenannte *Quick Wins* – also kleine, schnell realisierbare Implementierungsschritte mit unmittelbarem Mehrwert. Dieser Ansatz schafft nicht nur schnelle Erfolge und Lernkurven, sondern fördert auch die interne Akzeptanz und den Kompetenzaufbau im Umgang mit neuen Technologien.

Die Automatisierung der Content-Erstellung ist ein sichtbarer Fortschritt, der jedoch nicht als alleiniges Ziel verstanden werden sollte. Vielmehr ist sie ein Baustein innerhalb eines umfassenden Transformationsprozesses, der strategisches Denken, technische Infrastruktur, Datenqualität sowie Change Management miteinander verzahnt. Nur wenn all diese Elemente gemeinsam berücksichtigt und integriert werden, kann das volle Potenzial von KI ausgeschöpft werden.

Besonders hervorzuheben ist die partnerschaftliche Zusammenarbeit zwischen Wirtschaft und Wissenschaft, die im ClimaClic-Praxisbeispiel eine zentrale Rolle spielt. Sie ermöglicht praxisnahe Forschung, innovative Lösungsansätze und gegenseitigen Wissenstransfer – ein Modell, das auch für andere Akteure richtungsweisend sein kann.

21 Erfolgreiche Robotik-Integration: Kompetenzaufbau und Verankerung von KI-gestützter Robotik in Unternehmen

Thomas Wendt · Alexander Gehringer · Julia Roederer

Der demografische Wandel, steigende Kosten und instabile Lieferketten machen Robotik für die Wettbewerbsfähigkeit von Unternehmen notwendig. Der eigenständige Kompetenzaufbau in diesem Bereich in Unternehmen erfordert jedoch erhebliche Ressourcen. Eine Alternative ist der Zusammenschluss mit anderen Unternehmen und Hochschulen, um Kompetenzen effektiv und nachhaltig aufzubauen. Die dadurch angestoßenen Veränderungsprozesse erfordern jedoch eine vorausschauende Verankerung in der Unternehmensstrategie, bei der auch menschliche Faktoren berücksichtigt werden. Entscheidend sind kontinuierliche Weiterbildung und Kooperationen mit Hochschulen, um Kompetenzlücken zu schließen und die Transformation erfolgreich zu gestalten.

21.1 Einleitung

Die aktuelle Situation vieler Unternehmen ist durch vielfältige Herausforderungen geprägt: Der demografische Wandel führt zu einer zunehmenden Alterung der Erwerbsbevölkerung, während Fachkräftemangel und steigender Kostendruck Organisationen erheblich belasten [Abeliansky et al. 2024]. Energiekrisen und Störungen globaler Lieferketten verschärfen zusätzlich die Bedarfslage und machen den Einsatz von produktivitätssteigernden Technologien nicht nur attraktiv, sondern dringend erforderlich (*Need for Automation*). So rückt insbesondere auch die Rückverlagerung von Produktionsprozessen (*Reshoring*) näher an Heimatmärkte vermehrt in den strategischen Fokus, um Lieferengpässe zu minimieren und wirtschaftliche Stabilität sicherzustellen [Yücesan 2025]. Solche Rückverlagerungen sind jedoch nur dann realistisch und wirtschaftlich tragfähig, wenn gleichzeitig ein hoher Grad an Prozessautomatisierung etabliert wird [IFR 2024]. Insofern ergibt sich aus dieser komplexen Ausgangslage ein zwingender Bedarf, durch die Integration intelligenter Maschinen, wie etwa künstliche Intelligenz (KI), und Robotiklösungen Produktivität und Wettbewerbsfähigkeit zu steigern, um die Zukunftsfähigkeit der Organisation zu sichern [Faber 2020; Krenz et al. 2021]. Der Einsatz von Automatisierungslösungen, insbesondere industrieller, kollaborativer und zukünftig humanoider Robotik auf Basis von *Computer Vision* [Xu et al. 2025], *LLMs* [Liu et al. 2024] oder *Eyetracking* [Fischer-Janzen et al. 2024], und erweiterter Sicherheitsfeatures

[Süme et al. 2025] erfordert jedoch spezialisierte technische Fähigkeiten. Fehlende KI- und Robotikkompetenz, also Wissen und Praxis im Umgang mit den entsprechenden Systemen, behindert die erfolgreiche Umsetzung solcher Technologien [Khan et al. 2021]. Die Integration von Robotern kann sich zudem negativ auf die Arbeitszufriedenheit, die Motivation und die Unternehmenskultur auswirken, wenn sie nicht mit der erforderlichen Achtsamkeit gehandhabt wird [Yam et al. 2022]. Aktuelle Forschung zeigt, dass KI-gestützte Robotik die Arbeitszufriedenheit durch Steigerung von Autonomie, Selbstwertgefühl und Anpassungsfähigkeit verbessern kann, besonders in kollaborativen Arbeitsumgebungen wie der Auftragskommissionierung [Pasparakis et al. 2023]. Gleichzeitig können Datenschutzbedenken und verstärkte Überwachung negative Effekte haben, weshalb die sorgfältige Einbindung von Mitarbeitenden essenziell ist [Arsu & Döngül 2023]. Diese Balance zwischen Technologie und menschlicher Interaktion spiegelt sich auch in der Organisation wider: Erfolgreiche Implementierungen fördern eine offene, lernfördernde Kultur, die auch Generationen- und Kulturunterschiede berücksichtigt [Shahid et al. 2025; Almokdad & Lee 2024]. Nur durch frühzeitige Einbindung, offene Kommunikation sowie ernsthafte Berücksichtigung menschlicher Bedürfnisse gelingt eine positive Integration neuer Technologien [Catchpole et al. 2022; Fraboni et al. 2023]. Daher betrifft der gezielte Aufbau KI-gestützter Robotikkompetenzen im Unternehmen sowohl die Dimensionen Unternehmensstrategie und Innovation als auch die organisatorische Veränderung durch Leadership im begleitenden Transformationsprozess – insbesondere, da die Fähigkeiten des Unternehmens im Zentrum stehen [Gehringer & Wendt 2024].

Dieses Kapitel gliedert sich in zwei Teile: Im ersten Teil wird anhand eines Phasenmodells aufgezeigt, wie mittelständische Unternehmen strategische Robotikkompetenzen aufbauen können und wie Robotik durch KI erhebliche Flexibilisierungspotenziale für die Unternehmen freisetzt, mithilfe derer sie auf die bestehenden Herausforderungen reagieren können. Der zweite Teil widmet sich dem damit verbundenen Transformationsprozess und beleuchtet, wie dieser durch gezieltes Change Management und die aktive Einbindung der Mitarbeitenden erfolgreich gestaltet werden kann. Dabei geben wir praxisnahe Empfehlungen für eine stärkenorientierte Umsetzung von Robotik- und KI-Lösungen auf Arbeitsplatzebene.

21.2 Strategische Robotikkompetenz in Unternehmen aufbauen

Der eigenständige Aufbau strategischer Robotikkompetenz sowie die Flexibilisierung der Robotik durch KI-Ansätze erfordern erhebliche Ressourcen. Die strategische Robotikkompetenz umfasst die Analyse von Prozessen zur Identifikation von Potenzialen für den Einsatz von robotergestützten Lösungen, die Konzeptionierung und Simulation entsprechender Lösungsansätze sowie die technische Umsetzung der Applikationen in Produktion, Montage und Logistik. Hierunter fallen die

Umsetzung einfacher Lösungen wie das Be- und Entladen von Werkstücken an entsprechenden Werkzeugmaschinen bis hin zur vollintegrierten Robotikzelle, die variantenreiche, nicht lageorientierte Bauteile kompetenzorientiert montiert und anschließend autonom mithilfe fahrerloser Transportfahrzeuge an entsprechende Lagerplätze oder in den Versand übergibt. Ein effektiver und nachhaltiger Ansatz zur Schließung dieser Kompetenzlücken bei gleichzeitiger Schonung von Ressourcen stellt dabei der Zusammenschluss mit anderen Unternehmen und Hochschulen in einem Innovationsökosystem dar.

Die Zielsetzung der strategischen Unternehmensführung ist der langfristige Bestand und Erfolg des Unternehmens durch langfristige Wettbewerbsvorteile in einem volatilen Umfeld [Bourgeois 1985]. Die Erzielung solcher Wettbewerbsvorteile basiert gemäß dem *ressourcenbasierten Ansatz* [Ferreira & Ferreira 2025; Grant 1991] zunehmend auf digitalen Fähigkeiten, Kompetenzen und Wissen [Kindermann et al. 2021]. Die einleitend aufgezeigten strategischen Herausforderungen wie Fachkräftemangel, Wettbewerbsdruck und Energiekosten stellen hierbei bisherige Wettbewerbsvorteile und Erfolge insbesondere produzierender Unternehmen in Deutschland zunehmend infrage. Vor diesem Hintergrund rückt die Fähigkeit zur flexiblen Automatisierung von Produktionsprozessen durch KI-gestützte Robotiktechnologien als strategisch relevante Unternehmensressource und entsprechendes Handlungsfeld immer stärker in den Fokus [Faber 2020; Krenz et al. 2021]. Der Einsatz von KI-gestützter Robotik erhöht die Effizienz und Flexibilität industrieller Produktionsabläufe maßgeblich. KI-basierte Computer Vision ermöglicht es Robotern, variierende Objekte lageunabhängig zu erkennen und komplexe Aufgaben wie Bin-Picking oder Bin-Packing auch bei Low-Volume-High-Mix-Szenarien zuverlässig auszuführen [Xu et al. 2025]. Große Sprachmodelle (LLMs) [Liu et al. 2024] sowie auf Computer Vision basierendes Eyetracking [Fischer-Janzen et al. 2024] erleichtern zudem die Programmierung von Robotern, wodurch nicht spezialisiertes Personal einfache Anpassungen vornehmen kann und der Mangel an Fachkräften ausgeglichen wird. Darüber hinaus verbessert KI-gestützte Mensch-Maschine-Unterscheidung die Sicherheit [Süme et al. 2025], indem sie zwischen Personen und anderen Objekten wie AGVs (Automated Guided Vehicles) unterscheidet und so situationsabhängige Reaktionen des Roboters ermöglicht, etwa ein schnelleres Weiterarbeiten. Die Herausforderung ist jedoch die bislang oft fehlende Kompetenz in diesen Bereichen [Acemoglu & Restrepo 2022; Schlegel & Kraus 2023].

In der Zusammenführung der externen Herausforderungen und internen Kompetenzen lassen sich zum Zweck der Strategieformulierung *Normstrategien* ableiten [Welge et al. 2024]. Die Ableitung der entsprechenden Strategie ist hierbei das Resultat aus der zukünftigen Bedeutung der Kompetenz anhand identifizierter Herausforderungen und der Ausprägung der Kompetenz im Unternehmen. Sie kann anhand einer Vier-Felder-Matrix visualisiert werden (siehe Abb. 21.1; [Welge et al. 2024]) und dient der Priorisierung von Maßnahmen zur Kompetenzentwicklung und -steuerung.

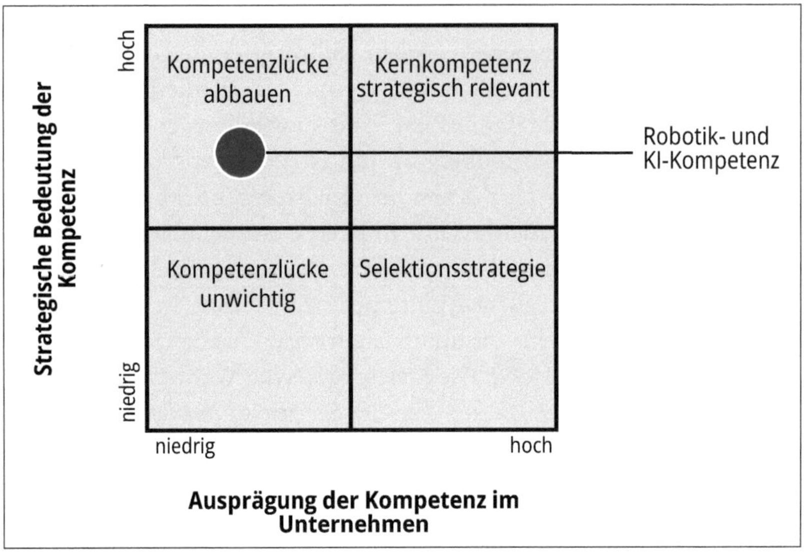

Abb. 21.1 *Kernkompetenzportfolio (angepasst nach [Welge et al. 2024])*

Liegt eine niedrige Ausprägung in der Fähigkeit zum Umgang mit KI- und robotergestützten Technologien und automatisierten Fertigungs- und Montageprozessen vor, resultiert dies im Abgleich mit den extern identifizierten Faktoren in einer abzubauenden Kompetenzlücke (grauer Bereich in Abb. 21.1). Hier ergibt sich aus der Analyse der Bedarf zum Aufbau entsprechender Fähigkeiten und Kompetenzen im Unternehmen.

Zur langfristigen Sicherung der Wettbewerbsfähigkeit im Sinne der ressourcenorientierten Unternehmensstrategie fokussieren Unternehmen den Aufbau von Robotik- und KI-Kompetenz. Hierbei lassen sich die in Tabelle 21.1 aufgezeigten Ansätze unterscheiden [Welge et al. 2024].

Ansatz	Beschreibung	Beispiel
Eigenentwicklung	Eigener Aufbau und Qualifikation	Aufbau eines Automatisierungsteams
Zukauf	Erwerb von Technologien; Abwerben von Kompetenzen	Nutzung von Dienstleistern
Akquisition	Gezielte Übernahme ganzer Geschäftsbereiche	Kauf eines Automatisierungsunternehmens
Strategische Allianz	Gemeinsame Kompetenzentwicklung durch Allianzen und Netzwerke	Kooperation mit Hochschule

Tab. 21.1 *Ansätze zum Aufbau von Robotikkompetenz (angepasst nach [Welge et al. 2024])*

Diese Ansätze bieten unterschiedliche Wege, um auf den steigenden Automatisierungsbedarf zu reagieren – je nach Ausgangslage, Zielsetzung und Ressourcen des Unternehmens.

Während *Eigenentwicklung* und *Akquisition* kapitalintensiv und langwierig sind, bietet der Zukauf von technologischen Lösungen in der Praxis insbesondere für mittelständische Betriebe eine schnelle Alternative. Daher stellt der Aufbau von Kompetenz durch den *Einkauf von Dienstleistungslösungen* und der entsprechenden roboterbasierten Fertigungszelle eine weitverbreitete Herangehensweise dar. Hierbei werden Automatisierungspotenziale in der Produktion selbst oder mithilfe von externen Dienstleistern identifiziert und anschließend durch externe Dienstleister automatisiert. Diese Abkürzung beim Aufbau von Robotikkompetenz führt jedoch in der betrieblichen Praxis zu drei Herausforderungen:

- Veränderungen und Anpassungen umgesetzter Lösungen sind wieder nur mithilfe externer Unterstützung möglich.
- Der Rollout der Technologie in andere Anwendungsfälle ist nicht eigenständig möglich.
- Insellösungen führen zur Verschiebung von Engpässen und Flaschenhälsen im Wertstrom der Produktion.

Daher rückt der Ansatz der *strategischen Allianz* zum Aufbau von Robotik- und KI-Kompetenz anhand einer Fallstudie in den Fokus. Im Fallbeispiel bildet sich die Allianz zwischen Industrieunternehmen, einem Wirtschaftsverband sowie einer Hochschule mit dem Ziel, über eine Stiftungsprofessur KI-gestützte Robotikkompetenz aufzubauen und zu transferieren. Die Zusammenarbeit zwischen Hochschulen und Industrieunternehmen beschreibt die Interaktion zwischen Teilen des Hochschulsystems und der Wirtschaft in einem Innovationsökosystem mit dem Ziel, den Austausch von Wissen und Technologie zu fördern [Ankrah & Al-Tabbaa 2015]. Ihre Bedeutung hat deutlich zugenommen, da Unternehmen durch Kooperationen mit externen Organisationen Zugang zu Forschung und Innovationsunterstützung erhalten [Clauss & Kesting 2017]. Der Erwerb und die Generierung externen Wissens sind oft schwieriger oder gar nicht durch interne Forschungs- und Entwicklungsaktivitäten zu ersetzen [Clauss & Kesting 2017]. In diesem Kontext gelten Stiftungsprofessuren und die Einrichtung von Lehrstühlen als wichtige Brücken zwischen Wissenschaft und Industrie, da sie eine Form des Wissenstransfers darstellen [Baaken et al. 2019].

Im Jahr 2019 stifteten produzierende mittelständische Unternehmen sowie ein Wirtschaftsverband eine *Professur für Robotik und soziotechnische Systeme* an der Hochschule Offenburg. Damit wurde die Grundlage für den Aufbau eines Forschungs- und Transferzentrums für Robotik und Kobotic geschaffen. Die Zusammenarbeit umfasst bis heute mehr als zehn Industrieunternehmen, den Wirtschaftsverband und die Hochschule. Ziel ist es, den Wissenstransfer zwischen Wissenschaft und Praxis zu stärken und Innovationen sowie Wissen in der Robotik und KI in industrielle Anwendungen zu überführen. Die Unternehmen bringen vor allem monetäre Ressourcen in die Allianz ein und stellen konkrete Anwendungsfälle zur Verfügung, anhand derer praxisnahe Lösungen entwickelt werden können. Der Wirtschaftsverband unterstützt die Allianz durch gemeinsame Schulungsangebote mit der Hochschule für Mitarbeitende im Bereich Robotik und übernimmt die Organisation von Austauschformaten (z. B. Inhouse-Messen, Vorträge), um den Wissenstransfer zwischen den Akteuren zu fördern. Die Hochschule bzw. die Stiftungsprofessur trägt mit Technologie, Innovationskompetenz und Fachwissen zur Allianz bei und übernimmt zusätzlich die Ausbildung von Fachkräften, um langfristig den Qualifikationsbedarf im Bereich Robotik zu decken. Die unterschiedlichen Beiträge und Nutzen der Partner innerhalb der Allianz sind in Tabelle 21.2 dargestellt.

Allianzpartner	Stellt in der Allianz zur Verfügung:
Unternehmen	■ Monetäre Ressourcen ■ Anwendungsfälle
Wirtschaftsverband	■ Schulungsangebote für Mitarbeiter ■ Organisation von Austauschformaten
Hochschule/Stiftungsprofessur	■ Technologie und Kompetenz, Innovation ■ Ausbildung von Fachkräften

Tab. 21.2 *Allianzpartner und Rollen im Aufbau von Robotikkompetenz in Unternehmen*

Die Interaktion zwischen den einzelnen Allianzpartnern lässt sich anhand eines Vier-Phasen-Modells als praxisorientierter Ansatz zur initiierenden und begleitenden Kompetenzentwicklung beschreiben. Das Modell zeigt, wie produzierende Unternehmen in Zusammenarbeit mit Wissenschaft und Verband gezielt robotikspezifische Kompetenzen aufbauen und weiterentwickeln können. Das Modell basiert auf *wissensbasierten dynamischen Fähigkeiten* der Allianzpartner, um neues Wissen zu akquirieren, daraus Wissen und Kompetenzen zu generieren und mit bereits bestehenden Ressourcen zu kombinieren [Zheng et al. 2011; Robertson et al. 2023]. So werden Kompetenzen nicht als statische Größen verstanden, sondern als dynamisch anpassbare Ressourcen, die im Zusammenspiel mit internen und externen Impulsen gezielt ausgebaut werden können [Zheng et al. 2011]. Das Modell adressiert dabei explizit die Schließung der als strategisch relevant eingestuften Kompetenzlücke und übersetzt strategische Anforderungen in operative Umsetzungsformate (siehe Abb. 21.2).

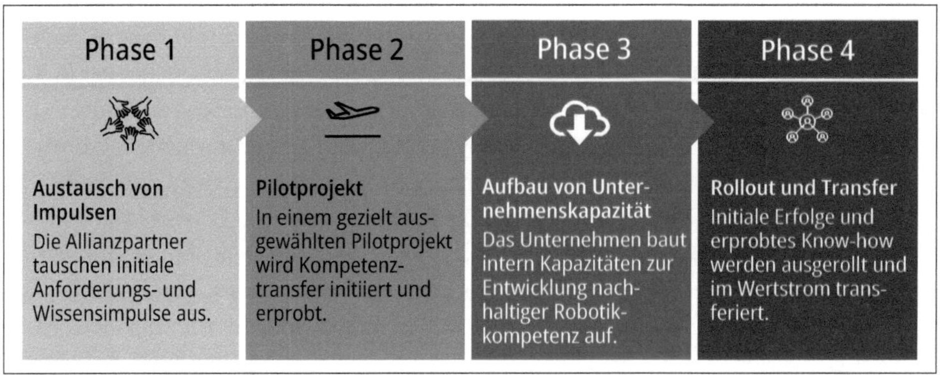

Abb. 21.2 *Phasenmodell des Aufbaus von Robotikkompetenz in einer strategischen Allianz*

In *Phase 1* erfolgt zunächst ein offener Dialog zwischen den Allianzpartnern. Hier werden Anforderungen der Unternehmen, erste Bedarfe sowie relevante Umfeldentwicklungen identifiziert und mit dem Wissen und den technologischen Möglichkeiten aus Wissenschaft und Verband abgeglichen. Hierdurch werden Impulse und neue Perspektiven generiert, die bei den Partnern Anklang finden; sie lassen sich in der Akquisefähigkeit der wissensbasierten dynamischen Fähigkeiten einordnen [Latif et al. 2020; Faccin et al. 2019].

Phase 2 umfasst die gezielte Auswahl eines konkreten Anwendungsfalls aus der betrieblichen Praxis. In diesem Rahmen wird der Kompetenztransfer initiiert und in einem geschützten Raum erprobt. Entsprechende Ansätze werden zentral vor Ort an der Hochschule umgesetzt. Hierbei werden auch Unternehmensvertreter in die Konzeptionierung und Umsetzung der technischen Hürde eingebunden, wodurch initiales Wissen zwischen den Partnern ausgetauscht wird. Durch informellen Austausch, gemeinsames problembezogenes Arbeiten und einen gemeinsamen Ort für diese Formate entsteht weitere Akquise von Wissen und Kompetenz [Faccin et al. 2019; Latif et al. 2020].

In *Phase 3* beginnt der eigentliche Kompetenzaufbau im Unternehmen. Basierend auf den im Pilotprojekt gewonnenen Erkenntnissen werden unternehmensinterne Strukturen, Rollen und Fähigkeiten gezielt weiterentwickelt, um die Einführung robotikbasierter Lösungen zu ermöglichen. Hierzu beginnen die Unternehmen, Automatisierungsteams aufzubauen und entsprechende Fachkräfte gemeinsam mit den Allianzpartnern zu schulen oder einzustellen. Diese Phase adressiert somit gezielt die identifizierte Kompetenzlücke und trägt zum systematischen Aufbau strategisch relevanter Kernkompetenzen bei. Wissen und Kompetenz werden somit aufbauend auf der vorausgehenden Akquise gezielt eingebettet [Papa et al. 2020; Kesting et al. 2014; Clauss & Kesting 2017].

Phase 4 markiert den Übergang von einer initialen Lösung hin zu einem skalierbaren und nachhaltigen Kompetenzaufbau. Die im Pilotprojekt erprobten Technologien und Abläufe werden über den Aufbau von Kapazität und Wissen im Unternehmen auf weitere Anwendungsbereiche übertragen. Ziel ist es, die Kompetenzen zu verstetigen und neue Potenziale eigenständig zu erschließen – ein zentraler Unterschied zur kurzfristigen Nutzung externer Dienstleister. Die Kombination aus bestehenden Prozessen, Ansätzen und Fähigkeiten mit der neu aufgebauten Robotikkompetenz illustriert den letzten Schritt der Initiierung neuer Kompetenz im Unternehmen auf Basis der Allianz [Faccin et al. 2019; Kesting et al. 2014; Kaur 2019].

Exemplarisch hierfür ist eine in der Allianz erarbeitete, auf Computer Vision basierende Robotikapplikation. In einem gemeinsamen Pilotprojekt mit einem Industrieunternehmen wurde ein zuvor manuell durchgeführter Logistikprozess mithilfe einer KI-gestützter Bin-Picking- und Bin-Packing-Lösung entwickelt und erprobt. Ziel war es, Bauteile, die ungeordnet in Eurobehältern aus einem vorgelagerten Prozessschritt angeliefert werden, mithilfe einer bildverarbeitenden KI durch die lageunabhängige Objekterkennung zu identifizieren (Computer Vision). Darauf aufbauend plant der Roboter eigenständig die nötigen Greiftrajektorien und entnimmt die erkannten Teile aus dem Behälter. Anschließend werden die Bauteile volumenoptimiert abgelegt, wobei die KI mithilfe von Computer Vision in der Lage ist, unterschiedliche Produkttypen zu unterscheiden und abzulegen. Die KI-gestützte Robotiklösung kann sowohl auf unterschiedliche Produkte und fehlende Lageorientierung reagieren als auch anschließend volumenoptimiert lagerfertig packen. Die entwickelte Anwendung wurde im Forschungszentrum anhand eines Demoaufbaus mit vom Unternehmen bereitgestellten Bauteilen umgesetzt und in enger Abstimmung mit dem Industriepartner getestet und freigegeben. Im Anschluss wurden Mitarbeitende des Unternehmens in den technologischen Grundlagen sowie im Umgang mit dem System geschult, wobei auch der Wirtschaftsverband mit Wissensangeboten unterstützte. Somit dient der konkrete Pilot als Vehikel zum Aufbau und zur Verankerung der generalisierbaren Kompetenzen im Technologiebereich der KI-gestützten Robotik. Die Übertragung in die industrielle Praxis erfolgt durch das Unternehmen selbst, das die Lösung weiter an seine spezifischen Produktionsanforderungen anpasst und eigenverantwortlich in seine Prozesse integriert.

Der dargestellte Vier-Phasen-Prozess verdeutlicht einen Ansatz zum Aufbau KI-gestützter Robotikkompetenzen in Unternehmen durch eine strategische Allianz zwischen Unternehmen, Hochschule und Wirtschaftsverband. Die Allianz dient als intermediärer Akteur, der den Wissenstransfer unterstützt und den Kompetenzaufbau entlang betrieblicher Anforderungen absichert. Die einzelnen Phasen ermöglichen eine systematische Akquise, Einbettung und Verstetigung von KI-gestützter Robotikkompetenz.

Das vierphasige Modell des Kompetenzaufbaus führt zu erkennbaren Veränderungen für das Unternehmen und die Mitarbeitenden. Die Praxis zeigt, dass viele technologiegetriebene Transformationsprozesse im Zeitraum von ein bis zwei Jahren positive Effekte zeigen [Younis et al. 2024]. Mittel- bis langfristig treten jedoch Herausforderungen auf: Die Sinnwahrnehmung der Beschäftigten sinkt [Nikolova et al. 2024], das Lohnniveau stagniert oder sinkt [Dauth et al. 2017], soziale Interaktionen am Arbeitsplatz nehmen ab. Ursächlich hierfür ist, dass menschbezogene Aspekte oftmals erst dann berücksichtigt werden, wenn bereits Entwicklungen sichtbar werden – zu einem Zeitpunkt, an dem präventive Maßnahmen kaum noch Wirkung entfalten können. Daraus ergibt sich die Notwendigkeit, psychosoziale und arbeitsorganisatorische Fragestellungen von Beginn an in technologische Veränderungsprozesse zu integrieren.

21.3 Change Management bei der Robotik-Einführung

Im Folgenden wird der Transformationsprozess beleuchtet, der mit der mit der Robotik-Einführung einhergeht. Daher wird eine Hilfestellung für die Gestaltung des Change-Prozesses bei der Etablierung von Robotikkompetenz im Unternehmen sowie Handlungsempfehlungen zur Ausgestaltung der stärkenorientierten Umsetzung von Robotiklösungen auf Arbeitsplatzebene gegeben.

Die erfolgreiche Integration von KI-gestützter Robotik in Unternehmen erfordert ein gezieltes Veränderungsmanagement, das auf fundierten Analysen und sorgfältiger Planung basiert. Voraussetzung dafür ist eine klare Definition der konkreten Herausforderungen und des Veränderungsbedarfs. Liegen diese vor, kann die frühzeitige Einbindung relevanter Stakeholder beginnen, um deren Mitwirkung im Veränderungsprozess zu sichern und die Akzeptanz zu fördern [Matthews et al. 2025; Rafferty et al. 2014; Stegmaier 2016].

Zentrale Voraussetzung für die Umsetzung technologischer Veränderungen ist die Bereitschaft der Mitarbeitenden, sich auf den Wandel einzulassen. Diese entsteht, wenn die Notwendigkeit der Veränderung nachvollziehbar vermittelt wird und sowohl individuelle als auch organisationale Veränderungskompetenz vorhanden ist. Ein wirksames Veränderungsmanagement adressiert daher gezielt die Wahrnehmung der Veränderungsnotwendigkeit und stärkt gleichzeitig die Veränderungsfähigkeit auf individueller und organisationaler Ebene [Rafferty et al. 2014; Stegmaier 2016].

Studien zur Einführung von KI-gestützter Robotik belegen, dass personalisierte Kommunikationsformen, etwa durch den Einsatz von KI-Modellen wie ChatGPT, wirksam zur Förderung der Veränderungsbereitschaft beitragen [Bai et al. 2025]. Durch gezielte Informationskampagnen, die individuelle Fragen, Sorgen und Unsicherheiten aufgreifen, können Verständnis und Vertrauen gestärkt und Ängste abgebaut werden – entscheidende Voraussetzungen für aktive Mitarbeit und nachhaltige Akzeptanz technologischer Neuerungen. Im Folgenden werden die entscheidenden Faktoren für eine erfolgreiche Umsetzung auf organisationaler und individueller Ebene beleuchtet.

Organisationale Aspekte bei der Robotik-Integration

Die Integration intelligenter Technologien wie Robotik und Automatisierung stellt Organisationen vor tiefgreifende Veränderungsprozesse, die eine detaillierte Planung und Strukturierung erfordern [Matthews et al. 2025]. Eine erfolgreiche Umsetzung erfordert, dass bereits in der Planungsphase die Bedürfnisse und Erwartungen der relevanten Stakeholder analysiert werden, um die Einführung reibungslos zu gestalten. Die *Stakeholder-Analyse* dient dazu, alle direkt oder indirekt betroffenen Personen und Gruppen zu identifizieren sowie deren Einfluss und Unterstützungspotenzial zu bestimmen. Dabei werden Stakeholder basierend auf ihrer Bedeutung für den Projekterfolg und dem Ausmaß ihrer erwarteten Unterstützung priorisiert. Kritische Stakeholder, die einen wesentlichen Einfluss auf das Projekt haben, sollten im Vorfeld gezielt eingebunden werden (siehe Abb. 21.3; [Kuster et al. 2022]). Daneben kommt den Personen, die die Robotik-Integration unterstützen/befürworten (*Prio-2-Stakeholder*) eine hohe Bedeutung zu: Bei ihnen gilt es, ihre Rolle als Fürsprecher der Veränderung weiter zu festigen oder sogar auszubauen.

		Bedeutung für Projekterfolg	
		Hohe Bedeutung	Geringe Bedeutung
Ausmaß der erwarteten Unterstützung	Hohe Unterstützung	Schlüsselakteure	Unterstützende Begleiter
	Geringe Unterstützung	Kritische Gegner	Unbedeutende Gegner

Abb. 21.3 *Stakeholder-Analyse (vgl. [Kuster et al. 2022])*

Die *Change-Impact-Analyse* liefert fundierte Informationen darüber, welche Stakeholder von der Integration von Robotik und Automatisierung betroffen sind und zu welchen Zeitpunkten dies geschieht. Diese Analyse beleuchtet insbesondere, wie sich der Veränderungsprozess auf bestehende Prozesse, Organisationsstrukturen, Rollen und Tätigkeiten auswirkt. Gleichzeitig wird eingeschätzt, wie die Akzeptanz dieser Veränderungen im Verlauf des Projektes entwickelt werden kann. Wesentliche Fragestellungen betreffen dabei die Identifizierung der Stakeholder, die zu unterschiedlichen Phasen des Projektes berührt werden, sowie das Ausmaß, in dem sie betroffen sind [Ullrich et al. 2024].

Darüber hinaus wird ermittelt, welcher konkrete Bedarf an Kompetenzaufbau besteht, um die Mitarbeitenden angemessen vorzubereiten. Ein zentraler Fokus liegt auf den Bedürfnissen der Stakeholder hinsichtlich Information und Beteiligung im Veränderungsprozess, um ihre Unterstützung und Akzeptanz sicherzustellen [Ullrich et al. 2024]. Abschließend ist es wichtig, die notwendigen Ressourcen zu identifizieren, die für eine erfolgreiche Integration erforderlich sind. Eine regelmäßige Aktualisierung der Change-Impact-Analyse ist unerlässlich, um auf dynamische, sich ändernde Bedingungen flexibel reagieren zu können und den Fortschritt für alle Beteiligten transparent zu gestalten [Haun & Ryschka 2024].

Die regelmäßige Aktualisierung der Stakeholder- und Change-Impact-Analyse sichert die Anpassungsfähigkeit an veränderliche Bedingungen. Dabei ist es essenziell, Personen einzubinden, die ein tiefes Verständnis sowohl der Stakeholder-Landschaft als auch der Implikationen der Robotik-Integration haben. Neben den technologischen Aspekten ist es entscheidend, auch menschliche und soziale Faktoren in den Fokus zu rücken, da sie maßgeblich zum Erfolg der Integration beitragen [Matthews et al. 2025].

Um die Einführung von Robotiklösungen nachhaltig zu gestalten, sind zudem mehrere, eng miteinander verknüpfte Elemente zu berücksichtigen [Fraboni et al. 2023]:

- **Kommunikation und Transparenz:** Eine offene und ehrliche Kommunikation mit den Mitarbeitenden über die geplanten Veränderungen hilft dabei, Ängste abzubauen und Vertrauen zu schaffen [Haun & Ryschka 2024; Morgan & Zeffane 2003].
- **Mitarbeiterbeteiligung:** Die frühzeitige und aktive Einbeziehung der Mitarbeitenden durch Workshops und Feedbackrunden trägt zur Gestaltung akzeptierter Arbeitsabläufe bei und fördert ihre Unterstützung [Ullrich et al. 2024].

- **Schulung und Weiterbildung:** Gezielte Schulungsprogramme sind essenziell, um Mitarbeitende auf die Zusammenarbeit mit Robotern vorzubereiten und neue Kompetenzen zu vermitteln [IFR 2024]. Der Einsatz KI-basierter Lernplattformen, insbesondere auf Basis großer Sprachmodelle (LLMs), ermöglicht individualisiertes, skalierbares Training mit kontinuierlichem Feedback. Solche Systeme passen Inhalte an bestehende Kompetenzen und Lernfortschritte an, fördern adaptives Lernen und steigern sowohl die Effektivität der Schulungen als auch die Lernmotivation und Selbstwirksamkeitserwartung der Mitarbeitenden [Fraboni et al. 2023].
- **Unterstützung und Begleitung:** Kontinuierliche Unterstützung vor, während und nach der Implementierung ist entscheidend, um Mitarbeitenden einen reibungslosen Einstieg zu ermöglichen [Catchpole et al. 2022; Fraboni et al. 2023]. KI-gestützte Assistenzsysteme, wie Chatbots oder virtuelle Coaches, bieten dabei schnelle und personalisierte Hilfestellungen, indem sie häufige Fragen beantworten und schrittweise Anleitung geben. Dies fördert eine erfolgreiche Integration und stärkt das Vertrauen der Mitarbeitenden in neue Systeme [Fraboni et al. 2023]. Ein effektives Veränderungsmanagement erfordert zudem klare Definitionen von Zielen, Rollen und Entscheidungsbefugnissen, um Missverständnisse zu verhindern und Erwartungen zu klären [Stolzenberg & Heberle 2021]. Wichtig ist, dass die Intensität der Maßnahmen Mitarbeitende nicht überlastet, sondern sie in ihrem Engagement unterstützt.

Individuelle Aspekte bei der Robotik-Integration

Neben den organisatorischen Rahmenbedingungen spielen individuelle Aspekte eine zentrale Rolle für die erfolgreiche und nachhaltige Integration von Robotik in Arbeitsumgebungen. Die Gewährleistung von Sicherheit, das Fördern eines Kontrollgefühls sowie die Gestaltung von Gerechtigkeit sind entscheidend, um langfristig Akzeptanz und erfolgreiche Nutzung robotischer Systeme zu erlangen [Catchpole et al. 2022; Fisac et al. 2017; Fraboni et al. 2023]. Aktuelle KI-Technologien, insbesondere im Bereich der Computer Vision, können die Sicherheit in Arbeitsumgebungen durch die kontinuierliche Überwachung und proaktive Risikobewertung deutlich verbessern. Durch Implementierung von Echtzeit-Feedbacksystemen, die auf Machine Learning basieren, wird das Kontrollgefühl der Mitarbeitenden gestärkt, indem sie schneller und präziser auf potenzielle Gefahren reagieren können.

Sicherheit gewährleisten: Sicherheit ist eine der höchsten Prioritäten bei der Integration von Robotik, besonders in Arbeitsumgebungen mit enger Zusammenarbeit von Mensch und Maschine. Moderne Methoden wie Control Barrier Functions und Echtzeit-Risikobewertungen werden eingesetzt, um Sicherheitsgrenzen durchzusetzen und Unfälle unter dynamischen oder unsicheren Bedingungen zu vermeiden [Ferraguti et al. 2022; Fisac et al. 2017]. Zu den Sicherheitsstrategien gehören Vorab-Kollisionsdetektion, Überwachung durch Sensoren und adaptive Steuerungssysteme, die auf menschliches Verhalten und Umweltveränderungen reagieren; menschzentrierte Guidelines betonen zudem die physische Sicherheit und das psychologische Wohlbefinden der Nutzer durch Schulungen, klare Kommunikation und Risikoanalysen, um das Sicherheitsempfinden und Vertrauen zu stärken [Fraboni et al. 2023; Morgan & Zeffane 2003; Proia et al. 2022].

Kontrollerleben fördern: Das Wahrnehmen von eigener Kontrolle und Mitbestimmung bei den Mitarbeitenden ist essenziell für positive Erfahrungen mit robotischen und KI-gestützten Systemen. Praxisnahe Trainings, Self-Affirmation-Interventionen sowie die Nutzung KI-basierter Assistenzsysteme, wie Chatbots oder virtuelle Coaches, können Mitarbeitende befähigen, Ängste abzubauen und ihr Selbstbild zu stärken [Almokdad & Lee 2024; Catchpole et al. 2022; Fraboni et al. 2023; Yam et al. 2022]. Verbesserungen in der Bedienbarkeit – etwa durch intuitives Lehren von Robotern mittels Demonstrationen oder einfache Programmierung – unterstützen das Kontrollgefühl und erleichtern die technologische Einführung [Catchpole et al. 2022]. KI-Systeme können darüber hinaus personalisiertes, unmittelbar verfügbares Echtzeit-Feedback liefern und so transparente Entscheidungsprozesse fördern, was Vertrauen und aktive Mitarbeit stärkt [Almokdad & Lee 2024; Fraboni et al. 2023]. Zusätzlich empfiehlt sich eine Bottom-up-Gestaltung der Arbeit, bekannt als Job Crafting, das den Mitarbeitenden ermöglicht, Aufgaben, Beziehungen und kognitive Strukturen selbstbestimmt anzupassen, um Sinnhaftigkeit und Passung zwischen Person und Job zu erhöhen [Kristof-Brown et al. 2005; Parker et al. 2025; Wrzesniewski & Dutton 2001]. Solche selbst initiierten Veränderungen wirken sich positiv auf Arbeitszufriedenheit, Engagement und Leistung aus [Parker & Collins 2010]. Insbesondere bei der Integration von KI-Technologien zeigt sich, dass die Förderung von Autonomie und die transparente Kommunikation technischer Abläufe kritische Erfolgsfaktoren sind, um Ängste zu reduzieren und Kontrollüberzeugungen zu stärken [Bai et al. 2025; Shahid et al. 2025].

Auf Gerechtigkeit achten: Die Integration von KI-unterstützter Robotik in Arbeitsprozesse wird als gerecht empfunden, wenn technologische Vorteile mit menschlichen Bedürfnissen ausgewogen verbunden sind (vgl. [Adams 1963]). Ein wesentlicher Aspekt ist die wahrgenommene Gerechtigkeit im Veränderungsprozess. Studien zeigen, dass die Zusammenarbeit mit KI-gestützter Robotik die Arbeitszufriedenheit erhöhen, das psychische Wohlbefinden stärken und physische Belastungen reduzieren kann, indem Roboter repetitive oder gefährliche Aufgaben übernehmen [Fraboni et al. 2023]. Gleichzeitig können aber auch Bedenken wie Kontrollverlust, psychische Belastungen und Arbeitsplatzunsicherheit entstehen, die negativ wirken können [Yam et al. 2022]. Unternehmen sollten die Auswirkungen auf Arbeitszufriedenheit und Organisationskultur evaluieren und das Kombinieren der Stärken von Mensch und Maschine fördern, um Produktivität, Sicherheit und Wohlbefinden zu steigern [Almokdad & Lee 2024; Colim et al. 2021].

21.4 Synergien zwischen Mensch und Roboter stärkenorientiert umsetzen

Die gezielte Nutzung der spezifischen Stärken von Menschen und Maschinen ist entscheidend für die erfolgreiche Integration von KI-unterstützten Robotiklösungen. Das *Job-Demands-Resources-Modell* von Evangelia Demerouti et al. [Demerouti et al. 2001] hebt hervor, wie wichtig eine optimale Ressourcenverteilung ist. Menschliche Fähigkeiten wie Kreativität, Problemlösungsfähigkeit und soziale Interaktion sind unverzichtbar, während kontextintelligente und kommunikative Roboter repetitive und gefährliche Aufgaben effizient übernehmen können (vgl. [Berx et al. 2025; Roveda 2024]).

Die Verschiebung hin zur Automatisierung erfordert häufig eine Neugestaltung von Arbeitsaufgaben und -tätigkeiten, was ein Up- und Reskilling der Arbeitskräfte notwendig macht. Die erfolgreiche Neugestaltung dieser Aufgaben ist entscheidend für die langfristige Integration von KI-gestützten Robotiklösungen. Ziel ist es, wirtschaftliche Effizienz zu steigern und ein positives Arbeitsumfeld zu schaffen, das die Leistungsfähigkeit, Weiterentwicklung und Zufriedenheit der Mitarbeitenden fördert [Parker & Knight 2025; Parker et al. 2017].

Die Integration von Robotik kann sowohl durch Top-down- als auch durch Bottom-up-Ansätze in der Arbeitsgestaltung gefördert werden [Parker et al. 2025]. Die *Top-down-Ansätze* konzentrieren sich auf die von der Unternehmensführung vorgegebenen Arbeitsmerkmale, wie Autonomie, Aufgabenvielseitigkeit und Rückmeldungen, die direkt durch betriebliche Entscheidungen und Strukturierungen beeinflusst werden [Parker & Knight 2024]. Die traditionelle Forschung zu Arbeitsgestaltung hat dabei gezeigt, dass ein höheres Maß an Autonomie und Vielfalt in der Aufgabe mit positiven Auswirkungen auf Motivation und Leistung verknüpft ist [Hackman & Oldham 1976; Karasek 1979]. Im Gegensatz dazu ermöglicht der *Bottom-up-Ansatz* den Mitarbeitenden, die Arbeit selbst aktiv zu gestalten, bekannt als *Job Crafting*. Dies geschieht durch die Anpassung ihrer eigenen Arbeitsumgebung und -anforderungen, um die Motivation und Passung zwischen Person und Job zu maximieren [Wrzesniewski & Dutton 2001; Tims et al. 2012]. In der Umsetzung ist es sinnvoll, beide Ansätze systematisch zu kombinieren, um die Zusammenarbeit von Mitarbeitenden und Maschine zu nutzen und die Schaffung neuer, interessanterer Positionen zu fördern.

Insbesondere im Hinblick auf die Integration von Robotik erweist sich eine duale Herangehensweise als nützlich. Sie erfordert jedoch ein geeignetes Framework, um die Synergien zwischen Mensch und Maschine effektiv zu nutzen – wie das *SMART-Modell* [Parker & Knight 2024]. Dieses beschreibt fünf Dimensionen der Arbeitsgestaltung:

- Stimulating
- Mastery
- Autonomy
- Relational
- Tolerable

Stimulating

Um die Fähigkeiten und Interessen der Mitarbeitenden zu fördern, sollten Aufgaben so gestaltet werden, dass sie möglichst vielseitig sind (*Task Variety*) und anspruchsvolle Problemlösungen erfordern (*problem-solving Requirements*). Roboter übernehmen hingegen Tätigkeiten, bei denen Präzision und Ausdauer von Vorteil sind [Parker & Knight 2024]. So können in der Zusammenarbeit zwischen Menschen und Robotern Tätigkeiten gestaltet werden, die abwechslungsreich und stimulierend sind und in denen die Menschen mit ihren Kompetenzen und Fähigkeiten gebraucht und gefördert werden.

Mastery

Die Einführung von Robotik eröffnet neue Möglichkeiten und Anforderungen des Kompetenzerwerbs. Durch gezielte Schulungen und klare Rollenverständnisse (*Role Clarity*) können Mitarbeitende das Potenzial neuer Technologien voll ausschöpfen und ihre Fähigkeiten weiterentwickeln [Parker & Knight 2024]. Dies fördert das Erleben eigener Kompetenz in der Zusammenarbeit mit anderen Mitarbeitenden und Robotern.

Autonomy

Autonomie ist für die Mitarbeiterzufriedenheit und die Leistungsbereitschaft unabdingbar [Karasek 1979]. Die Arbeitsgestaltung sollte daher ein hohes Maß an Entscheidungsspielräumen bieten. Roboter übernehmen die repetitiven oder gefährlichen Aufgaben und schaffen so Raum für echte Handlungsspielräume der Mitarbeitenden (*Decision-making Autonomy*).

Relational

Die Zusammenarbeit zwischen Mitarbeitenden und Robotern sowie innerhalb der Belegschaft wird durch soziale Unterstützung und sinnvolle Aufgabenverteilung gefördert [Parker & Knight 2024]. Aufgaben mit großer Bedeutung (*Task Significance*) und unterstützendes Miteinander (*Social Support*) sorgen für eine kooperative Arbeitsdynamik, die Innovation und Teamarbeit begünstigt.

Tolerable

Das Arbeitsumfeld sollte fordernd, aber nicht überlastend sein, um mentale und physische Belastungen zu minimieren [Demerouti et al. 2001]. Wie bereits erwähnt sollen hohe Arbeitsanforderungen durch Roboter reduziert werden. Dadurch können Mitarbeitende sich auf anspruchsvollere Aufgaben konzentrieren, was zu einer verbesserten Arbeitszufriedenheit und geringeren Burn-out-Raten führt.

Die effektive Gestaltung der Arbeit mithilfe des SMART-Modells unterstützt nicht nur die erfolgreiche Integration von Robotik in Unternehmen und verbessert dadurch deren wirtschaftliche Effizienz, sondern schafft auch ein positives Arbeitsumfeld, in dem Mitarbeiter ihre höchste Leistungsfähigkeit erreichen können. Die Balance zwischen Autonomie der Roboter und menschlicher Kontrolle ist entscheidend, um die Mitarbeiter auf wertschöpfende Aufgaben fokussieren zu lassen und gleichzeitig die Vorteile der Automatisierung zu nutzen [Berx et al. 2025; Roveda 2024].

21.5 Schlussfolgerung

In einer Unternehmenslandschaft, geprägt von demografischen Veränderungen, steigenden Betriebskosten und globalen Lieferketteninstabilitäten, wird Robotik für Unternehmen unverzichtbar. Unternehmen, die auf Automatisierung verzichten, riskieren, wettbewerbsunfähig zu werden. Daher sind Automatisierung und der Einsatz von KI-unterstützten Robotersystemen essenziell für das langfristige Überleben. Diese Technologien bieten zahlreiche Vorteile wie optimierte Prozesse, weniger Fehler und höhere Sicherheitsstandards. Sie steigern die Produktivität und verbessern die Arbeitsumgebung, indem gefährliche Aufgaben automatisiert werden, was die Mitarbeiterzufriedenheit erhöht und Freiraum für kreativere oder strategische Aufgaben schafft [Othman & Yang 2023; Rakholia et al. 2024].

KI-gestützte Robotik transformiert die Arbeitslandschaft, ohne Arbeitsplätze zu ersetzen. Sie hilft, Rollen neu zu definieren und neue Berufsfelder zu schaffen. Technologien wie Computer Vision und LLMs erhöhen die Flexibilität der Robotik und erweitern deren Anwendungsbereich, was entscheidend ist, um aktuelle Herausforderungen zu meistern. Der Aufbau solcher Kompetenzen erfordert strategische Partnerschaften mit anderen Unternehmen, Wirtschaftsverbänden und Hochschulen. Diese Allianz ermöglicht effektiven Wissenstransfer und Zugang zu innovativen Technologien, die interne Forschung & Entwicklung oft nicht leisten können. Unser Vier-Phasen-Modell zeigt, wie Kompetenzaufbau systematisch vorangetrieben, Wissen erworben, eingebettet und nachhaltig verankert werden kann, angefangen beim Dialog über Pilotprojekte bis zur Skalierung innerhalb des Unternehmens.

Erfolgreiche Einführung von KI-gestützter Robotik hängt vom proaktiven Change Management ab. Menschliche Faktoren wie Sicherheitsgefühl, Kontrolle und Gerechtigkeit sind entscheidend für die Akzeptanz und verhindern negative Folgen für Arbeitszufriedenheit oder Unternehmenskultur. Frühzeitige Mitarbeitereinbindung, transparente Kommunikation und gezielte Weiterbildungen sind essenziell, um Widerstände zu minimieren und die Transformation erfolgreich zu gestalten. Die Verbindung von menschlicher Kreativität und Maschinenpräzision schafft neue, attraktivere Arbeitsplätze und fördert die Leistungsfähigkeit des Unternehmens.

Letztlich stärkt die effektive Integration von Robotik die wirtschaftliche Resilienz und Attraktivität eines Unternehmens als Arbeitgeber. Robotik bietet nicht nur einen Wettbewerbsvorteil, sondern sichert auch die langfristige Zukunftsfähigkeit. Unternehmensführungen sind aufgerufen, diesen Wandel aktiv zu gestalten und das volle Potenzial der Robotik zu nutzen.

Anhang

Abkürzungen

AGV	Automated Guided Vehicle
AI	Artificial Intelligence
ANIKA	Anerkennung von Instrumenten zur Kapazitätserhöhung
ANN	Approximate Nearest Neighbor
API	Application Programming Interface
BERT	Bidirectional Encoder Representations from Transformers
BSI	Bundesamt für Sicherheit in der Informationstechnik
CAF	Cloud Application Framework
CNN	Convolutional Neural Network
CoC	Certificate of Conformity
CoE	Center of Excellence
CRISP-DM	Cross-Industry Standard Process for Data Mining
CRM	Customer Relationship Management
DAS	Digital Services Act
DASC-PM	Data Science Process Model
DDPM	Denoising Diffusion Probabilistic Model
DETR	Detection Transformer
DORA	Digital Operational Resilience Act
DPIA	Data Protection Impact Assessment
DRL	Deep Reinforcement Learning
DSGVO	Datenschutz-Grundverordnung
EGMR	Europäischer Gerichtshof für Menschenrechte
ELMo	Embeddings from Language Model
GAI	Generative AI
GPU	Graphics Processing Unit
HLEG	High-Level Expert Group
IDF	Inverse Document Frequency
IKS	Internes Kontrollsystem

ISMS	Informationssicherheits-Managementsystem
IT/OT	Informationstechnologie/Betriebstechnologie
KI	künstliche Intelligenz
LLM	Large Language Model
MAE	Mean Absolute Error
MAPE	Mean Absolute Percentage Error
MCP	Model Context Protocol
MILA	Monetary-Intelligent Language Agent
ML	Machine Learning
MLP	Multi-Layer Perception
MVP	Minimal Viable Product
OCR	Optical Character Recognition
PoC	Proof of Concept
RACI	Responsible, Accountable, Consulted, Informed
RAG	Retrieval-Augmented Generation
ReLU	Rectified Linear Unit
ROI	Return on Investment
SAM	Segment Anything Model
SIEM	Security Information and Event Management
TDSP	Team Data Science Process
TF	Term Frequency
TOM	technische und organisatorische Maßnahmen
ViT	Vision Transformer
wMape	weighted Mean Absolute Percentage Error

Literaturverzeichnis

[Aagaard & Tucci 2024] Aagaard, A.; Tucci, C.: AI-Driven Business Model Innovation: Pioneering New Frontiers in Value Creation. In: Aagaard, A. (Hrsg.): Business Model Innovation: Game Changers and Contemporary Issues. Springer International Publishing, Cham, 2024, S. 295–328.

[Abeliansky et al. 2024] Abeliansky, A. L.; Beulmann, M.; Prettner, K.: Are They Coming for Us? Industrial Robots and the Mental Health of Workers. Research Policy, 53, 2024, S. 1–16.

[Acemoglu & Restrepo 2022] Acemoglu, D.; Restrepo, P.: Demographics and Automation. The Review of Economic Studies, 89, 2022, S. 1–44.

[Adams 1963] Adams, J. S.: Towards an Understanding of Inequity. Journal of Abnormal and Social Psychology, 67, 1963, S. 422–436.

[Almokdad & Lee 2024] Almokdad, E.; Lee, C.: Service Robots in the Workplace: Fostering Sustainable Collaboration by Alleviating Perceived Burdensomeness. Sustainability, 2024.

[Anderson et al. 2006] Anderson, P. J. J.; Blatt, R.; Christianson, M. K.; Grant, A. M.; Marquis, C.; Neuman, E. J.; Sonenshein, S.; Sutcliffe, K. M.: Understanding Mechanisms in Organizational Research: Reflections From a Collective Journey. In: Journal of Management Inquiry, 15 (2), 2006, S. 102–113. *https://doi.org/10.1177/1056492605280231*, zugegriffen am 27.10.2025.

[Ankrah & Al-Tabbaa 2015] Ankrah, S.; Al-Tabbaa, O.: Universities–Industry Collaboration: A Systematic Review. Scandinavian Journal of Management, 31, 2015, S. 387–408.

[Anonymous Authors 2024] Anonymous Authors: Designing an open-source LLM interface and social platforms for collectively driven LLM evaluation and auditing, *https://openwebui.com/assets/files/whitepaper.pdf*, zugegriffen am 11.05.2025.

[Anthropic 2024] Anthropic: Introducing the Model Context Protocol, 2024, *https://www.anthropic.com/news/model-context-protocol*, zugegriffen am 30.03.2025.

[Apel & Blix Grimaldi 2014] Apel, M.; Blix Grimaldi, M.: How Informative Are Central Bank Minutes?, 2014, Review of Economics, 65 (1), S. 53–76.

[Argilaga 2023] Argilaga, A.: FEM-GAN: A Physics-Supervised Deep Learning Generative Model for Elastic Porous Materials, 2023, Materials, 16 (13), *https://doi.org/10.3390/ma16134740*, zugegriffen am 27.10.2025.

[Arsu & Döngül 2023] Arsu Ş.; Döngül E.: The Impact of Robots and Robotic Systems on Businesses in the Workplace: Systematic Review. 2023, Journal of Organizational Change Management, 36 (1).

[Auer et al. 2024] Auer, C.; Lysak M.; Nassar, A.; Dolfi, M.; Livathinos, N.; Vagenas, P.; Berrospi Ramis, C.; Omenetti, M.; Lindlbauer, F.; Dinkla, K.; Weber, V.; Morin, L.; Meijer, I.; Kuropiatnyk, V.; Staar, P.: Docling Technical Report, 2024, *http://arxiv.org/abs/2408.09869*, zugegriffen am 27.10.2025.

[AwesomeTech 2024] AwesomeTech: Figure 01: OpenAI's Leap into Humanoid Robotics – The Future Unveiled, 2024, *https://www.youtube.com/watch?v=TAyK9RYzf3I*, zugegriffen am 30.09.2025.

[Baaken et al. 2019] Baaken T.; Baaken M.; Burmeier K.; Meerman A.: The Entrepreneurial University: Linking Endowed Chairs to Regional Economic Development. In: Kliewe, T., Kesting, T., Plewa, C., Baaken, T. (Hrsg): Developing Engaged and Entrepreneurial Universities. Springer Singapore, Singapore, 2019, S. 87–110.

[BaFin 2022] BaFin: Rundschreiben 10/2018 (VA) in der Fassung vom 03.03.2022 Versicherungsrechtliche Anforderungen an die IT (VAIT), 2022.

[Bahdanau et al. 2015] Bahdanau, D.; Cho, K.; Bengio, Y.: Neural Machine Translation by Jointly Learning to Align and Translate. In: 3rd International Conference on Learning Representations (ICLR'15), 2015, *https://doi.org/10.48550/arXiv.1409.0473*.

[Bai et al. 2025] Bai, J.; Huan, T.; Leong, A.; Luo, J.; Fan, D.: Examining the Influence of AI Event Strength on Employee Performance Outcomes: Roles of AI Rumination, AI-Supported Autonomy, and Felt Obligation For Constructive Change, 2025, International Journal of Hospitality Management, 126 (104111).

[Baier & Dragiev 2021] Baier, P.; Dragiev, S.: Challenges in Live Monitoring of Machine Learning Systems, 2021, Proceedings of The Upper Rhine Artificial Intelligence Symposium (URAI).

[Bankhofer & Joenssen 2011] Bankhofer, U.; Joenssen, D. W.: Hot-Deck-Verfahren zur Imputation fehlender Daten, 2011, Ilmenauer Beiträge zur Wirtschaftsinformatik. Technische Universität Ilmenau, Institut für Wirtschaftsinformatik, Ilmenau

[Barto & Dietterich 2009] Barto, A.; Dietterich, T.: Reinforcement Learning and Its Relationship to Supervised Learning. In: Si, J. et al.: Handbook of Learning and Approximate Dynamic Programming, 2009; IEEE, *https://doi.org/10.1109/9780470544785.ch2*, zugegriffen am 27.10.2025.

[Bender 2011] Bender, E. M.: On Achieving and Evaluating Language-Independence in NLP, 2011; Linguistic Issues in Language Technology, 6 (3), S. 1–26, *https://doi.org/10.33011/lilt.v6i.1239*, zugegriffen am 27.10.2025.

[Bernanke 2022] Bernanke, B. S.: The Fed from the Great Inflation to COVID-19, Brookings Webinar am 23. Mai 2022, *https://www.brookings.edu/events/ben-bernanke-the-fed-from-the-great-inflation-to-covid-19/*, zugegriffen am 27.10.2025.

[Bertsekas 2022] Bertsekas, D.: Newton's Method for Reinforcement Learning and Model Predictive Control, 2022; Results in Control and Optimization, 7, S. 100121, *https://doi.org/10.1016/j.rico.2022.100121*, zugegriffen am 27.10.2025.

[Berx et al. 2025] Berx, N., Decré, W., Schutter, J., Pintelon, L.: A Harmonious Synergy Between Robotic Performance and Well-Being in Human-Robot Collaboration: A Vision and Key Recommendations, 2025, Annual Reviews in Control, 59 (100984).

[Bilfinger et al. 2024] Bilfinger B.; Lihotzky E.; von Roesgen F.; Jäger, K.; Scholz, M.; Kellner, T.: Verantwortungsvolle KI für die Digitale Wirtschaft, 2024. In: Bundesverband Digitale Wirtschaft (BVDW) e.V. *https://www.bvdw.org/wp-content/uploads/2024/12/241129_LF_Ethik_KI_ES.pdf*, zugegriffen am 28.04.2025.

[Bischof 2024] Bischof, J.-E.: POC erfolgreich, doch was nun? 4 Erfolgsfaktoren, um KI-Projekte zum Erfolg zu führen, IT Finanzmagazin, 2024, *https://www.it-finanzmagazin.de/ki-transformation-poc-218497/*, zugegriffen am 10.05.2025.

[Bishop & Bishop 2024] Bishop, C.M.; Bishop, H.: Deep Learning: Foundations and Concepts. Cham, Springer International Publishing, *https://doi.org/10.1007/978-3-031-45468-4*, zugegriffen am 27.10.2025.

[Bitkom 2025a] Bitkom e.V.: Generative KI im Unternehmen. Rechtliche Fragen zum Einsatz generativer Künstlicher Intelligenz im Unternehmen, 2025, *https://www.bitkom.org/sites/main/files/2024-02/Bitkom-Leitfaden-Generative-KI-im-Unternehmen.pdf*, zugegriffen am 27.10.2025.

[Bitkom 2025b] Bitkom e. V.: Künstliche Intelligenz: Der Blick der Deutschen auf die neue Technologie, 2025, *https://www.tagesschau.de/wirtschaft/bitkom-umfrage-100.pdf*, zugegriffen am 18.05.2025.

[Bitkom e. V. 2024] Bitkom e.V.: Wenn das Unternehmen keine KI verwendet, bringen die Beschäftigten sie mit, 2024, *https://www.bitkom.org/Presse/Presseinformation/Wenn-Unternehmen-keine-KI-verwendet-bringen-Beschaeftigte-sie-mit*, zugegriffen am 29.04.2025.

[Blinder et al. 2008] Blinder, A. S.; Ehrmann, M.; Fratzscher, M.; De Haan, J.; Jansen, D.-J.: Central Bank Communication and Monetary Policy: A Survey of Theory and Evidence, 2008, Journal of Economic Literature, 46 (4), S. 910–945.

[BMW 2024] BMW Group: Humanoide Roboter für das BMW Group Werk Spartanburg, 2024, *https://www.bmwgroup.com/de/news/allgemein/2024/humanoide-roboter.html*, zugegriffen am 30.09.2025.

[Bocher et al. 2019] Bocher, E.; Guillaume, G.; Picaut, J.; Petit, G.; Fortin, N.: NoiseModelling: An Open Source GIS Based Tool to Produce Environmental Noise Maps. ISPRS International Journal of Geo-Information, 8 (130), *https://doi.org/10.3390/ijgi8030130*, zugegriffen am 27.10.2025.

[Bohlinger et al. 2024] Bohlinger, N.; Czechmanowski, G.; Krupka, M.; Kicki, P.; Walas, K.; Peters, J.; Tateo, D.: One Policy to Run Them All: An End-to-End Learning Approach to Multi-Embodiment Locomotion, 2024, *https://arxiv.org/abs/2409.06366*, zugegriffen am 27.10.2025.

[Bojanowski et al. 2017] Bojanowski, P.; Grave, E.; Joulin, A.; Mikolov, T.: Enriching Word Vectors with Subword Information, 2017, Transactions of the Association for Computational Linguistics, 5, S. 135–146, *https://doi.org/10.1162/tacl_a_00051*, zugegriffen am 27.10.2025.

[Bolder 2025] Bolder, N.: Umfrage zeigt, dass viele Angestellte den Einsatz von KI sabotieren – das sind ihre Gründe, 2025, *https://t3n.de/news/umfrage-zeigt-dass-viele-angestellte-den-einsatz-von-ki-sabotieren-das-sind-ihre-gruende-1679343/*, zugegriffen am 27.10.2025.

[Bolukbasi et al. 2016] Bolukbasi, T.; Chang, K.-W.; Zou, J. Y.; Saligrama, V.; Kalai, A. T.: Man is to Computer Programmer as Woman is to Homemaker? Debiasing Word Embeddings, 2016. Advances in Neural Information Processing Systems. *https://doi.org/10.48550/arXiv.1607.06520*, zugegriffen am 27.10.2025.

[Bourgeois 1985] Bourgeois, L. J.: Strategic Goals, Perceived Uncertainty, and Economic Performance in Volatile Environments, 1985, Academy of Management Journal, 28 (3), S. 548–573.

[Brakemeier et al. 2023] Brakemeier, H.; Gerbert, P.; Hartmann, P.; Liebl, A.; Schamberger, M.; Waldmann, A.: How to identify and prioritize AI use cases, 2023, applied AI Initiative GmbH. *https://www.appliedai.de/en/insights/how-to-find-and-prioritize-ai-use-cases/*, zugegriffen am 29.04.2025.

[Brock & von Wangenheim 2019] Brock, J. K. U.; von Wangenheim, F.: Demystifying AI: What Digital Transformation Leaders Can Teach You about Realistic Artificial Intelligence, 2019; California Management Review, 61, S. 110–134; *https://doi.org/10.1177/1536504219865226*, zugegriffen am 27.10.2025.

[Brown et al. 2020] Brown, T. B.; Mann, B.; Ryder, N.; Subbiah, M.; Kaplan, J.; Dhariwal, P.; Neelakantan, A.; Shyam, P.; Sastry, G.; Askell, A.; Agarwal, S.; Herbert-Voss, A.; Krueger, G.; Henighan, T.; Child, R.; Ramesh, A.; Ziegler, D. M.; Wu, J.; Winter, C.; Hesse, C.; Chen, M.; Sigler, E.; Litwin, M.; Gray, S.; Chess, B.; Clark, J.; Berner, C.; McCandlish, S.; Radford, A.; Sutskever, I.; Amodei, D.: Language Models are Few-Shot Learners, 2020, NIPS'20: Proceedings of the 34th International Conference on Neural Information Processing Systems, 33.

[BSI 2025] Bundesamt für Sicherheit in der Informationstechnik: Generative KI-Modelle: Chancen und Risiken für Industrien und Behörden, 2025, *https://www.bsi.bund.de/SharedDocs/Downloads/DE/BSI/KI/Generative_KI-Modelle.pdf?__blob=publicationFile&v=7*, zugegriffen am 18.05.2025.

[Bünte 2025] Bünte, O.: Humanoide Roboter: UBTech bereitet Massenproduktion von Walker-S-Serie vor, 2025, *https://www.heise.de/news/Humanoide-Roboter-UBTech-bereitet-Massenproduktion-von-Walker-S-Serie-vor-10257782.html*, zugegriffen am 30.09.2025.

[Capurro 2017] Capurro, R.: Homo Digitalis: Beiträge zur Ontologie, Anthropologie und Ethik der digitalen Technik. Springer, Wiesbaden, 2017.

[Carion et al. 2020] Carion, N.; Massa, F.; Synnaeve, G.; Usunier, N.; Kirillov, A.; Zagoruyko, S.: End-to-End Object Detection with Transformers, 2020, European Conference on Computer Vision (ECCV), S. 213–229.

[Cassidy 2014] Cassidy, M.: Centaur Chess Shows Power of Teaming Human and Machine, 2014, *https://www.huffpost.com/entry/centaur-chess-shows-power_b_6383606*, zugegriffen am 29.10.2025.

[Catchpole et al. 2022] Catchpole, K.; Cohen, T.; Alfred, M.; Lawton, S.; Kanji, F.; Shouhed, D.; Nemeth, L.; Anger, J.: Human Factors Integration in Robotic Surgery, 2022, Human Factors, 66, S. 683–700.

[Chen 2025] Chen, C.: How a top Chinese AI model overcame US sanctions, 2025, MIT Technology Review, *https://www.technologyreview.com/2025/01/24/1110526/china-deepseek-top-ai-despite-sanctions/*, zugegriffen am 13.04.2025.

[Chiang et al. 2024] Chiang, W.-L.; Zheng, L.; Sheng, Y.; Angelopoulos, A. N.; Li, T.; Li, D.; Zhang, H.; Zhu, B.; Jordan, M.; Gonzalez, J. E.; Stoica, I.: Chatbot Arena: An Open Platform for Evaluating LLMs by Human Preference, 2024, Proceedings of the 41st International Conference on Machine Learning (ICML'24), S. 8359–8388.

[Chui et al. 2023] Chui ,M.; Hazan, E.; Roberts, R.; Singla, A.; Smaje. K.; Sukharevsky, A.; Zemmel, R.: The Economic Potential of Generative AI: The Next Productivity Frontier, 2023. In: McKinsey & Company (Hrsg.): The Economic Potential of Generative AI: The Next Productivity Frontier, *https://www.mckinsey.com/~/media/mckinsey/business%20functions/mckinsey%20digital/our%20insights/the%20economic%20potential%20of%20generative%20ai%20the%20next%20productivity%20frontier/the-economic-potential-of-generative-ai-the-next-productivity-frontier.pdf*, zugegriffen am 29.10.2025.

[Citron 2008] Citron, D. K.: Technological Due Process, 2008, Washington University Law Review, 85, S. 1249.

[Clauss & Kesting 2017] Clauss, T.; Kesting, T.: How Businesses Should Govern Knowledge-Intensive Collaborations with Universities: An Empirical Investigation of University Professors, 2017, Industrial Marketing Management, 62, S. 185–198.

[Coeckelbergh 2018] Coeckelbergh, M.: What do we mean by a relational ethics? In: Kallhoff, A.; di Paola, M.; Schörgenhumer, M. (Hrsg.): Plant Ethics. Concepts and Applications, 2018, S. 98–109, *https://coeckelbergh.net/wp-content/uploads/2018/09/plant-ethics-relational-ethics.pdf*, zugegriffen am 06.05.25.

[Coeckelbergh 2020] Coeckelbergh, M.: Artificial Intelligence, Responsibility Attribution, and a Relational Justification of Explainability, 2020, Science and Engineering Ethics, S. 2051–2068, *https://doi.org/10.1007/s11948-019-00146-8*, zugegriffen am 28.10.2025.

[Colim et al. 2021] Colim, A.; Silva, R.; Godina, R.: The Impact of Human-Robot Collaboration on the Well-being and Performance of Operators: A Systematic Review, 2021, Sustainability, 13 (11), S. 5962.

[Cong et al. 2023] Cong, R.; Yang, W.; Zhang, W.; Li, C.; Guo, C.L.; Huang, Q.; Kwong, S.: PUGAN: Physical Model-Guided Underwater Image Enhancement Using GAN With Dual-Discriminators, 2023, IEEE Transactions on Image Processing, 32, *https://doi.org/10.1109/TIP.2023.3286263*, zugegriffen am 28.10.2025.

[Continue Inc. 2025] Continue Inc.: Continue, 2025, *https://www.continue.dev/*, zugegriffen am 18.05.2025.

[Cowan 2025] Cowan, C.: AI-enabled Org Charts - From Pyramids to Diamonds, 2025, *https://charliecowan.ai/blog/ai-enabled-org-charts-from-pyramids-to-diamonds*, zugegriffen am 28.10.2025.

[crunchbase 2025] crunchbase: Perplexity, 2025, *https://www.crunchbase.com/organization/perplexity-ai*, zugegriffen am 13.04.2025.

[Das et al. 2025] Das, B. C.; Amini, M. H.; Wu, Y.: Security and Privacy Challenges of Large Language Models: A Survey, 2025, ACM Computing Surveys. *https://doi.org/10.1145/3712001*, zugegriffen am 28.10.2025.

[Dauth et al. 2017] Dauth, W.; Findeisen, S.; Südekum, J.; Wößner, N.: German Robots: The Impact of Industrial Robots on Workers, 2017, Institut für Arbeitsmarkt- und Berufsforschung (IAB), S. 1–64.

[Davenport 2025] Davenport, T.: AI and the Entry-Level Problem, 2025, *https://tdavenport.substack.com/p/ai-and-the-entry-level-problem*, zugegriffen am 31.10.2025.

[Daw et al. 2021] Daw, A.; Karpatne, A.; Watkins, W.; Read, J.; Kumar, V.: Physics-Guided Neural Networks (PGNN): An Application in Lake Temperature Modeling, 2021, arXiv preprint arXiv:1710.11431, *https://doi.org/10.48550/arXiv.1710.11431*, zugegriffen am 30.10.2025.

[de Bellefonds et al. 2024] de Bellefonds, N.; Charanya, T.; Franke, M.-R.; Apotheker, J.; Forth, P.; Grebe, M.; Luther, A.; de Laubier, R.; Lukic, V.; Martin, M.; Nopp, C.; Sassine, J.: Where's the Value in AI?, 2024. In: BCG Global. *https://www.bcg.com/publications/2024/wheres-value-in-ai*, zugegriffen am 29.04.2025.

[de Groot & De Souza 2025] de Groot, A.; De Souza, S. P.: Law-Making, Knowledge-Making, World-Making: Reading the EU AI Act Through an Epistemic In/Justice Lens, 2025. In: van der Sloot, B.; Monti, G.; Bostoen, F. (Hrsg.): From Regulating Human Behaviour to Regulating Data, *https://tiu.trialanderror.org/read/from-regulating-human-behaviour-to-regulating-data/section/7f1d6bb9-33d8-443f-b630-c9f11a390a16*, zugegriffen am 27.10.2025.

[de Oliveira et al. 2024] de Oliveira, V. B. J., de Alencar Silva, P.; Moreira, J. L. R.: Auf dem Weg zur rechtlichen Interoperabilität in internationalen Datenräumen. Tagungsband der 26. Internationalen Konferenz über Unternehmensinformationssysteme (ICEIS 2024), 2, S. 232–239.

[DeepSeek-AI et al. 2025] DeepSeek-AI et al.: DeepSeek-R1: Incentivizing Reasoning Capability in LLMs via Reinforcement Learning, 2025, *http://arxiv.org/abs/2501.12948*, zugegriffen am 28.10.2025.

[Demerouti et al. 2001] Demerouti, E.; Bakker, A.B.; Nachreiner, F., Schaufeli, W.B.: The Job Demands-Resources Model of Burnout, 2001. Journal of Applied Psychology, 86, S. 499–512.

[Deng et al. 2009] Deng, J.; Dong, W.; Socher, R.; Li, L.-J.; Li, K.; Fei-Fei, L.: (2009). ImageNet: A Large-Scale Hierarchical Image Database, 2009, IEEE Conference on Computer Vision and Pattern Recognition (CVPR), S. 248–255.

[Deutsche Bundesbank 2025] Deutsche Bundesbank: Geldpolitische Kommunikation aus Sicht von künstlicher Intelligenz, 2025, Monatsberichtsaufsatz der Deutschen Bundesbank März 2025.

[Devlin et al. 2019] Devlin, J.; Chang, M.-W.; Lee, K.; Toutanova, K.: BERT: Pre-training of Deep Bidirectional Transformers for Language Understanding, 2019. In: Jill Burstein, C. D.; Solorio, T. (Hrsg.): Proceedings of the 2019 Conference of the North American Chapter of the Association for Computational Linguistics: Human Language Technologies (NAACL-HLT 2019), S. 4171–4186, *https://doi.org/10.18653/v1/N19-1423*, zugegriffen am 28.10.2025.

[DFG 2024] Deutsche Forschungsgemeinschaft: Digitaler Wandel in den Wissenschaften, 2024, *https://www.dfg.de/de/grundlagen-themen/entwicklungen-im-wissenschaftssystem/digitaler-wandel*, zugegriffen am 23.04.2025.

[Dong et al. 2024] Dong, S.; Wang, Q.; Sahri, S.; Palpanas, T.; Srivastava, D.: Efficiently Mitigating the Impact of Data Drift on Machine Learning Pipelines, 2024, Proceedings of the VLDB Endowment, 17 (11), S. 3072–3081.

[Dosovitskiy et al. 2021] Dosovitskiy, A.; Beyer, L.; Kolesnikov, A.; Weissenborn, D.; Thai, X.; Unterthiner, T.; Dehghani, M.; Minderer, M.; Heigold, G.; Gelly, S.; Uszkoreit, J.; Houlsby, N.: An Image is Worth 16x16 Words: Transformers for Image Recognition at Scale, 2021, International Conference on Learning Representations (ICLR).

[Digital Services Act 2022] Verordnung (EU) 2022/2065 des Europäischen Parlaments und des Rates vom 19. Oktober 2022 über einen Binnenmarkt für digitale Dienste und zur Änderung der Richtlinie 2000/31/EG (Digital Services Act) PE/30/2022/REV/1; *https://eur-lex.europa.eu/legal-content/DE/TXT/PDF/?uri=CELEX:32022R2065*, zugegriffen am 30.09.2025.

[DSGVO 2016] EU: Verordnung (EU) 2016/679 des Europäischen Parlaments und des Rates vom 27. April 2016 zum Schutz natürlicher Personen bei der Verarbeitung personenbezogener Daten, zum freien Datenverkehr und zur Aufhebung des Datenschutzrichtlinie 95/46/EG (Datenschutz-Grundverordnung) (Text mit EWR-Relevanz), 2016, *https://eur-lex.europa.eu/legal-content/DE/TXT/PDF/?uri=CELEX:32016R0679*, zugegriffen am 30.09.2025.

[DSGVO 2025] DSGVO: Datenschutz-Grundverordnung DSGVO, 2025, *https://dsgvo-gesetz.de/*, zugegriffen am 30.05.2025.

[Dutt et al. 2024] Dutt, D.; Ammanath, B.; Perricos, C., Sniderman, B.: Now decides next: Insights from the leading edge of generative AI adoption, 2024, Deloitte, *https://www2.deloitte.com/content/dam/Deloitte/us/Documents/consulting/us-state-of-gen-ai-report.pdf*, zugegriffen am 28.04.2025.

[Eastwood 2024] Eastwood, B.: The who, what, and where of AI adoption in America, 2024, *https://mitsloan.mit.edu/ideas-made-to-matter/who-what-and-where-ai-adoption-america*, zugegriffen am 01.07.2025.

[Ehrmann & Fratzscher 2007] Ehrmann, M.; Fratzscher, M.: Communication by Central Bank Committee Members: Different Strategies, Same Effectiveness?, 2007, Journal of Money, Credit and Banking, 39 (2-3), S. 509–541.

[Europäische Menschenrechtskonvention 2021] Die Europäische Menschenrechtskonvention. 2021, *https://www.echr.coe.int/documents/d/echr/convention_DEU*, zugegriffen am 30.09.2025.

[Engelking 2025] Engelking, J. N.: Humanoide Roboter laufen Marathon gegen Menschen in Peking; 2025, *https://heise.de/-10356973*, zugegriffen am 30.09.2025.

[Enholm et al. 2022] Enholm, I.-M.; Papagiannidis, E.; Mikalef, P.; Krogstie, J.: Artificial Intelligence and Business Value: a Literature Review, 2022, Information Systems Frontiers 24, S. 1709–1734, *https://doi.org/10.1007/s10796-021-10186-w*, zugegriffen am 30.10.2025.

[EU 2022] EU: Verordnung (EU) 2022/2554 des Europäischen Parlaments und des Rates vom 14. Dezember 2022 über die digitale operationale Resilienz im Finanzsektor und zur Änderung der Verordnungen (EG) Nr. 1060/2009, (EU) Nr. 648/2012, (EU) Nr. 600/2014, (EU) Nr. 909/2014 und (EU) 2016/1011. Amtsblatt der Europäischen Union.

[EU 2025] EU: EU AI Act, 2025, *https://www.europarl.europa.eu/topics/en/article/20230601STO93804/eu-ai-act-first-regulation-on-artificial-intelligence*, zugegriffen am 30.05.2025.

[EU AI Act 2024] EU: Verordnung (EU) 2024/1689 des Europäischen Parlaments und des Rates vom 13. Juni 2024 zur Festlegung harmonisierter Vorschriften für künstliche Intelligenz und zur Änderung der Verordnungen (EG) Nr. 300/2008, (EU) Nr. 167/2013, (EU) Nr. 168/2013, (EU) 2018/858, (EU) 2018/1139 und (EU) 2019/2144 sowie der Richtlinien 2014/90/EU, (EU) 2016/797 und (EU) 2020/1828 (Gesetz über künstliche Intelligenz) (Text mit EWR-Relevanz) PE/24/2024/REV/1, *https://eur-lex.europa.eu/legal-content/DE/TXT/PDF/?uri=OJ:L_202401689*, zugegriffen am 30.09.2025.

[Europäische Kommission 2022] Europäische Kommission: Vorschlag für eine Richtlinie des Europäischen Parlaments und des Rates zur Anpassung der Vorschriften über die außervertragliche zivilrechtliche Haftung an künstliche Intelligenz (KI-Haftungsrichtlinie) COM/2022/496 final, 2022, *https://eur-lex.europa.eu/legal-content/DE/TXT/PDF/?uri=CELEX:52022PC0496*, zugegriffen am 30.09.2025.

[European Commission 2021] European Commission: Ethics By Design and Ethics of Use Approaches for Artificial Intelligence, 2021, *https://ec.europa.eu/info/funding-tenders/opportunities/docs/2021-2027/horizon/guidance/ethics-by-design-and-ethics-of-use-approaches-for-artificial-intelligence_he_en.pdf*, zugegriffen 08.05.2025.

[European Commission 2024] Europäische Kommission: Living Guidelines on the Responsible Use of Generative AI in Research, 2024, S. 5f.

[EY Americas 2023] EY Americas: Press release 06 Dec 2023 – New EY research reveals the majority of US employees feel AI anxiety amid explosive adoption, 2023, *https://www.ey.com/en_us/newsroom/2023/12/ey-research-shows-most-us-employees-feel-ai-anxiety*, zugegriffen am 29.10.2025.

[Faber 2020] Faber, M.: Robots and Reshoring: Evidence from Mexican Labor Markets, 2020, Journal of International Economics, 127, S. 1–34.

[Faccin et al. 2019] Faccin, K.; Balestrin, A.; Volkmer Martins, B.; Bitencourt, C. C.: Knowledge-based Dynamic Capabilities: A Joint R&D Project in the French Semiconductor Industry, 2019, Journal of Knowledge Management, 23, S. 439–465.

[Farahany 2023] Farahany, N. A.: The Battle for Your Brain: Defending the Right to Think Freely in the Age of Neurotechnology. St. Martin's Press, New York, 2023.

[Farahany et al. 2023] Farahany, N. A. und Grimm, P. W.: Der Kampf um Ihr Gehirn: Argumente eines Rechtswissenschaftlers für den Schutz von Gehirndaten und kognitiver Freiheit, Judicature, 107, S. 44.

[Ferraguti et al. 2022] Ferraguti, F.; Landi, C.; Singletary, A.; Lin, H.; Ames, A.; Secchi, C.; Bonfè, M.: Safety and Efficiency in Robotics: The Control Barrier Functions Approach, 2022, IEEE Robotics & Automation Magazine, 29, S. 139–151.

[Ferreira & Ferreira 2025] Ferreira, N.; Ferreira, J.: The Field of Resource-Based View Research: Mapping Past, Present and Future Trends, 2025, Management Decision, 63, S. 1124–1153.

[Fiedler 2011] Fiedler, M.: Wie Versicherer auf den demografischen Wandel im eigenen Unternehmen reagieren, 2011, Versicherungsbote. *https://www.versicherungsbote.de/id/77356/Wie-Versicherer-auf-den-demografischen-Wandel-im-eigenen-Unternehmen-reagieren/*, zugegriffen am 18.05.2025.

[Field 2025] Field, H.: China's DeepSeek AI dethrones ChatGPT on App Store: Here's what you should know, 2025, *https://www.cnbc.com/2025/01/27/chinas-deepseek-ai-tops-chatgpt-app-store-what-you-should-know.html*, zugegriffen am 13.04.2025.

[Firth 1957] Firth, J. R.: A Synopsis of Linguistic Theory, 1930 – 1955, Studies in Linguistic Analysis, Basil Blackwell, Oxford, UK, 1957.

[Fisac et al. 2017] Fisac, J.; Akametalu, A.; Zeilinger, M.; Kaynama, S.; Gillula, J.; Tomlin, C.: A General Safety Framework for Learning-Based Control in Uncertain Robotic Systems, 2017, IEEE Transactions on Automatic Control, 64, S. 2737–2752.

[Fischer-Janzen et al. 2024] Fischer-Janzen, A.; Wendt, T. M.; van Laerhoven, K.: A Scoping Review of Gaze and Eye Tracking-based Control Methods for Assistive Robotic Arms, 2024, Frontiers in Robotics and AI, 11, S. 1–22.

[Fortes 2020] Fortes, P. R. B.: Wege zur digitalen Gerechtigkeit: Justizroboter, algorithmische Entscheidungsfindung und ordnungsgemäßes Verfahren, 2020, Asian Journal of Law and Society, 7 (3), S. 453–469.

[Fountaine et al. 2019] Fountaine, T.; McCarthy, B.; Saleh, T.: Building the AI-Powered Organization, 2019, *https://hbr.org/2019/07/building-the-ai-powered-organization*, zugegriffen am 29.10.2025.

[Fraboni et al. 2023] Fraboni, F.; Brendel, H.; Pietrantoni, L.: Evaluating Organizational Guidelines for Enhancing Psychological Well-Being, Safety, and Performance in Technology Integration, 2023, Sustainability 15 (10), S. 8113.

[Fukushima 1980] Fukushima, K.: Neocognitron: A self-organizing neural network model for a mechanism of pattern recognition unaffected by shift in position, 1980, Biological Cybernetics, 36 (4), S. 193–202. *https://doi.org/10.1007/BF00344251*, zugegriffen am 27.10.2025.

[Gao et al. 2023] Gao, J.; Sarkar, B.; Xia, F.; Xiao, T.; Wu, J.; Ichter, B.; Majumdar, A.; Sadigh, D.: PhysDiff: Physics-Guided Human Motion Diffusion Model, 2023, arXiv preprint arXiv:2106.03704.

[Gatt 2025] Gatt, M.: Sein und Zahl: Ethik in der Künstlichen Intelligenz für Ingenieur*innen. Springer Vieweg Berlin, Heidelberg, 2025.

[GDV 2020] GDV: Verhaltensregeln für den Umgang mit personenbezogenen Daten durch die deutsche Versicherungswirtschaft, 2020, *https://www.gdv.de/resource/blob/90408/c391b1dd04b41448fdb99918ce6d03bf/download-code-of-conduct-data.pdf*, zugegriffen am 29.10.2025.

[Gehringer & Wendt 2024] Gehringer, A.; Wendt, T.: Strategy, Innovation, and Leadership—Supporting Firm-Level Strategic Decisions Through Shared Key Dimensions, 2024. In: Graumann, M.; Wenger, T.; Burkhardt, A. (Hrsg): Anforderungen an unternehmerische Entscheidungen in einer dynamischen Welt, S. 79–98.

[Geiger et al. 2025] Geiger, F.; Kanelis, D.; Lieberknecht, P.; Sola, D.: Monetary-Intelligent Language Agent, 2025, Technical Paper der Deutschen Bundesbank.

[German 2024] German, P.: Embracing the Future: Deloitte EMEA Launches GenAI-Powered L&D Prompt Library, 2024, *https://www.linkedin.com/posts/petegerman_deloitte-genai-learninganddevelopment-activity-7201972924927393793-IwUq/*, zugegriffen am 29.04.2025.

[Géron 2019] Géron, A.: Hands-on machine learning with Scikit-Learn, Keras, and TensorFlow: concepts, tools, and techniques to build intelligent systems. 2. Auflage. Beijing [China]; Sebastopol, CA: O'Reilly Media, Inc., 2019.

[Gertler & Karadi 2015] Gertler, M.; Karadi, P.: Monetary policy surprises, credit costs, and economic activity, 2015, American Economic Journal: Macroeconomics 7.1, S. 44–76.

[Goehring & Marshall 2020] Goehring, B.; Marshall, A.: The business value of AI, 2020, *https://www.ibm.com/thought-leadership/institute-business-value/en-us/report/ai-value-pandemic*, zugegriffen am 29.10.2025.

[Google Cloud 2024] Google Cloud: The ROI of Gen AI - A Global Survey og Enterprise Adoption and Value, 2024, *https://cloud.google.com/resources/roi-of-generative-ai*, zugegriffen am 28.04.2025.

[Gorodnichenko et al. 2023] Gorodnichenko, Y.; Pham, T.; Talavera, O.: The Voice of Monetary Policy, 2023, American Economic Review, 113 (2).

[Grant 1991] Grant, R. M.: The Resource-Based Theory of Competitive Advantage: Implications for Strategy Formulation, 1991, California Management Review, 33, S. 114–135.

[Grasy et al. 2024] Grasy, J.; Seibold, B.; Klengel, E.: KI und Algorithmische Systeme verstehen, bewerten und begrenzen: So gelingt Mitbestimmung bei KI: Praxisbeispiele und Impulse, 2024, Mitbestimmungspraxis, 59.

[Grattafiori et al. 2024] Grattafiori, A. et al.: The Llama 3 Herd of Models, 2024, arXiv preprint 2407.21783.

[Graves & Schmidhuber 2005] Graves, A.; Schmidhuber, J.: Framewise phoneme classification with bidirectional LSTM and other neural network architectures, 2005, Neural Networks, 18 (5–6), *https://doi.org/10.1016/j.neunet.2005.06.042*, zugegriffen am 27.10.2025.

[Grebe et al. 2023] Grebe, M., Franke, M.-R., Heinzl, A.: Artificial intelligence: how leading companies define use cases, scale-up utilization, and realize value, 2023, Informatik Spektrum, 46, S. 197–209, *https://doi.org/10.1007/s00287-023-01548-6*, zugegriffen am 29.10.2025.

[Grimm 2021] Grimm, P.: Was können ethische Ansätze für eine werte-orientierte Digitalisierung leisten? Analyse, Systematisierung und Einordnung. In: Piallat, C. (Hrsg.): Der Wert der Digitalisierung, Gemeinwohl in der digitalen Welt. transcript Verlag, Bielefeld, S. 55–96.

[Grover et al. 2018] Grover, V.; Chiang, R. H. L.; Liang, T.-P.; Zhang, D.: Creating Strategic Business Value from Big Data Analytics: A Research Framework, 2018, Journal of Management Information Systems, 35 (2), S. 388–423, *https://doi.org/10.1080/07421222.2018.1451951*

[Grunwald 2023] Grundwald, A.: Prof. Dr. Armin Grunwald: Homo responsibilis?, *https://www.youtube.com/watch?v=ag3ueINey5w*, zugegriffen am 29.10.2025.

[Gürkaynak et. al 2005] Gürkaynak, R.; Sack, B.; Swanson, E.: Do Actions Speak Louder than Words? The Response of Asset Prices to Monetary Policy Actions and Statements, 2005, International Journal of Central Banking, 1 (1), S. 55–93.

[Gunkel 2018] Gunkel, D. J.: Robot Rights. mit Press, Cambridge, 2018.

[Guo et al. 2025] Guo, D.; et al.: DeepSeek-R1 Incentivizes Reasoning in LLMs Through Reinforcement Learning, 2025, Nature, 645(8081), S. 633–638, *https://www.nature.com/articles/s41586-025-09422-z*, zugegriffen am 30.10.2025.

[Haarnoja et al. 2024] Haarnoja, T.; Moran, B.; Lever, G.; Huang, S. H.; Tirumala, D.; Humplik, J.; Wulfmeier, M.; Tunyasuvunakool, S.; Siegel, N. Y.; Hafner, R.; Bloesch, M.; Hartikainen, K.; Byravan, A.; Hasenclever, L.; Tassa, Y.; Sadeghi, F.; Batchelor, N.; Casarini, F.; Saliceti, S.; Game, C., Sreendra, N., Patel, K., Gwira, M., Huber, A., Hurley, N., Nori, F., Hadsell, R. & Heess, N.: Learning agile soccer skills for a bipedal robot with deep reinforcement learning. Science Robotics, 9 (89). American Association for the Advancement of Science (AAAS), *https://doi.org/10.1126/scirobotics.adi8022*, zugegriffen am 29.10.2025.

[Hackman & Oldham 1976] Hackman, J.R.; Oldham, G.R.: Motivation Through the Design of Work: Test of a Theory, 1976, Organizational Behavior and Human Performance, 16 (2), S. 250–279.

[Haun & Ryschka 2024] Haun, S.; Ryschka, J.: Erfolgsfaktoren für ein gelingendes Change Management, 2024, Wirtschaftspsychologie Aktuell, 31, S. 8–13.

[Haneke & Zimmer 2021] Haneke, U.; Zimmer, M.: Self-Service und Governance im Data-Science-Umfeld: der emanzipierte Anwender. In: Haneke et al. 2021, Data Science – Grundlagen, Architekturen und Anwendungen; 2., überarbeitete und erweiterte Auflage, dpunkt.verlag, Heidelberg, 2021, S. 161–176.

[Hansen & Kazinnik 2024] Hansen, A.L.; Kazinnik, S.: (2024), Can ChatGPT Decipher Fedspeak?, 2024, *https://dx.doi.org/10.2139/ssrn.4399406*, zugegriffen am 29.10.2025.

[Hansen & McMahon 2016] Hansen, S.; McMahon, M.: Shocking language: Understanding the macroeconomic effects of central bank communication, 2016, Journal of International Money and Finance, 99.

[Hartung & Gerlach 2025] Hartung, D.; Gerlach, L.: Legal Tech Monitor 2025, Legal Tech Verband e.V., 2025, *https://www.legaltechverband.de/legal-tech-monitor*, zugegriffen am 30.06.2025.

[Hedderich et al. 2021] Hedderich, M.; Lange, L.; Adel, H.; Strötgen, J.; Klakow, D.: A Survey on Recent Approaches for Natural Language Processing in Low-Resource Scenarios, 2021, Proceedings of the 2021 Conference of the North American Chapter of the Association for Computational Linguistics (NAACL), S. 2545–2568, *https://doi.org/10.18653/v1/2021.naacl-main.201*, zugegriffen am 30.10.2025.

[He et al. 2015] He, K.; Zhang, X.; Ren, S.; Sun, J.: Deep Residual Learning for Image Recognition, 2015, Conference on Computer Vision and Pattern Recognition (CVPR), S. 770–778.

[Heitmann 2024] Heitmann, M.: Generative AI for Marketing Content Creation: New Rules for an Old Game Mark Heitmann GenAI, Marketing Content Creation, Marketing Productivity, Content Quality GenAI and Content Creation, 2024, NIM Marketing Intelligence Review, 16, S. 10–17, *https://doi.org/10.2478/nimmir-2024-0002*, zugegriffen am 28.10.2025.

[Hellstrom 2024] Hellstrom, E.: System Prompt vs User Prompt: A Comprehensive Guide for AI Prompts, 2024, *https://www.promptlayer.com/blog/system-prompt-vs-user-prompt-a-comprehensive-guide-for-ai-prompts*, zugegriffen am 22.04.2025.

[Helmholtz-Gemeinschaft 2019] Helmholtz-Gemeinschaft: Digitalisierungsstrategie der Helmholtz-Gemeinschaft: Positionspapier, 2019, *https://www.helmholtz.de/fileadmin/user-upload/publikationen/Digitalisierungsstrategie_DE_klein_FF.pdf*, zugegriffen am 23.04.25.

[Hendrycks et al. 2021] Hendrycks, D.; Burns, C.; Basart, S.; Zou, A.; Mazeika, M.; Song, D.; Steinhardt, J.: Measuring Massive Multitask Language Understanding, 2021, Proceedings of the International Conference on Learning Representations '21. *https://doi.org/10.48550/arXiv.2009.03300*, zugegriffen am 28.10.2025.

[Hernes 1998] Hernes, G.: Real virtuality. In: Hedström, P. (Hrsg.): Social mechanisms: An analytical approach to social theory, 1998, S.74–101.

[Hicks et al. 2024] Hicks, M. T; Humphries, J.; Slater, J.: ChatGPT is bullshit, 2024, Ethics and Information Technology, *https://doi.org/10.1007/s10676-024-09775-5*, zugegriffen am 28.10.2025.

[Hill 2023] Hill, K.: Eight Months Pregnant and Arrested After False Facial Recognition Match, 2023, New York Times, *https://www.nytimes.com/2023/08/06/business/facial-recognition-false-arrest.html*, zugegriffen am 05.04.2025.

[Hinton & Salakhutdinov 2006] Hinton, G. E.; Salakhutdinov, R. R.: Reducing the Dimensionality of Data with Neural Networks, 2006, Science, 313 (5786), S. 504–507, *https://doi.org/10.1126/science.1127647*, zugegriffen am 28.10.2025.

[High-Level Expert Group On Artificial Intelligence 2018] The European Commission's High-Level Expert Group on Artificial Intelligence. A Definition of AI: Main Capabilities and Scientific Disciplines. Definition developed for the purpose of the deliverables of the High-Level Expert Group on AI; 2018, *https://ec.europa.eu/futurium/en/system/files/ged/ai_hleg_definition_of_ai_18_december_1.pdf*, zugegriffen am 30.09.2025.

[Ho et al. 2020] Ho J.; Jain, A.; Abbeel, P.: Denoising Diffusion Probabilistic Models, 2020, Neural Information Processing Systems. CoRR abs/2006.11239.

[Hochreiter & Schmidhuber 1997] Hochreiter, S.; Schmidhuber, J.: Long Short-Term Memory, 1997, Neural Computation, 9 (8), S. 1735–1780, *https://doi.org/10.1162/neco.1997.9.8.1735*, zugegriffen am 28.10.2025.

[Holland 2024] Holland, M.: New York: KI-Chatbot rät zum Rechtsbruch – und darf online bleiben. Heise Online, 2024; *https://www.heise.de/news/New-York-KI-Chatbot-raet-zum-Rechtsbruch-und-darf-online-bleiben-9675618.html*, zugegriffen am 05.04.2025.

[Honroth et al. 2024] Honroth, T.; Siebert, J.; Kelbert, P.: Retrieval Augmented Generation (RAG): Chat mit eigenen Daten, 2024, Fraunhofer IESE. *https://www.iese.fraunhofer.de/blog/retrieval-augmented-generation-rag/*, zugegriffen am 29.04.2025.

[Hopf et al. 2023] Hopf, K.; Müller, O.; Shollo, A.; Thiess, T.: Organizational implementation of AI: Craft and mechanical work, 2023, California Management Review, 66 (1), *https://doi.org/10.1177/00081256231197445*, zugegriffen am 29.04.2025.

[Huang et al. 2022] Huang, J.; Shao, H.; Chang, K. C.-C.: Are Large Pre-Trained Language Models Leaking Your Personal Information?, 2022, Findings of EMNLP 2022, *https://doi.org/10.18653/v1/2022.findings-emnlp.148*, zugegriffen am 28.10.2025.

[Huang et al. 2025] Huang, L; Yu, W.; Ma, W.; Zhong, W.; Feng, Z.; Wang, H.; Chen, Q.; Peng, W.; Feng, X.; Qin, B.; Liu, T.: A Survey on Hallucination in Large Language Models, 2025, ACM TOIS, *https://doi.org/10.1145/3703155*, zugegriffen am 28.10.2025.

[Hubel & Wiesel 1959] Hubel, D., Wiesel, T.: Receptive fields of single neurones in the cat's striate cortex, 1959, Journal of Physiology, 148 (3), S. 574–591.

[IFR 2024] International Federation of Robotics: Position Paper: Next Generation Skills: How Robots create new jobs and help to fight labor shortage, 2024, *https://ifr.org/papers*, zugegriffen am 05.07.2025.

[IIA 2025] Institute of Internal Auditors: Das Drei-Linien-Modell des IIA, 2025, *https://www.diir.de/content/uploads/2023/08/Three-Lines-Model-Updated-German.pdf*, zugegriffen am 30.05.2025.

[Isola et al. 2016] Isola, P.; Zhu, J.-Y.; Zhou, T.; Efros, AA.: Image-to-Image Translation with Conditional Adversarial Networks, 2016, CoRR abs/1611.07004.

[Ivanova 2025] Ivanova, I.: As Klarna flips from AI-first to hiring people again, a new landmark survey reveals most AI projects fail to deliver, 2025, *https://fortune.com/2025/05/09/klarna-ai-humans-return-on-investment/*, , zugegriffen am 28.10.2025.

[James et al. 2023] James, G.; Witten, D.; Hastie, T.; Tibshirani, R.; Taylor, J.: An Introduction to Statistical Learning: with Applications in Python. Springer, New York, 2023.

[Jansen & De Haan 2005] Jansen, D.-J.; De Haan, J.: Talking heads: the effects of ECB statements on the euro-dollar exchange rate, 2005, Journal of International Money and Finance, 24 (2), S. 343–361.

[Jarociński & Karadi 2020] Jarociński, M.; Karadi, P.: Deconstructing Monetary Policy Surprises—The Role of Information Shocks, 2020, American Economic Journal: Macroeconomics, 12 (2).

[Jobin et al. 2019] Jobin, A.; Ienca, M.; Vayena, E.: The global landscape of AI ethics guidelines, 2019, Nature machine intelligence, 1: S. 389–399.

[Jonas 2015] Jonas, H.: Das Prinzip Verantwortung: Versuch einer Ethik für die technologische Zivilisation. Suhrkamp, Frankfurt am Main, 2015.

[Joshi et al. 2021] Joshi, M.-P.; Su, N.; Austin, R. D.; Sundaram, A. K. (2021, März 2). Why So Many Data Science Projects Fail to Deliver. MIT Sloan Management Review. *https://sloanreview.mit.edu/article/why-so-many-data-science-projects-fail-to-deliver/*, zugegriffen am 28.10.2025.

[Jurafsky & Martin 2025] Jurafsky, D.; Martin, J. H.: Speech and Language Processing, dritte Auflage, 2025, *https://web.stanford.edu/~jurafsky/slp3/*, zugegriffen am 28.10.2025.

[Karasek 1979] Karasek, R.A.: Job Demands, Job Decision Latitude, and Mental Strain: Implications for Job Redesign, 1979, Administrative Science Quarterly.

[Kanelis & Siklos 2025] Kanelis, D.; Siklos, P. L.: The ECB press conference statement: deriving a new sentiment indicator for the euro area, 2025, International Journal of Finance & Economics, 30 (1), S. 652–664.

[Kaur 2019] Kaur, V.: Knowledge-Based Dynamic Capabilities: The Road Ahead in Gaining Organizational Competitiveness. Springer International Publishing, Cham, 2019.

[Kephalopoulos et al. 2012] Kephalopoulos, S.; Paviotti, M.; Anfosso-Lédée, F.: Common Noise Assessment Methods in Europe (CNOSSOS-EU), 2012, Publications Office of the European Union, Luxembourg.

[Kesting et al. 2014] Kesting, T.; Kliewe, T.; Baaken, T.: Impact in University-Business Cooperation – Theoretical Perspectives and Future Directions, 2014, International Journal of Technology Transfer and Commercialisation, 13, S. 1–9.

[Khan et al. 2021] Khan, I. S.; Ahmad, M. O.; Majava, J.: Industry 4.0 and Sustainable Development: A Systematic Mapping of Triple Bottom Line, Circular Economy and Sustainable - Business Models Perspectives, 2021, Journal of Cleaner Production, 297, S. 1–16.

[Kim et al. 2018] Kim, B.; Azevedo, V.C., Thürey, N.; Kim, T.; Gross, M.; Solenthaler, B.: Deep Fluids: A Generative Network for Parameterized Fluid Simulations, 2018, Comput Graph Forum 38, *https://doi.org/10.1111/cgf.13619*, zugegriffen am 29.10.2025.

[Kindermann et al. 2021] Kindermann, B.; Beutel, S.; Garcia de Lomana, G.; Strese, S.; Bendig, D.; Brettel, M.: Digital Orientation: Conceptualization and Operationalization of a New Strategic Orientation, 2021, European Management Journal, 39: S. 645–657.

[Klarna 2024] Klarna: Klarna AI assistant handles two-thirds of customer service chats in its first month, 2024, *https://www.klarna.com/international/press/klarna-ai-assistant-handles-two-thirds-of-customer-service-chats-in-its-first-month/*, zugegriffen am 29.10.2025.

[Koen et al. 2001] Koen, P.; Ajamian, G.; Burkart, R.; Clamen, A.; Davidson, J.; D'Amore, R.; Elkins, C.; Herald, K.; Incorvia, M.; Johnson, A.; Karol, R.; Seibert, R.; Slavejkov, A.; Wagner, K.: Providing Clarity and A Common Language to the ‚Fuzzy Front End.', 2001, Research-Technology Management, 44, S. 46–55, *https://doi.org/10.1080/08956308.2001.11671418*, zugegriffen am 29.10.2025.

[Koh et al. 2021] Koh, P.W.; Sagawa, S.; Marklund, H.; Xie, SM.; Zhang, M.; Balsubramani, A.; Hu, W.; Yasunaga, M.; Phillips, RL.; Gao, I.; Lee, T.; David, E.; Stavness, I.; Guo, W.; Earnshaw, B.; Haque, I.; Beery, SM.; Leskovec, J.; Kundaje, A.; Pierson, E.; Levine, S.; Finn, C.; Liang, P.: Wilds: A benchmark of in-the-wild distribution shifts, 2021, Proceedings of the 38th International Conference on Machine Learning (ICML).

[Kouroutakis 2016] Kouroutakis, A.: The Constitutional Value of Sunset Clauses: An historical and normative analysis. Routledge, London, 2016.

[Krengel 2006] Krengel, U.: Von der Bestimmung von Planetenbahnen zur modernen Statistik: Carl Friedrich Gauß – Werk und Wirkung, Mathematische Semesterberichte, 53 (1), S. 1–16, *https://doi.org/10.1007/s00591-005-0104-y*, zugegriffen am 29.10.2025.

[Krenz et al. 2021] Krenz, A.; Prettner K, Strulik, H.: Robots, Reshoring, and the Lot of Low-Skilled Workers, 2021, European Economic Review, 136, S. 1–35.

[Kristof-Brown et al. 2005] Kristof-Brown, A. L.; Zimmerman, R. D.; Johnson, E. C.: Consequences of individuals' fit at work: A meta-analysis of person-job, person-organization, person-group, and person-supervisor fit, 2005, Personnel Psychology 58 (2), S. 281–342.

[Krizhevsky et al. 2012] Krizhevsky, A.; Sutskever, I.; Hinton, G.: ImageNet Classification with Deep Convolutional Neural Networks, 2012, Advances in Neural Information Processing Systems (NeurIPS), S. 1097–1105.

[Krzywdzinski 2024] Krzywdzinski, M.: Zwei Welten der KI in der Arbeitswelt, 2024, Weizenbaum-Institut und Wissenschaftszentrum Berlin für Sozialforschung (WZB), *https://www.weizenbaum-institut.de/media/Publikationen/Weizenbaum_Discussion_Paper/Weizenbaum_Series_39.pdf*, zugegriffen am 30.10.2025.

[Kumar et al. 2024] Kumar, A.; Zhuang, V.; Agarwal, R.; Su, Y.; Co-Reyes, J. D.; Singh, A.; Baumli, K.; Iqbal, S.; Bishop, C.; Roelofs, R.; Zhang, L. M.; McKinney, K.; Shrivastava, D.; Paduraru, C.; Tucker, G.; Precup, D.; Behbahani, F.; Faust, A.: Training Language Models to Self-Correct via Reinforcement Learning, 2024, arXiv, *https://doi.org/10.48550/arXiv.2409.12917*, zugegriffen am 30.10.2025.

[Kuster et al. 2022] Kuster, J.; Bachmann, C.; Hubmann, M.; Lippmann, R.; Schneider, P.: Handbuch Projektmanagement: Agil – Klassisch – Hybrid, 5. Auflage. Springer, Berlin, Heidelberg, 2022.

[Larson et al. 2016] Larson, J.; Mattu S.; Kirchner, L.; Angwin, J.: How We Analyzed the COMPAS Recidivism Algorithm, 2016, ProPublica, *https://www.propublica.org/article/how-we-analyzed-the-compas-recidivism-algorithm*, zugegriffen am 23.04.2025.

[Latif et al. 2020] Latif, K. F.; Nazeer, A.; Shahzad, F.; Ullah, M.; Imranullah, M.; Sahibzada, U. F.: Impact of Entrepreneurial Leadership on Project Success: Mediating Role of Knowledge Management Processes, 2020, Leadership & Organization Development Journal, 41, S. 237–256.

[LeCun et al. 1998] LeCun, Y.; Bottou, L.; Bengio, Y.; et al.: Gradient-based Learning Applied to Document Recognition, 1998, Proceedings of the IEEE, 86 (11), S. 2278–2324.

[LeCun et al. 2015] LeCun, Y.; Bengio, Y.; Hinton, G.: Deep learning, 2015, Nature, 521(7553), S. 436–444, *https://doi.org/10.1038/nature14539*, zugegriffen am 30.10.2025.

[Leopold 2021] Leopold, N.: Privatheit; Zur Zukunft des Datenschutzes. In: Piallat, C. (Hrsg.): Der Wert der Digitalisierung, Gemeinwohl in der digitalen Welt, transcript Verlag, Bielefeld, 2021, S. 167–186.

[Leopoldina 2021] Deutsche Akademie der Naturforscher Leopoldina e.V.: Digitalisierung und Demokratie, Stellungnahme 2021, 2021, *https://www.leopoldina.org/publikationen/detailansicht/publication/digitalisierung-und-demokratie-2021/*, zugegriffen am 23.04.25.

[Leopoldina 2024] Deutsche Akademie der Naturforscher Leopoldina e.V.: Generative KI - jenseits von Euphorie und einfachen Lösungen, 2024, Diskussion Nr. 34, *https://www.leopoldina.org/publikationen/detailansicht/publication/generative-ki-2024/*, zugegriffen am 23.04.25.

[Lerer et al. 2016] Lerer, A.; Gross, S.; Fergus, R.: Learning Physical Intuition of Block Towers by Example, 2016, Proceedings of The 33rd International Conference on Machine Learning, *https://proceedings.mlr.press/v48/lerer16.html*, zugegriffen am 30.10.2025.

[Lewis et al. 2020] Lewis, P.; Perez, E.; Piktus, A.; Petroni, F.; Karpukhin, V.; Goyal, N.; Küttler, H.; Lewis, M.; Yih, W.-t.; Rocktäschel, T.; Riedel, S.; Kiela, D.: Retrieval-Augmented Generation for Knowledge-Intensive NLP Tasks, 2020, Proceedings of the 34th Conference on Neural Information Processing Systems (NeurIPS 2020), *https://doi.org/10.48550/arXiv.2005.11401*, zugegriffen am 30.10.2025.

[Li et al. 2016] Li, W.; Azimi, S.; Leonardis, A.; Fritz, M.: To Fall Or Not To Fall: A Visual Approach to Physical Stability Prediction, 2016, *https://doi.org/10.48550/arXiv.1604.00066*, zugegriffen am 30.10.2025.

[LibreChat 2025] LibreChat: Unify AI Power, 2025, *https://www.librechat.ai/*, zugegriffen am 11.05.2025.

[Liesenfeld & Dingemanse 2024] Liesenfeld, A.; Dingemanse, M.: Rethinking open source generative AI: open washing and the EU AI Act, 2024, Proceedings of the 2024 ACM Conference on Fairness, Accountability, and Transparency (FAccT2024), S. 1774–1787.

[Liu et al. 2023] Liu, P.; Yuan, W.; Fu, J.; et al.: Pre-train, Prompt, and Predict: A Systematic Survey of Prompting Methods in Natural Language Processing, 2023, ACM Computing Surveys, 55, S. 195:1-195:35, *https://doi.org/10.1145/3560815*, zugegriffen am 11.05.2025.

[Liu et al. 2024] Liu, H.; Zhu, Y.; Kato, K.; Tsukahara, A.; Kondo, I.; Aoyama, T.; Hasegawa, Y.: Enhancing the LLM-Based Robot Manipulation Through Human-Robot Collaboration, 2024, IEEE Robotics and Automation Letters, 9, S. 6904–6911.

[Loh 2019] Loh, J.: Roboterethik – eine Einführung, Suhrkamp Verlag, Berlin, 2019.

[Lorenz 2023] Lorenz, P.: Deutschlands Anwaltschaft vergreist – 51,7 Jahre alt, weiß, männlich?, 2023, In: Legal Tribune Online, 27.06.2022, *https://www.lto.de/persistent/a_id/48862*, zugegriffen am 02.07.2025.

[Loughran & McDonald 2011] Loughran, T.; McDonald, B.: When Is a Liability Not a Liability? Textual Analysis, Dictionaries, and 10-Ks, 2011, The Journal of Finance, 66, S. 35–65, *https://doi.org/10.1111/j.1540-6261.2010.01625.x*, zugegriffen am 30.10.2025.

[Luccioni et al. 2024] Luccioni, S.; Jernite, Y.; Strubell, E.: Power Hungry Processing: Watts Driving the Cost of AI Deployment?, 2024, ACM Conference on Fairness, Accountability, and Transparency (FAccT 2024), S. 85–99, *https://doi.org/10.1145/3630106.3658542*, zugegriffen am 30.10.2025.

[Makadok et al. 2018] Makadok, R.; Burton, R.; Barney, J.: A Practical Guide for Making Theory Contributions in Strategic Management, 2018, Strategic Management Journal, 39, S. 1530–1545.

[Martínez-Plumed et al. 2021] Martínez-Plumed, F.; Contreras-Ochando, L.; Ferri, C.; Hernandez-Orallo, J.; Kull, M.; Lachiche, N. J. A. H.; Ramírez-Quintana, M. J.; Flach, P. A.: CRISP-DM Twenty Years Later: From Data Mining Processes to Data Science Trajectories, 2021, IEEE Transactions on Knowledge and Data Engineering, 33(8), S. 3048–3061, *https://doi.org/10.1109/TKDE.2019.2962680*, zugegriffen am 30.10.2025.

[Matthews et al. 2025] Matthews, M.J.; Su, R.; Yonish, L.; McClean, S.; Koopman, J.; Yam, K.C.: A Review of Artificial Intelligence, Algorithms, and Robots Through the Lens of Stakeholder Theory, 2025, Journal of Management, 51 (6), S. 2627–2676.

[Matthias 2004] Matthias, A.: Die Verantwortungslücke: Die Zuweisung von Verantwortung für die Handlungen lernender Automaten, 2004, Ethik und Informationstechnologie, 6, S. 175–183.

[McKinsey 2025] McKinsey: The State of AI – Global Survey, 2025, *https://www.mckinsey.com/capabilities/quantumblack/our-insights/the-state-of-ai*, zugegriffen am 19.05.2025.

[Medkouri et al. 2024] Medkouri, A.; Stuewe, T.; Dengle, A.; Jhajharia, A.; Koese, N.: Pulse Check – State of the European Insurance Industry, 2024, *https://isg-one.com/docs/default-source/default-document-library/insurance-survey-report-2024.pdf*, zugegriffen am 18.05.2025.

[Mercedes 2025] Mercedes-Benz Group: Digital Factory Campus in Berlin. KI und humanoide Roboter, 2025, *https://group.mercedes-benz.com/innovationen/digitalisierung/industrie-4-0/mbdfc-humanoide-roboter.html*, zugegriffen am 30.09.2025.

[Merhi 2021] Merhi, M. I.: A Process Model of Artificial Intelligence Implementation Leading to Proper Decision Making, 2021, *https://doi.org/10.1007/978-3-030-85447-8_4*, zugegriffen am 30.10.2025.

[Microsoft 2025] Microsoft: Azure Open AI Dienste – Preise, 2025, *https://azure.microsoft.com/de-de/pricing/details/cognitive-services/openai-service/*, zugegriffen am 19.05.2025.

[Mikalef & Gupta 2021] Mikalef, P.; Gupta, M.: Artificial intelligence capability: Conceptualization, measurement calibration, and empirical study on its impact on organizational creativity and firm performance, 2021, Information and Management, 58.

[Mikolov et al. 2013] Mikolov, T.; Sutskever, I.; Chen, K.; Corrado, G.; Dean, J.: Distributed Representations of Words and Phrases and their Compositionality, 2013, Advances in Neural Information Processing Systems 26 (NIPS 2013), *https://doi.org/10.48550/arXiv.1310.4546*, zugegriffen am 30.10.2025.

[Minaee et al. 2024] Minaee, S.; Mikolov, T.; Nikzad, N.; Chenaghlu, M.; Socher, R.; Amatriain, X.; Gao, J.: Large Language Models: A Survey, 2024, arXiv, *https://doi.org/10.48550/arXiv.2402.06196*, zugegriffen am 30.10.2025.

[Mollick 2023] Mollick, E.: Centaurs and Cyborgs on the Jagged Frontier, 2023, *https://www.oneusefulthing.org/p/centaurs-and-cyborgs-on-the-jagged*, zugegriffen am 30.10.2025.

[Montealegre & Cascio 2017] Montealegre, R.; Cascio, W.: Technology-Driven Changes in Work and Employment, 2017, *https://cacm.acm.org/research/technology-driven-changes-in-work-and-employment/*, zugegriffen am 30.10.2025.

[Morgan & Zeffane 2003] Morgan, D.; Zeffane, R.: Employee Involvement, Organizational Change and Trust in Management, 2003, International Journal of Human Resource Management, 14, S. 55–75.

[Nadeau & Sekine 2007] Nadeau, D.; Sekine, S.: A Survey of Named Entity Recognition and Classification, 2007, Lingvisticae Investigationes, 30 (1), 3–26, *https://doi.org/10.1075/li.30.1.03nad*, zugegriffen am 31.10.2025.

[New Players Network 2024] New Players Network: Insurtech-Übersicht 2024, 2024, *https://itue.newplayersnetwork.jetzt/*, zugegriffen am 18.05.2025.

[Nida-Rümelin & Weidenfeld 2018] Nida-Rümelin, J.; Weidenfeld, N.: Digitaler Humanismus eine Ethik für das Zeitalter der künstlichen Intelligenz, Piper Verlag, München, 2018.

[Nikolova et al. 2024] Nikolova, M.; Cnossen, F.; Nikolaev, B.: Robots, Meaning, and Self-determination, 2024, Research Policy, 53, S. 1–23.

[Nitoi et al. 2023] Nitoi, M.; Pochea, M. M.; Radu, S. C.: Unveiling the Sentiment Behind Central Bank Narratives: A Novel Deep Learning Index, 2023, Journal of Behavioral and Experimental Finance, 38.

[Noack 2023] Noack, A.: Dialog-Marketing-Trends 2024: Was die digitale Absatzwirtschaft erwartet | dm, 2023, *https://digital-magazin.de/dialog-marketing-trends-2024-was-die-digitale-absatzwirtschaft-erwartet/*, zugegriffen am 28.01.2025.

[NVIDIA] NVIDIA: What is Retrieval-Augmented Generation (RAG), NVIDIA Glossary, *https://www.nvidia.com/en-us/glossary/retrieval-augmented-generation/*, zugegriffen am 29.04.2025.

[Opara-Martins et al. 2016] Opara-Martins, J.; Sahandi, R.; Tian, F.: Critical Analysis of Vendor Lock-in and Its Impact on Cloud Computing Migration: A Business Perspective, 2016, Journal of Cloud Computing, 5.

[OpenAI 2024] Open AI: Best Practices for Prompt Engineering with the OpenAI API | OpenAI Help Center, 2024, In: Open AI, *https://help.openai.com/en/articles/6654000-best-practices-for-prompt-engineering-with-the-openai-api?utm_source=chatgpt.com,* zugegriffen am 22.04.2025.

[OpenAI 2022] OpenAI: Introducing ChatGPT, 2022, *https://openai.com/index/chatgpt/,* zugegriffen am 29.03.2025.

[OpenAI 2023] OpenAI: Function Calling and Other API Updates, 2023, *https://openai.com/index/function-calling-and-other-api-updates/,* zugegriffen am 30.03.2025.

[OpenAI 2025] OpenAI: New Tools for Building Agents, 2025, *https://openai.com/index/new-tools-for-building-agents/,* zugegriffen am 14.04.2025.

[OpenAI und Softbank 2025] OpenAI; Softbank: Announcing The Stargate Project, 2025, *https://openai.com/index/announcing-the-stargate-project/,* zugegriffen am 15.05.2025.

[OpenAI] OpenAI: Morgan Stanley Uses AI Evals to Shape the Future of Financial Services, *https://openai.com/index/morgan-stanley/,* zugegriffen am 29.04.2025.

[Oquab et al. 2024] Oquab, M.; Darcet, T.; Moutakanni, T.; Vo, H.; Szafraniec, M.; Khalidov, V.; Fernandez, P.; Haziza, D.; Massa, F.; El-Nouby, A.; Assran, M.; Ballas, N.; Galuba, W.; Howes, R.; Huang, P.-Y.; Li, S.-W.; Misra, I.; Rabbat, M.; Sharma, V.; Synnaeve, G.; Xu, H.; Jegou, H.; Mairal, J.; Labatut, P.; Joulin, A.; Bojanowski, P.: DINOv2: Learning Robust Visual Features without Supervision, 2024, Transactions on Machine Learning Research, *https://doi.org/10.48550/arXiv.2304.07193*, zugegriffen am 30.10.2025.

[Othman & Yang 2023] Othman, U.; Yang, E.: Human-Robot Collaborations in Smart Manufacturing Environments: Review and Outlook, 2023, Sensors, 23, S. 1–22.

[Papa et al. 2020] Papa, A.; Dezi, L.; Gregori, G. L.; Mueller, J.; Miglietta, N.: Improving Innovation Performance through Knowledge Acquisition: The Moderating Role of Employee Retention and Human Resource Management Practices, 2020, Journal of Knowledge Management, 24, S. 589–605.

[Park et al. 2023] Park, J. S.; O'Brien, J. C.; Cai, C. J.; Morris, M. R.; Liang, P.; Bernstein, M. S.: Generative Agents: Interactive Simulacra of Human Behavior, 2023, Proceedings of the 36th Annual ACM Symposium on User Interface Software and Technology, S. 1–22.

[Parker & Collins 2010] Parker, S. K.; Collins, C. G.: Taking Stock: Integrating and Differentiating Multiple Proactive Behaviors, 2010, Journal of Management, 36 (3), S. 633–662.

[Parker & Knight 2024] Parker, S. K.; Knight, C.: The SMART Model of Work Design: A Higher Order Structure to Help See the Wood from the Trees, 2024, Human Resource Management, 63 (2), S. 265–291.

[Parker & Knight 2025] Parker, S.K.; Knight, C.: Design Work to Prevent Burnout, 2025, MIT Sloan Management Review, 66 (2), S. 29–32.

[Parker et al. 2025] Parker, S.K.; Tims, M.; Sonnentag, S.: Top-Down and Bottom-Up Work Design: A Multilevel Perspective on How Job Crafting and Work Characteristics Interrelate, 2025, Journal of Business Psychology.

[Pasparakis et al. 2023] Pasparakis, A.; Vries, J.; De Koster, R.: Assessing the Impact of Human-Robot Collaborative Order Picking Systems on Warehouse Workers, 2023, International Journal of Production Research, 61, S. 7776–7790.

[Pennington et al. 2014] Pennington, J.; Socher, R.; Manning, C. D.: GloVe: Global Vectors for Word Representation, 2014, EMNLP'14, *https://doi.org/10.3115/v1/D14-1162*, zugegriffen am 30.10.2025.

[Peters et al. 2018] Peters, M. E.; Neumann, M.; Iyyer, M.; Gardner, M.; Clark, C.; Lee, K.; Zettlemoyer, L.: Deep Contextualized Word Representations, 2018, Proceedings of the 2018 Conference of the North American Chapter of the Association for Computational Linguistics: Human Language Technologies (NAACL-HLT 2018), *https://doi.org/10.18653/v1/N18-1202*, zugegriffen am 30.10.2025.

[Pfeifer & Marohl 2023] Pfeifer, M.; Marohl, V. P.: CentralBankRoBERTa: A Fine-Tuned Large Language Model for Central Bank Communications, 2023, The Journal of Finance and Data Science, 9.

[Piallat 2021] Piallat, C.: Der Wert der Digitalisierung, Gemeinwohl in der digitalen Welt. transcript Verlag, Bielefeld, 2021.

[Picault & Renault 2017] Picault, M.; Renault, T.: Words Are Not All Created Equal: A New Measure of ECB Communication, 2017, Journal of International Money and Finance, 79, S. 136–156.

[Plastino & Purdy 2018] Plastino, E.; Purdy, M.: Game Changing Value from Artificial Intelligence: Eight Strategies, 2018, Strategy and Leadership, 46, S. 16–22, *https://doi.org/10.1108/SL-11-2017-0106/FULL/XML*, zugegriffen am 30.10.2025.

[Plattform Lernende Systeme 2019] Plattform Lernende Systeme: Neue Geschäftsmodelle mit Künstlicher Intelligenz: Zielbilder, Fallbeispiele und Gestaltungsoptionen, 2019, *https://www.plattform-lernende-systeme.de/files/Downloads/Publikationen/AG4_Bericht_231019.pdf*, zugegriffen am 28.04.2025.

[Plotnikova et al. 2022] Plotnikova, V.; Dumas, M.; Milani, F. P.: Applying the CRISP-DM Data Mining Process in the Financial Services Industry: Elicitation of Adaptation Requirements, 2022, Data & Knowledge Engineering, 139, *https://doi.org/10.1016/j.datak.2022.102013*, zugegriffen am 30.10.2025.

[Powell 2022a] Powell, W. B.: Sequential Decision Analytics and Modeling: Modeling with Python, 2022a, Boston: now (Foundations and Trends in Technology, Information and Operations Management), 16 (1/2).

[Powell 2022b] Powell, W. B.: Reinforcement Learning and Stochastic Optimization: A Unified Framework for Sequential Decisions. John Wiley & Sons, Hoboken, 2022.

[Proia et al. 2022] Proia, S.; Carli, R.; Cavone, G.; Dotoli, M.: Control Techniques for Safe, Ergonomic, and Efficient Human-Robot Collaboration in the Digital Industry: A Survey, 2022, IEEE Transactions on Automation Science and Engineering, 19, S. 1798–1819.

[Provinzial Holding 2024] Konzernbetriebsrat der Provinzial Holding AG: Eine »Verkehrsordnung« für Künstliche Intelligenz; ein Regulativ und Wegweiser für die KI-Gestaltung im Provinzial-Konzern, 2024, *https://www.bund-verlag.de/betriebsrat/deutscher-betriebsraete-preis/Preis-2024/P-19*, zugegriffen am 18.05.2025.

[Puri 2024] Puri, A: The Right to Reality. 2024. Abstract from the Ethics of Generative AI & Conversational Agents, 2024.

[Rafferty et al. 2014] Rafferty, A. E.; Jimmieson, N. L.; Armenakis, A. A.: Change Readiness: A Multilevel Review, 2013, Journal of Management, 39, S. 110–135.

[Rakholia et al. 2024] Rakholia, R.; Suárez-Cetrulo, A.; Singh, M.; Carbajo, R.: Advancing Manufacturing Through Artificial Intelligence: Current Landscape, Perspectives, Best Practices, Challenges, and Future Direction, 2024, IEEE Access, 12, S. 131621–131637.

[Rampelt et al. 2025] Rampelt, F.; Klier, J.; Kirchherr, J.; Ruppert, R.: KI-Kompetenzen in deutschen Unternehmen: Schlüssel zu einer Jahrhundertchance für Deutschland, 2025, *https://doi.org/10.5281/ZENODO.14637137*, zugegriffen am 30.10.2025.

[Ransbotham et al. 2018] Ransbotham, S.; Gerbert, P.; Reeves, M.; Kiron, D.; Spira, M.: Artificial Intelligence in Business Gets Real – Pioneering Companies Aim for AI at Scale, 2018, MIT Sloan Management Review.

[Raskovich et al. 2025] Raskovich, K.; Briggs, B.; Bechtel, M.; et al.: Tech Trends 2025, 2025, In: Deloitte Insights, *https://www2.deloitte.com/content/dam/insights/articles/us187540_tech-trends-2025/DI_Tech-trends-2025.pdf*, zugegriffen am 28.04.2025.

[Ravi et al. 2024] Ravi, N.; Gabeur, V.; Hu, Y.-T.; Hu, R.; Ryali, C.; Ma, T.; Khedr, H.; Rädle, R.; Rolland, C.; Gustafson, L.; Mintun, E.; Pan, J.; Alwala, K. V.; Carion, N.; Wu, C.-Y.; Girshick, R.: SAM 2: Segment Anything in Images and Videos, 2024, International Conference on Learning Representations (ICLR).

[Rawls et al. 2021] Rawls, J.; Mieth, C.; Rosenthal, J.: Justice as Fairness / Gerechtigkeit als Fairness. Reclam, Ditzingen/Altusried-Krugzell, 2021.

[Redmon et al. 2016] Redmon, J.; Divvala, S.; Girshick, R.; Farhadi, A.: You Only Look Once: Unified, Real-Time Object Detection, 2016, Proceedings of the IEEE Conference on Computer Vision and Pattern Recognition (CVPR).

[Reim et al. 2020] Reim, W.; Åström, J.; Eriksson, O.: Implementation of Artificial Intelligence (AI): A Roadmap for Business Model Innovation, 2020, AI, 1 (2), S. 180–191, *https://doi.org/10.3390/AI1020011*, zugegriffen am 30.10.2025.

[Robertson & Zaragoza 2009] Robertson, S.; Zaragoza, H.: The Probabilistic Relevance Framework: BM25 and Beyond, 2009, Foundations and Trends in Information Retrieval, 3 (4), S. 333–389, *https://doi.org/10.1561/1500000019*, zugegriffen am 30.10.2025.

[Robertson et al. 2023] Robertson, J.; Caruana, A.; Ferreira, C.: Innovation Performance: The Effect of Knowledge-Based Dynamic Capabilities in Cross-Country Innovation Ecosystems, 2023, International Business Review, 32, S. 1–14.

[Rohde 2017] Rohde, N.: In Australien prüft eine Software die Sozialbezüge – und erfindet Schulden für 20.000 Menschen, reframe[Tech], 2017, *https://www.reframetech.de/2017/10/25/in-australien-prueft-eine-software-die-sozialbezuege-und-erfindet-schulden-fuer-20-000-menschen/*, zugegriffen am 23.04.2025.

[Ronneberger et al. 2015] Ronneberger, O.; Fischer, P.; Brox, T.: U-Net: Convolutional Networks for Biomedical Image Segmentation, 2015, *https://doi.org/10.48550/arXiv.1505.04597*, zugegriffen am 30.10.2025.

[Roveda 2024] Roveda, L.: Editorial: Human-Robot Collaboration in Industry 5.0: A Human-Centric AI-Based Approach, 2024, Frontiers in Robotics and AI, 11, S. 1–3.

[Rudin 2019] Rudin, C.: Stop Explaining Black Box Machine Learning Models for High Stakes Decisions and Use Interpretable Models Instead, 2019, Nature Machine Intelligence, 1 (5), *https://doi.org/10.1038/s42256-019-0048-x*, zugegriffen am 30.10.2025.

[Rumelhart 1986] Rumelhart, D.E.; Hinton, G.E.; Williams, R.J.: Learning Representations by Back-Propagating Errors, 1986, Nature, 323, S. 533–536, *https://www.nature.com/articles/323533a0*, zugegriffen am 31.101.2025.

[Salton 1971] Salton, G.: The SMART Retrieval System — Experiments in Automatic Document Processing, 1971, Prentice Hall.

[Salton et al. 1975] Salton, G.; Wong, A.; Yang, C.-S.: A Vector Space Model for Automatic Indexing, 1975, Communications of the ACM, *https://doi.org/10.1145/361219.361220*, zugegriffen am 30.10.2025.

[Schlag 2019] Schlag, T.: Religionspädagogik als Lebenswissenschaft: Bildungstheoretische Vermessungen in weisheitlich-lebensdienlicher Perspektive, 2019, Zeitschrift für Theologie und Kirche, 116 (2), S. 228–250.

[Schlegel & Kraus 2023] Schlegel, D.; Kraus, P.: Skills and Competencies for Digital Transformation – A Critical Analysis in the Context of Robotic Process Automation, 2023, International Journal of Organizational Analysis, 31, S. 804–822.

[Schlenker 2023] Schlenker, C.: Rethinking Responsibility. In: Gräb-Schmidt, E.; Menga, F. G.; Schlenker, C. (Hrsg.): Perspektiven der Ethik, S. 51–87.

[Schmidhuber 2015] Schmidhuber, J.: Deep Learning in Neural Networks: An Overview, 2015, Neural Networks, 61, S. 85–117, *https://doi.org/10.1016/j.neunet.2014.09.003*, zugegriffen am 30.10.2025.

[Schryen 2013] Schryen, G.: Revisiting IS Business Value Research: What We Already Know, What We Still Need to Know, and How We Can Get There, 2013, European Journal of Information Systems, 22 (2), S. 139–169, *https://doi.org/10.1057/ejis.2012.45*, zugegriffen am 30.10.2025.

[Schulman et al. 2017] Schulman, J.; Wolski, F.; Dhariwal, P.; Radford, A.; Klimov, O.: Proximal Policy Optimization Algorithms, 2017, arXiv preprint, *https://arxiv.org/abs/1707.06347*, zugegriffen am 30.10.2025.

[Schulte-Wieschen 2024] Schulte-Wieschen, C.: Wie Versicherer den IT-Fachkräftemangel beheben wollen, 2024, Versicherungsbote, *https://www.versicherungsbote.de/id/4936557/Wie-Versicherer-den-IT-Fachkraeftemangel-beheben-wollen/*, zugegriffen am 18.05.2025.

[Schulz et al. 2022] Schulz, M.; Neuhaus, U.; Kaufmann, J.; Kühnel, S.; Alekozai, E. M.; Rohde, H.; Hoseini, S.; Theuerkauf, R.; Badura, D.; Kerzel, U.; Lanquillon, C.; Daurer, S.; Günther, M.; Huber, L.; Thiée, L.; zur Heiden, P.; Passlick, J.; Dieckmann, J.; Schwade, F.; Seyffarth, T.; Badewitz, W.; Rissler, R.; Sackmann, S.; Gölzer, P.; Welter, F.; Röth, J.; Seidelmann, J.; Haneke, U.: DASC-PM v1.1 - Ein Vorgehensmodell für Data-Science-Projekte, NORDAKADEMIE gAG Hochschule der Wirtschaft, Hamburg 2022, DOI: 10.25673/85296.

[Seitz et al. 2022] Seitz, J.; Willbold, K.; Haiber, R.: AI Value Creation Studie: Potenziale und Hindernisse von AI Business Use Cases in Unternehmen, 1. Auflage. Digipolis Verlag, Kappel-Grafenhausen, 2022.

[Seitz & Burosch 2018] Seitz, J.; Burosch, A.: Studie Digital Value Creation 2018: Status quo, Initiativen, Potenziale, 1. Auflage. Bundesanzeiger Verlag, Köln, 2018.

[Senden 2004] Senden, L.: Soft Law im Recht der Europäischen Gemeinschaft, 2004, Bloomsbury Publishing. Gutierrez, C. I.; Marchant, G. E.; Michael, K.: Effektive und vertrauenswürdige Umsetzung von Soft Law Governance im Bereich der KI, 2021, IEEE Transactions on Technology and Society, 2 (4), S. 168–170.

[Shahid et al. 2025] Shahid, S.; Kaur, K.; Mohyuddin, S.; Prikshat, V.; Patel, P.: Revolutionizing HRM: A Review of Human-Robot Collaboration in HRM Functions and the Imperative of Change Readiness, 2025, Business Process Management Journal.

[Shollo et al. 2022] Shollo, A.; Hopf, K.; Thiess, T.; Müller, O.: Shifting ML Value Creation Mechanisms: A Process Model of ML Value Creation, 2022, The Journal of Strategic Information Systems, 31 (3), 101734, *https://doi.org/10.1016/j.jsis.2022.101734*, zugegriffen am 30.10.2025.

[Shorten et al. 2021] Shorten, C.; Khoshgoftaar, T. M.; Furht, B.: Text Data Augmentation for Deep Learning, 2021, Journal of Big Data, 8 (101), *https://doi.org/10.1186/s40537-021-00492-0*, zugegriffen am 30.10.2025.

[Shwartz-Ziv & Armon 2022] Shwartz-Ziv, R.; Armon, A.: Tabular Data: Deep Learning Is Not All You Need, 2022, Information Fusion, 81, S. 84–90, *https://doi.org/10.1016/j.inffus.2021.11.011*, zugegriffen am 30.10.2025.

[Silver et al. 2016] Silver, D.; Huang, A.; Maddison, C. J.; Guez, A.; Sifre, L.; Van Den Driessche, G.; Schrittwieser, J.; Antonoglou, I.; Panneershelvam, V.; Lanctot, M.; et al.: Mastering the Game of Go with Deep Neural Networks and Tree Search, 2016, Nature, 529 (7587), S. 484–489, *https://doi.org/10.1038/nature16961*, zugegriffen am 30.10.2025.

[Silver et al. 2018] Silver, D.; Hubert, T.; Schrittwieser, J.; Antonoglou, I.; Lai, M.; Guez, A.; Lanctot, M.; Sifre, L.; Kumaran, D.; Graepel, T.; Lillicrap, T.; Simonyan, K.; Hassabis, D.: A General Reinforcement Learning Algorithm That Masters Chess, Shogi, and Go Through Self-Play, 2018, Science, 362 (6419), S. 1140–1144, *https://doi.org/10.1126/science.aar6404*, zugegriffen am 30.10.2025.

[Singh & Sriram 2025] Singh, J.; Sriram, A.: Perplexity AI in Talks to Raise Funds at $18 Billion Valuation, Source Says, 2025, Reuters, *https://www.reuters.com/technology/artificial-intelligence/perplexity-ai-talks-raise-funds-18-billion-valuation-bloomberg-news-reports-2025-03-20/*, zugegriffen am 13.04.2025.

[Sirmon et al. 2011] Sirmon, D. G.; Hitt, M. A.; Ireland, R. D.; Gilbert, B. A.: Resource Orchestration to Create Competitive Advantage: Breadth, Depth, and Life Cycle Effects, 2011, Journal of Management, 37 (5), S. 1390–1412, *https://doi.org/10.1177/0149206310385695*, zugegriffen am 30.10.2025.

[Smith 2025] Smith, Brad. 2025. The Golden Opportunity for American AI. Microsoft. *https://blogs.microsoft.com/on-the-issues/2025/01/03/the-golden-opportunity-for-american-ai/*, zugegriffen am 15.05.2025.

[Solon 2017] Solon, O.: Tim Berners-Lee on the Future of the Web: "The System Is Failing", 2017, The Guardian, *https://www.theguardian.com/technology/2017/nov/15/tim-berners-lee-world-wide-web-net-neutrality*, zugegriffen am 23.04.2025.

[Sparck Jones 1972] Sparck Jones, K.: A Statistical Interpretation of Term Specificity and Its Application in Retrieval, 1972, Journal of Documentation, 28 (1), S. 11–21.

[Spitznagel & Keuper 2024] Spitznagel, M.; Keuper, J.: Urban Sound Propagation: A Benchmark for 1-Step Generative Modeling of Complex Physical Systems, 2024.

[statista 2023] statista: Innovationsintensität: Anteil der Innovationsaufwendungen am Gesamtumsatz in den Wirtschaftsbranchen in Deutschland im Jahr 2021, 2023, de.statista.com, *https://de.statista.com/statistik/daten/studie/253952/umfrage/innovationsintensitaet-des-maschinenbaus-in-deutschland/*, zugegriffen am 18.05.2025.

[Stegmaier 2016] Stegmaier, R.: Management von Veränderungsprozessen, Praxis der Personalpsychologie. Hogrefe, Göttingen, 2016.

[Stolzenberg & Heberle 2021] Stolzenberg, K.; Heberle, K.: Change Management: Veränderungsprozesse erfolgreich gestalten – Mitarbeiter mobilisieren. Vision, Kommunikation, Beteiligung, Qualifizierung, 2021, 4. Auflage. Springer, Berlin/Heidelberg, 2021.

[Strötgen & Gertz 2016] Strötgen, J.; Gertz, M.: Domain-Sensitive Temporal Tagging, 2016, Synthesis Lectures on Human Language Technologies, Springer, *https://doi.org/10.1007/978-3-031-02163-3*, zugegriffen am 30.10.2025.

[Studer et al. 2021] Studer, S.; Bui, T. B.; Drescher, C.; Hanuschkin, A.; Winkler, L.; Peters, S.; Müller, K.-R.: Towards CRISP-ML(Q): A Machine Learning Process Model with Quality Assurance Methodology, 2021, Machine Learning and Knowledge Extraction, 3, S. 392–413, *https://doi.org/10.3390/make3020020*, zugegriffen am 30.10.2025.

[Süme et al. 2025] Süme, S.; Ponomarjova, K.-M.; Wendt, T. M.; Rupitsch, S. J.: Enhancing Human–Robot Collaboration with Thermal Images and Deep Neural Networks: The Unique Thermal Industrial Dataset WLRI-HRC and Evaluation of Convolutional Neural Networks, 2025, Journal of Sensors and Sensor Systems, 14, S. 37–46.

[Sun et al. 2024] Sun, G.; Xie, W.; Niyato, D.; Mei, F.; Kang, J.; Du, H.; Mao, S.: Generative AI for Deep Reinforcement Learning: Framework, Analysis, and Use Cases, 2024. IEEE Wireless Communications, 32 (3), S. 186–195.

[Sutton & Barto 2018] Sutton, R. S.; Barto, A. G.: Reinforcement Learning: An Introduction, 2. Auflage. MIT Press, Cambridge, Massachusetts, 2018.

[Szegedy et al. 2017] Szegedy, C.; Ioffe, S.; Vanhoucke, V.; et al.: Inception-v4, Inception-ResNet and the Impact of Residual Connections on Learning, 2017, Proceedings of the Thirty-First AAAI Conference on Artificial Intelligence, S. 4278–4284.

[Tang et al. 2025] Tang, C.; Abbatematteo, B.; Hu, J.; Chandra, R.; Martín-Martín, R.; Stone, P.: Deep Reinforcement Learning for Robotics: A Survey of Real-World Successes, 2025, Proceedings of the AAAI Conference on Artificial Intelligence, 39 (27), S. 28694–28698, *https://doi.org/10.1609/aaai.v39i27.35095*, zugegriffen am 30.10.2025.

[Taunton 2023] Taunton, E.: Pak'nSave's AI meal planner suggests recipe for deadly chlorine gas, 2023, Stuff, *https://www.stuff.co.nz/business/132725271/paknsaves-ai-meal-planner-suggests-recipe-for-deadly-chlorine-gas*, zugegriffen am 05.04.2025.

[Taylor 2017] Taylor, L.: Was ist Datenjustiz? Argumente für eine globale Verknüpfung digitaler Rechte und Freiheiten, 2017, Big Data & Society, 4 (2).

[Taylor 2023] Taylor, L.: Datenjustiz, computergestützte Sozialwissenschaften und Politik, 2023. In: Handbuch der computergestützten Sozialwissenschaften für die Politik, S. 41–56, Springer International Publishing, Cham.

[Taylor et al. 2017] Taylor, L.; Floridi, L.; Van der Sloot, B.: Group Privacy: New Challenges of Data Technologies. Springer, Cham, 2017.

[Theis 2023] Theis, A.: InsurTech-Startups: Eine Zwischenbilanz, 2023, Berlin, Germany, *https://www.gdv.de/resource/blob/128666/96c4187fb062e3f224e0cfb36038d4ce/publikation-insurance-flash-02-insurtechs-startups-data.pdf*, zugegriffen am 18.05.2025.

[Tian et al. 2019] Tian, Z.; Shen, C.; Chen, H.; He, T.: FCOS: Fully Convolutional One-Stage Object Detection, 2019, International Conference on Computer Vision (ICCV), S. 9626–9635.

[Tims et al. 2012] Tims, M.; Bakker, A. B.; Derks, D.: Development and Validation of the Job Crafting Scale, 2012, Journal of Vocational Behavior, 80 (1), S. 173–186.

[Too et al. 2022] Too, J.; Sadiq, A.S.; Mirjalili, S.M.: A Conditional Opposition-Based Particle Swarm Optimisation for Feature Selection, 2021, Connection Science, 34 (1), S. 339–361, *https://doi.org/10.1080/09540091.2021.2002266*, zugegriffen am 30.10.2025.

[Ullrich et al. 2024] Ullrich, A.; Gonnermann-Müller, J.; Vladova, G.; Gronau, N.: Partizipation und Akzeptanz bei organisationalen Veränderungsprozessen. In: Obermaier, R. (Hrsg.): Handbuch Industrie 4.0 und Digitale Transformation. Springer Gabler, Wiesbaden, 2024.

[Van der Sloot 2024] Van der Sloot, B.: Regulating the Synthetic Society: Generative AI, Legal Questions, and Societal Challenges. Bloomsbury Academic, London, 2024.

[van Esch et al. 2022] van Esch, D.; Lucassen, T.; Ruder, S.; Caswell, I.; Rivera, C.: Writing System and Speaker Metadata for 2,800+ Language Varieties, 2022, LREC'22, *https://aclanthology.org/2022.lrec-1.538/*, zugegriffen am 30.10.2025.

[Van Maanen 2022] Van Maanen, G.: KI-Ethik, Ethik-Washing und die Notwendigkeit, Datenethik zu politisieren, 2022, Digitale Gesellschaft, 1 (2), S. 9.

[Varghese & Sambath 2024] Varghese, R.; Sambath, M.: YOLOv8: A Novel Object Detection Algorithm with Enhanced Performance and Robustness, 2024, International Conference on Advances in Data Engineering and Intelligent Computing Systems (ADICS), S. 1–6.

[Vaswani et al. 2017] Vaswani, A.; Shazeer, N.; Parmar, N.; Uszkoreit, J.; Jones, L.; Gomez, A.N.; Kaiser, L.; Polosukhin, I.: Attention Is All You Need, 2017, Advances in Neural Information Processing Systems (NeurIPS'17), *https://proceedings.neurips.cc/paper_files/paper/2017/file/3f5ee243547dee91fbd053c1c4a845aa-Paper.pdf*, zugegriffen am 30.10.2025.

[Vergari & Preite 2023] Vergari, U.; Preite, G.: Die ethische Dimension der künstlichen Intelligenz: Biometrische Identität und menschliches Verhalten, 2023, HUMANA MENTE, 16, S. 139–162.

[Verma et al. 2023] Verma, A.; Chitkara, V.; Zimmermann, A.; Ray, B.; Woodward, A.: Emerging Tech: Top Use Cases for Generative AI, 2023, Gartner, *https://www.gartner.com/en/doc/779868-emerging-tech-top-use-cases-for-generative-ai*, zugegriffen am 29.04.2025.

[Versicherungsbote.de 2024] Versicherungsbote.de: Insurtech in Deutschland: Leere Versprechungen oder doch stille Revolution?, 2024, *https://www.versicherungsbote.de/id/4914289/Insurtech-in-Deutschland-Leere-Versprechungen-oder-doch-stille-Revolution/*, zugegriffen am 18.05.2025.

[Vinyals et al. 2019] Vinyals, O.; Babuschkin, I.; Czarnecki, W.M.; Mathieu, M.; Dudzik, A.; Chung, J.; Choi, D.H.; Powell, R.; Ewalds, T.; Georgiev, P.; Oh, J.; Horgan, D.; Kroiss, M.; Danihelka, I.; Huang, A.; Sifre, L.; Cai, T.; Agapiou, J.P.; Jaderberg, M.; Vezhnevets, A.S.; Leblond, R.; Pohlen, T.; Dalibard, V.; Budden, D.; Sulsky, Y.; Molloy, J.; Paine, T.L.; Gulcehre, C.; Wang, Z.; Pfaff, T.; Wu, Y.; Ring, R.; Yogatama, D.; Wünsch, D.; McKinney, K.; Smith, O.; Schaul, T.; Lillicrap, T.; Kavukcuoglu, K.; Hassabis, D.; Apps, C.; Silver, D.: Grandmaster Level in StarCraft II Using Multi-Agent Reinforcement Learning, 2019, Nature, 575 (7782), S. 350–354, *https://doi.org/10.1038/s41586-019-1724-z*, zugegriffen am 27.10.2025.

[Wang et al. 2017] Wang, K.; Gou, C.; Duan, Y.; Lin, Y.; Zheng, X.; Wang, F. Y.: Generative Adversarial Networks: Introduction and Outlook, 2017, IEEE/CAA Journal of Automatica Sinica, 4 (4), S. 588–598.

[Wang et al. 2025a] Wang, M.; Adel, H.; Lange, L.; Liu, Y.; Nie, E.; Strötgen, J.; Schütze, H.: Lost in Multilinguality: Dissecting Cross-Lingual Factual Inconsistency in Transformer Language Models, 2025, ACL'25, *https://doi.org/10.48550/arXiv.2504.04264*, zugegriffen am 30.10.2025.

[Wang et al. 2025b] Wang, M.; Stoll, A.; Lange, L.; Adel, H.; Schütze, H.; Strötgen, J.: Bring Your Own Knowledge: A Survey of Methods for LLM Knowledge Expansion, 2025, Workshop on Large Language Model Memorization (L2M2'25), *https://arxiv.org/abs/2502.12598*, zugegriffen am 30.10.2025.

[Watt et al. 2020] Watt, J.; Borhani, R.; Katsaggelos, A.K.: Machine Learning Refined: Foundations, Algorithms, and Applications, 2. Auflage. Cambridge University Press Cambridge, 2020.

[Weber & Zwingmann 2024] Weber, W.; Zwingmann, T.: Augmented Analytics. O'Reilly, 2024, S. 110.

[Welge et al. 2024] Welge, M.K.; Al-Laham, A.; Eulerich, M.: Strategisches Management. Springer Fachmedien Wiesbaden, Wiesbaden, 2024.

[Wendler et al. 2024] Wendler, C.; Veselovsky, V.; Monea, G.; West, R.: Do Llamas Work in English? On the Latent Language of Multilingual Transformers, 2024, ACL'24, *https://doi.org/10.18653/v1/2024.acl-long.820*, zugegriffen am 30.10.2025.

[Wenzel & Haag 2023] Wenzel, F.; Haag, A.: Die AI Factory der ERGO. In: Gilhuber et al (Hrsg.): Künstliche Intelligenz und Data Science in Theorie und Praxis, Springer Spektrum, Berlin, Heidelberg, 2023, S. 187–202.

[Werbos 1982] Werbos, P.J.: Applications of Advances in Nonlinear Sensitivity Analysis, 1982, *https://www.osti.gov/etdeweb/biblio/5080493*, zugegriffen am 17.05.2025.

[Wirth & Hipp 2000] Wirth, R.; Hipp, J.: CRISP-DM: Towards a Standard Process Model for Data Mining, 2000, Proceedings of the 4th International Conference on the Practical Applications of Knowledge Discovery and Data Mining, 1, S. 29–39.

[Woodford 2005] Woodford, M.: Central-Bank Communication and Policy Effectiveness, 2005, Präsentation beim Symposium der Federal Reserve Bank of Kansas City, Jackson Hole.

[World Commerce & Contracting 2025] World Commerce & Contracting: AI Adoption in Contracting, 2025, Commerce & Contract Management Institute, *https://share.hsforms.com/1t_k4yhbETNCe0MttTehMwQdzfoq*, zugegriffen am 30.06.2025.

[Wrzesniewski & Dutton 2001] Wrzesniewski, A.; Dutton, J.E.: Crafting a Job: Revisioning Employees as Active Crafters of Their Work, 2001, Academy of Management Review, 26 (2), S. 179–201.

[Wu et al. 2022] Wu, T.; Jiang, E.; Donsbach, A.; Gray, J.; Molina, A.; Terry, M.; Cai, C.J.: Prompt-Chainer: Chaining Large Language Model Prompts Through Visual Programming, 2022, CHI Conference on Human Factors in Computing Systems Extended Abstracts, S. 1–10.

[Xu et al. 2025] Xu, X.; Bashir, A.; Bhagiya, J.; Müller, R.: Collision-Free Trajectory Planning with Digital Twin Support for Robotic Bin Picking from Unstructured Bins, 2025, Procedia CIRP, 134, S. 325–330.

[Yam et al. 2022] Yam, K.C.; Tang, P.; Jackson, J.; Su, R.; Gray, K.: The Rise of Robots Increases Job Insecurity and Maladaptive Workplace Behaviors: Multimethod Evidence, 2022, Journal of Applied Psychology, 108 (5), S. 850–870.

[Yao et al. 2024] Yao, Y.; Duan, J.; Xu, K.; Cai, Y.; Sun, Z.; Zhang, Y.: A Survey on Large Language Model (LLM) Security and Privacy: The Good, The Bad, and The Ugly, 2024, High-Confidence Computing, 4 (2).

[Younis et al. 2024] Younis, H.; Bwaliez, O.M.; Garibeh, M.H.; Sundarakani, B.: Empirical Study of Robotic Systems Implementation to Corporate Performance in Manufacturing Sector, 2024, International Journal of Productivity and Performance Management, 74 (3), S. 1–28.

[Yu & Liu 2024] Yu, Y.; Liu, Y.: Physics-Guided Generative Adversarial Network for Probabilistic Structural System Identification, 2024, Expert Systems with Applications, 239, 122339, *https://doi.org/10.1016/j.eswa.2023.122339*, zugegriffen am 30.10.2025.

[Yu et al. 2022] Yu, J.; Xu, Y.; Koh, J.; Luong, T.; Baid, G.; Wang, Z.; Vasudevan, V.; Ku, A.; Yang, Y.; Karagol Ayan, B.; Hutchinson, B.; Han, W.; Parekh, Z.; Li, X.; Zhang, H.; Baldridge, J.; Wu, Y.: Scaling Autoregressive Models for Content-Rich Text-to-Image Generation, 2022, Transactions on Machine Learning Research.

[Yücesan 2025] Yücesan, E.: Does Deglobalization Imply the End of Global Supply Chains?, 2025, International Business Review, 34 (6), S. 1–15.

[Zao-Sanders 2025] Zao-Sanders M.: How People Are Really Using Gen AI in 2025. Harvard Business Review, 2025.

[Zeiler & Fergus 2013] Zeiler, M.D.; Fergus, R.: Visualizing and Understanding Convolutional Networks, 2013, arXiv, *http://arxiv.org/abs/1311.2901*, zugegriffen am 13.06.2022.

[Zeng & Glaister 2018] Zeng, J.; Glaister, K.W.: Value Creation from Big Data: Looking Inside the Black Box, 2018, Strategic Organization, 16 (2), S. 105–140, *https://doi.org/10.1177/1476127017697510*, zugegriffen am 30.10.2025.

[Yuan et al. 2023] Yuan, Y.; Song, J.; Iqbal, U.; Vahdat, A.; Kautz, J.: PhysDiff: Physics-Guided Human Motion Diffusion Model, 2023, arXiv preprint arXiv:2212.02500, *https://doi.org/10.48550/arXiv.2212.02500*, zugegriffen am 30.10.2025.

[Zhang et al. 2023] Zhang, J.; Følstad, A.; Bjørkli, C.: Organizational Factors Affecting Successful Implementation of Chatbots for Customer Service, 2023, Journal of Internet Commerce, 22, S. 122–156.

[Zhao et al. 2017] Zhao, J.; Wang, T.; Yatskar, M.; Ordonez, V.; Chang, K.-W.: Men Also Like Shopping: Reducing Gender Bias Amplification using Corpus-level Constraints, 2017, Proceedings of the 2017 Conference on Empirical Methods in Natural Language Processing, S. 2979–2989, *https://doi.org/10.18653/v1/D17-1323*, zugegriffen am 27.10.2025.

[Zheng et al. 2011] Zheng, S.; Zhang, W.; Du, J.: Knowledge-based Dynamic Capabilities and Innovation in Networked Environments, 2011, Journal of Knowledge Management, 15, S. 1035–1051.

[Zhu & Zhou 2012] Zhu, K. X.; Zhizhong, Z.: Lock-in Strategy in Software Competition: Open-Source Software vs. Proprietary Software, 2012, Information Systems Research, 23, S. 536–545.

[Zimmer & Diemann 2021] Zimmer, M.; Diemann, B.: Von einer BI-Landschaft zum Data & Analytics-Ökosystem. In: Haneke et al. (Hrsg.): Data Science – Grundlagen, Architekturen und Anwendungen, 2., überarbeitete und erweiterte Auflage. dpunkt.verlag, Heidelberg, 2021, S. 143–160.

[Zimmer 2023] Zimmer, M.: Big Data und KI im Mittelstand, 2023, Masterclass auf der Finance Summit der Stuttgarter Börse.

[Zimmer 2024a] Zimmer, M.: Braucht man wirklich einen CDO? Und was macht der eigentlich? In: Podcast Unf*ck your data vom 22.08.2024.

[Zimmer 2024b] Zimmer, M.: Daten & KI: Die Zukunft der Versicherungen; Im Podcast #Fred-Wagner vom 04.11.2024.

[Zipf 1935] Zipf, G.K.: The Psycho-Biology of Language: An Introduction to Dynamic Philology. Routledge, London, 1935.

[Zipf 1949] Zipf, G.K.: Human Behavior and the Principle of Least Effort, 1949.

[Zivilrechtliche Regelungen im Bereich Robotik 2017] Europäisches Parlament: Entschließung des Europäischen Parlaments vom 16. Februar 2017 mit Empfehlungen an die Kommission zu zivilrechtlichen Vorschriften für Robotik (2015/2103(INL)) ABl. C 252 vom 18.7.2018, S. 239–257, *https://eur-lex.europa.eu/legal-content/DE/TXT/PDF/?uri=CELEX:52017IP0051*, zugegriffen am 30.09.2025.

[Zwingmann 2024] Zwingmann, T.: Centaurs vs. Cyborgs, 2024, *https://blog.tobiaszwingmann.com/p/generative-ai-centaurs-vs-cyborgs*, zugegriffen am 27.10.2025.

[Zwingmann et al. 2024] Zwingmann, T.; Boss, J.; Heide, C.; Braun, T.: The AI Paradox: Why Technology Alone Won't Transform Your Business, 2024, *https://blog.tobiaszwingmann.com/p/the-ai-paradox-why-technology-alone-won-t-transform-your-business*, zugegriffen am 27.10.2025.

Autorenteam

Prof. Dr. Patrick Baier ist Professor für Maschinelles Lernen an der Hochschule Karlsruhe. In Lehre und Forschung beschäftigt er sich mit den Herausforderungen und Potenzialen des praktischen Einsatzes von Machine-Learning-Methoden in unterschiedlichen Anwendungsfeldern. Ein Schwerpunkt liegt dabei auf der Integration von KI-Systemen in bestehende Prozesse sowie auf Fragen der Modellinterpretierbarkeit und Datenqualität. Vor seiner Professur war er mehrere Jahre als Machine Learning Lead in der Berliner Tech-Szene tätig und beriet Unternehmen als freier Data Consultant bei der Umsetzung datengetriebener Projekte.

Benjamin Berger ist Diplom-Informatiker mit rund 20 Jahren Erfahrung in der prozessnahen Erhebung, Aufbereitung und Analyse von Daten unter Einsatz unterschiedlicher SaaS-Plattformen. Er verbindet die Kundenberatung mit leitenden Rollen in der Softwareentwicklung und legt dabei seinen Schwerpunkt auf die Entwicklung individueller Lösungen zur Digitalisierung bzw. Automatisierung bisher analoger Arbeitsabläufe und Geschäftsprozesse.

Sebastian Blank ist Head of Natural Language Processing bei inovex. Er hat einen Master of Science in Wirtschaftsingenieurwesen und arbeitete mehrere Jahre als Data Scientist bei inovex. In dieser Rolle beschäftigte er sich intensiv mit der automatisierten Sprach- und Textverarbeitung sowie den damit verbundenen Herausforderungen in Theorie und Praxis, sowohl in Industrie- als auch in Forschungsprojekten. Aktuell begleitet Sebastian Blank die Einführung von generativer KI bei verschiedenen Kunden und teilt regelmäßig seine Erkenntnisse aus dem Projektgeschäft als Speaker auf Konferenzen.

Prof. Dr. Klaus Dorer arbeitete nach der Promotion an der Albert-Ludwigs-Universität Freiburg im Jahr 2000 als Software Engineer, Senior Software Engineer und Senior Researcher bei der living systems AG und der Whitestein Technologies GmbH. Im März 2007 erhielt er den Ruf für die Professur für Softwaretechnik, Algorithmen und Grundlagen der Informatik an der Hochschule Offenburg. Seit Juni 2020 ist er Professor für Künstliche Intelligenz, Autonome Systeme und Softwaretechnik an der Hochschule Offenburg und Mitglied im Institute for Machine Learning and Analytics IMLA.

Janina Gabrian M.A. forscht und lehrt an der Schnittstelle von künstlicher Intelligenz, Wertschöpfung und Innovation. Im Zentrum ihrer Arbeit steht der Einsatz von KI im Innovationsmanagement und in der Neuproduktentwicklung sowie deren Einfluss auf betriebswirtschaftliche Prozesse und Geschäftsmodelle. Ein besonderer Schwerpunkt liegt auf generativer KI und ihrer Integration in Unternehmenskontexte. Zudem entwickelt sie anwendungsbezogene Lehrveranstaltungen, die wirtschaftliche Perspektiven mit praktischen KI-Kompetenzen und interdisziplinären Ansätzen verbinden.

Alexander Gehringer ist stellvertretender Institutsleiter des Work-Life Robotics Institute der Hochschule Offenburg sowie Doktorand an der Northumbria University in Newcastle, UK. Er forscht im Bereich des strategischen Managements, Leadership und Geschäftsmodellinnovationen in mittelständischen Unternehmen und hält Vorlesungen zu Entscheidungsfindung, Unternehmensführung sowie Lean Robotics. Neben dem Master of Engineering in Wirtschaftsingenieurwesen an der Hochschule Offenburg hat er mehrere Stationen in der Industrie in technischen und kaufmännischen Bereichen durchlaufen.

Dr. Felix Geiger leitet den Bereich Market Intelligence und Marktanalyse bei der Deutschen Bundesbank. Die Einheit nutzt unter anderem Methoden der künstlichen Intelligenz und des maschinellen Lernens zur Analyse von hochfrequenten und nicht-traditionellen Daten. Zuvor steuerte er für den volkswirtschaftlichen Bereich der Deutschen Bundesbank Innovationsprojekte im Umfeld von Zentralbankkommunikation und der Kapitalmarktanalyse. Felix Geiger studierte Wirtschaftswissenschaften an der Universität Hohenheim und promovierte dort über das Thema Geldpolitik und Risikoprämien.

Stefan Gerlach studierte Technische Informatik an der Hochschule für Angewandte Wissenschaften in Hamburg. Nach über 20 Jahren als IT-Berater in verschiedenen Branchen und Unternehmen ist er seit 2017 bei der Techniker Krankenkasse in der IT tätig. Dort ist sein Schwerpunkt das Thema Datenintegration im Bereich Data Warehouse und Data Analytics.

Prof. Dr.-Ing. Stefan Hensel ist Professor für Mess- und Sensortechnik an der Hochschule Offenburg sowie Gründungsmitglied des dort angesiedelten Institute for Machine Learning and Analytics (IMLA). Nach seiner Promotion am Karlsruher Institut für Technologie (KIT) war er in der Forschung der Robert Bosch GmbH tätig. Seine aktuellen Forschungsschwerpunkte liegen in den Bereichen maschinelles Sehen und autonome Systeme, mit einem besonderen Fokus auf mobiler und humanoider Robotik.

Raphael Hettich M. Sc. ist Gründer und geschäftsführender Gesellschafter der Consiliari GmbH aus Karlsruhe. Seinen starken Fokus auf moderne SaaS-Plattformen im Legal-Tech-Bereich ergänzt er seit 2014 mit seiner Tätigkeit als Dozent an der Hochschule Karlsruhe in Game Programming. Die Integration von KI in digitalisierte Workflows treibt er seit vielen Jahren in Kundenprojekten und Produkten der Consiliari GmbH voran.

Dr. Konstantin Hopf leitet die Forschungsgruppe »Machine Learning & Data Work in Organizations« am Lehrstuhl für Wirtschaftsinformatik, insb. Energieeffiziente Systeme der Universität Bamberg. In industrienahen Forschungsprojekten im Bereich der Nachhaltigkeit entwickelt er betriebliche Anwendungen maschineller Lernverfahren. Er erforscht zudem Konzepte für das strategische Management von KI-Initiativen und Data-Science-Teams. Seine Forschungsergebnisse erscheinen in führenden Zeitschriften und Tagungsbänden der Wirtschaftsinformatik sowie in der Fach- und Tagespresse.

Prof. Dr. Dennis Janka ist seit 2021 Professor für Maschinelles Lernen und Grundlagen der Mathematik an der Hochschule Karlsruhe. Er lehrt und forscht dort in den Bereichen maschinelles Lernen, Optimierung und Statistik. Zwischen 2015 und 2021 war er als Data Scientist bei der SAP SE in Walldorf tätig und forschte im Bereich Data Science für Anwendungen in der Prozessindustrie am ABB Corporate Research Center in Ladenburg. Er promovierte 2015 an der Universität Heidelberg in Mathematik im Bereich nichtlineare Optimierungsverfahren.

Dr. Dimitrios Kanelis ist Ökonom und Kapitalmarktexperte in der volkswirtschaftlichen Abteilung der Deutschen Bundesbank. Er arbeitet in der Hauptgruppe für Kapitalmärkte und Kapitalverkehr und leitet die Arbeitsgruppe für künstliche Intelligenz. In seiner Forschung entwickelt er neue Ansätze zur Analyse von Geldpolitik und Finanzmärkten auf Basis hochfrequenter und unstrukturierter Daten. Dimitrios Kanelis studierte Volkswirtschaftslehre an der Universität Bonn und promovierte an der Universität Münster über die quantitative Auswertung geldpolitischer Kommunikation mit Methoden des maschinellen Lernens.

Prof. Dr.-Ing. Janis Keuper ist seit Juli 2019 Inhaber der Markant Stiftungsprofessur für Data Science und Analytics an der Fakultät für Elektrotechnik, Medizintechnik und Informatik an der Hochschule Offenburg. Zuvor leitete er die Gruppe Large Scale Machine Learning am Competence Center für High Performance Computing des Fraunhofer-Instituts für Techno- und Wirtschaftsmathematik (ITWM) in Kaiserslautern. Sein Forschungsschwerpunkt liegt auf dem Entwurf skalierbarer Machine-Learning-Systeme – vom Algorithmus bis zur Hardware. Vor seinem Wechsel zum Fraunhofer-Institut im Jahr 2012 war er Gruppenleiter am Intel Visual Computing Institute in Saarbrücken und Postdoktorand am Zentrum für Interdisziplinäres Wissenschaftliches Rechnen der Universität Heidelberg.

Sven Kliebenstein gestaltet seit über 20 Jahren digitale Plattformen an der Schnittstelle von Business, Technologie und Customer Experience. Als Head of Digital Commerce beim Burda Verlag verantwortet er die Transformation von E-Commerce-Ökosystemen und die Entwicklung datengetriebener Geschäftsmodelle. Seine Schwerpunkte liegen in Plattformarchitekturen, Automatisierung, Analytics und KI-gestützten Anwendungen. Mit Projekten von Multichannel-Commerce bis hin zu KI-Enablement-Programmen verbindet er technische Exzellenz mit vertrieblicher Wirkung und schafft nachhaltige Digital Experiences für Unternehmen und Kunden.

Dr. Diana Kolbe ist Postdoktorandin für KI- und ML-gestützte Dialogmarketingautomatisierung an der Hochschule Offenburg und bei Hubert Burda Media. Sie hat umfangreiche Erfahrung in Marketing, Vertrieb und Business Development in der Agrar-, Lebensmittel- und Energiebranche in Deutschland, Spanien, den USA und Mexiko. Nach ihrer Promotion in Marketing an der Universität Valencia war sie von 2019 bis 2023 am Tecnológico de Monterrey tätig, u. a. als Forschungsprofessorin an der EGADE Business School und Leiterin der Studiengänge Marketing und Kommunikation. Sie publiziert in renommierten Fachzeitschriften wie dem *International Journal of Consumer Studies* und dem *Journal of Business & Industrial Marketing*.

Roman Kolbe studierte Mathematik an der Universität Dortmund. Nach dem Abschluss war er fast zehn Jahre lang beim Verband öffentlicher Versicherer tätig, die letzten drei Jahre davon leitete er dort die Statistikabteilung. Anschließend leitete er dreieinhalb Jahre das Aktuariat bei der Signal Iduna. Danach übernahm er für zehn Jahre die Leitung des Aktuariats Komposit bei der Provinzial. Seit 2020 ist Roman Kolbe Leiter der Abteilung AI and Data Development im Bereich Digitale Transformation der Provinzial.

Daniel Ladwig studierte Informatik an der Hochschule Offenburg. Sein Studium schloss er 2023 mit dem Master ab. Anschließend begann er die Arbeit am Institute for Machine Learning and Analytics (IMLA) als wissenschaftlicher Mitarbeiter mit dem Schwerpunkt Deep Reinforcement Learning.

Florian Läpple verantwortet als Senior Manager Daten & KI Strategie & Governance bei der Wüstenrot & Württembergischen (W & W) das Thema EU AI Act und AI Governance. In dieser Rolle ist er maßgeblich für die Ausgestaltung und den Aufbau der AI Governance sowie die Umsetzung des EU AI Acts verantwortlich. Florian Läpple besitzt mehrjährige Beratungserfahrung und hat vor seiner Zeit im Kompetenzzentrum AI als Referent des Vorstandsvorsitzenden bei der W&W gearbeitet.

Dr. Philipp Lieberknecht ist Geldpolitikexperte in der volkswirtschaftlichen Abteilung der Deutschen Bundesbank. Dort arbeitet er zu geldpolitischer Positionierung, Zentralbankkommunikation und empirischen Analysen der Finanzmärkte. Seine Forschungsschwerpunkte liegen auf der Wechselwirkung zwischen Finanzmarktfriktionen und Geldpolitik sowie den empirischen Wirkungen geldpolitischer Schocks. Zuvor studierte er Volkswirtschaftslehre in Münster und Köln und promovierte an der Goethe-Universität Frankfurt zu Geld- und Fiskalpolitik unter Modellunsicherheit.

Christian Meder ist als Cloud Architect bei inovex tätig. Zunächst hat er das Studium der technischen Kybernetik als Diplom-Ingenieur abgeschlossen, ist aber dann seiner Leidenschaft für freie Software und Open Source in die Informatik gefolgt. Nach zahlreichen Stationen in der Administration von Linux-basierten Rechnernetzwerken und der polyglotten Softwareentwicklung war er fast 15 Jahre als CTO bei inovex in die übergreifende Technologie-Evaluation und -Positionierung involviert, unterstützt durch die Betreuung der Arbeiten von nahezu 100 Studierenden im Laufe der Jahre. Aktuell konzentriert sich Christian Meder als Cloud Architect wieder auf das Projektgeschäft und genießt die Komplexität von großen verteilten Systemen.

Pfarrer Dr. phil. Gernot Meier ist Kulturwissenschaftler und Theologe mit einem Schwerpunkt an der Schnittstelle von Technik, Ethik und Gesellschaft. Er ist Mitglied des Institute for Machine Learning and Analytics (IMLA) an der Hochschule Offenburg sowie Lehrbeauftragter am Institut für Religionswissenschaft der Universität Heidelberg und im Fachbereich Elektrotechnik, Medizintechnik und Informatik der Hochschule Offenburg. Als Beauftragter der Evangelischen Landeskirche in Baden für Ethik und Theologie der Digitalisierung leitet er zudem die Abteilung »Kirche und Gesellschaft« im Evangelischen Oberkirchenrat sowie die Evangelische Akademie Baden. Seine Forschungsinteressen liegen insbesondere in den Bereichen digitale Ethik, KI sowie gesellschaftliche und theologische Aushandlungsprozesse im Kontext technologischen Wandels.

Prof. Dr. Andrea Müller ist Expertin für Direktmarketing und E-Commerce und hat seit März 2012 die gleichnamige Professur an der Hochschule Offenburg inne. Von 1995 bis 2003 war sie Projektleiterin und wissenschaftliche Mitarbeiterin am Fraunhofer-Institut für Arbeitswirtschaft und Organisation (IAO) in Stuttgart. Im Rahmen des vom BMWi geförderten Forschungsprojekts M3V erstellte sie von 2006 bis 2009 beim Fraunhofer Spin-off e-pro solutions GmbH nebenberuflich ihre Doktorarbeit an der Steinbeis-Hochschule Berlin. An der Hochschule Albstadt-Sigmaringen übernahm sie von 2009 bis 2012 Lehraufträge im Masterstudiengang Bekleidungstechnik. Im Sommersemester 2011 und Wintersemester 2011/12 wurde sie für eine Gastprofessur an die HTWG Konstanz berufen. Sie leitet seit dem Sommersemester 2016 den neu eingerichteten Masterstudiengang Dialogmarketing und E-Commerce und forscht in mehreren Laboren am Campus Gengenbach, darunter das Customer-Experience-Tracking- und Multi-Channel-Management-Labor.

Dr. Marco Niemann promovierte 2022 am Lehrstuhl für Wirtschaftsinformatik und Informationsmanagement der Universität Münster zur Gestaltung innovativer Analytics-as-a-Service-Plattformen zur Unterstützung der Moderation von Onlinekommentaren. Im Anschluss an seine Promotion übernahm er verschiedene Funktionen bei der Provinzial Versicherung. Heute verantwortet er als Product Owner des KI-Lösungsteams die Entwicklung und Betreuung mehrerer AI- sowie GenAI-Plattformen innerhalb des Provinzial Konzerns. Dabei bringt er seine wissenschaftliche Expertise und seine praxisnahe Erfahrung in die erfolgreiche Gestaltung innovativer KI- und Automatisierungslösungen ein, um die digitale Transformation der Provinzial fortzuführen.

Dr. Robert Pesch leitet das AI Solutions Team bei inovex, bestehend aus leidenschaftlichen Data Engineers und Data Scientists. Mit seinem Team entwickelt er innovative Datenprodukte für Kunden aus der Energiebranche und Industrie, die auf modernsten AI-, Machine-Learning- und Datenplattformkonzepten basieren. Robert Pesch verfügt über einen Master of Science in Informatik und einen Doktortitel in Bioinformatik der Ludwig-Maximilians-Universität München. Seine Forschung konzentrierte sich auf die Vorhersage komplexer biologischer Netzwerke.

Prof. Dr. Julia Roederer ist Professorin für Wirtschaftspsychologie an der Hochschule Offenburg und Studiendekanin für die Bachelor- und Masterstudiengänge Wirtschaftspsychologie. Sie forscht zu den psychologischen Aspekten der Technologieintegration im Work-Life Robotics Institute und integriert aktuelle Erkenntnisse zu KI und Robotik in ihre Lehrveranstaltungen. Mit der Promotion in Wirtschaftswissenschaften und dem Diplom in Psychologie liegt ihr Fokus auf Führungspersönlichkeiten und Unternehmenskultur. Ihre praxisorientierte Expertise basiert auf umfangreicher Erfahrung im internationalen Personalmanagement, Business Coaching und Wirtschaftsmediation.

Dr. Diana Sola ist seit 2026 als Professorin für Data Science und KI an der DHBW Heidenheim tätig. Zuvor gestaltete sie in einer KI-Einheit der Deutschen Bundesbank die digitale Transformation durch den Einsatz von KI-Technologien mit. In ihrer vorherigen Tätigkeit bei SAP beschäftigte sie sich mit Forschung und Innovation. Ihr Studium der Wirtschaftsmathematik absolvierte sie an der Universität Mannheim, wo sie anschließend am Lehrstuhl für KI an der Schnittstelle von Geschäftsprozessmanagement und KI promovierte.

Prof. Dr. Michael Schulz hat eine Professur für Wirtschaftsinformatik, insbesondere analytische Informationssysteme an der NORDAKADEMIE – Hochschule der Wirtschaft in Elmshorn inne und ist Studiengangsleiter des Master-Studiengangs Applied Data Science. Seine Schwerpunkte in Lehre, Forschung und Praxisprojekten liegen in der Business Intelligence und der Data Science. Er ist Teil des DASC-PM-Organisationsteams.

Prof. Dr. Jürgen Seitz ist Professor für Künstliche Intelligenz für digitale Medien und Geschäftsmodelle an der Hochschule Offenburg und forscht am Institute for Machine Learning and Analytics (IMLA). Er zählt zu den führenden Experten für Digitalisierung und digitale Geschäftsmodelle in Deutschland. Als Mitbegründer, Geschäftsführer und Beirat hat er mehrere erfolgreiche Digitalunternehmen aufgebaut und skaliert. Seine beruflichen Stationen umfassten u. a. Microsoft, WEB.DE und die United Internet Gruppe (1&1). Zudem ist er Herausgeber der Studienreihe Digital Dialog Insights und engagiert sich für die Digitalisierung von NGOs sowie für den Forschungstransfer in die Praxis.

Martin Spitznagel schloss 2021 seinen Bachelor in Angewandter Informatik an der Hochschule Offenburg ab und absolvierte anschließend von 2021 bis 2023 den Masterstudiengang Informatik mit Schwerpunkt Data Science. Seit Juli 2023 ist er akademischer Mitarbeiter und Doktorand am Institute for Machine Learning and Analytics (IMLA) der Hochschule Offenburg, wo er im Projekt »KI-Bohrer« zu generativer KI forscht.

Prof. Dr. Jannik Strötgen ist seit 2023 Professor an der Hochschule Karlsruhe. Zuvor forschte er am Bosch Center for Artificial Intelligence und am Max-Planck-Institut für Informatik. Seine Forschungsschwerpunkte sind Natural Language Processing, Artificial Intelligence und Information Retrieval. Jannik Strötgen ist Koautor eines Buches zum Thema Temporal Tagging und von über 80 wissenschaftlichen Publikationen.

Dr. Bart van der Sloot ist außerordentlicher Professor und Forschungsdirektor am Tilburg Institute for Law, Technology and Society der Universität Tilburg. Er ist Autor des Buches »Regulating the Synthetic Society: Generative AI, Legal Questions, and Societal Challenges« (2024).

Dr. Immanuel Weber ist AI Lead bei OGE, wo er das Kompetenzcenter für Künstliche Intelligenz leitet. Zuvor war er als wissenschaftlicher Mitarbeiter an der Hochschule Koblenz und dem Fraunhofer FHR tätig, wo er sich intensiv mit Fernerkundung, Datenverarbeitung und maschinellem Lernen auseinandersetzte. Neben seiner beruflichen Tätigkeit promoviert er an der Rheinischen Friedrich-Wilhelms-Universität Bonn mit einem Schwerpunkt auf Deep Learning in der Fernerkundung.

Prof. Dr. Thomas M. Wendt ist Stiftungsprofessor für Kobotik und soziotechnologische Systeme an der Hochschule Offenburg, Institutsleiter des Work-Life Robotics Institute sowie Mitglied im Promotionszentrum BW-CAR des Promotionsverbands der Hochschulen für angewandte Wissenschaften Baden-Württemberg. Er forscht im Bereich der additiv gefertigten Sensorik, smarter Robotergreiftechnik sowie im Bereich der KI-gestützten Robotik und transferiert diese Forschungsergebnisse in die Lehre und die Industriepraxis. Vor und nach seiner Promotion im Bereich der Mikrosystemtechnik an der Albert-Ludwigs-Universität Freiburg war er zudem in leitenden Positionen in der Industrie tätig.

Barbara Wörz ist Head of Consumer Products bei Burda Direct und verantwortet unter anderem den Aufbau und die Entwicklung der Soziallotterie ClimaClic, die als Startup aufgebaut wird. Zuvor war sie Head of New Business und für das Business Development zuständig. Sie baute bei Burda Direct von 2000 bis 2005 die Call-Center-Standorte in Deutschland und der Schweiz auf und verantwortete diese. Als Expertin im Direktmarketing forciert sie aktuell den Einsatz von KI-gestützten Strategien zur Neukundengewinnung und zur Content-Automatisierung.

Tobias Zwingmann ist Autor, Sprecher und Berater mit Fokus auf angewandte künstliche Intelligenz. Als geschäftsführender Gesellschafter der unabhängigen KI-Beratung RAPYD.AI unterstützt er seit 2020 B2B-Unternehmen weltweit dabei, KI und maschinelles Lernen gezielt für Wachstum und Innovation einzusetzen. In seiner früheren Rolle als Data Scientist hat er selbst erlebt, wie auch die leistungsfähigsten Algorithmen ins Leere laufen, wenn der menschliche Faktor vernachlässigt wird. Diese Erfahrung prägt bis heute seinen Ansatz: Im Mittelpunkt stehen nutzerzentrierte, augmentierte KI-Anwendungen, die in kürzester Zeit einen messbaren Mehrwert schaffen. Seine Bücher »AI-Powered Business Intelligence« und »Augmented Analytics« sind im O'Reilly Verlag erschienen. Auf LinkedIn folgen ihm über 70.000 Menschen, er wurde als Top Voice ausgezeichnet und sein wöchentlicher Newsletter wird von mehr als 8.000 Fach- und Führungskräften aus Unternehmen wie Amazon, Google, OpenAI, Mercedes-Benz, Gucci oder Santander gelesen.

Index